司法解释理解与适用丛书

最高人民法院
关于适用《中华人民共和国刑事诉讼法》的解释
理解与适用

李少平 主　编

杨万明 副主编

《刑事诉讼法解释》起草小组 编著

人民法院出版社

PEOPLE'S COURT PRESS

图书在版编目（CIP）数据

最高人民法院关于适用《中华人民共和国刑事诉讼法》的解释理解与适用 / 李少平主编；《刑事诉讼法解释》起草小组编著. -- 北京 ： 人民法院出版社，2021.3

ISBN 978-7-5109-3118-5

Ⅰ. ①最… Ⅱ. ①李… ②刑… Ⅲ. ①刑事诉讼法—法律解释—中国②刑事诉讼法—法律适用—中国 Ⅳ. ①D925.205

中国版本图书馆CIP数据核字(2021)第033046号

最高人民法院关于适用《中华人民共和国刑事诉讼法》的解释理解与适用

李少平　主编

杨万明　副主编

《刑事诉讼法解释》起草小组　编著

策划编辑　陈建德　兰丽专
责任编辑　丁丽娜　路建华　张　奎　丁寨峨
执行编辑　杨晓燕　郭　粹　杨　洁
出版发行　人民法院出版社
地　　址　北京市东城区东交民巷27号（100745）
电　　话　（010）67550508（责任编辑）　67550558（发行部查询）
　　　　　　65223677（读者服务部）
客服QQ　2092078039
网　　址　http：//www. courtbook. com. cn
E－mail　courtpress@ sohu. com
印　　刷　天津嘉恒印务有限公司
经　　销　新华书店

开　　本　787毫米×1092毫米　1/16
字　　数　645千字
印　　张　39.5
版　　次　2021年3月第1版　2021年3月第2次印刷
书　　号　ISBN 978-7-5109-3118-5
定　　价　148.00元

出版说明

2020年12月7日，最高人民法院院长、首席大法官周强主持召开最高人民法院审判委员会第1820次会议，审议并通过《最高人民法院关于适用〈中华人民共和国刑事诉讼法〉的解释》（法释〔2021〕1号，以下简称《解释》）。《解释》自2021年3月1日起施行。作为人民法院适用《刑事诉讼法》的基本司法解释，《解释》的公布施行，对于人民法院严格依照法定程序正确履行刑事审判职责，规范办案活动，保障诉讼权利，提高办案质量，确保修改后《刑事诉讼法》的统一正确实施，实现惩罚犯罪与保障人权的有机统一具有重要意义。

2012年12月20日，最高人民法院发布《最高人民法院关于适用〈中华人民共和国刑事诉讼法〉的解释》（法释〔2012〕21号，以下简称《2012年解释》）。从实践来看，《2012年解释》的施行取得了良好效果，保障了2012年《刑事诉讼法》的统一正确执行。2018年10月26日，十三届全国人大常委会第六次会议通过《关于修改〈中华人民共和国刑事诉讼法〉的决定》（以下简称《刑事诉讼法修改决定》），自2018年10月26日起施行。这是继1996年和2012年《刑事诉讼法》修改后，对中国特色刑事诉讼制度又一次十分重要的改革与完善。

为确保法律准确、有效实施，早在《刑事诉讼法》修改过程中，根据院领导指示，最高人民法院研究室即密切跟踪立法进程，于2018年5月正式启动修改《2012年解释》的前期准备工作。为确保司法解释起草坚持问题导向，汇集刑事司法实践智慧，最高人民法院研究室向院内相关部门征求司法解释修改意见；并就若干重要专题委托天津、河北、吉林、上海、江苏、浙江、安徽、福建、江西、山东、河南、湖北、广东、广西、重庆、四川、陕西等十七家省、自治区、直辖市高级人民法院，北京一中院、北京二中院、北京三中院、上海一中院、扬州中院、温州中院、厦门中院、武汉中院等八家中级人民法院，北京朝阳法院、上海长宁法院、广州越秀法院等三家基层人民法院开展前期调研。

《刑事诉讼法修改决定》通过后，经过反复研究论证，最高人民法院研究室起草了解释稿，并多次征求中央有关部门、地方法院的意见，不断修改完善。特别是，《解释》注重吸收近年来刑事程序法学研究的最新成果，在起草过程中邀请十余位刑事诉讼法专家进行论证、提出意见，确保司法解释荟萃刑事审判经验与理论成果，最大限度实现实践与理论的有机结合。

《解释》共计27章、655条，历经最高人民法院刑事审判专业委员会八次审议和最高人民法院审判委员会全体会议三次审议，是最高人民法院有史以来条文数量最多的司法解释，也是内容最为丰富、最为重要的司法解释之一。与《2012年解释》相比，《解释》增加“认罪认罚案件的审理”“速裁程序”“缺席审判程序”三章，增加107条，作了实质修改的条文超过200条。《解释》的起草，得到了中央有关部门、最高人民法院院内有关部门和地方法院的大力支持。有关部门的领导和同志多次参与解释稿的研究论证工作，提出了很多宝贵的意见，发挥了重要作用。借此机会，向参与和支持《解释》起草工作的各位同仁致以诚挚谢意！

为帮助各级人民法院的法官正确理解和准确适用《解释》，解决办案实务中遇到的新情况新问题，也为了社会各界及时了解和掌握相关内容，根据院领导指示，我们组织参与司法解释起草工作的同志撰写了《最高人民法院关于适用〈中华人民共和国刑事诉讼法〉的解释理解与适用》一书，从条文主旨、解释依据、内容解读、实践运用等方面对《解释》逐条进行深度解读。

本书由最高人民法院副院长李少平大法官担任主编，最高人民法院副院长杨万明大法官担任副主编，《刑事诉讼法解释》起草小组成员负责撰稿。起草小组成员为最高人民法院姜启波、周加海、喻海松、耿磊、郝方昉、李振华、李静，借调人员任素贤（上海市金山区人民法院），姜金良（江苏省扬州市中级人民法院）、王婧（广东省广州市中级人民法院）、李鑫（天津市红桥区人民法院），实习生马勤（清华大学法学院）。全书由姜启波和周加海负责统稿。

由于编写本书时间较为仓促及编写人员水平所限，书中的疏漏和错误之处在所难免，恳请广大读者批评指正。

《刑事诉讼法解释》起草小组

二〇二一年二月

凡　例

一、法律

1.1997 年 3 月 14 日第八届全国人民代表大会第五次会议修订的《中华人民共和国刑法》，简称《刑法》；与 1979 年《刑法》对照时，简称 1997 年《刑法》。

2.《中华人民共和国刑法修正案（×）》，简称《刑法修正案（×）》。例如，2015 年 8 月 29 日第十二届全国人民代表大会常务委员会第十六次会议通过的《中华人民共和国刑法修正案（九）》，简称《刑法修正案（九）》。

3. 1979 年 7 月 1 日第五届全国人民代表大会第二次会议通过的《中华人民共和国刑事诉讼法》，简称 1979 年《刑事诉讼法》。

4. 根据 1996 年 3 月 17 日第八届全国人民代表大会第四次会议《关于修改〈中华人民共和国刑事诉讼法〉的决定》第一次修正的《中华人民共和国刑事诉讼法》，简称 1996 年《刑事诉讼法》。

5. 根据 2012 年 3 月 14 日第十一届全国人民代表大会第五次会议《关于修改〈中华人民共和国刑事诉讼法〉的决定》第二次修正的《中华人民共和国刑事诉讼法》，简称 2012 年《刑事诉讼法》。

6. 2018 年 10 月 26 日第十三届全国人民代表大会常务委员会第六次会议通过的《关于修改〈中华人民共和国刑事诉讼法〉的决定》，简称《刑事诉讼法修改决定》。

7. 根据 2018 年 10 月 26 日第十三届全国人民代表大会常务委员会第六次会议《关于修改〈中华人民共和国刑事诉讼法〉的决定》第三次修正的《中华人民共和国刑事诉讼法》，简称《刑事诉讼法》；与 2012 年《刑事诉讼法》对照时，简称修改后《刑事诉讼法》。

8. 根据 2017 年 9 月 1 日第十二届全国人民代表大会常务委员会第二十九次会议《关于修改〈中华人民共和国法官法〉等八部法律的决

定》第三次修正的《中华人民共和国律师法》，简称《律师法》。

9. 2018年3月20日第十三届全国人民代表大会第一次会议通过的《中华人民共和国监察法》，简称《监察法》。

10. 2018年4月27日第十三届全国人民代表大会常务委员会第二次会议通过的《中华人民共和国人民陪审员法》，简称《人民陪审员法》。

11. 2018年10月26日第十三届全国人民代表大会常务委员会第六次会议修订的《中华人民共和国人民法院组织法》，简称《人民法院组织法》。

12. 2018年10月26日第十三届全国人民代表大会常务委员会第六次会议通过的《中华人民共和国国际刑事司法协助法》，简称《国际刑事司法协助法》。

13. 2019年4月23日第十三届全国人民代表大会常务委员会第十次会议修订的《中华人民共和国法官法》，简称《法官法》。

14. 2019年12月28日第十三届全国人民代表大会常务委员会第十五次会议通过的《中华人民共和国社区矫正法》，简称《社区矫正法》。

15. 2020年10月17日第十三届全国人民代表大会常务委员会第二十二次会议第二次修订的《中华人民共和国未成年人保护法》，简称《未成年人保护法》。

16. 2020年12月26日第十三届全国人民代表大会常务委员会第二十四次会议第二次修订的《中华人民共和国预防未成年人犯罪法》，简称《预防未成年人犯罪法》。

二、司法解释

1.《最高人民法院关于执行〈中华人民共和国刑事诉讼法〉若干问题的解释》（法释〔1998〕23号），简称《1998年解释》。

2.《最高人民法院关于审理人身损害赔偿案件适用法律若干问题的解释》（法释〔2003〕20号），简称《人身损害赔偿解释》。

3.《最高人民法院关于复核死刑案件若干问题的规定》（法释〔2007〕4号），简称《复核死刑规定》。

4.《最高人民法院关于铁路运输法院案件管辖范围的若干规定》

（法释〔2012〕10号），简称《铁路运输法院案件管辖规定》。

5.《最高人民法院关于适用〈中华人民共和国刑事诉讼法〉的解释》（法释〔2012〕21号），简称《2012年解释》。

6.《最高人民法院关于减刑、假释案件审理程序的规定》（法释〔2014〕5号），简称《减刑、假释程序规定》。

7.《最高人民法院关于刑事裁判涉财产部分执行的若干规定》（法释〔2014〕13号），简称《财产执行规定》。

8.《中华人民共和国人民法院法庭规则》（法释〔2016〕7号），简称《法庭规则》。

9.《最高人民法院关于适用刑事诉讼法第二百二十五条第二款有关问题的批复》（法释〔2016〕13号），简称《死刑批复》。

10.《最高人民法院关于办理减刑、假释案件具体应用法律的规定》（法释〔2016〕23号），简称《减刑、假释规定》。

11.《最高人民法院、最高人民检察院关于适用犯罪嫌疑人、被告人逃匿、死亡案件违法所得没收程序若干问题的规定》（法释〔2017〕1号），简称《没收程序规定》。

12.《最高人民法院关于死刑复核及执行程序中保障当事人合法权益的若干规定》（法释〔2019〕12号），简称《死刑复核及执行程序保障权益规定》。

13.《最高人民法院关于适用〈中华人民共和国刑事诉讼法〉若干问题的解释》（法释〔2021〕1号），简称《解释》。

三、规范性文件

1.《最高人民法院、最高人民检察院、公安部、国家安全部、司法部、全国人大常委会法制工作委员会关于实施刑事诉讼法若干问题的规定》（2012年12月26日），简称《六部委规定》。

2.《最高人民法院、最高人民检察院、公安部、司法部关于刑事诉讼法律援助工作的规定》（2013年2月4日），简称《刑事诉讼法律援助工作规定》。

3.《最高人民法院、最高人民检察院、公安部关于办理网络犯罪案件适用刑事诉讼程序若干问题的意见》（公通字〔2014〕10号），简称

《网络犯罪程序意见》。

4.《最高人民法院、最高人民检察院、公安部、司法部、国家卫生计生委暂予监外执行规定》(司发通〔2014〕112号)，简称《监外执行规定》。

5.《中共中央办公厅、国务院办公厅关于进一步规范刑事诉讼涉案财物处置工作的意见》(中办发〔2015〕7号)，简称《中办、国办涉案财物处置意见》。

6.《最高人民法院、最高人民检察院、公安部、国家安全部、司法部关于依法保障律师执业权利的规定》(司发〔2015〕14号)，简称《保障律师执业权利规定》。

7.《最高人民法院、最高人民检察院、公安部关于办理刑事案件收集提取和审查判断电子数据若干问题的规定》(法发〔2016〕22号)，简称《电子数据规定》。

8.《最高人民法院、最高人民检察院、公安部关于办理电信网络诈骗等刑事案件适用法律若干问题的意见》(法发〔2016〕32号)，简称《电诈犯罪意见》。

9.《最高人民法院、最高人民检察院、公安部、国家安全部、司法部关于办理刑事案件严格排除非法证据若干问题的规定》(法发〔2017〕15号)，简称《非法证据排除规定》。

10.《人民法院办理刑事案件庭前会议规程(试行)》，简称《庭前会议规程》;《人民法院办理刑事案件排除非法证据规程(试行)》，简称《非法证据排除规程》);《人民法院办理刑事案件第一审普通程序法庭调查规程(试行)》，简称《法庭调查规程》;合称“三项规程”。

11.《最高人民法院关于健全完善人民法院审判委员会工作机制的意见》(法发〔2019〕20号)，简称《审委会意见》。

12.《最高人民法院、最高人民检察院、中国海警局关于海上刑事案件管辖等有关问题的通知》(海警〔2020〕1号)，简称《海上刑事案件管辖通知》。

13.《最高人民法院、最高人民检察院、公安部、国家安全部、司法部关于适用认罪认罚从宽制度的指导意见》(2019年10月11日)，简称《认罪认罚意见》。

目录

CONTENTS

第一部分　新闻问答

第二部分　条文全本

第三部分　条文释义

第一部分　新闻问答

《最高人民法院关于适用〈中华人民共和国刑事诉讼法〉的解释》新闻发布会实录

时　　间： 2021年2月4日（星期四）10：00

地　　点： 最高人民法院全媒体新闻发布厅

出席嘉宾： 最高人民法院副院长　　　　　李少平

最高人民法院审判委员会副部级

专职委员、刑一庭庭长　　　　沈　亮

最高人民法院研究室副主任　周加海

主 持 人： 最高人民法院新闻局副局长　王　斌

发布内容： 发布《最高人民法院关于适用〈中华人民共和国刑事诉讼法〉的解释》并回答记者提问。

王　　斌： 女士们、先生们，各位媒体朋友们，大家上午好！

欢迎参加最高人民法院新闻发布会。今天我们将发布《最高人民法院关于适用〈中华人民共和国刑事诉讼法〉的解释》。我们很荣幸地邀请了最高人民法院副院长李少平先生、最高人民法院审判委员会专职委员、刑一庭庭长沈亮先生、最高人民法院研究室副主任周加海先生出席今天的新闻发布会。

首先，有请李少平副院长向大家介绍《最高人民法院关于适用〈中华人民共和国刑事诉讼法〉的解释》的相关内容。

李 少 平： 各位记者，大家好！现在我向各位通报《最高人民法院关于适用〈中华人民共和国刑事诉讼法〉的解释》（以下简称《新刑诉法解释》）的有关情况。

一、《新刑诉法解释》的制定背景

2018年10月26日，十三届全国人大常委会第六次会议通过《关于修改〈中华人民共和国刑事诉讼法〉的决定》（以下简称《刑事诉讼法修改决定》），自2018年10月26日起施行。这是继1996年和2012年《刑事诉讼法》修改后，对中国特色刑事诉讼制度的又一次十分重要的改革与完善。《刑事诉讼法修改决定》共26条，对《刑事诉讼法》18个条文作了修改，同时新增了18个条文，主要涉及完善监察与刑事诉讼的衔接机制、建立刑事缺席审判程序、完善认罪认罚从宽制度和增加速裁程序、为与其他法律相协调所作的修改等四方面内容。修改后《刑事诉讼法》从290条增加到308条。

本次《刑事诉讼法》修改，内容丰富，对刑事审判工作的影响重大。为确保法律准确、有效实施，早在《刑事诉讼法》修改过程中，最高人民法院即密切跟踪立法进程，同步开展修改《最高人民法院关于适用〈中华人民共和国刑事诉讼法〉的解释》（法释〔2012〕21号，以下简称《2012年解释》）的前期准备工作，向院内相关部门征求司法解释修改意见，并就若干重要专题委托十七家高院、八家中院和三家基层法院开展前期调研，确保司法解释起草坚持问题导向，汇集司法实践智慧。《刑事诉讼法修改决定》通过后，经过反复调研论证，起草了解释稿，多次征求中央有关部门、地方法院的意见，并邀请十余位刑事诉讼法专家进行论证。特别是，为准确反映立法精神，解释起草过程中，曾多次征求立法机关意见。2020年12月7日，最高人民法院院长、首席大法官周强主持召开最高人民法院审判委员会第1820次会议，审议并通过《新刑诉法解释》，现决定正式对外发布，自2021年3月1日起施行。

《新刑诉法解释》共计27章、655条，历经最高人民法院刑事审判专业委员会八次审议和最高人民法院审判委员会全体会议三次审议，是最高人民法院有史以来条文数量最多的司法解释，也是内容最为丰富、最为重要的司法解释之一。解释坚持以习近平新时代中国特色社会主义思想为指导，认真贯彻习近平法治思想，全面总结我国刑事审判实践的新情况、新问题，对刑事审判程序的有关问题作了系统规定。《新刑诉法解释》的公布施行，对于人民法院严格依照法定程序正确履行审判职责，规范办案活动，保障诉讼权利，确保修改后《刑事诉讼法》的准确、有效实施，实现惩罚犯罪与保障人权的有机统一，具有重要意义。

二、《新刑诉法解释》的主要内容

与《2012年解释》相比，《新刑诉法解释》增加“认罪认罚案件的审理”“速裁程序”“缺席审判程序”三章，增加107条，作了实质修改的条文超过200条。司法解释文本刚才已经发给了各位记者朋友。限于时间关系，我重点介绍如下几个方面的内容：

（一）坚持以人民为中心，强化人权司法保障

以人民为中心是中国特色社会主义法治的本质要求。习近平总书记指出，推进全面依法治国，根本目的是依法保障人民利益。《新刑诉法解释》坚持贯彻以人民为中心的理念，将强化诉权保障作为贯穿始终的主线，通过具体制度设计，依法保障被告人的诉讼权利，充分保障辩护律师依法履行辩护职责，切实维护被害人合法权益，把尊重和保障人权落到实处。

一是进一步强化辩护权保障。辩护权是诉讼权利的核心。《新刑诉法解释》根据《刑事诉讼法》的规定和司法实践的具体情况，规定被告人没有委托辩护人，法律援助机构没有指派律师为其提供辩护的，人民法院应当告知被告人有权约见值班律师，推进刑事辩护、法律帮助全覆盖；针对指定辩护与委托辩护并存的情形，明确规定应当赋予被告人选择权，尊重被告人的选择；对作为证据向人民法院移送的讯问录音录像，准许辩护律师查阅，切实保障查阅权；明确经人民法院准许，律师可以带一名助理参加庭审，从事相关辅助工作，为律师履职提供充分保障，促进律师队伍“传、帮、带”。

二是进一步强化质证权保障。《新刑诉法解释》重申同案同审的一般原则，要求分案审理应当以有利于保障庭审质量和效率为前提，强调分案审理不得影响当事人质证权等诉讼权利的行使。特别是，审理过程中，必要时可以传唤分案审理的共同犯罪或者关联犯罪案件的被告人等到庭对质。对于分案起诉的共同犯罪或者关联犯罪案件，人民法院经审查认为，合并审理更有利于查明案件事实、保障诉讼权利、准确定罪量刑的，可以并案审理。

三是进一步强化被告单位的诉权保障。被告单位诉讼代表人的确定，是单位犯罪审理程序的基础。针对司法实践中诉讼代表人确定难的现实问题，《新刑诉法解释》适度扩大了诉讼代表人的确定范围：以单位内部人员作为第一选择，包括被告单位的法定代表人、实际控制人或者主要负责人，以及被告单位的其他负责人或者职工；在被告单位内部没有合适人员担任诉讼代表人的情况下，可以由被告单位委托律师等单位以外的人员作为诉讼代表人，维护被告单位的合法权益。

四是进一步强化未成年人的权益保障。《新刑诉法解释》贯彻新修订的

《未成年人保护法》《预防未成年人犯罪法》的理念精神和制度要求，规定审理未成年人遭受性侵害或者暴力伤害案件，在询问未成年被害人、证人时，应当采取同步录音录像等措施，尽量一次完成；要加强与有关部门配合，对遭受性侵害或者暴力伤害的未成年被害人及其家庭实施必要的心理干预、经济救助、法律援助、转学安置等保护措施，加强对未成年人的特殊保护。同时，为切实执行《刑事诉讼法》的有关规定，明确讯问未成年人，其法定代理人或者合适成年人不在场的，对其供述应当依法予以排除。

（二）坚持以审判为中心，有效维护司法公正

推进以审判为中心的刑事诉讼制度改革，是党中央作出的重大决策部署。《新刑诉法解释》根据以审判为中心的要求，强化证据裁判原则，细化审理程序，确保庭审在查明事实、认定证据、保护诉权、公正裁判中发挥决定性作用，实现案件裁判的实体公正，提高司法公信力。

一是强化证据裁判要求。针对实践中有的案件证据材料移送不全的问题，《新刑诉法解释》规定，人民法院应当审查证明被告人有罪、无罪、罪重、罪轻的证据材料是否全部随案移送；未随案移送的，应当通知在指定时间内移送；经通知未移送的，人民法院应当根据在案证据对案件事实作出认定。这意味着，如果因为未移送证据，导致相关事实存疑的，应当按照有利于被告人的原则作出认定。

二是强化庭审中心地位。《新刑诉法解释》厘清庭前会议与庭审程序的关系，明确对于庭前会议中听取控辩双方意见的程序性事项，人民法院可以在庭前会议后依法作出处理，并在庭审中宣布决定、说明理由；完善法庭调查程序，依法通知证人、鉴定人、有专门知识的人出庭，对于审判期间证人、鉴定人、被害人因出庭作证，本人或者其近亲属的人身安全面临危险的，人民法院应当采取保护措施；强化裁判文书说理，要求裁判文书应当写明裁判依据，阐释裁判理由，反映控辩双方的意见并说明采纳或者不予采纳的理由。

三是明确死缓二审案件一律开庭审理。为进一步贯彻落实两审终审制、完善死刑案件审判程序、保证死刑案件质量，《新刑诉法解释》规定，被告人被判处死刑的上诉案件，包括死刑缓期二年执行的案件，第二审人民法院一律应当开庭审理；被判处死刑立即执行、死刑缓期二年执行的被告人没有上诉，同案的其他被告人上诉的案件，第二审人民法院也应当开庭审理。

（三）规范涉案财物处理，加强产权司法保护

随着经济社会发展，越来越多的刑事案件涉及财物处理问题，涉案财物的数量越来越多、价值越来越大，利益关系也越来越复杂。为强化产权司法保护，《新刑诉法解释》充实完善对涉案财物审查、处理、执行的相关规定，要求对定罪量刑和涉案财物处理并重。

一是进一步强化对涉案财物的庭前审查。《新刑诉法解释》规定在立案审查阶段，要审查涉案财物是否随案移送并列明权属情况，以及是否有证明相关财物系违法所得或者依法应当追缴的其他涉案财物的证据材料；在庭前会议中，可以就涉案财物的权属情况和处理建议听取意见。

二是进一步强化对涉案财物的当庭调查。《新刑诉法解释》规定在法庭审理过程中，应当对查封、扣押、冻结财物及其孳息的权属、来源等情况，是否属于违法所得或者依法应当追缴的其他涉案财物进行调查，由公诉人说明情况、出示证据、提出处理建议，并听取被告人、辩护人等诉讼参与人的意见；案外人对涉案财物提出权属异议的，人民法院应当听取案外人的意见，必要时，可以通知案外人出庭；在法庭辩论时，要就涉案财物处理的相关问题进行辩论。

三是进一步强化对涉案财物的处理执行。《新刑诉法解释》针对个别案件中存在漏判随案移送的涉案财物的问题，规定在二审期间发现的，可以发回原审人民法院重新审判，由原审人民法院依法作出处理；判决生效后发现的，由原审人民法院对涉案财物依法另行作出处理。根据涉案财物集中保管改革，完善了涉案财物执行的相关规定。

（四）做好《监察法》与《刑事诉讼法》的衔接，保持反腐败高压态势

根据《监察法》和修改后《刑事诉讼法》的规定，《新刑诉法解释》完善审判程序与监察调查的衔接机制，细化完善违法所得没收程序和缺席审判程序的规定，为新时代反腐败斗争和国际追逃追赃工作提供有力司法保障。

一是明确监察调查证据的使用规则。根据《监察法》的规定，《新刑诉法解释》明确，监察机关依法收集的证据材料，在刑事诉讼中可以作为证据使用；对于监察机关收集的证据的审查判断，适用刑事审判关于证据的要求和标准。

二是健全审判程序与监察调查的衔接机制。《新刑诉法解释》增加对

监察调查相关事项进行审查的要求，规定对提起公诉的案件，应当审查起诉书是否写明被告人是否受过或者正在接受处分、被采取留置措施的情况，以及监察调查的各种法律手续和诉讼文书是否齐全；明确监察讯问录音录像的审查规则，规定在法庭决定对证据收集的合法性进行调查时，可以有针对性地播放监察调查讯问的录音录像；明确监察调查人员出庭的有关问题，规定法庭决定对证据收集的合法性进行调查的，可以由公诉人通过宣读讯问笔录、提请法庭通知有关调查人员出庭说明情况等方式，证明证据收集的合法性。

三是完善违法所得没收程序。根据《监察法》的规定，结合司法实践经验，《新刑诉法解释》规定对于贪污贿赂、失职渎职、恐怖活动、黑社会性质组织、电信诈骗等重大犯罪案件，犯罪嫌疑人、被告人逃匿，在通缉一年后不能到案，依照《刑法》规定应当追缴其违法所得及其他涉案财产的，可以适用违法所得没收程序；对于犯罪嫌疑人、被告人死亡，依照《刑法》规定应当追缴其违法所得及其他涉案财产的，也可以适用违法所得没收程序。

四是细化缺席审判程序。适应新时代国际追逃追赃工作的需要，根据修改后《刑事诉讼法》的规定，《新刑诉法解释》设专章对缺席审判程序作了细化，规定对于贪污贿赂犯罪案件，以及需要及时进行审判，经最高人民检察院核准的严重危害国家安全犯罪、恐怖活动犯罪案件，犯罪嫌疑人、被告人在境外的，可以适用缺席审判程序依法作出判决，并对违法所得及其他涉案财产作出处理，决不让腐败分子和其他犯罪分子逍遥法外、逃避惩罚。

我要向大家通报的情况就这些。谢谢大家。

王　斌：感谢李副院长的发布。下面，请各位记者结合今天发布的内容提问，按照惯例，提问前请通报一下所在媒体的名称。

央视总台记者：《新刑诉法解释》明确规定死刑缓期二年执行第二审案件一律开庭审理。请介绍一下此项工作的准备实施情况。谢谢。

沈　亮：死刑案件，人命关天，必须适用最为严格、审慎的审理程序。《刑事诉讼法》明确规定，被告人被判处死刑的上诉案件，人民法院应当组成合议庭开庭审理。死刑缓期二年执行案件也属于死刑案件。为严格落实《刑事诉讼法》的规定，《新刑诉法解释》规定，死缓二审案件一律开庭审理。死缓二审案件开庭，需要做方方面面的准备、协调工作。最高人民法院已于2020年12月17日发出通知，就相关工作提出明确要求。

一是要充分认识死缓二审案件开庭的重大意义。死缓二审案件一律开庭审理，是严格执行《刑法》《刑事诉讼法》的重要举措，是进一步贯彻落实两审终审制、推进以审判为中心诉讼制度改革的重要举措，是进一步完善死刑案件审判程序、保证死刑案件质量的重要举措，有利于加强司法人权保障，有利于防范冤错案件，有利于从制度上保证判决的公正和慎重。各高级人民法院、解放军军事法院要认真学习贯彻习近平法治思想，提高政治站位，深刻认识做好死缓二审案件一律开庭审理工作的重大意义，切实增强责任感和紧迫感，精心组织，周密部署，克服困难，创造条件，确保相关工作要求不折不扣、有条不紊落实到位。

二是要严格依法做好死缓二审案件开庭工作。开庭审理死缓二审案件，应当严格依照《刑事诉讼法》的规定，对第一审判决认定的事实和适用法律进行全面审查，在此基础上，重点审查对第一审判决有争议的问题或者有疑问的部分。要参照死刑立即执行案件第二审开庭的经验做法，完善死缓二审案件开庭的审理程序和方式，确保庭审质量。要在充分保障当事人诉讼权利和庭审质量的基础上，积极运用智慧法院建设成果，与有关部门加强沟通协调，探索采取远程视频方式提讯、开庭，提高办案效率。

三是要加强与有关部门的沟通协调。各高级人民法院、解放军军事法院要在党委领导下，积极争取政府及有关部门的支持，切实解决死缓二审案件开庭所涉人、财、物保障及相关问题。要加强与检察机关、公安机关、司法行政部门的协调，争取支持和配合，保证公诉人和律师出庭，确保死缓二审案件开庭工作顺利进行。谢谢!

王　斌: 下面请继续提问。

南方都市报记者: 作为最高人民法院有史以来条文数量最多的司法解释,《新刑诉法解释》在起草过程中主要有哪些考虑，坚持了哪些原则？请介绍一下有关情况，谢谢。

周加海:《新刑诉法解释》坚持以习近平新时代中国特色社会主义思想为指导，认真贯彻习近平法治思想，根据刑事诉讼立法的新发展，在全面总结近年来我国刑事审判实践经验、需求的基础上，对刑事审判程序的有关问题作了系统规定。符合法律精神、符合实践需求、符合时代发展方向，是我们制定司法解释的立足点和努力追求的目标。为此，我们着重坚持了以下原则:

一是坚持法治思维，遵循立法精神。司法解释是对法律具体应用的解释，必须以法律为准绳，在法律框架内进行解释。在制定解释过程中，我们始终把依法解释作为最基本的要求，强调每一个解释条文、每一项解释内容都必须符合法律规定、符合法律精神。涉及诉讼权利的，必须充分保障；涉及权利限制的，必须于法有据；涉及审判职责的，必须严格落实。例如，在解释起草过程中，曾有意见提出，实践中经常发现通过连续怀孕逃避刑罚执行的情形，此类行为影响恶劣，监外执行的期间不应计入执行刑期。其他国家和地区有类似做法。经研究，上述观点虽然具有实质合理性，但根据我国《刑事诉讼法》规定，只有通过贿赂等非法手段骗取暂予监外执行或者在监外执行期间脱逃的，有关期间才不计入执行刑期，故司法解释无权作出规定，只能在将来修改立法时提出建议。又如，尽管死缓案件二审一律开庭有很多现实困难，需要做大量准备、协调工作，但考虑到法律规定"被告人被判处死刑的上诉案件"二审应当开庭，我们下定决心、克服困难，落实法律要求，写进解释条文。

二是尊重和保障人权，强化诉权保障。尊重和保障人权是我国宪法确立的一项重要原则，是坚持以人民为中心这一中国特色社会主义法治本质要求的具体体现。《新刑诉法解释》依照《刑事诉讼法》的规定，通过具体制度设计，充分保障被告人的辩护权以及获得法律帮助的权利，充分保障辩护律师的各项权利，充分保障被害人、诉讼代理人等其他诉讼参与人的权利，全方位强化人权司法保障。例如，当前以组织、公司形式实施共同犯罪，上下游犯罪之间"协同作案"的现象越来越普遍，导致有的案件的被告人多达几十人，相应还有几十名甚至上百名辩护人。对此类案件进行适当的分案审理，以保障庭审顺利进行，同时减轻当事人和辩护人、诉讼代理人的负担，是必要的、符合司法规律的。但经调研也发现，在分案审理过程中，存在不当限制当事人和辩护人、诉讼代理人质证权的问题。为此，《新刑诉法解释》确立以同案同审为原则、分案审理为例外的规则，规定分案审理必须以有利于保障庭审质量和效率为前提；分案审理不得影响当事人质证权等诉讼权利的行使，必要时可以传唤分案审理的共同犯罪或者关联犯罪案件的被告人等到庭对质。又如，对于讯问录音录像等是否属于案卷材料、能否允许辩护律师查阅，理论上、实践中一直存在不同认识。为充分保障辩护权，《新刑诉法解释》明确规定，对作为证据材料向人民法院移送的讯问录音录像，辩护律师申请查阅的，人民法院应当准许。

三是坚持以审判为中心，有效维护司法公正。推进以审判为中心的诉讼制度改革是党的十八届四中全会部署的重大改革任务。近年来，这一改革在刑事立法和司法实践领域已取得一系列成果，积累了很多有益经验。在制定解释过程中，我们高度重视吸收相关成果和经验，在证据审查判断、非法证据排除、繁简分流机制、庭前准备程序、庭审实质化、涉案财物处置等诸多方面，有针对性地作出具体规定，确保体现以审判为中心的改革要求，并推动改革继续深化。

四是坚持问题导向，荟萃审判经验与理论成果。随着经济社会发展、法治建设深入，近年来，刑事审判出现了一些新情况，需要研究解决；理论界推出了一些新成果，需要及时吸收。为保障解释能够满足实践需求、体现时代发展，在制定解释过程中，我们高度重视、充分听取全国法院特别是一线办案法官的建议，反复征求各方面的意见，邀请知名专家进行论证，以最大限度地凝聚各方面的共识和智慧，确保解释能够妥当解决实际问题，取得良好效果。例如，规范并案和分案审理程序、增设部分发回重审规定、完善上诉不加刑规定等，就是根据近年来刑事审判工作中反映出的新问题，经过充分征求意见、研究论证后作出的制度创设。可以说，《新刑诉法解释》确确实实是全国法院、各方面集体智慧的结晶。借此机会，我要向所有参与过解释研究论证工作的各方面专家、同仁致以真诚的感谢！谢谢！

王　斌：下面请继续提问。

人民法院报记者：认罪认罚从宽制度是本次《刑事诉讼法》修改确立的重要法律制度，是《新刑诉法解释》的重要内容。认罪认罚从宽制度在全国范围内施行已有两年时间，请问人民法院应当如何做好这项工作？谢谢。

沈　亮：2018年《刑事诉讼法》修改确立的认罪认罚从宽制度，是为了更好实现司法公正与效率相统一的重要制度安排。各级人民法院要严格贯彻执行《刑事诉讼法》《新刑诉法解释》相关规定和《认罪认罚意见》，吃透立法精神、领会制度内涵、把握正确方向，确保认罪认罚从宽制度准确、统一、有效实施。我认为，工作中需要注意以下几个问题。

一是要切实依法履行好人民法院的审判职责。认罪认罚从宽制度，是在我国刑事诉讼法律框架内，在推进以审判为中心的刑事诉讼制度改革背景下，进一步在实体上落实宽严相济、在程序上落实繁简分流、提升刑事司法效能的重要举措。贯彻落实认罪认罚从宽制度，并没有改变公检法三机关之间分工负责、互相配合、互相制约的关系，诉讼中控辩审三方的格局没有变化。各级人民法院要切实履行刑事审判职责，在分工负责的基础上加强配合、完善制约，坚持依法办案。对于检察机关提出的量刑建议，人民法院应当认真尽责审查，对于依法应当采纳的予以采纳，对于量刑建议明显不当，检察机关不予调整或者调整后仍然明显不当的，应当依法及时作出判决。今天发布的《新刑诉法解释》第三百五十四条，对量刑建议是否明显不当的判断标准和方法作了指引性规定。

二是要始终坚持罪责刑相适应、宽严相济、证据裁判等法律原则。从2016年在部分地区先行试点到2018年底在全国实施，最高人民法院就反复强调，贯彻认罪认罚从宽制度，一定要坚持罪责刑相适应、宽严相济、证据裁判原则，防止定罪把关不严、量刑轻重失衡、程序繁简失当。坚持罪责刑相适应，就是根据犯罪的事实、性质、情节和对社会的危害程度，综合考虑认罪认罚的具体情况，依法确定是否从宽及从宽幅度，确保量刑与罪责大小相匹配，宽严适度、罚当其罪。坚持贯彻宽严相济刑事政策，就是要区分不同性质的犯罪，该宽则宽，当严则严。对于认罪认罚案件，法律规定是“可以”依法从宽处理，并非“应当”依法从宽处理。据此，结合司法实践，认罪认罚从宽制度适用的重点，应当是案情明了、影响不大、处刑不重的案件，如常见多发的危险驾驶案件、普通的盗窃案件、因民间矛盾引发的较轻犯罪案件，等等。对于严重危害公共安全犯罪、严重影响人民群众安全感的暴力犯罪，如绑架、抢劫、爆炸犯罪，以及社会影响恶劣、各界广泛关注的案件，如性侵未成年人犯罪等挑战法律和社会伦理底线的严重犯罪，即使被告人认罪认罚，该重判的仍要坚决依法重判，要通过严谨的审理程序、充分的裁判说理、恰当的刑罚适用，彰显公平正义、回应社会关切、维护法律威严。坚持证据裁判，就是要坚守“事实清楚，证据确实、充分”的法定证明标准，不能因为被告人认罪认罚，就降低证明标准，将本应疑罪从无的案件简单从轻处理，要发挥庭审应有功能，特别是要重点对认罪认罚自愿性、真实性和定罪量刑关键事实进行审查核实，确保案件审判质效。

三是要协同推进认罪认罚从宽制度准确、有效实施。认罪认罚从宽制度实施，涵盖实体、程序、工作机制多个方面，贯穿侦查、起诉、审判多个环节，涉及公检法司等多个部门，是一项系统性、整体性很强的工作。

各级人民法院要加强与检察机关、公安机关、司法行政机关等部门的沟通协调，增强共识，凝聚合力，最大限度发挥认罪认罚从宽制度在促进司法公正、化解社会矛盾、优化司法资源配置、创新社会治理方面的功能作用。谢谢！

王　斌：最后一个问题。

封面新闻记者：《新刑诉法解释》将于2021年3月1日起正式施行。请问人民法院将采取哪些措施，确保《新刑诉法解释》在审判实践中得到切实贯彻执行？谢谢。

李少平：《新刑诉法解释》根据《刑事诉讼法》的修订情况，结合近年来司法实践反映的需求和问题，对《2012年解释》作了较大幅度的充实完善。法律的生命力在于实施，司法解释也是如此。下一步，人民法院将认真学习贯彻习近平法治思想，切实抓好《新刑诉法解释》的贯彻实施工作，并以此为契机，全面加强刑事审判工作，确保《刑事诉讼法》准确、统一、有效实施，确保刑事诉讼惩罚犯罪、保护人民的功能充分实现，努力让人民群众在每一个司法案件中感受到公平正义。

一是加强学习培训。《新刑诉法解释》对修订后《刑事诉讼法》作了全面系统的解释，是审理刑事案件的重要依据，各级人民法院要高度重视《新刑诉法解释》的学习培训工作，确保全体刑事法官全面掌握解释内容，准确领会解释精神，正确执行解释规定。要充分认识学习培训的重要意义，把学习培训作为提高人民法院刑事审判队伍能力、提升人民法院刑事审判水平的重要举措。要加强对学习培训工作的组织领导，制定培训方案，尽快将所有刑事审判工作人员培训一遍。要保障学习培训的效果，强化对新增或者有重要修改的条文、规定的学习，强化正确理念的树立，强化融会贯通、学以致用的能力。

二是加强刑事审判工作。各级人民法院要认真学习贯彻习近平法治思想，坚决把习近平法治思想贯彻落实到人民法院工作全过程和各方面，以《新刑诉法解释》的颁布施行为契机，做好新时代刑事审判工作，坚决维护国家安全和社会稳定，保持惩治腐败高压态势，切实维护人民群众安全感，加强人权司法保障和产权司法保护，推动建设更高水平的平安中国。

借此机会，我想强调的是，虽然随着经济社会发展，刑事案件在人民法院受理的各类案件中所占比例有所下降，但刑事审判的影响重大、意义重大，社会关注度更高、法律政策性更强，可谓是人民法院各类审判活动的"关键少数"。各级人民法院一定要清醒充分地认识刑事审判的功能、意义和影响，一定要重视强化刑事审判队伍建设、能力建设，一定要通过公正高效的审判彰显公平正义、赢得社会公信。

三是更新刑事审判理念。树立正确理念，才能准确把握法律和解释的精神，才能正确执行法律和解释的规定。要进一步坚持惩罚犯罪与保障人权并重的原则，准确把握社会治安形势发展变化，根据宽严相济刑事政策的要求，依法惩处各类刑事犯罪；要进一步强化证据裁判意识，切实把各项证据制度理解好、执行好，提升刑事案件的质量，确保每一起案件都经得起法律和历史的检验，从源头上有效防止冤错案件；要进一步提高司法能力，按照繁简分流的工作要求，用好认罪认罚从宽制度和速裁程序，确保审判活动公正高效；要进一步落实分工负责、相互配合、相互制约原则，切实维护司法公正，捍卫社会公平正义。谢谢！

王　斌：感谢李少平副院长、沈亮专委和周加海副主任的解答。春节马上就要到了，在此提前祝大家新春愉快，牛年大吉！今天的发布会到此结束。谢谢大家！

第二部分　条文全本

最高人民法院
关于适用《中华人民共和国刑事诉讼法》的解释

法释〔2021〕1号

（2020年12月7日最高人民法院审判委员会第1820次会议通过
2021年1月26日最高人民法院公告公布　自2021年3月1日起施行）

目　录

2018年10月26日，第十三届全国人民代表大会常务委员会第六次会议通过了《关于修改〈中华人民共和国刑事诉讼法〉的决定》。为正确理解和适用修改后的刑事诉讼法，结合人民法院审判工作实际，制定本解释。

第一章 管 辖

第一条 人民法院直接受理的自诉案件包括：

（一）告诉才处理的案件：

1. 侮辱、诽谤案（刑法第二百四十六条规定的，但严重危害社会秩序和国家利益的除外）；

2. 暴力干涉婚姻自由案（刑法第二百五十七条第一款规定的）；

3. 虐待案（刑法第二百六十条第一款规定的，但被害人没有能力告诉或者因受到强制、威吓无法告诉的除外）；

4. 侵占案（刑法第二百七十条规定的）。

（二）人民检察院没有提起公诉，被害人有证据证明的轻微刑事案件：

1. 故意伤害案（刑法第二百三十四条第一款规定的）；

2. 非法侵入住宅案（刑法第二百四十五条规定的）；

3. 侵犯通信自由案（刑法第二百五十二条规定的）；

4. 重婚案（刑法第二百五十八条规定的）；

5. 遗弃案（刑法第二百六十一条规定的）；

6. 生产、销售伪劣商品案（刑法分则第三章第一节规定的，但严重危害社会秩序和国家利益的除外）；

7. 侵犯知识产权案（刑法分则第三章第七节规定的，但严重危害社会秩序和国家利益的除外）；

8. 刑法分则第四章、第五章规定的，可能判处三年有期徒刑以下刑罚的案件。

本项规定的案件，被害人直接向人民法院起诉的，人民法院应当依法受理。对其中证据不足，可以由公安机关受理的，或者认为对被告人可能判处三年有期徒刑以上刑罚的，应当告知被害人向公安机关报案，或者移送公安机关立案侦查。

（三）被害人有证据证明对被告人侵犯自己人身、财产权利的行为应当依法追究刑事责任，且有证据证明曾经提出控告，而公安机关或者人民检察院不予追究被告人刑事责任的案件。

第二条 犯罪地包括犯罪行为地和犯罪结果地。

针对或者主要利用计算机网络实施的犯罪，犯罪地包括用于实施犯罪行为的网络服务使用的服务器所在地，网络服务提供者所在地，被侵害的信息网络系统及其管理者所在地，犯罪过程中被告人、被害人使用的信息网络系统所在地，以及被害人被侵害时所在地和被害人财产遭受损失地等。

第三条 被告人的户籍地为其居住地。经常居住地与户籍地不一致的，经常居住地为其居住地。经常居住地为被告人被追诉前已连续居住一年以上的地方，但住院就医的除外。

被告单位登记的住所地为其居住地。主要营业地或者主要办事机构所在地与登记的住所地不一致的，主要营业地或者主要办事机构所在地为其居住地。

第四条 在中华人民共和国内水、领海发生的刑事案件，由犯罪地或者被告人登陆地的人民法院管辖。由被告人居住地的人民法院审判更为适宜的，可以由被告人居住地的人民法院管辖。

第五条 在列车上的犯罪，被告人在列车运行途中被抓获的，由前方停靠站所在地负责审判铁路运输刑事案件的人民法院管辖。必要时，也可以由始发站或者终点站所在地负责审判铁路运输刑事案件的人民法院管辖。

被告人不是在列车运行途中被抓获的，由负责该列车乘务的铁路公安机关对应的审判铁路运输刑事案件的人民法院管辖；被告人在列车运行途经车站被抓获的，也可以由该车站所在地负责审判铁路运输刑事案件的人民法院管辖。

第六条 在国际列车上的犯罪，根据我国与相关国家签订的协定确定管辖；没有协定的，由该列车始发或者前方停靠的中国车站所在地负责审判铁路运输刑事案件的人民法院管辖。

第七条　在中华人民共和国领域外的中国船舶内的犯罪，由该船舶最初停泊的中国口岸所在地或者被告人登陆地、入境地的人民法院管辖。

第八条　在中华人民共和国领域外的中国航空器内的犯罪，由该航空器在中国最初降落地的人民法院管辖。

第九条　中国公民在中国驻外使领馆内的犯罪，由其主管单位所在地或者原户籍地的人民法院管辖。

第十条　中国公民在中华人民共和国领域外的犯罪，由其登陆地、入境地、离境前居住地或者现居住地的人民法院管辖；被害人是中国公民的，也可以由被害人离境前居住地或者现居住地的人民法院管辖。

第十一条　外国人在中华人民共和国领域外对中华人民共和国国家或者公民犯罪，根据《中华人民共和国刑法》应当受处罚的，由该外国人登陆地、入境地或者入境后居住地的人民法院管辖，也可以由被害人离境前居住地或者现居住地的人民法院管辖。

第十二条　对中华人民共和国缔结或者参加的国际条约所规定的罪行，中华人民共和国在所承担条约义务的范围内行使刑事管辖权的，由被告人被抓获地、登陆地或者入境地的人民法院管辖。

第十三条　正在服刑的罪犯在判决宣告前还有其他罪没有判决的，由原审地人民法院管辖；由罪犯服刑地或者犯罪地的人民法院审判更为适宜的，可以由罪犯服刑地或者犯罪地的人民法院管辖。

罪犯在服刑期间又犯罪的，由服刑地的人民法院管辖。

罪犯在脱逃期间又犯罪的，由服刑地的人民法院管辖。但是，在犯罪地抓获罪犯并发现其在脱逃期间犯罪的，由犯罪地的人民法院管辖。

第十四条　人民检察院认为可能判处无期徒刑、死刑，向中级人民法院提起公诉的案件，中级人民法院受理后，认为不需要判处无期徒刑、死刑的，应当依法审判，不再交基层人民法院审判。

第十五条　一人犯数罪、共同犯罪或者其他需要并案审理的案件，其中一人或者一罪属于上级人民法院管辖的，全案由上级人民法院管辖。

第十六条　上级人民法院决定审判下级人民法院管辖的第一审刑事案件的，应当向下级人民法院下达改变管辖决定书，并书面通知同级人民检察院。

第十七条　基层人民法院对可能判处无期徒刑、死刑的第一审刑事案件，应当移送中级人民法院审判。

基层人民法院对下列第一审刑事案件，可以请求移送中级人民法院审判：

（一）重大、复杂案件；

（二）新类型的疑难案件；

（三）在法律适用上具有普遍指导意义的案件。

需要将案件移送中级人民法院审判的，应当在报请院长决定后，至迟于案件审理期限届满十五日以前书面请求移送。中级人民法院应当在接到申请后十日以内作出决定。不同意移送的，应当下达不同意移送决定书，由请求移送的人民法院依法审判；同意移送的，应当下达同意移送决定书，并书面通知同级人民检察院。

第十八条 有管辖权的人民法院因案件涉及本院院长需要回避或者其他原因，不宜行使管辖权的，可以请求移送上一级人民法院管辖。上一级人民法院可以管辖，也可以指定与提出请求的人民法院同级的其他人民法院管辖。

第十九条 两个以上同级人民法院都有管辖权的案件，由最初受理的人民法院审判。必要时，可以移送主要犯罪地的人民法院审判。

管辖权发生争议的，应当在审理期限内协商解决；协商不成的，由争议的人民法院分别层报共同的上级人民法院指定管辖。

第二十条 管辖不明的案件，上级人民法院可以指定下级人民法院审判。

有关案件，由犯罪地、被告人居住地以外的人民法院审判更为适宜的，上级人民法院可以指定下级人民法院管辖。

第二十一条 上级人民法院指定管辖，应当将指定管辖决定书送达被指定管辖的人民法院和其他有关的人民法院。

第二十二条 原受理案件的人民法院在收到上级人民法院改变管辖决定书、同意移送决定书或者指定其他人民法院管辖的决定书后，对公诉案件，应当书面通知同级人民检察院，并将案卷材料退回，同时书面通知当事人；对自诉案件，应当将案卷材料移送被指定管辖的人民法院，并书面通知当事人。

第二十三条 第二审人民法院发回重新审判的案件，人民检察院撤回起诉后，又向原第一审人民法院的下级人民法院重新提起公诉的，下级人民法院应当将有关情况层报原第二审人民法院。原第二审人民法院根据具体情况，可以决定将案件移送原第一审人民法院或者其他人民法院审判。

第二十四条　人民法院发现被告人还有其他犯罪被起诉的，可以并案审理；涉及同种犯罪的，一般应当并案审理。

人民法院发现被告人还有其他犯罪被审查起诉、立案侦查、立案调查的，可以参照前款规定协商人民检察院、公安机关、监察机关并案处理，但可能造成审判过分迟延的除外。

根据前两款规定并案处理的案件，由最初受理地的人民法院审判。必要时，可以由主要犯罪地的人民法院审判。

第二十五条　第二审人民法院在审理过程中，发现被告人还有其他犯罪没有判决的，参照前条规定处理。第二审人民法院决定并案审理的，应当发回第一审人民法院，由第一审人民法院作出处理。

第二十六条　军队和地方互涉刑事案件，按照有关规定确定管辖。

第二章　回　避

第二十七条　审判人员具有下列情形之一的，应当自行回避，当事人及其法定代理人有权申请其回避：

（一）是本案的当事人或者是当事人的近亲属的；

（二）本人或者其近亲属与本案有利害关系的；

（三）担任过本案的证人、鉴定人、辩护人、诉讼代理人、翻译人员的；

（四）与本案的辩护人、诉讼代理人有近亲属关系的；

（五）与本案当事人有其他利害关系，可能影响公正审判的。

第二十八条　审判人员具有下列情形之一的，当事人及其法定代理人有权申请其回避：

（一）违反规定会见本案当事人、辩护人、诉讼代理人的；

（二）为本案当事人推荐、介绍辩护人、诉讼代理人，或者为律师、其他人员介绍办理本案的；

（三）索取、接受本案当事人及其委托的人的财物或者其他利益的；

（四）接受本案当事人及其委托的人的宴请，或者参加由其支付费用的活动的；

（五）向本案当事人及其委托的人借用款物的；

（六）有其他不正当行为，可能影响公正审判的。

第二十九条 参与过本案调查、侦查、审查起诉工作的监察、侦查、检察人员，调至人民法院工作的，不得担任本案的审判人员。

在一个审判程序中参与过本案审判工作的合议庭组成人员或者独任审判员，不得再参与本案其他程序的审判。但是，发回重新审判的案件，在第一审人民法院作出裁判后又进入第二审程序、在法定刑以下判处刑罚的复核程序或者死刑复核程序的，原第二审程序、在法定刑以下判处刑罚的复核程序或者死刑复核程序中的合议庭组成人员不受本款规定的限制。

第三十条 依照法律和有关规定应当实行任职回避的，不得担任案件的审判人员。

第三十一条 人民法院应当依法告知当事人及其法定代理人有权申请回避，并告知其合议庭组成人员、独任审判员、法官助理、书记员等人员的名单。

第三十二条 审判人员自行申请回避，或者当事人及其法定代理人申请审判人员回避的，可以口头或者书面提出，并说明理由，由院长决定。

院长自行申请回避，或者当事人及其法定代理人申请院长回避的，由审判委员会讨论决定。审判委员会讨论时，由副院长主持，院长不得参加。

第三十三条 当事人及其法定代理人依照刑事诉讼法第三十条和本解释第二十八条的规定申请回避的，应当提供证明材料。

第三十四条 应当回避的审判人员没有自行回避，当事人及其法定代理人也没有申请其回避的，院长或者审判委员会应当决定其回避。

第三十五条 对当事人及其法定代理人提出的回避申请，人民法院可以口头或者书面作出决定，并将决定告知申请人。

当事人及其法定代理人申请回避被驳回的，可以在接到决定时申请复议一次。不属于刑事诉讼法第二十九条、第三十条规定情形的回避申请，由法庭当庭驳回，并不得申请复议。

第三十六条 当事人及其法定代理人申请出庭的检察人员回避的，人民法院应当区分情况作出处理：

（一）属于刑事诉讼法第二十九条、第三十条规定情形的回避申请，应当决定休庭，并通知人民检察院尽快作出决定；

（二）不属于刑事诉讼法第二十九条、第三十条规定情形的回避申请，应当当庭驳回，并不得申请复议。

第三十七条　本章所称的审判人员，包括人民法院院长、副院长、审判委员会委员、庭长、副庭长、审判员和人民陪审员。

第三十八条　法官助理、书记员、翻译人员和鉴定人适用审判人员回避的有关规定，其回避问题由院长决定。

第三十九条　辩护人、诉讼代理人可以依照本章的有关规定要求回避、申请复议。

第三章　辩护与代理

第四十条　人民法院审判案件，应当充分保障被告人依法享有的辩护权利。

被告人除自己行使辩护权以外，还可以委托辩护人辩护。下列人员不得担任辩护人：

（一）正在被执行刑罚或者处于缓刑、假释考验期间的人；

（二）依法被剥夺、限制人身自由的人；

（三）被开除公职或者被吊销律师、公证员执业证书的人；

（四）人民法院、人民检察院、监察机关、公安机关、国家安全机关、监狱的现职人员；

（五）人民陪审员；

（六）与本案审理结果有利害关系的人；

（七）外国人或者无国籍人；

（八）无行为能力或者限制行为能力的人。

前款第三项至第七项规定的人员，如果是被告人的监护人、近亲属，由被告人委托担任辩护人的，可以准许。

第四十一条　审判人员和人民法院其他工作人员从人民法院离任后二年内，不得以律师身份担任辩护人。

审判人员和人民法院其他工作人员从人民法院离任后，不得担任原任职法院所审理案件的辩护人，但系被告人的监护人、近亲属的除外。

审判人员和人民法院其他工作人员的配偶、子女或者父母不得担任其任职法院所审理案件的辩护人，但系被告人的监护人、近亲属的除外。

第四十二条 对接受委托担任辩护人的，人民法院应当核实其身份证明和授权委托书。

第四十三条 一名被告人可以委托一至二人作为辩护人。

一名辩护人不得为两名以上的同案被告人，或者未同案处理但犯罪事实存在关联的被告人辩护。

第四十四条 被告人没有委托辩护人的，人民法院自受理案件之日起三日以内，应当告知其有权委托辩护人；被告人因经济困难或者其他原因没有委托辩护人的，应当告知其可以申请法律援助；被告人属于应当提供法律援助情形的，应当告知其将依法通知法律援助机构指派律师为其提供辩护。

被告人没有委托辩护人，法律援助机构也没有指派律师为其提供辩护的，人民法院应当告知被告人有权约见值班律师，并为被告人约见值班律师提供便利。

告知可以采取口头或者书面方式。

第四十五条 审判期间，在押的被告人要求委托辩护人的，人民法院应当在三日以内向其监护人、近亲属或者其指定的人员转达要求。被告人应当提供有关人员的联系方式。有关人员无法通知的，应当告知被告人。

第四十六条 人民法院收到在押被告人提出的法律援助或者法律帮助申请，应当依照有关规定及时转交法律援助机构或者通知值班律师。

第四十七条 对下列没有委托辩护人的被告人，人民法院应当通知法律援助机构指派律师为其提供辩护：

（一）盲、聋、哑人；

（二）尚未完全丧失辨认或者控制自己行为能力的精神病人；

（三）可能被判处无期徒刑、死刑的人。

高级人民法院复核死刑案件，被告人没有委托辩护人的，应当通知法律援助机构指派律师为其提供辩护。

死刑缓期执行期间故意犯罪的案件，适用前两款规定。

第四十八条 具有下列情形之一，被告人没有委托辩护人的，人民法院可以通知法律援助机构指派律师为其提供辩护：

（一）共同犯罪案件中，其他被告人已经委托辩护人的；

（二）案件有重大社会影响的；

（三）人民检察院抗诉的；

（四）被告人的行为可能不构成犯罪的；

（五）有必要指派律师提供辩护的其他情形。

第四十九条 人民法院通知法律援助机构指派律师提供辩护的，应当将法律援助通知书、起诉书副本或者判决书送达法律援助机构；决定开庭审理的，除适用简易程序或者速裁程序审理的以外，应当在开庭十五日以前将上述材料送达法律援助机构。

法律援助通知书应当写明案由、被告人姓名、提供法律援助的理由、审判人员的姓名和联系方式；已确定开庭审理的，应当写明开庭的时间、地点。

第五十条 被告人拒绝法律援助机构指派的律师为其辩护，坚持自己行使辩护权的，人民法院应当准许。

属于应当提供法律援助的情形，被告人拒绝指派的律师为其辩护的，人民法院应当查明原因。理由正当的，应当准许，但被告人应当在五日以内另行委托辩护人；被告人未另行委托辩护人的，人民法院应当在三日以内通知法律援助机构另行指派律师为其提供辩护。

第五十一条 对法律援助机构指派律师为被告人提供辩护，被告人的监护人、近亲属又代为委托辩护人的，应当听取被告人的意见，由其确定辩护人人选。

第五十二条 审判期间，辩护人接受被告人委托的，应当在接受委托之日起三日以内，将委托手续提交人民法院。

接受法律援助机构指派为被告人提供辩护的，适用前款规定。

第五十三条 辩护律师可以查阅、摘抄、复制案卷材料。其他辩护人经人民法院许可，也可以查阅、摘抄、复制案卷材料。合议庭、审判委员会的讨论记录以及其他依法不公开的材料不得查阅、摘抄、复制。

辩护人查阅、摘抄、复制案卷材料的，人民法院应当提供便利，并保证必要的时间。

值班律师查阅案卷材料的，适用前两款规定。

复制案卷材料可以采用复印、拍照、扫描、电子数据拷贝等方式。

第五十四条 对作为证据材料向人民法院移送的讯问录音录像，辩护律师申请查阅的，人民法院应当准许。

第五十五条 查阅、摘抄、复制案卷材料，涉及国家秘密、商业秘密、个人隐私的，应当保密；对不公开审理案件的信息、材料，或者在办案过程中获悉的案件重要信息、证据材料，不得违反规定泄露、披露，不得用于办案以外的用途。人民法院可以要求相关人员出具承诺书。

违反前款规定的，人民法院可以通报司法行政机关或者有关部门，建议给予相应处罚；构成犯罪的，依法追究刑事责任。

第五十六条 辩护律师可以同在押的或者被监视居住的被告人会见和通信。其他辩护人经人民法院许可，也可以同在押的或者被监视居住的被告人会见和通信。

第五十七条 辩护人认为在调查、侦查、审查起诉期间监察机关、公安机关、人民检察院收集的证明被告人无罪或者罪轻的证据材料未随案移送，申请人民法院调取的，应当以书面形式提出，并提供相关线索或者材料。人民法院接受申请后，应当向人民检察院调取。人民检察院移送相关证据材料后，人民法院应当及时通知辩护人。

第五十八条 辩护律师申请向被害人及其近亲属、被害人提供的证人收集与本案有关的材料，人民法院认为确有必要的，应当签发准许调查书。

第五十九条 辩护律师向证人或者有关单位、个人收集、调取与本案有关的证据材料，因证人或者有关单位、个人不同意，申请人民法院收集、调取，或者申请通知证人出庭作证，人民法院认为确有必要的，应当同意。

第六十条 辩护律师直接申请人民法院向证人或者有关单位、个人收集、调取证据材料，人民法院认为确有必要，且不宜或者不能由辩护律师收集、调取的，应当同意。

人民法院向有关单位收集、调取的书面证据材料，必须由提供人签名，并加盖单位印章；向个人收集、调取的书面证据材料，必须由提供人签名。

人民法院对有关单位、个人提供的证据材料，应当出具收据，写明证据材料的名称、收到的时间、件数、页数以及是否为原件等，由书记员、法官助理或者审判人员签名。

收集、调取证据材料后，应当及时通知辩护律师查阅、摘抄、复制，并告知人民检察院。

第六十一条 本解释第五十八条至第六十条规定的申请，应当以书面形式提出，并说明理由，写明需要收集、调取证据材料的内容或者需要调查问题的提纲。

对辩护律师的申请，人民法院应当在五日以内作出是否准许、同意的决定，并通知申请人；决定不准许、不同意的，应当说明理由。

第六十二条　人民法院自受理自诉案件之日起三日以内，应当告知自诉人及其法定代理人、附带民事诉讼当事人及其法定代理人，有权委托诉讼代理人，并告知其如果经济困难，可以申请法律援助。

第六十三条　当事人委托诉讼代理人的，参照适用刑事诉讼法第三十三条和本解释的有关规定。

第六十四条　诉讼代理人有权根据事实和法律，维护被害人、自诉人或者附带民事诉讼当事人的诉讼权利和其他合法权益。

第六十五条　律师担任诉讼代理人的，可以查阅、摘抄、复制案卷材料。其他诉讼代理人经人民法院许可，也可以查阅、摘抄、复制案卷材料。

律师担任诉讼代理人，需要收集、调取与本案有关的证据材料的，参照适用本解释第五十九条至第六十一条的规定。

第六十六条　诉讼代理人接受当事人委托或者法律援助机构指派后，应当在三日以内将委托手续或者法律援助手续提交人民法院。

第六十七条　辩护律师向人民法院告知其委托人或者其他人准备实施、正在实施危害国家安全、公共安全以及严重危害他人人身安全犯罪的，人民法院应当记录在案，立即转告主管机关依法处理，并为反映有关情况的辩护律师保密。

第六十八条　律师担任辩护人、诉讼代理人，经人民法院准许，可以带一名助理参加庭审。律师助理参加庭审的，可以从事辅助工作，但不得发表辩护、代理意见。

第四章　证　据

第一节　一般规定

第六十九条　认定案件事实，必须以证据为根据。

第七十条　审判人员应当依照法定程序收集、审查、核实、认定证据。

第七十一条　证据未经当庭出示、辨认、质证等法庭调查程序查证属实，不得作为定案的根据。

第七十二条 应当运用证据证明的案件事实包括：

（一）被告人、被害人的身份；

（二）被指控的犯罪是否存在；

（三）被指控的犯罪是否为被告人所实施；

（四）被告人有无刑事责任能力，有无罪过，实施犯罪的动机、目的；

（五）实施犯罪的时间、地点、手段、后果以及案件起因等；

（六）是否系共同犯罪或者犯罪事实存在关联，以及被告人在犯罪中的地位、作用；

（七）被告人有无从重、从轻、减轻、免除处罚情节；

（八）有关涉案财物处理的事实；

（九）有关附带民事诉讼的事实；

（十）有关管辖、回避、延期审理等的程序事实；

（十一）与定罪量刑有关的其他事实。

认定被告人有罪和对被告人从重处罚，适用证据确实、充分的证明标准。

第七十三条 对提起公诉的案件，人民法院应当审查证明被告人有罪、无罪、罪重、罪轻的证据材料是否全部随案移送；未随案移送的，应当通知人民检察院在指定时间内移送。人民检察院未移送的，人民法院应当根据在案证据对案件事实作出认定。

第七十四条 依法应当对讯问过程录音录像的案件，相关录音录像未随案移送的，必要时，人民法院可以通知人民检察院在指定时间内移送。人民检察院未移送，导致不能排除属于刑事诉讼法第五十六条规定的以非法方法收集证据情形的，对有关证据应当依法排除；导致有关证据的真实性无法确认的，不得作为定案的根据。

第七十五条 行政机关在行政执法和查办案件过程中收集的物证、书证、视听资料、电子数据等证据材料，经法庭查证属实，且收集程序符合有关法律、行政法规规定的，可以作为定案的根据。

根据法律、行政法规规定行使国家行政管理职权的组织，在行政执法和查办案件过程中收集的证据材料，视为行政机关收集的证据材料。

第七十六条 监察机关依法收集的证据材料，在刑事诉讼中可以作为证据使用。

对前款规定证据的审查判断，适用刑事审判关于证据的要求和标准。

第七十七条　对来自境外的证据材料，人民检察院应当随案移送有关材料来源、提供人、提取人、提取时间等情况的说明。经人民法院审查，相关证据材料能够证明案件事实且符合刑事诉讼法规定的，可以作为证据使用，但提供人或者我国与有关国家签订的双边条约对材料的使用范围有明确限制的除外；材料来源不明或者真实性无法确认的，不得作为定案的根据。

当事人及其辩护人、诉讼代理人提供来自境外的证据材料的，该证据材料应当经所在国公证机关证明，所在国中央外交主管机关或者其授权机关认证，并经中华人民共和国驻该国使领馆认证，或者履行中华人民共和国与该所在国订立的有关条约中规定的证明手续，但我国与该国之间有互免认证协定的除外。

第七十八条　控辩双方提供的证据材料涉及外国语言、文字的，应当附中文译本。

第七十九条　人民法院依照刑事诉讼法第一百九十六条的规定调查核实证据，必要时，可以通知检察人员、辩护人、自诉人及其法定代理人到场。上述人员未到场的，应当记录在案。

人民法院调查核实证据时，发现对定罪量刑有重大影响的新的证据材料的，应当告知检察人员、辩护人、自诉人及其法定代理人。必要时，也可以直接提取，并及时通知检察人员、辩护人、自诉人及其法定代理人查阅、摘抄、复制。

第八十条　下列人员不得担任见证人：

（一）生理上、精神上有缺陷或者年幼，不具有相应辨别能力或者不能正确表达的人；

（二）与案件有利害关系，可能影响案件公正处理的人；

（三）行使勘验、检查、搜查、扣押、组织辨认等监察调查、刑事诉讼职权的监察、公安、司法机关的工作人员或者其聘用的人员。

对见证人是否属于前款规定的人员，人民法院可以通过相关笔录载明的见证人的姓名、身份证件种类及号码、联系方式以及常住人口信息登记表等材料进行审查。

由于客观原因无法由符合条件的人员担任见证人的，应当在笔录材料中注明情况，并对相关活动进行全程录音录像。

第八十一条 公开审理案件时，公诉人、诉讼参与人提出涉及国家秘密、商业秘密或者个人隐私的证据的，法庭应当制止；确与本案有关的，可以根据具体情况，决定将案件转为不公开审理，或者对相关证据的法庭调查不公开进行。

第二节 物证、书证的审查与认定

第八十二条 对物证、书证应当着重审查以下内容：

（一）物证、书证是否为原物、原件，是否经过辨认、鉴定；物证的照片、录像、复制品或者书证的副本、复制件是否与原物、原件相符，是否由二人以上制作，有无制作人关于制作过程以及原物、原件存放于何处的文字说明和签名；

（二）物证、书证的收集程序、方式是否符合法律、有关规定；经勘验、检查、搜查提取、扣押的物证、书证，是否附有相关笔录、清单，笔录、清单是否经调查人员或者侦查人员、物品持有人、见证人签名，没有签名的，是否注明原因；物品的名称、特征、数量、质量等是否注明清楚；

（三）物证、书证在收集、保管、鉴定过程中是否受损或者改变；

（四）物证、书证与案件事实有无关联；对现场遗留与犯罪有关的具备鉴定条件的血迹、体液、毛发、指纹等生物样本、痕迹、物品，是否已作DNA鉴定、指纹鉴定等，并与被告人或者被害人的相应生物特征、物品等比对；

（五）与案件事实有关联的物证、书证是否全面收集。

第八十三条 据以定案的物证应当是原物。原物不便搬运、不易保存、依法应当返还或者依法应当由有关部门保管、处理的，可以拍摄、制作足以反映原物外形和特征的照片、录像、复制品。必要时，审判人员可以前往保管场所查看原物。

物证的照片、录像、复制品，不能反映原物的外形和特征的，不得作为定案的根据。

物证的照片、录像、复制品，经与原物核对无误、经鉴定或者以其他方式确认真实的，可以作为定案的根据。

第八十四条 据以定案的书证应当是原件。取得原件确有困难的，可以使用副本、复制件。

对书证的更改或者更改迹象不能作出合理解释，或者书证的副本、复制件不能反映原件及其内容的，不得作为定案的根据。

书证的副本、复制件，经与原件核对无误、经鉴定或者以其他方式确认真实的，可以作为定案的根据。

第八十五条 对与案件事实可能有关联的血迹、体液、毛发、人体组织、指纹、足迹、字迹等生物样本、痕迹和物品，应当提取而没有提取，应当鉴定而没有鉴定，应当移送鉴定意见而没有移送，导致案件事实存疑的，人民法院应当通知人民检察院依法补充收集、调取、移送证据。

第八十六条 在勘验、检查、搜查过程中提取、扣押的物证、书证，未附笔录或者清单，不能证明物证、书证来源的，不得作为定案的根据。

物证、书证的收集程序、方式有下列瑕疵，经补正或者作出合理解释的，可以采用：

（一）勘验、检查、搜查、提取笔录或者扣押清单上没有调查人员或者侦查人员、物品持有人、见证人签名，或者对物品的名称、特征、数量、质量等注明不详的；

（二）物证的照片、录像、复制品，书证的副本、复制件未注明与原件核对无异，无复制时间，或者无被收集、调取人签名的；

（三）物证的照片、录像、复制品，书证的副本、复制件没有制作人关于制作过程和原物、原件存放地点的说明，或者说明中无签名的；

（四）有其他瑕疵的。

物证、书证的来源、收集程序有疑问，不能作出合理解释的，不得作为定案的根据。

第三节 证人证言、被害人陈述的审查与认定

第八十七条 对证人证言应当着重审查以下内容：

（一）证言的内容是否为证人直接感知；

（二）证人作证时的年龄，认知、记忆和表达能力，生理和精神状态是否影响作证；

（三）证人与案件当事人、案件处理结果有无利害关系；

（四）询问证人是否个别进行；

（五）询问笔录的制作、修改是否符合法律、有关规定，是否注明询问的起止时间和地点，首次询问时是否告知证人有关权利义务和法律责任，

证人对询问笔录是否核对确认；

（六）询问未成年证人时，是否通知其法定代理人或者刑事诉讼法第二百八十一条第一款规定的合适成年人到场，有关人员是否到场；

（七）有无以暴力、威胁等非法方法收集证人证言的情形；

（八）证言之间以及与其他证据之间能否相互印证，有无矛盾；存在矛盾的，能否得到合理解释。

第八十八条 处于明显醉酒、中毒或者麻醉等状态，不能正常感知或者正确表达的证人所提供的证言，不得作为证据使用。

证人的猜测性、评论性、推断性的证言，不得作为证据使用，但根据一般生活经验判断符合事实的除外。

第八十九条 证人证言具有下列情形之一的，不得作为定案的根据：

（一）询问证人没有个别进行的；

（二）书面证言没有经证人核对确认的；

（三）询问聋、哑人，应当提供通晓聋、哑手势的人员而未提供的；

（四）询问不通晓当地通用语言、文字的证人，应当提供翻译人员而未提供的。

第九十条 证人证言的收集程序、方式有下列瑕疵，经补正或者作出合理解释的，可以采用；不能补正或者作出合理解释的，不得作为定案的根据：

（一）询问笔录没有填写询问人、记录人、法定代理人姓名以及询问的起止时间、地点的；

（二）询问地点不符合规定的；

（三）询问笔录没有记录告知证人有关权利义务和法律责任的；

（四）询问笔录反映出在同一时段，同一询问人员询问不同证人的；

（五）询问未成年人，其法定代理人或者合适成年人不在场的。

第九十一条 证人当庭作出的证言，经控辩双方质证、法庭查证属实的，应当作为定案的根据。

证人当庭作出的证言与其庭前证言矛盾，证人能够作出合理解释，并有其他证据印证的，应当采信其庭审证言；不能作出合理解释，而其庭前证言有其他证据印证的，可以采信其庭前证言。

经人民法院通知，证人没有正当理由拒绝出庭或者出庭后拒绝作证，法庭对其证言的真实性无法确认的，该证人证言不得作为定案的根据。

第九十二条 对被害人陈述的审查与认定，参照适用本节的有关规定。

第四节 被告人供述和辩解的审查与认定

第九十三条 对被告人供述和辩解应当着重审查以下内容：

（一）讯问的时间、地点，讯问人的身份、人数以及讯问方式等是否符合法律、有关规定；

（二）讯问笔录的制作、修改是否符合法律、有关规定，是否注明讯问的具体起止时间和地点，首次讯问时是否告知被告人有关权利和法律规定，被告人是否核对确认；

（三）讯问未成年被告人时，是否通知其法定代理人或者合适成年人到场，有关人员是否到场；

（四）讯问女性未成年被告人时，是否有女性工作人员在场；

（五）有无以刑讯逼供等非法方法收集被告人供述的情形；

（六）被告人的供述是否前后一致，有无反复以及出现反复的原因；

（七）被告人的供述和辩解是否全部随案移送；

（八）被告人的辩解内容是否符合案情和常理，有无矛盾；

（九）被告人的供述和辩解与同案被告人的供述和辩解以及其他证据能否相互印证，有无矛盾；存在矛盾的，能否得到合理解释。

必要时，可以结合现场执法音视频记录、讯问录音录像、被告人进出看守所的健康检查记录、笔录等，对被告人的供述和辩解进行审查。

第九十四条 被告人供述具有下列情形之一的，不得作为定案的根据：

（一）讯问笔录没有经被告人核对确认的；

（二）讯问聋、哑人，应当提供通晓聋、哑手势的人员而未提供的；

（三）讯问不通晓当地通用语言、文字的被告人，应当提供翻译人员而未提供的；

（四）讯问未成年人，其法定代理人或者合适成年人不在场的。

第九十五条 讯问笔录有下列瑕疵，经补正或者作出合理解释的，可以采用；不能补正或者作出合理解释的，不得作为定案的根据：

（一）讯问笔录填写的讯问时间、讯问地点、讯问人、记录人、法定代理人等有误或者存在矛盾的；

（二）讯问人没有签名的；

（三）首次讯问笔录没有记录告知被讯问人有关权利和法律规定的。

第九十六条 审查被告人供述和辩解，应当结合控辩双方提供的所有证据以及被告人的全部供述和辩解进行。

被告人庭审中翻供，但不能合理说明翻供原因或者其辩解与全案证据矛盾，而其庭前供述与其他证据相互印证的，可以采信其庭前供述。

被告人庭前供述和辩解存在反复，但庭审中供认，且与其他证据相互印证的，可以采信其庭审供述；被告人庭前供述和辩解存在反复，庭审中不供认，且无其他证据与庭前供述印证的，不得采信其庭前供述。

第五节 鉴定意见的审查与认定

第九十七条 对鉴定意见应当着重审查以下内容：

（一）鉴定机构和鉴定人是否具有法定资质；

（二）鉴定人是否存在应当回避的情形；

（三）检材的来源、取得、保管、送检是否符合法律、有关规定，与相关提取笔录、扣押清单等记载的内容是否相符，检材是否可靠；

（四）鉴定意见的形式要件是否完备，是否注明提起鉴定的事由、鉴定委托人、鉴定机构、鉴定要求、鉴定过程、鉴定方法、鉴定日期等相关内容，是否由鉴定机构盖章并由鉴定人签名；

（五）鉴定程序是否符合法律、有关规定；

（六）鉴定的过程和方法是否符合相关专业的规范要求；

（七）鉴定意见是否明确；

（八）鉴定意见与案件事实有无关联；

（九）鉴定意见与勘验、检查笔录及相关照片等其他证据是否矛盾；存在矛盾的，能否得到合理解释；

（十）鉴定意见是否依法及时告知相关人员，当事人对鉴定意见有无异议。

第九十八条 鉴定意见具有下列情形之一的，不得作为定案的根据：

（一）鉴定机构不具备法定资质，或者鉴定事项超出该鉴定机构业务范围、技术条件的；

（二）鉴定人不具备法定资质，不具有相关专业技术或者职称，或者违反回避规定的；

（三）送检材料、样本来源不明，或者因污染不具备鉴定条件的；

（四）鉴定对象与送检材料、样本不一致的；

（五）鉴定程序违反规定的；

（六）鉴定过程和方法不符合相关专业的规范要求的；

（七）鉴定文书缺少签名、盖章的；

（八）鉴定意见与案件事实没有关联的；

（九）违反有关规定的其他情形。

第九十九条 经人民法院通知，鉴定人拒不出庭作证的，鉴定意见不得作为定案的根据。

鉴定人由于不能抗拒的原因或者有其他正当理由无法出庭的，人民法院可以根据情况决定延期审理或者重新鉴定。

鉴定人无正当理由拒不出庭作证的，人民法院应当通报司法行政机关或者有关部门。

第一百条 因无鉴定机构，或者根据法律、司法解释的规定，指派、聘请有专门知识的人就案件的专门性问题出具的报告，可以作为证据使用。

对前款规定的报告的审查与认定，参照适用本节的有关规定。

经人民法院通知，出具报告的人拒不出庭作证的，有关报告不得作为定案的根据。

第一百零一条 有关部门对事故进行调查形成的报告，在刑事诉讼中可以作为证据使用；报告中涉及专门性问题的意见，经法庭查证属实，且调查程序符合法律、有关规定的，可以作为定案的根据。

第六节 勘验、检查、辨认、侦查实验等笔录的审查与认定

第一百零二条 对勘验、检查笔录应当着重审查以下内容：

（一）勘验、检查是否依法进行，笔录制作是否符合法律、有关规定，勘验、检查人员和见证人是否签名或者盖章；

（二）勘验、检查笔录是否记录了提起勘验、检查的事由，勘验、检查的时间、地点，在场人员、现场方位、周围环境等，现场的物品、人身、尸体等的位置、特征等情况，以及勘验、检查的过程；文字记录与实物或者绘图、照片、录像是否相符；现场、物品、痕迹等是否伪造、有无破坏；人身特征、伤害情况、生理状态有无伪装或者变化等；

（三）补充进行勘验、检查的，是否说明了再次勘验、检查的原由，前后勘验、检查的情况是否矛盾。

第一百零三条 勘验、检查笔录存在明显不符合法律、有关规定的情形，不能作出合理解释的，不得作为定案的根据。

第一百零四条 对辨认笔录应当着重审查辨认的过程、方法，以及辨认笔录的制作是否符合有关规定。

第一百零五条 辨认笔录具有下列情形之一的，不得作为定案的根据：

（一）辨认不是在调查人员、侦查人员主持下进行的；

（二）辨认前使辨认人见到辨认对象的；

（三）辨认活动没有个别进行的；

（四）辨认对象没有混杂在具有类似特征的其他对象中，或者供辨认的对象数量不符合规定的；

（五）辨认中给辨认人明显暗示或者明显有指认嫌疑的；

（六）违反有关规定，不能确定辨认笔录真实性的其他情形。

第一百零六条 对侦查实验笔录应当着重审查实验的过程、方法，以及笔录的制作是否符合有关规定。

第一百零七条 侦查实验的条件与事件发生时的条件有明显差异，或者存在影响实验结论科学性的其他情形的，侦查实验笔录不得作为定案的根据。

第七节　视听资料、电子数据的审查与认定

第一百零八条 对视听资料应当着重审查以下内容：

（一）是否附有提取过程的说明，来源是否合法；

（二）是否为原件，有无复制及复制份数；是复制件的，是否附有无法调取原件的原因、复制件制作过程和原件存放地点的说明，制作人、原视听资料持有人是否签名；

（三）制作过程中是否存在威胁、引诱当事人等违反法律、有关规定的情形；

（四）是否写明制作人、持有人的身份，制作的时间、地点、条件和方法；

（五）内容和制作过程是否真实，有无剪辑、增加、删改等情形；

（六）内容与案件事实有无关联。

对视听资料有疑问的，应当进行鉴定。

第一百零九条 视听资料具有下列情形之一的，不得作为定案的根据：

（一）系篡改、伪造或者无法确定真伪的；

（二）制作、取得的时间、地点、方式等有疑问，不能作出合理解释的。

第一百一十条 对电子数据是否真实，应当着重审查以下内容：

（一）是否移送原始存储介质；在原始存储介质无法封存、不便移动时，有无说明原因，并注明收集、提取过程及原始存储介质的存放地点或者电子数据的来源等情况；

（二）是否具有数字签名、数字证书等特殊标识；

（三）收集、提取的过程是否可以重现；

（四）如有增加、删除、修改等情形的，是否附有说明；

（五）完整性是否可以保证。

第一百一十一条 对电子数据是否完整，应当根据保护电子数据完整性的相应方法进行审查、验证：

（一）审查原始存储介质的扣押、封存状态；

（二）审查电子数据的收集、提取过程，查看录像；

（三）比对电子数据完整性校验值；

（四）与备份的电子数据进行比较；

（五）审查冻结后的访问操作日志；

（六）其他方法。

第一百一十二条 对收集、提取电子数据是否合法，应当着重审查以下内容：

（一）收集、提取电子数据是否由二名以上调查人员、侦查人员进行，取证方法是否符合相关技术标准；

（二）收集、提取电子数据，是否附有笔录、清单，并经调查人员、侦查人员、电子数据持有人、提供人、见证人签名或者盖章；没有签名或者盖章的，是否注明原因；对电子数据的类别、文件格式等是否注明清楚；

（三）是否依照有关规定由符合条件的人员担任见证人，是否对相关活动进行录像；

（四）采用技术调查、侦查措施收集、提取电子数据的，是否依法经过严格的批准手续；

（五）进行电子数据检查的，检查程序是否符合有关规定。

第一百一十三条 电子数据的收集、提取程序有下列瑕疵，经补正或者作出合理解释的，可以采用；不能补正或者作出合理解释的，不得作为定案的根据：

（一）未以封存状态移送的；

（二）笔录或者清单上没有调查人员或者侦查人员、电子数据持有人、提供人、见证人签名或者盖章的；

（三）对电子数据的名称、类别、格式等注明不清的；

（四）有其他瑕疵的。

第一百一十四条 电子数据具有下列情形之一的，不得作为定案的根据：

（一）系篡改、伪造或者无法确定真伪的；

（二）有增加、删除、修改等情形，影响电子数据真实性的；

（三）其他无法保证电子数据真实性的情形。

第一百一十五条 对视听资料、电子数据，还应当审查是否移送文字抄清材料以及对绰号、暗语、俗语、方言等不易理解内容的说明。未移送的，必要时，可以要求人民检察院移送。

第八节　技术调查、侦查证据的审查与认定

第一百一十六条 依法采取技术调查、侦查措施收集的材料在刑事诉讼中可以作为证据使用。

采取技术调查、侦查措施收集的材料，作为证据使用的，应当随案移送。

第一百一十七条 使用采取技术调查、侦查措施收集的证据材料可能危及有关人员的人身安全，或者可能产生其他严重后果的，可以采取下列保护措施：

（一）使用化名等代替调查、侦查人员及有关人员的个人信息；

（二）不具体写明技术调查、侦查措施使用的技术设备和技术方法；

（三）其他必要的保护措施。

第一百一十八条 移送技术调查、侦查证据材料的，应当附采取技

术调查、侦查措施的法律文书、技术调查、侦查证据材料清单和有关说明材料。

移送采用技术调查、侦查措施收集的视听资料、电子数据的，应当制作新的存储介质，并附制作说明，写明原始证据材料、原始存储介质的存放地点等信息，由制作人签名，并加盖单位印章。

第一百一十九条 对采取技术调查、侦查措施收集的证据材料，除根据相关证据材料所属的证据种类，依照本章第二节至第七节的相应规定进行审查外，还应当着重审查以下内容：

（一）技术调查、侦查措施所针对的案件是否符合法律规定；

（二）技术调查措施是否经过严格的批准手续，按照规定交有关机关执行；技术侦查措施是否在刑事立案后，经过严格的批准手续；

（三）采取技术调查、侦查措施的种类、适用对象和期限是否按照批准决定载明的内容执行；

（四）采取技术调查、侦查措施收集的证据材料与其他证据是否矛盾；存在矛盾的，能否得到合理解释。

第一百二十条 采取技术调查、侦查措施收集的证据材料，应当经过当庭出示、辨认、质证等法庭调查程序查证。

当庭调查技术调查、侦查证据材料可能危及有关人员的人身安全，或者可能产生其他严重后果的，法庭应当采取不暴露有关人员身份和技术调查、侦查措施使用的技术设备、技术方法等保护措施。必要时，审判人员可以在庭外对证据进行核实。

第一百二十一条 采用技术调查、侦查证据作为定案根据的，人民法院在裁判文书中可以表述相关证据的名称、证据种类和证明对象，但不得表述有关人员身份和技术调查、侦查措施使用的技术设备、技术方法等。

第一百二十二条 人民法院认为应当移送的技术调查、侦查证据材料未随案移送的，应当通知人民检察院在指定时间内移送。人民检察院未移送的，人民法院应当根据在案证据对案件事实作出认定。

第九节 非法证据排除

第一百二十三条 采用下列非法方法收集的被告人供述，应当予以排除：

（一）采用殴打、违法使用戒具等暴力方法或者变相肉刑的恶劣手段，使被告人遭受难以忍受的痛苦而违背意愿作出的供述；

（二）采用以暴力或者严重损害本人及其近亲属合法权益等相威胁的方法，使被告人遭受难以忍受的痛苦而违背意愿作出的供述；

（三）采用非法拘禁等非法限制人身自由的方法收集的被告人供述。

第一百二十四条 采用刑讯逼供方法使被告人作出供述，之后被告人受该刑讯逼供行为影响而作出的与该供述相同的重复性供述，应当一并排除，但下列情形除外：

（一）调查、侦查期间，监察机关、侦查机关根据控告、举报或者自己发现等，确认或者不能排除以非法方法收集证据而更换调查、侦查人员，其他调查、侦查人员再次讯问时告知有关权利和认罪的法律后果，被告人自愿供述的；

（二）审查逮捕、审查起诉和审判期间，检察人员、审判人员讯问时告知诉讼权利和认罪的法律后果，被告人自愿供述的。

第一百二十五条 采用暴力、威胁以及非法限制人身自由等非法方法收集的证人证言、被害人陈述，应当予以排除。

第一百二十六条 收集物证、书证不符合法定程序，可能严重影响司法公正的，应当予以补正或者作出合理解释；不能补正或者作出合理解释的，对该证据应当予以排除。

认定“可能严重影响司法公正”，应当综合考虑收集证据违反法定程序以及所造成后果的严重程度等情况。

第一百二十七条 当事人及其辩护人、诉讼代理人申请人民法院排除以非法方法收集的证据的，应当提供涉嫌非法取证的人员、时间、地点、方式、内容等相关线索或者材料。

第一百二十八条 人民法院向被告人及其辩护人送达起诉书副本时，应当告知其申请排除非法证据的，应当在开庭审理前提出，但庭审期间才发现相关线索或者材料的除外。

第一百二十九条 开庭审理前，当事人及其辩护人、诉讼代理人申请人民法院排除非法证据的，人民法院应当在开庭前及时将申请书或者申请笔录及相关线索、材料的复制件送交人民检察院。

第一百三十条 开庭审理前，人民法院可以召开庭前会议，就非法证据排除等问题了解情况，听取意见。

在庭前会议中，人民检察院可以通过出示有关证据材料等方式，对证据收集的合法性加以说明。必要时，可以通知调查人员、侦查人员或者其他人员参加庭前会议，说明情况。

第一百三十一条　在庭前会议中，人民检察院可以撤回有关证据。撤回的证据，没有新的理由，不得在庭审中出示。

当事人及其辩护人、诉讼代理人可以撤回排除非法证据的申请。撤回申请后，没有新的线索或者材料，不得再次对有关证据提出排除申请。

第一百三十二条　当事人及其辩护人、诉讼代理人在开庭审理前未申请排除非法证据，在庭审过程中提出申请的，应当说明理由。人民法院经审查，对证据收集的合法性有疑问的，应当进行调查；没有疑问的，驳回申请。

驳回排除非法证据的申请后，当事人及其辩护人、诉讼代理人没有新的线索或者材料，以相同理由再次提出申请的，人民法院不再审查。

第一百三十三条　控辩双方在庭前会议中对证据收集是否合法未达成一致意见，人民法院对证据收集的合法性有疑问的，应当在庭审中进行调查；对证据收集的合法性没有疑问，且无新的线索或者材料表明可能存在非法取证的，可以决定不再进行调查并说明理由。

第一百三十四条　庭审期间，法庭决定对证据收集的合法性进行调查的，应当先行当庭调查。但为防止庭审过分迟延，也可以在法庭调查结束前调查。

第一百三十五条　法庭决定对证据收集的合法性进行调查的，由公诉人通过宣读调查、侦查讯问笔录、出示提讯登记、体检记录、对讯问合法性的核查材料等证据材料，有针对性地播放讯问录音录像，提请法庭通知有关调查人员、侦查人员或者其他人员出庭说明情况等方式，证明证据收集的合法性。

讯问录音录像涉及国家秘密、商业秘密、个人隐私或者其他不宜公开内容的，法庭可以决定对讯问录音录像不公开播放、质证。

公诉人提交的取证过程合法的说明材料，应当经有关调查人员、侦查人员签名，并加盖单位印章。未经签名或者盖章的，不得作为证据使用。上述说明材料不能单独作为证明取证过程合法的根据。

第一百三十六条　控辩双方申请法庭通知调查人员、侦查人员或者其他人员出庭说明情况，法庭认为有必要的，应当通知有关人员出庭。

根据案件情况，法庭可以依职权通知调查人员、侦查人员或者其他人员出庭说明情况。

调查人员、侦查人员或者其他人员出庭的，应当向法庭说明证据收集过程，并就相关情况接受控辩双方和法庭的询问。

第一百三十七条 法庭对证据收集的合法性进行调查后，确认或者不能排除存在刑事诉讼法第五十六条规定的以非法方法收集证据情形的，对有关证据应当排除。

第一百三十八条 具有下列情形之一的，第二审人民法院应当对证据收集的合法性进行审查，并根据刑事诉讼法和本解释的有关规定作出处理：

（一）第一审人民法院对当事人及其辩护人、诉讼代理人排除非法证据的申请没有审查，且以该证据作为定案根据的；

（二）人民检察院或者被告人、自诉人及其法定代理人不服第一审人民法院作出的有关证据收集合法性的调查结论，提出抗诉、上诉的；

（三）当事人及其辩护人、诉讼代理人在第一审结束后才发现相关线索或者材料，申请人民法院排除非法证据的。

第十节 证据的综合审查与运用

第一百三十九条 对证据的真实性，应当综合全案证据进行审查。

对证据的证明力，应当根据具体情况，从证据与案件事实的关联程度、证据之间的联系等方面进行审查判断。

第一百四十条 没有直接证据，但间接证据同时符合下列条件的，可以认定被告人有罪：

（一）证据已经查证属实；

（二）证据之间相互印证，不存在无法排除的矛盾和无法解释的疑问；

（三）全案证据形成完整的证据链；

（四）根据证据认定案件事实足以排除合理怀疑，结论具有唯一性；

（五）运用证据进行的推理符合逻辑和经验。

第一百四十一条 根据被告人的供述、指认提取到了隐蔽性很强的物证、书证，且被告人的供述与其他证明犯罪事实发生的证据相互印证，并排除串供、逼供、诱供等可能性的，可以认定被告人有罪。

第一百四十二条 对监察机关、侦查机关出具的被告人到案经过、抓获经过等材料，应当审查是否有出具该说明材料的办案人员、办案机关的签名、盖章。

对到案经过、抓获经过或者确定被告人有重大嫌疑的根据有疑问的，应当通知人民检察院补充说明。

第一百四十三条　下列证据应当慎重使用，有其他证据印证的，可以采信：

（一）生理上、精神上有缺陷，对案件事实的认知和表达存在一定困难，但尚未丧失正确认知、表达能力的被害人、证人和被告人所作的陈述、证言和供述；

（二）与被告人有亲属关系或者其他密切关系的证人所作的有利于被告人的证言，或者与被告人有利害冲突的证人所作的不利于被告人的证言。

第一百四十四条　证明被告人自首、坦白、立功的证据材料，没有加盖接受被告人投案、坦白、检举揭发等的单位的印章，或者接受人员没有签名的，不得作为定案的根据。

对被告人及其辩护人提出有自首、坦白、立功的事实和理由，有关机关未予认定，或者有关机关提出被告人有自首、坦白、立功表现，但证据材料不全的，人民法院应当要求有关机关提供证明材料，或者要求有关人员作证，并结合其他证据作出认定。

第一百四十五条　证明被告人具有累犯、毒品再犯情节等的证据材料，应当包括前罪的裁判文书、释放证明等材料；材料不全的，应当通知人民检察院提供。

第一百四十六条　审查被告人实施被指控的犯罪时或者审判时是否达到相应法定责任年龄，应当根据户籍证明、出生证明文件、学籍卡、人口普查登记、无利害关系人的证言等证据综合判断。

证明被告人已满十二周岁、十四周岁、十六周岁、十八周岁或者不满七十五周岁的证据不足的，应当作出有利于被告人的认定。

第五章　强制措施

第一百四十七条　人民法院根据案件情况，可以决定对被告人拘传、取保候审、监视居住或者逮捕。

对被告人采取、撤销或者变更强制措施的，由院长决定；决定继续取保候审、监视居住的，可以由合议庭或者独任审判员决定。

第一百四十八条 对经依法传唤拒不到庭的被告人，或者根据案件情况有必要拘传的被告人，可以拘传。

拘传被告人，应当由院长签发拘传票，由司法警察执行，执行人员不得少于二人。

拘传被告人，应当出示拘传票。对抗拒拘传的被告人，可以使用戒具。

第一百四十九条 拘传被告人，持续的时间不得超过十二小时；案情特别重大、复杂，需要采取逮捕措施的，持续的时间不得超过二十四小时。不得以连续拘传的形式变相拘禁被告人。应当保证被拘传人的饮食和必要的休息时间。

第一百五十条 被告人具有刑事诉讼法第六十七条第一款规定情形之一的，人民法院可以决定取保候审。

对被告人决定取保候审的，应当责令其提出保证人或者交纳保证金，不得同时使用保证人保证与保证金保证。

第一百五十一条 对下列被告人决定取保候审的，可以责令其提出一至二名保证人：

（一）无力交纳保证金的；

（二）未成年或者已满七十五周岁的；

（三）不宜收取保证金的其他被告人。

第一百五十二条 人民法院应当审查保证人是否符合法定条件。符合条件的，应当告知其必须履行的保证义务，以及不履行义务的法律后果，并由其出具保证书。

第一百五十三条 对决定取保候审的被告人使用保证金保证的，应当依照刑事诉讼法第七十二条第一款的规定确定保证金的具体数额，并责令被告人或者为其提供保证金的单位、个人将保证金一次性存入公安机关指定银行的专门账户。

第一百五十四条 人民法院向被告人宣布取保候审决定后，应当将取保候审决定书等相关材料送交当地公安机关。

对被告人使用保证金保证的，应当在核实保证金已经存入公安机关指定银行的专门账户后，将银行出具的收款凭证一并送交公安机关。

第一百五十五条 被告人被取保候审期间，保证人不愿继续履行保证义务或者丧失履行保证义务能力的，人民法院应当在收到保证人的申请或者公安机关的书面通知后三日以内，责令被告人重新提出保证人或者交纳保证金，或者变更强制措施，并通知公安机关。

第一百五十六条 人民法院发现保证人未履行保证义务的，应当书面通知公安机关依法处理。

第一百五十七条 根据案件事实和法律规定，认为已经构成犯罪的被告人在取保候审期间逃匿的，如果系保证人协助被告人逃匿，或者保证人明知被告人藏匿地点但拒绝向司法机关提供，对保证人应当依法追究责任。

第一百五十八条 人民法院发现使用保证金保证的被取保候审人违反刑事诉讼法第七十一条第一款、第二款规定的，应当书面通知公安机关依法处理。

人民法院收到公安机关已经没收保证金的书面通知或者变更强制措施的建议后，应当区别情形，在五日以内责令被告人具结悔过，重新交纳保证金或者提出保证人，或者变更强制措施，并通知公安机关。

人民法院决定对被依法没收保证金的被告人继续取保候审的，取保候审的期限连续计算。

第一百五十九条 对被取保候审的被告人的判决、裁定生效后，如果保证金属于其个人财产，且需要用以退赔被害人、履行附带民事赔偿义务或者执行财产刑的，人民法院可以书面通知公安机关移交全部保证金，由人民法院作出处理，剩余部分退还被告人。

第一百六十条 对具有刑事诉讼法第七十四条第一款、第二款规定情形的被告人，人民法院可以决定监视居住。

人民法院决定对被告人监视居住的，应当核实其住处；没有固定住处的，应当为其指定居所。

第一百六十一条 人民法院向被告人宣布监视居住决定后，应当将监视居住决定书等相关材料送交被告人住处或者指定居所所在地的公安机关执行。

对被告人指定居所监视居住后，人民法院应当在二十四小时以内，将监视居住的原因和处所通知其家属；确实无法通知的，应当记录在案。

第一百六十二条 人民检察院、公安机关已经对犯罪嫌疑人取保候审、监视居住，案件起诉至人民法院后，需要继续取保候审、监视居住或者变更强制措施的，人民法院应当在七日以内作出决定，并通知人民检察院、公安机关。

决定继续取保候审、监视居住的，应当重新办理手续，期限重新计算；继续使用保证金保证的，不再收取保证金。

第一百六十三条 对具有刑事诉讼法第八十一条第一款、第三款规定情形的被告人，人民法院应当决定逮捕。

第一百六十四条 被取保候审的被告人具有下列情形之一的，人民法院应当决定逮捕：

（一）故意实施新的犯罪的；

（二）企图自杀或者逃跑的；

（三）毁灭、伪造证据，干扰证人作证或者串供的；

（四）打击报复、恐吓滋扰被害人、证人、鉴定人、举报人、控告人等的；

（五）经传唤，无正当理由不到案，影响审判活动正常进行的；

（六）擅自改变联系方式或者居住地，导致无法传唤，影响审判活动正常进行的；

（七）未经批准，擅自离开所居住的市、县，影响审判活动正常进行，或者两次未经批准，擅自离开所居住的市、县的；

（八）违反规定进入特定场所、与特定人员会见或者通信、从事特定活动，影响审判活动正常进行，或者两次违反有关规定的；

（九）依法应当决定逮捕的其他情形。

第一百六十五条 被监视居住的被告人具有下列情形之一的，人民法院应当决定逮捕：

（一）具有前条第一项至第五项规定情形之一的；

（二）未经批准，擅自离开执行监视居住的处所，影响审判活动正常进行，或者两次未经批准，擅自离开执行监视居住的处所的；

（三）未经批准，擅自会见他人或者通信，影响审判活动正常进行，或者两次未经批准，擅自会见他人或者通信的；

（四）对因患有严重疾病、生活不能自理，或者因怀孕、正在哺乳自己婴儿而未予逮捕的被告人，疾病痊愈或者哺乳期已满的；

（五）依法应当决定逮捕的其他情形。

第一百六十六条 对可能判处徒刑以下刑罚的被告人，违反取保候审、监视居住规定，严重影响诉讼活动正常进行的，可以决定逮捕。

第一百六十七条 人民法院作出逮捕决定后，应当将逮捕决定书等相关材料送交公安机关执行，并将逮捕决定书抄送人民检察院。逮捕被告人后，人民法院应当将逮捕的原因和羁押的处所，在二十四小时以内通知其家属；确实无法通知的，应当记录在案。

第一百六十八条 人民法院对决定逮捕的被告人，应当在逮捕后二十四小时以内讯问。发现不应当逮捕的，应当立即释放。必要时，可以依法变更强制措施。

第一百六十九条 被逮捕的被告人具有下列情形之一的，人民法院可以变更强制措施：

（一）患有严重疾病、生活不能自理的；

（二）怀孕或者正在哺乳自己婴儿的；

（三）系生活不能自理的人的唯一扶养人。

第一百七十条 被逮捕的被告人具有下列情形之一的，人民法院应当立即释放；必要时，可以依法变更强制措施：

（一）第一审人民法院判决被告人无罪、不负刑事责任或者免予刑事处罚的；

（二）第一审人民法院判处管制、宣告缓刑、单独适用附加刑，判决尚未发生法律效力的；

（三）被告人被羁押的时间已到第一审人民法院对其判处的刑期期限的；

（四）案件不能在法律规定的期限内审结的。

第一百七十一条 人民法院决定释放被告人的，应当立即将释放通知书送交公安机关执行。

第一百七十二条 被采取强制措施的被告人，被判处管制、缓刑的，在社区矫正开始后，强制措施自动解除；被单处附加刑的，在判决、裁定发生法律效力后，强制措施自动解除；被判处监禁刑的，在刑罚开始执行后，强制措施自动解除。

第一百七十三条 对人民法院决定逮捕的被告人，人民检察院建议释放或者变更强制措施的，人民法院应当在收到建议后十日以内将处理情况通知人民检察院。

第一百七十四条 被告人及其法定代理人、近亲属或者辩护人申请变更、解除强制措施的，应当说明理由。人民法院收到申请后，应当在三日以内作出决定。同意变更、解除强制措施的，应当依照本解释规定处理；不同意的，应当告知申请人，并说明理由。

第六章　附带民事诉讼

第一百七十五条　被害人因人身权利受到犯罪侵犯或者财物被犯罪分子毁坏而遭受物质损失的，有权在刑事诉讼过程中提起附带民事诉讼；被害人死亡或者丧失行为能力的，其法定代理人、近亲属有权提起附带民事诉讼。

因受到犯罪侵犯，提起附带民事诉讼或者单独提起民事诉讼要求赔偿精神损失的，人民法院一般不予受理。

第一百七十六条　被告人非法占有、处置被害人财产的，应当依法予以追缴或者责令退赔。被害人提起附带民事诉讼的，人民法院不予受理。追缴、退赔的情况，可以作为量刑情节考虑。

第一百七十七条　国家机关工作人员在行使职权时，侵犯他人人身、财产权利构成犯罪，被害人或者其法定代理人、近亲属提起附带民事诉讼的，人民法院不予受理，但应当告知其可以依法申请国家赔偿。

第一百七十八条　人民法院受理刑事案件后，对符合刑事诉讼法第一百零一条和本解释第一百七十五条第一款规定的，可以告知被害人或者其法定代理人、近亲属有权提起附带民事诉讼。

有权提起附带民事诉讼的人放弃诉讼权利的，应当准许，并记录在案。

第一百七十九条　国家财产、集体财产遭受损失，受损失的单位未提起附带民事诉讼，人民检察院在提起公诉时提起附带民事诉讼的，人民法院应当受理。

人民检察院提起附带民事诉讼的，应当列为附带民事诉讼原告人。

被告人非法占有、处置国家财产、集体财产的，依照本解释第一百七十六条的规定处理。

第一百八十条　附带民事诉讼中依法负有赔偿责任的人包括：

（一）刑事被告人以及未被追究刑事责任的其他共同侵害人；

（二）刑事被告人的监护人；

（三）死刑罪犯的遗产继承人；

（四）共同犯罪案件中，案件审结前死亡的被告人的遗产继承人；

（五）对被害人的物质损失依法应当承担赔偿责任的其他单位和个人。

附带民事诉讼被告人的亲友自愿代为赔偿的，可以准许。

第一百八十一条　被害人或者其法定代理人、近亲属仅对部分共同侵害人提起附带民事诉讼的，人民法院应当告知其可以对其他共同侵害人，包括没有被追究刑事责任的共同侵害人，一并提起附带民事诉讼，但共同犯罪案件中同案犯在逃的除外。

被害人或者其法定代理人、近亲属放弃对其他共同侵害人的诉讼权利的，人民法院应当告知其相应法律后果，并在裁判文书中说明其放弃诉讼请求的情况。

第一百八十二条　附带民事诉讼的起诉条件是：

（一）起诉人符合法定条件；

（二）有明确的被告人；

（三）有请求赔偿的具体要求和事实、理由；

（四）属于人民法院受理附带民事诉讼的范围。

第一百八十三条　共同犯罪案件，同案犯在逃的，不应列为附带民事诉讼被告人。逃跑的同案犯到案后，被害人或者其法定代理人、近亲属可以对其提起附带民事诉讼，但已经从其他共同犯罪人处获得足额赔偿的除外。

第一百八十四条　附带民事诉讼应当在刑事案件立案后及时提起。

提起附带民事诉讼应当提交附带民事起诉状。

第一百八十五条　侦查、审查起诉期间，有权提起附带民事诉讼的人提出赔偿要求，经公安机关、人民检察院调解，当事人双方已经达成协议并全部履行，被害人或者其法定代理人、近亲属又提起附带民事诉讼的，人民法院不予受理，但有证据证明调解违反自愿、合法原则的除外。

第一百八十六条　被害人或者其法定代理人、近亲属提起附带民事诉讼的，人民法院应当在七日以内决定是否受理。符合刑事诉讼法第一百零一条以及本解释有关规定的，应当受理；不符合的，裁定不予受理。

第一百八十七条　人民法院受理附带民事诉讼后，应当在五日以内将附带民事起诉状副本送达附带民事诉讼被告人及其法定代理人，或者将口头起诉的内容及时通知附带民事诉讼被告人及其法定代理人，并制作笔录。

人民法院送达附带民事起诉状副本时，应当根据刑事案件的审理期限，确定被告人及其法定代理人的答辩准备时间。

第一百八十八条 附带民事诉讼当事人对自己提出的主张，有责任提供证据。

第一百八十九条 人民法院对可能因被告人的行为或者其他原因，使附带民事判决难以执行的案件，根据附带民事诉讼原告人的申请，可以裁定采取保全措施，查封、扣押或者冻结被告人的财产；附带民事诉讼原告人未提出申请的，必要时，人民法院也可以采取保全措施。

有权提起附带民事诉讼的人因情况紧急，不立即申请保全将会使其合法权益受到难以弥补的损害的，可以在提起附带民事诉讼前，向被保全财产所在地、被申请人居住地或者对案件有管辖权的人民法院申请采取保全措施。申请人在人民法院受理刑事案件后十五日以内未提起附带民事诉讼的，人民法院应当解除保全措施。

人民法院采取保全措施，适用民事诉讼法第一百条至第一百零五条的有关规定，但民事诉讼法第一百零一条第三款的规定除外。

第一百九十条 人民法院审理附带民事诉讼案件，可以根据自愿、合法的原则进行调解。经调解达成协议的，应当制作调解书。调解书经双方当事人签收后即具有法律效力。

调解达成协议并即时履行完毕的，可以不制作调解书，但应当制作笔录，经双方当事人、审判人员、书记员签名后即发生法律效力。

第一百九十一条 调解未达成协议或者调解书签收前当事人反悔的，附带民事诉讼应当同刑事诉讼一并判决。

第一百九十二条 对附带民事诉讼作出判决，应当根据犯罪行为造成的物质损失，结合案件具体情况，确定被告人应当赔偿的数额。

犯罪行为造成被害人人身损害的，应当赔偿医疗费、护理费、交通费等为治疗和康复支付的合理费用，以及因误工减少的收入。造成被害人残疾的，还应当赔偿残疾生活辅助器具费等费用；造成被害人死亡的，还应当赔偿丧葬费等费用。

驾驶机动车致人伤亡或者造成公私财产重大损失，构成犯罪的，依照《中华人民共和国道路交通安全法》第七十六条的规定确定赔偿责任。

附带民事诉讼当事人就民事赔偿问题达成调解、和解协议的，赔偿范围、数额不受第二款、第三款规定的限制。

第一百九十三条 人民检察院提起附带民事诉讼的，人民法院经审理，认为附带民事诉讼被告人依法应当承担赔偿责任的，应当判令附带民事诉讼被告人直接向遭受损失的单位作出赔偿；遭受损失的单位已经终止，有权利义务继受人的，应当判令其向继受人作出赔偿；没有权利义务继受人的，应当判令其向人民检察院交付赔偿款，由人民检察院上缴国库。

第一百九十四条 审理刑事附带民事诉讼案件，人民法院应当结合被告人赔偿被害人物质损失的情况认定其悔罪表现，并在量刑时予以考虑。

第一百九十五条 附带民事诉讼原告人经传唤，无正当理由拒不到庭，或者未经法庭许可中途退庭的，应当按撤诉处理。

刑事被告人以外的附带民事诉讼被告人经传唤，无正当理由拒不到庭，或者未经法庭许可中途退庭的，附带民事部分可以缺席判决。

刑事被告人以外的附带民事诉讼被告人下落不明，或者用公告送达以外的其他方式无法送达，可能导致刑事案件审判过分迟延的，可以不将其列为附带民事诉讼被告人，告知附带民事诉讼原告人另行提起民事诉讼。

第一百九十六条 附带民事诉讼应当同刑事案件一并审判，只有为了防止刑事案件审判的过分迟延，才可以在刑事案件审判后，由同一审判组织继续审理附带民事诉讼；同一审判组织的成员确实不能继续参与审判的，可以更换。

第一百九十七条 人民法院认定公诉案件被告人的行为不构成犯罪，对已经提起的附带民事诉讼，经调解不能达成协议的，可以一并作出刑事附带民事判决，也可以告知附带民事原告人另行提起民事诉讼。

人民法院准许人民检察院撤回起诉的公诉案件，对已经提起的附带民事诉讼，可以进行调解；不宜调解或者经调解不能达成协议的，应当裁定驳回起诉，并告知附带民事诉讼原告人可以另行提起民事诉讼。

第一百九十八条 第一审期间未提起附带民事诉讼，在第二审期间提起的，第二审人民法院可以依法进行调解；调解不成的，告知当事人可以在刑事判决、裁定生效后另行提起民事诉讼。

第一百九十九条 人民法院审理附带民事诉讼案件，不收取诉讼费。

第二百条 被害人或者其法定代理人、近亲属在刑事诉讼过程中未提起附带民事诉讼，另行提起民事诉讼的，人民法院可以进行调解，或者根据本解释第一百九十二条第二款、第三款的规定作出判决。

第二百零一条 人民法院审理附带民事诉讼案件，除刑法、刑事诉讼法以及刑事司法解释已有规定的以外，适用民事法律的有关规定。

第七章 期间、送达、审理期限

第二百零二条 以月计算的期间，自本月某日至下月同日为一个月；期限起算日为本月最后一日的，至下月最后一日为一个月；下月同日不存在的，自本月某日至下月最后一日为一个月；半个月一律按十五日计算。

以年计算的刑期，自本年本月某日至次年同月同日的前一日为一年；次年同月同日不存在的，自本年本月某日至次年同月最后一日的前一日为一年。以月计算的刑期，自本月某日至下月同日的前一日为一个月；刑期起算日为本月最后一日的，至下月最后一日的前一日为一个月；下月同日不存在的，自本月某日至下月最后一日的前一日为一个月；半个月一律按十五日计算。

第二百零三条 当事人由于不能抗拒的原因或者有其他正当理由而耽误期限，依法申请继续进行应当在期满前完成的诉讼活动的，人民法院查证属实后，应当裁定准许。

第二百零四条 送达诉讼文书，应当由收件人签收。收件人不在的，可以由其成年家属或者所在单位负责收件的人员代收。收件人或者代收人在送达回证上签收的日期为送达日期。

收件人或者代收人拒绝签收的，送达人可以邀请见证人到场，说明情况，在送达回证上注明拒收的事由和日期，由送达人、见证人签名或者盖章，将诉讼文书留在收件人、代收人的住处或者单位；也可以把诉讼文书留在受送达人的住处，并采用拍照、录像等方式记录送达过程，即视为送达。

第二百零五条 直接送达诉讼文书有困难的，可以委托收件人所在地的人民法院代为送达或者邮寄送达。

第二百零六条 委托送达的，应当将委托函、委托送达的诉讼文书及送达回证寄送受托法院。受托法院收到后，应当登记，在十日以内送达收件人，并将送达回证寄送委托法院；无法送达的，应当告知委托法院，并将诉讼文书及送达回证退回。

第二百零七条　邮寄送达的，应当将诉讼文书、送达回证邮寄给收件人。签收日期为送达日期。

第二百零八条　诉讼文书的收件人是军人的，可以通过其所在部队团级以上单位的政治部门转交。

收件人正在服刑的，可以通过执行机关转交。

收件人正在接受专门矫治教育等的，可以通过相关机构转交。

由有关部门、单位代为转交诉讼文书的，应当请有关部门、单位收到后立即交收件人签收，并将送达回证及时寄送人民法院。

第二百零九条　指定管辖案件的审理期限，自被指定管辖的人民法院收到指定管辖决定书和案卷、证据材料之日起计算。

第二百一十条　对可能判处死刑的案件或者附带民事诉讼的案件，以及有刑事诉讼法第一百五十八条规定情形之一的案件，上一级人民法院可以批准延长审理期限一次，期限为三个月。因特殊情况还需要延长的，应当报请最高人民法院批准。

申请批准延长审理期限的，应当在期限届满十五日以前层报。有权决定的人民法院不同意的，应当在审理期限届满五日以前作出决定。

因特殊情况报请最高人民法院批准延长审理期限，最高人民法院经审查，予以批准的，可以延长审理期限一至三个月。期限届满案件仍然不能审结的，可以再次提出申请。

第二百一十一条　审判期间，对被告人作精神病鉴定的时间不计入审理期限。

第八章　审判组织

第二百一十二条　合议庭由审判员担任审判长。院长或者庭长参加审理案件时，由其本人担任审判长。

审判员依法独任审判时，行使与审判长相同的职权。

第二百一十三条　基层人民法院、中级人民法院、高级人民法院审判下列第一审刑事案件，由审判员和人民陪审员组成合议庭进行：

（一）涉及群体利益、公共利益的；

（二）人民群众广泛关注或者其他社会影响较大的；

（三）案情复杂或者有其他情形，需要由人民陪审员参加审判的。

基层人民法院、中级人民法院、高级人民法院审判下列第一审刑事案件，由审判员和人民陪审员组成七人合议庭进行：

（一）可能判处十年以上有期徒刑、无期徒刑、死刑，且社会影响重大的；

（二）涉及征地拆迁、生态环境保护、食品药品安全，且社会影响重大的；

（三）其他社会影响重大的。

第二百一十四条 开庭审理和评议案件，应当由同一合议庭进行。合议庭成员在评议案件时，应当独立发表意见并说明理由。意见分歧的，应当按多数意见作出决定，但少数意见应当记入笔录。评议笔录由合议庭的组成人员在审阅确认无误后签名。评议情况应当保密。

第二百一十五条 人民陪审员参加三人合议庭审判案件，应当对事实认定、法律适用独立发表意见，行使表决权。

人民陪审员参加七人合议庭审判案件，应当对事实认定独立发表意见，并与审判员共同表决；对法律适用可以发表意见，但不参加表决。

第二百一十六条 合议庭审理、评议后，应当及时作出判决、裁定。

对下列案件，合议庭应当提请院长决定提交审判委员会讨论决定：

（一）高级人民法院、中级人民法院拟判处死刑立即执行的案件，以及中级人民法院拟判处死刑缓期执行的案件；

（二）本院已经发生法律效力的判决、裁定确有错误需要再审的案件；

（三）人民检察院依照审判监督程序提出抗诉的案件。

对合议庭成员意见有重大分歧的案件、新类型案件、社会影响重大的案件以及其他疑难、复杂、重大的案件，合议庭认为难以作出决定的，可以提请院长决定提交审判委员会讨论决定。

人民陪审员可以要求合议庭将案件提请院长决定是否提交审判委员会讨论决定。

对提请院长决定提交审判委员会讨论决定的案件，院长认为不必要的，可以建议合议庭复议一次。

独任审判的案件，审判员认为有必要的，也可以提请院长决定提交审判委员会讨论决定。

第二百一十七条 审判委员会的决定，合议庭、独任审判员应当执行；有不同意见的，可以建议院长提交审判委员会复议。

第九章　公诉案件第一审普通程序

第一节　审查受理与庭前准备

第二百一十八条　对提起公诉的案件，人民法院应当在收到起诉书（一式八份，每增加一名被告人，增加起诉书五份）和案卷、证据后，审查以下内容：

（一）是否属于本院管辖；

（二）起诉书是否写明被告人的身份，是否受过或者正在接受刑事处罚、行政处罚、处分，被采取留置措施的情况，被采取强制措施的时间、种类、羁押地点，犯罪的时间、地点、手段、后果以及其他可能影响定罪量刑的情节；有多起犯罪事实的，是否在起诉书中将事实分别列明；

（三）是否移送证明指控犯罪事实及影响量刑的证据材料，包括采取技术调查、侦查措施的法律文书和所收集的证据材料；

（四）是否查封、扣押、冻结被告人的违法所得或者其他涉案财物，查封、扣押、冻结是否逾期；是否随案移送涉案财物、附涉案财物清单；是否列明涉案财物权属情况；是否就涉案财物处理提供相关证据材料；

（五）是否列明被害人的姓名、住址、联系方式；是否附有证人、鉴定人名单；是否申请法庭通知证人、鉴定人、有专门知识的人出庭，并列明有关人员的姓名、性别、年龄、职业、住址、联系方式；是否附有需要保护的证人、鉴定人、被害人名单；

（六）当事人已委托辩护人、诉讼代理人或者已接受法律援助的，是否列明辩护人、诉讼代理人的姓名、住址、联系方式；

（七）是否提起附带民事诉讼；提起附带民事诉讼的，是否列明附带民事诉讼当事人的姓名、住址、联系方式等，是否附有相关证据材料；

（八）监察调查、侦查、审查起诉程序的各种法律手续和诉讼文书是否齐全；

（九）被告人认罪认罚的，是否提出量刑建议、移送认罪认罚具结书等材料；

（十）有无刑事诉讼法第十六条第二项至第六项规定的不追究刑事责任的情形。

第二百一十九条 人民法院对提起公诉的案件审查后，应当按照下列情形分别处理：

（一）不属于本院管辖的，应当退回人民检察院；

（二）属于刑事诉讼法第十六条第二项至第六项规定情形的，应当退回人民检察院；属于告诉才处理的案件，应当同时告知被害人有权提起自诉；

（三）被告人不在案的，应当退回人民检察院；但是，对人民检察院按照缺席审判程序提起公诉的，应当依照本解释第二十四章的规定作出处理；

（四）不符合前条第二项至第九项规定之一，需要补充材料的，应当通知人民检察院在三日以内补送；

（五）依照刑事诉讼法第二百条第三项规定宣告被告人无罪后，人民检察院根据新的事实、证据重新起诉的，应当依法受理；

（六）依照本解释第二百九十六条规定裁定准许撤诉的案件，没有新的影响定罪量刑的事实、证据，重新起诉的，应当退回人民检察院；

（七）被告人真实身份不明，但符合刑事诉讼法第一百六十条第二款规定的，应当依法受理。

对公诉案件是否受理，应当在七日以内审查完毕。

第二百二十条 对一案起诉的共同犯罪或者关联犯罪案件，被告人人数众多、案情复杂，人民法院经审查认为，分案审理更有利于保障庭审质量和效率的，可以分案审理。分案审理不得影响当事人质证权等诉讼权利的行使。

对分案起诉的共同犯罪或者关联犯罪案件，人民法院经审查认为，合并审理更有利于查明案件事实、保障诉讼权利、准确定罪量刑的，可以并案审理。

第二百二十一条 开庭审理前，人民法院应当进行下列工作：

（一）确定审判长及合议庭组成人员；

（二）开庭十日以前将起诉书副本送达被告人、辩护人；

（三）通知当事人、法定代理人、辩护人、诉讼代理人在开庭五日以前提供证人、鉴定人名单，以及拟当庭出示的证据；申请证人、鉴定人、有专门知识的人出庭的，应当列明有关人员的姓名、性别、年龄、职业、住址、联系方式；

（四）开庭三日以前将开庭的时间、地点通知人民检察院；

（五）开庭三日以前将传唤当事人的传票和通知辩护人、诉讼代理人、法定代理人、证人、鉴定人等出庭的通知书送达；通知有关人员出庭，也可以采取电话、短信、传真、电子邮件、即时通讯等能够确认对方收悉的方式；对被害人人数众多的涉众型犯罪案件，可以通过互联网公布相关文书，通知有关人员出庭；

（六）公开审理的案件，在开庭三日以前公布案由、被告人姓名、开庭时间和地点。

上述工作情况应当记录在案。

第二百二十二条　审判案件应当公开进行。

案件涉及国家秘密或者个人隐私的，不公开审理；涉及商业秘密，当事人提出申请的，法庭可以决定不公开审理。

不公开审理的案件，任何人不得旁听，但具有刑事诉讼法第二百八十五条规定情形的除外。

第二百二十三条　精神病人、醉酒的人、未经人民法院批准的未成年人以及其他不宜旁听的人不得旁听案件审理。

第二百二十四条　被害人人数众多，且案件不属于附带民事诉讼范围的，被害人可以推选若干代表人参加庭审。

第二百二十五条　被害人、诉讼代理人经传唤或者通知未到庭，不影响开庭审理的，人民法院可以开庭审理。

辩护人经通知未到庭，被告人同意的，人民法院可以开庭审理，但被告人属于应当提供法律援助情形的除外。

第二节　庭前会议与庭审衔接

第二百二十六条　案件具有下列情形之一的，人民法院可以决定召开庭前会议：

（一）证据材料较多、案情重大复杂的；

（二）控辩双方对事实、证据存在较大争议的；

（三）社会影响重大的；

（四）需要召开庭前会议的其他情形。

第二百二十七条　控辩双方可以申请人民法院召开庭前会议，提出申请应当说明理由。人民法院经审查认为有必要的，应当召开庭前会议；决定不召开的，应当告知申请人。

第二百二十八条　庭前会议可以就下列事项向控辩双方了解情况，

听取意见：

（一）是否对案件管辖有异议；

（二）是否申请有关人员回避；

（三）是否申请不公开审理；

（四）是否申请排除非法证据；

（五）是否提供新的证据材料；

（六）是否申请重新鉴定或者勘验；

（七）是否申请收集、调取证明被告人无罪或者罪轻的证据材料；

（八）是否申请证人、鉴定人、有专门知识的人、调查人员、侦查人员或者其他人员出庭，是否对出庭人员名单有异议；

（九）是否对涉案财物的权属情况和人民检察院的处理建议有异议；

（十）与审判相关的其他问题。

庭前会议中，人民法院可以开展附带民事调解。

对第一款规定中可能导致庭审中断的程序性事项，人民法院可以在庭前会议后依法作出处理，并在庭审中说明处理决定和理由。控辩双方没有新的理由，在庭审中再次提出有关申请或者异议的，法庭可以在说明庭前会议情况和处理决定理由后，依法予以驳回。

庭前会议情况应当制作笔录，由参会人员核对后签名。

第二百二十九条 庭前会议中，审判人员可以询问控辩双方对证据材料有无异议，对有异议的证据，应当在庭审时重点调查；无异议的，庭审时举证、质证可以简化。

第二百三十条 庭前会议由审判长主持，合议庭其他审判员也可以主持庭前会议。

召开庭前会议应当通知公诉人、辩护人到场。

庭前会议准备就非法证据排除了解情况、听取意见，或者准备询问控辩双方对证据材料的意见的，应当通知被告人到场。有多名被告人的案件，可以根据情况确定参加庭前会议的被告人。

第二百三十一条 庭前会议一般不公开进行。

根据案件情况，庭前会议可以采用视频等方式进行。

第二百三十二条 人民法院在庭前会议中听取控辩双方对案件事实、证据材料的意见后，对明显事实不清、证据不足的案件，可以建议人民检察院补充材料或者撤回起诉。建议撤回起诉的案件，人民检察院不同意的，开庭审理后，没有新的事实和理由，一般不准许撤回起诉。

第二百三十三条 对召开庭前会议的案件，可以在开庭时告知庭前会议情况。对庭前会议中达成一致意见的事项，法庭在向控辩双方核实后，可以当庭予以确认；未达成一致意见的事项，法庭可以归纳控辩双方争议焦点，听取控辩双方意见，依法作出处理。

控辩双方在庭前会议中就有关事项达成一致意见，在庭审中反悔的，除有正当理由外，法庭一般不再进行处理。

第三节 宣布开庭与法庭调查

第二百三十四条 开庭审理前，书记员应当依次进行下列工作：

（一）受审判长委托，查明公诉人、当事人、辩护人、诉讼代理人、证人及其他诉讼参与人是否到庭；

（二）核实旁听人员中是否有证人、鉴定人、有专门知识的人；

（三）请公诉人、辩护人、诉讼代理人及其他诉讼参与人入庭；

（四）宣读法庭规则；

（五）请审判长、审判员、人民陪审员入庭；

（六）审判人员就座后，向审判长报告开庭前的准备工作已经就绪。

第二百三十五条 审判长宣布开庭，传被告人到庭后，应当查明被告人的下列情况：

（一）姓名、出生日期、民族、出生地、文化程度、职业、住址，或者被告单位的名称、住所地、法定代表人、实际控制人以及诉讼代表人的姓名、职务；

（二）是否受过刑事处罚、行政处罚、处分及其种类、时间；

（三）是否被采取留置措施及留置的时间，是否被采取强制措施及强制措施的种类、时间；

（四）收到起诉书副本的日期；有附带民事诉讼的，附带民事诉讼被告人收到附带民事起诉状的日期。

被告人较多的，可以在开庭前查明上述情况，但开庭时审判长应当作出说明。

第二百三十六条 审判长宣布案件的来源、起诉的案由、附带民事诉讼当事人的姓名及是否公开审理；不公开审理的，应当宣布理由。

第二百三十七条 审判长宣布合议庭组成人员、法官助理、书记员、公诉人的名单，以及辩护人、诉讼代理人、鉴定人、翻译人员等诉讼参与人的名单。

第二百三十八条 审判长应当告知当事人及其法定代理人、辩护人、诉讼代理人在法庭审理过程中依法享有下列诉讼权利：

（一）可以申请合议庭组成人员、法官助理、书记员、公诉人、鉴定人和翻译人员回避；

（二）可以提出证据，申请通知新的证人到庭、调取新的证据，申请重新鉴定或者勘验；

（三）被告人可以自行辩护；

（四）被告人可以在法庭辩论终结后作最后陈述。

第二百三十九条 审判长应当询问当事人及其法定代理人、辩护人、诉讼代理人是否申请回避、申请何人回避和申请回避的理由。

当事人及其法定代理人、辩护人、诉讼代理人申请回避的，依照刑事诉讼法及本解释的有关规定处理。

同意或者驳回回避申请的决定及复议决定，由审判长宣布，并说明理由。必要时，也可以由院长到庭宣布。

第二百四十条 审判长宣布法庭调查开始后，应当先由公诉人宣读起诉书；公诉人宣读起诉书后，审判长应当询问被告人对起诉书指控的犯罪事实和罪名有无异议。

有附带民事诉讼的，公诉人宣读起诉书后，由附带民事诉讼原告人或者其法定代理人、诉讼代理人宣读附带民事起诉状。

第二百四十一条 在审判长主持下，被告人、被害人可以就起诉书指控的犯罪事实分别陈述。

第二百四十二条 在审判长主持下，公诉人可以就起诉书指控的犯罪事实讯问被告人。

经审判长准许，被害人及其法定代理人、诉讼代理人可以就公诉人讯问的犯罪事实补充发问；附带民事诉讼原告人及其法定代理人、诉讼代理人可以就附带民事部分的事实向被告人发问；被告人的法定代理人、辩护人，附带民事诉讼被告人及其法定代理人、诉讼代理人可以在控诉方、附带民事诉讼原告方就某一问题讯问、发问完毕后向被告人发问。

根据案件情况，就证据问题对被告人的讯问、发问可以在举证、质证环节进行。

第二百四十三条　讯问同案审理的被告人，应当分别进行。

第二百四十四条　经审判长准许，控辩双方可以向被害人、附带民事诉讼原告人发问。

第二百四十五条　必要时，审判人员可以讯问被告人，也可以向被害人、附带民事诉讼当事人发问。

第二百四十六条　公诉人可以提请法庭通知证人、鉴定人、有专门知识的人、调查人员、侦查人员或者其他人员出庭，或者出示证据。被害人及其法定代理人、诉讼代理人，附带民事诉讼原告人及其诉讼代理人也可以提出申请。

在控诉方举证后，被告人及其法定代理人、辩护人可以提请法庭通知证人、鉴定人、有专门知识的人、调查人员、侦查人员或者其他人员出庭，或者出示证据。

第二百四十七条　控辩双方申请证人出庭作证，出示证据，应当说明证据的名称、来源和拟证明的事实。法庭认为有必要的，应当准许；对方提出异议，认为有关证据与案件无关或者明显重复、不必要，法庭经审查异议成立的，可以不予准许。

第二百四十八条　已经移送人民法院的案卷和证据材料，控辩双方需要出示的，可以向法庭提出申请，法庭可以准许。案卷和证据材料应当在质证后当庭归还。

需要播放录音录像或者需要将证据材料交由法庭、公诉人或者诉讼参与人查看的，法庭可以指令值庭法警或者相关人员予以协助。

第二百四十九条　公诉人、当事人或者辩护人、诉讼代理人对证人证言有异议，且该证人证言对定罪量刑有重大影响，或者对鉴定意见有异议，人民法院认为证人、鉴定人有必要出庭作证的，应当通知证人、鉴定人出庭。

控辩双方对侦破经过、证据来源、证据真实性或者合法性等有异议，申请调查人员、侦查人员或者有关人员出庭，人民法院认为有必要的，应当通知调查人员、侦查人员或者有关人员出庭。

第二百五十条　公诉人、当事人及其辩护人、诉讼代理人申请法庭通知有专门知识的人出庭，就鉴定意见提出意见的，应当说明理由。法庭认为有必要的，应当通知有专门知识的人出庭。

申请有专门知识的人出庭，不得超过二人。有多种类鉴定意见的，可以相应增加人数。

第二百五十一条 为查明案件事实、调查核实证据，人民法院可以依职权通知证人、鉴定人、有专门知识的人、调查人员、侦查人员或者其他人员出庭。

第二百五十二条 人民法院通知有关人员出庭的，可以要求控辩双方予以协助。

第二百五十三条 证人具有下列情形之一，无法出庭作证的，人民法院可以准许其不出庭：

（一）庭审期间身患严重疾病或者行动极为不便的；

（二）居所远离开庭地点且交通极为不便的；

（三）身处国外短期无法回国的；

（四）有其他客观原因，确实无法出庭的。

具有前款规定情形的，可以通过视频等方式作证。

第二百五十四条 证人出庭作证所支出的交通、住宿、就餐等费用，人民法院应当给予补助。

第二百五十五条 强制证人出庭的，应当由院长签发强制证人出庭令，由法警执行。必要时，可以商请公安机关协助。

第二百五十六条 证人、鉴定人、被害人因出庭作证，本人或者其近亲属的人身安全面临危险的，人民法院应当采取不公开其真实姓名、住址和工作单位等个人信息，或者不暴露其外貌、真实声音等保护措施。辩护律师经法庭许可，查阅对证人、鉴定人、被害人使用化名情况的，应当签署保密承诺书。

审判期间，证人、鉴定人、被害人提出保护请求的，人民法院应当立即审查；认为确有保护必要的，应当及时决定采取相应保护措施。必要时，可以商请公安机关协助。

第二百五十七条 决定对出庭作证的证人、鉴定人、被害人采取不公开个人信息的保护措施的，审判人员应当在开庭前核实其身份，对证人、鉴定人如实作证的保证书不得公开，在判决书、裁定书等法律文书中可以使用化名等代替其个人信息。

第二百五十八条 证人出庭的，法庭应当核实其身份、与当事人以及本案的关系，并告知其有关权利义务和法律责任。证人应当保证向法庭如实提供证言，并在保证书上签名。

第二百五十九条 证人出庭后，一般先向法庭陈述证言；其后，经审判长许可，由申请通知证人出庭的一方发问，发问完毕后，对方也可以发问。

法庭依职权通知证人出庭的，发问顺序由审判长根据案件情况确定。

第二百六十条 鉴定人、有专门知识的人、调查人员、侦查人员或者其他人员出庭的，参照适用前两条规定。

第二百六十一条 向证人发问应当遵循以下规则：

（一）发问的内容应当与本案事实有关；

（二）不得以诱导方式发问；

（三）不得威胁证人；

（四）不得损害证人的人格尊严。

对被告人、被害人、附带民事诉讼当事人、鉴定人、有专门知识的人、调查人员、侦查人员或者其他人员的讯问、发问，适用前款规定。

第二百六十二条 控辩双方的讯问、发问方式不当或者内容与本案无关的，对方可以提出异议，申请审判长制止，审判长应当判明情况予以支持或者驳回；对方未提出异议的，审判长也可以根据情况予以制止。

第二百六十三条 审判人员认为必要时，可以询问证人、鉴定人、有专门知识的人、调查人员、侦查人员或者其他人员。

第二百六十四条 向证人、调查人员、侦查人员发问应当分别进行。

第二百六十五条 证人、鉴定人、有专门知识的人、调查人员、侦查人员或者其他人员不得旁听对本案的审理。有关人员作证或者发表意见后，审判长应当告知其退庭。

第二百六十六条 审理涉及未成年人的刑事案件，询问未成年被害人、证人，通知未成年被害人、证人出庭作证，适用本解释第二十二章的有关规定。

第二百六十七条 举证方当庭出示证据后，由对方发表质证意见。

第二百六十八条 对可能影响定罪量刑的关键证据和控辩双方存在争议的证据，一般应当单独举证、质证，充分听取质证意见。

对控辩双方无异议的非关键证据，举证方可以仅就证据的名称及拟证明的事实作出说明。

召开庭前会议的案件，举证、质证可以按照庭前会议确定的方式进行。

根据案件和庭审情况，法庭可以对控辩双方的举证、质证方式进行必要的指引。

第二百六十九条 审理过程中，法庭认为有必要的，可以传唤同案被告人、分案审理的共同犯罪或者关联犯罪案件的被告人等到庭对质。

第二百七十条 当庭出示的证据，尚未移送人民法院的，应当在质证后当庭移交。

第二百七十一条 法庭对证据有疑问的，可以告知公诉人、当事人及其法定代理人、辩护人、诉讼代理人补充证据或者作出说明；必要时，可以宣布休庭，对证据进行调查核实。

对公诉人、当事人及其法定代理人、辩护人、诉讼代理人补充的和审判人员庭外调查核实取得的证据，应当经过当庭质证才能作为定案的根据。但是，对不影响定罪量刑的非关键证据、有利于被告人的量刑证据以及认定被告人有犯罪前科的裁判文书等证据，经庭外征求意见，控辩双方没有异议的除外。

有关情况，应当记录在案。

第二百七十二条 公诉人申请出示开庭前未移送或者提交人民法院的证据，辩护方提出异议的，审判长应当要求公诉人说明理由；理由成立并确有出示必要的，应当准许。

辩护方提出需要对新的证据作辩护准备的，法庭可以宣布休庭，并确定准备辩护的时间。

辩护方申请出示开庭前未提交的证据，参照适用前两款规定。

第二百七十三条 法庭审理过程中，控辩双方申请通知新的证人到庭，调取新的证据，申请重新鉴定或者勘验的，应当提供证人的基本信息、证据的存放地点，说明拟证明的事项，申请重新鉴定或者勘验的理由。法庭认为有必要的，应当同意，并宣布休庭；根据案件情况，可以决定延期审理。

人民法院决定重新鉴定的，应当及时委托鉴定，并将鉴定意见告知人民检察院、当事人及其辩护人、诉讼代理人。

第二百七十四条 审判期间，公诉人发现案件需要补充侦查，建议延期审理的，合议庭可以同意，但建议延期审理不得超过两次。

人民检察院将补充收集的证据移送人民法院的，人民法院应当通知辩护人、诉讼代理人查阅、摘抄、复制。

补充侦查期限届满后，人民检察院未将补充的证据材料移送人民法院的，人民法院可以根据在案证据作出判决、裁定。

第二百七十五条　人民法院向人民检察院调取需要调查核实的证据材料，或者根据被告人、辩护人的申请，向人民检察院调取在调查、侦查、审查起诉期间收集的有关被告人无罪或者罪轻的证据材料，应当通知人民检察院在收到调取证据材料决定书后三日以内移交。

第二百七十六条　法庭审理过程中，对与量刑有关的事实、证据，应当进行调查。

人民法院除应当审查被告人是否具有法定量刑情节外，还应当根据案件情况审查以下影响量刑的情节：

（一）案件起因；

（二）被害人有无过错及过错程度，是否对矛盾激化负有责任及责任大小；

（三）被告人的近亲属是否协助抓获被告人；

（四）被告人平时表现，有无悔罪态度；

（五）退赃、退赔及赔偿情况；

（六）被告人是否取得被害人或者其近亲属谅解；

（七）影响量刑的其他情节。

第二百七十七条　审判期间，合议庭发现被告人可能有自首、坦白、立功等法定量刑情节，而人民检察院移送的案卷中没有相关证据材料的，应当通知人民检察院在指定时间内移送。

审判期间，被告人提出新的立功线索的，人民法院可以建议人民检察院补充侦查。

第二百七十八条　对被告人认罪的案件，在确认被告人了解起诉书指控的犯罪事实和罪名，自愿认罪且知悉认罪的法律后果后，法庭调查可以主要围绕量刑和其他有争议的问题进行。

对被告人不认罪或者辩护人作无罪辩护的案件，法庭调查应当在查明定罪事实的基础上，查明有关量刑事实。

第二百七十九条　法庭审理过程中，应当对查封、扣押、冻结财物及其孳息的权属、来源等情况，是否属于违法所得或者依法应当追缴的其他涉案财物进行调查，由公诉人说明情况、出示证据、提出处理建议，并听取被告人、辩护人等诉讼参与人的意见。

案外人对查封、扣押、冻结的财物及其孳息提出权属异议的，人民法院应当听取案外人的意见；必要时，可以通知案外人出庭。

经审查，不能确认查封、扣押、冻结的财物及其孳息属于违法所得或者依法应当追缴的其他涉案财物的，不得没收。

第四节　法庭辩论与最后陈述

第二百八十条　合议庭认为案件事实已经调查清楚的，应当由审判长宣布法庭调查结束，开始就定罪、量刑、涉案财物处理的事实、证据、适用法律等问题进行法庭辩论。

第二百八十一条　法庭辩论应当在审判长的主持下，按照下列顺序进行：

（一）公诉人发言；

（二）被害人及其诉讼代理人发言；

（三）被告人自行辩护；

（四）辩护人辩护；

（五）控辩双方进行辩论。

第二百八十二条　人民检察院可以提出量刑建议并说明理由；建议判处管制、宣告缓刑的，一般应当附有调查评估报告，或者附有委托调查函。

当事人及其辩护人、诉讼代理人可以对量刑提出意见并说明理由。

第二百八十三条　对被告人认罪的案件，法庭辩论时，应当指引控辩双方主要围绕量刑和其他有争议的问题进行。

对被告人不认罪或者辩护人作无罪辩护的案件，法庭辩论时，可以指引控辩双方先辩论定罪问题，后辩论量刑和其他问题。

第二百八十四条　附带民事部分的辩论应当在刑事部分的辩论结束后进行，先由附带民事诉讼原告人及其诉讼代理人发言，后由附带民事诉讼被告人及其诉讼代理人答辩。

第二百八十五条　法庭辩论过程中，审判长应当充分听取控辩双方的意见，对控辩双方与案件无关、重复或者指责对方的发言应当提醒、制止。

第二百八十六条　法庭辩论过程中，合议庭发现与定罪、量刑有关的新的事实，有必要调查的，审判长可以宣布恢复法庭调查，在对新的事实调查后，继续法庭辩论。

第二百八十七条 审判长宣布法庭辩论终结后，合议庭应当保证被告人充分行使最后陈述的权利。

被告人在最后陈述中多次重复自己的意见的，法庭可以制止；陈述内容蔑视法庭、公诉人，损害他人及社会公共利益，或者与本案无关的，应当制止。

在公开审理的案件中，被告人最后陈述的内容涉及国家秘密、个人隐私或者商业秘密的，应当制止。

第二百八十八条 被告人在最后陈述中提出新的事实、证据，合议庭认为可能影响正确裁判的，应当恢复法庭调查；被告人提出新的辩解理由，合议庭认为可能影响正确裁判的，应当恢复法庭辩论。

第二百八十九条 公诉人当庭发表与起诉书不同的意见，属于变更、追加、补充或者撤回起诉的，人民法院应当要求人民检察院在指定时间内以书面方式提出；必要时，可以宣布休庭。人民检察院在指定时间内未提出的，人民法院应当根据法庭审理情况，就起诉书指控的犯罪事实依法作出判决、裁定。

人民检察院变更、追加、补充起诉的，人民法院应当给予被告人及其辩护人必要的准备时间。

第二百九十条 辩护人应当及时将书面辩护意见提交人民法院。

第五节 评议案件与宣告判决

第二百九十一条 被告人最后陈述后，审判长应当宣布休庭，由合议庭进行评议。

第二百九十二条 开庭审理的全部活动，应当由书记员制作笔录；笔录经审判长审阅后，分别由审判长和书记员签名。

第二百九十三条 法庭笔录应当在庭审后交由当事人、法定代理人、辩护人、诉讼代理人阅读或者向其宣读。

法庭笔录中的出庭证人、鉴定人、有专门知识的人、调查人员、侦查人员或者其他人员的证言、意见部分，应当在庭审后分别交由有关人员阅读或者向其宣读。

前两款所列人员认为记录有遗漏或者差错的，可以请求补充或者改正；确认无误后，应当签名；拒绝签名的，应当记录在案；要求改变庭审中陈述的，不予准许。

第二百九十四条 合议庭评议案件，应当根据已经查明的事实、证据和有关法律规定，在充分考虑控辩双方意见的基础上，确定被告人是否有罪、构成何罪，有无从重、从轻、减轻或者免除处罚情节，应否处以刑罚、判处何种刑罚，附带民事诉讼如何解决，查封、扣押、冻结的财物及其孳息如何处理等，并依法作出判决、裁定。

第二百九十五条 对第一审公诉案件，人民法院审理后，应当按照下列情形分别作出判决、裁定：

（一）起诉指控的事实清楚，证据确实、充分，依据法律认定指控被告人的罪名成立的，应当作出有罪判决；

（二）起诉指控的事实清楚，证据确实、充分，但指控的罪名不当的，应当依据法律和审理认定的事实作出有罪判决；

（三）案件事实清楚，证据确实、充分，依据法律认定被告人无罪的，应当判决宣告被告人无罪；

（四）证据不足，不能认定被告人有罪的，应当以证据不足、指控的犯罪不能成立，判决宣告被告人无罪；

（五）案件部分事实清楚，证据确实、充分的，应当作出有罪或者无罪的判决；对事实不清、证据不足部分，不予认定；

（六）被告人因未达到刑事责任年龄，不予刑事处罚的，应当判决宣告被告人不负刑事责任；

（七）被告人是精神病人，在不能辨认或者不能控制自己行为时造成危害结果，不予刑事处罚的，应当判决宣告被告人不负刑事责任；被告人符合强制医疗条件的，应当依照本解释第二十六章的规定进行审理并作出判决；

（八）犯罪已过追诉时效期限且不是必须追诉，或者经特赦令免除刑罚的，应当裁定终止审理；

（九）属于告诉才处理的案件，应当裁定终止审理，并告知被害人有权提起自诉；

（十）被告人死亡的，应当裁定终止审理；但有证据证明被告人无罪，经缺席审理确认无罪的，应当判决宣告被告人无罪。

对涉案财物，人民法院应当根据审理查明的情况，依照本解释第十八章的规定作出处理。

具有第一款第二项规定情形的，人民法院应当在判决前听取控辩双方的意见，保障被告人、辩护人充分行使辩护权。必要时，可以再次开庭，组织控辩双方围绕被告人的行为构成何罪及如何量刑进行辩论。

第二百九十六条 在开庭后、宣告判决前，人民检察院要求撤回起诉的，人民法院应当审查撤回起诉的理由，作出是否准许的裁定。

第二百九十七条 审判期间，人民法院发现新的事实，可能影响定罪量刑的，或者需要补查补证的，应当通知人民检察院，由其决定是否补充、变更、追加起诉或者补充侦查。

人民检察院不同意或者在指定时间内未回复书面意见的，人民法院应当就起诉指控的事实，依照本解释第二百九十五条的规定作出判决、裁定。

第二百九十八条 对依照本解释第二百一十九条第一款第五项规定受理的案件，人民法院应当在判决中写明被告人曾被人民检察院提起公诉，因证据不足，指控的犯罪不能成立，被人民法院依法判决宣告无罪的情况；前案依照刑事诉讼法第二百条第三项规定作出的判决不予撤销。

第二百九十九条 合议庭成员、法官助理、书记员应当在评议笔录上签名，在判决书、裁定书等法律文书上署名。

第三百条 裁判文书应当写明裁判依据，阐释裁判理由，反映控辩双方的意见并说明采纳或者不予采纳的理由。

适用普通程序审理的被告人认罪的案件，裁判文书可以适当简化。

第三百零一条 庭审结束后、评议前，部分合议庭成员不能继续履行审判职责的，人民法院应当依法更换合议庭组成人员，重新开庭审理。

评议后、宣判前，部分合议庭成员因调动、退休等正常原因不能参加宣判，在不改变原评议结论的情况下，可以由审判本案的其他审判员宣判，裁判文书上仍署审判本案的合议庭成员的姓名。

第三百零二条 当庭宣告判决的，应当在五日以内送达判决书。定期宣告判决的，应当在宣判前，先期公告宣判的时间和地点，传唤当事人并通知公诉人、法定代理人、辩护人和诉讼代理人；判决宣告后，应当立即送达判决书。

第三百零三条 判决书应当送达人民检察院、当事人、法定代理人、辩护人、诉讼代理人，并可以送达被告人的近亲属。被害人死亡，其近亲属申请领取判决书的，人民法院应当及时提供。

判决生效后，还应当送达被告人的所在单位或者户籍地的公安派出所，或者被告单位的注册登记机关。被告人系外国人，且在境内有居住地的，应当送达居住地的公安派出所。

第三百零四条 宣告判决，一律公开进行。宣告判决结果时，法庭内全体人员应当起立。

公诉人、辩护人、诉讼代理人、被害人、自诉人或者附带民事诉讼原告人未到庭的，不影响宣判的进行。

第六节 法庭纪律与其他规定

第三百零五条 在押被告人出庭受审时，不着监管机构的识别服。

庭审期间不得对被告人使用戒具，但法庭认为其人身危险性大，可能危害法庭安全的除外。

第三百零六条 庭审期间，全体人员应当服从法庭指挥，遵守法庭纪律，尊重司法礼仪，不得实施下列行为：

（一）鼓掌、喧哗、随意走动；

（二）吸烟、进食；

（三）拨打、接听电话，或者使用即时通讯工具；

（四）对庭审活动进行录音、录像、拍照或者使用即时通讯工具等传播庭审活动；

（五）其他危害法庭安全或者扰乱法庭秩序的行为。

旁听人员不得进入审判活动区，不得随意站立、走动，不得发言和提问。

记者经许可实施第一款第四项规定的行为，应当在指定的时间及区域进行，不得干扰庭审活动。

第三百零七条 有关人员危害法庭安全或者扰乱法庭秩序的，审判长应当按照下列情形分别处理：

（一）情节较轻的，应当警告制止；根据具体情况，也可以进行训诫；

（二）训诫无效的，责令退出法庭；拒不退出的，指令法警强行带出法庭；

（三）情节严重的，报经院长批准后，可以对行为人处一千元以下的罚款或者十五日以下的拘留。

未经许可对庭审活动进行录音、录像、拍照或者使用即时通讯工具等传播庭审活动的，可以暂扣相关设备及存储介质，删除相关内容。

有关人员对罚款、拘留的决定不服的，可以直接向上一级人民法院申请复议，也可以通过决定罚款、拘留的人民法院向上一级人民法院申请复议。通过决定罚款、拘留的人民法院申请复议的，该人民法院应当自收到复议申请之日起三日以内，将复议申请、罚款或者拘留决定书和有关事实、证据材料一并报上一级人民法院复议。复议期间，不停止决定的执行。

第三百零八条 担任辩护人、诉讼代理人的律师严重扰乱法庭秩序，被强行带出法庭或者被处以罚款、拘留的，人民法院应当通报司法行政机关，并可以建议依法给予相应处罚。

第三百零九条 实施下列行为之一，危害法庭安全或者扰乱法庭秩序，构成犯罪的，依法追究刑事责任：

（一）非法携带枪支、弹药、管制刀具或者爆炸性、易燃性、毒害性、放射性以及传染病病原体等危险物质进入法庭；

（二）哄闹、冲击法庭；

（三）侮辱、诽谤、威胁、殴打司法工作人员或者诉讼参与人；

（四）毁坏法庭设施，抢夺、损毁诉讼文书、证据；

（五）其他危害法庭安全或者扰乱法庭秩序的行为。

第三百一十条 辩护人严重扰乱法庭秩序，被责令退出法庭、强行带出法庭或者被处以罚款、拘留，被告人自行辩护的，庭审继续进行；被告人要求另行委托辩护人，或者被告人属于应当提供法律援助情形的，应当宣布休庭。

辩护人、诉讼代理人被责令退出法庭、强行带出法庭或者被处以罚款后，具结保证书，保证服从法庭指挥、不再扰乱法庭秩序的，经法庭许可，可以继续担任辩护人、诉讼代理人。

辩护人、诉讼代理人具有下列情形之一的，不得继续担任同一案件的辩护人、诉讼代理人：

（一）擅自退庭的；

（二）无正当理由不出庭或者不按时出庭，严重影响审判顺利进行的；

（三）被拘留或者具结保证书后再次被责令退出法庭、强行带出法庭的。

第三百一十一条 被告人在一个审判程序中更换辩护人一般不得超过两次。

被告人当庭拒绝辩护人辩护，要求另行委托辩护人或者指派律师的，合议庭应当准许。被告人拒绝辩护人辩护后，没有辩护人的，应当宣布休庭；仍有辩护人的，庭审可以继续进行。

有多名被告人的案件，部分被告人拒绝辩护人辩护后，没有辩护人的，根据案件情况，可以对该部分被告人另案处理，对其他被告人的庭审继续进行。

重新开庭后，被告人再次当庭拒绝辩护人辩护的，可以准许，但被告人不得再次另行委托辩护人或者要求另行指派律师，由其自行辩护。

被告人属于应当提供法律援助的情形，重新开庭后再次当庭拒绝辩护人辩护的，不予准许。

第三百一十二条　法庭审理过程中，辩护人拒绝为被告人辩护，有正当理由的，应当准许；是否继续庭审，参照适用前条规定。

第三百一十三条　依照前两条规定另行委托辩护人或者通知法律援助机构指派律师的，自案件宣布休庭之日起至第十五日止，由辩护人准备辩护，但被告人及其辩护人自愿缩短时间的除外。

庭审结束后、判决宣告前另行委托辩护人的，可以不重新开庭；辩护人提交书面辩护意见的，应当接受。

第三百一十四条　有多名被告人的案件，部分被告人具有刑事诉讼法第二百零六条第一款规定情形的，人民法院可以对全案中止审理；根据案件情况，也可以对该部分被告人中止审理，对其他被告人继续审理。

对中止审理的部分被告人，可以根据案件情况另案处理。

第三百一十五条　人民检察院认为人民法院审理案件违反法定程序，在庭审后提出书面纠正意见，人民法院认为正确的，应当采纳。

第十章　自诉案件第一审程序

第三百一十六条　人民法院受理自诉案件必须符合下列条件：

（一）符合刑事诉讼法第二百一十条、本解释第一条的规定；

（二）属于本院管辖；

（三）被害人告诉；

（四）有明确的被告人、具体的诉讼请求和证明被告人犯罪事实的证据。

第三百一十七条　本解释第一条规定的案件，如果被害人死亡、丧失行为能力或者因受强制、威吓等无法告诉，或者是限制行为能力人以及因年老、患病、盲、聋、哑等不能亲自告诉，其法定代理人、近亲属告诉或者代为告诉的，人民法院应当依法受理。

被害人的法定代理人、近亲属告诉或者代为告诉的，应当提供与被害人关系的证明和被害人不能亲自告诉的原因的证明。

第三百一十八条 提起自诉应当提交刑事自诉状；同时提起附带民事诉讼的，应当提交刑事附带民事自诉状。

第三百一十九条 自诉状一般应当包括以下内容：

（一）自诉人（代为告诉人）、被告人的姓名、性别、年龄、民族、出生地、文化程度、职业、工作单位、住址、联系方式；

（二）被告人实施犯罪的时间、地点、手段、情节和危害后果等；

（三）具体的诉讼请求；

（四）致送的人民法院和具状时间；

（五）证据的名称、来源等；

（六）证人的姓名、住址、联系方式等。

对两名以上被告人提出告诉的，应当按照被告人的人数提供自诉状副本。

第三百二十条 对自诉案件，人民法院应当在十五日以内审查完毕。经审查，符合受理条件的，应当决定立案，并书面通知自诉人或者代为告诉人。

具有下列情形之一的，应当说服自诉人撤回起诉；自诉人不撤回起诉的，裁定不予受理：

（一）不属于本解释第一条规定的案件的；

（二）缺乏罪证的；

（三）犯罪已过追诉时效期限的；

（四）被告人死亡的；

（五）被告人下落不明的；

（六）除因证据不足而撤诉的以外，自诉人撤诉后，就同一事实又告诉的；

（七）经人民法院调解结案后，自诉人反悔，就同一事实再行告诉的；

（八）属于本解释第一条第二项规定的案件，公安机关正在立案侦查或者人民检察院正在审查起诉的；

（九）不服人民检察院对未成年犯罪嫌疑人作出的附条件不起诉决定或

者附条件不起诉考验期满后作出的不起诉决定，向人民法院起诉的。

第三百二十一条 对已经立案，经审查缺乏罪证的自诉案件，自诉人提不出补充证据的，人民法院应当说服其撤回起诉或者裁定驳回起诉；自诉人撤回起诉或者被驳回起诉后，又提出了新的足以证明被告人有罪的证据，再次提起自诉的，人民法院应当受理。

第三百二十二条 自诉人对不予受理或者驳回起诉的裁定不服的，可以提起上诉。

第二审人民法院查明第一审人民法院作出的不予受理裁定有错误的，应当在撤销原裁定的同时，指令第一审人民法院立案受理；查明第一审人民法院驳回起诉裁定有错误的，应当在撤销原裁定的同时，指令第一审人民法院进行审理。

第三百二十三条 自诉人明知有其他共同侵害人，但只对部分侵害人提起自诉的，人民法院应当受理，并告知其放弃告诉的法律后果；自诉人放弃告诉，判决宣告后又对其他共同侵害人就同一事实提起自诉的，人民法院不予受理。

共同被害人中只有部分人告诉的，人民法院应当通知其他被害人参加诉讼，并告知其不参加诉讼的法律后果。被通知人接到通知后表示不参加诉讼或者不出庭的，视为放弃告诉。第一审宣判后，被通知人就同一事实又提起自诉的，人民法院不予受理。但是，当事人另行提起民事诉讼的，不受本解释限制。

第三百二十四条 被告人实施两个以上犯罪行为，分别属于公诉案件和自诉案件，人民法院可以一并审理。对自诉部分的审理，适用本章的规定。

第三百二十五条 自诉案件当事人因客观原因不能取得的证据，申请人民法院调取的，应当说明理由，并提供相关线索或者材料。人民法院认为有必要的，应当及时调取。

对通过信息网络实施的侮辱、诽谤行为，被害人向人民法院告诉，但提供证据确有困难的，人民法院可以要求公安机关提供协助。

第三百二十六条 对犯罪事实清楚，有足够证据的自诉案件，应当开庭审理。

第三百二十七条 自诉案件符合简易程序适用条件的，可以适用简易程序审理。

不适用简易程序审理的自诉案件，参照适用公诉案件第一审普通程序的有关规定。

第三百二十八条 人民法院审理自诉案件，可以在查明事实、分清是非的基础上，根据自愿、合法的原则进行调解。调解达成协议的，应当制作刑事调解书，由审判人员、法官助理、书记员署名，并加盖人民法院印章。调解书经双方当事人签收后，即具有法律效力。调解没有达成协议，或者调解书签收前当事人反悔的，应当及时作出判决。

刑事诉讼法第二百一十条第三项规定的案件不适用调解。

第三百二十九条 判决宣告前，自诉案件的当事人可以自行和解，自诉人可以撤回自诉。

人民法院经审查，认为和解、撤回自诉确属自愿的，应当裁定准许；认为系被强迫、威吓等，并非自愿的，不予准许。

第三百三十条 裁定准许撤诉的自诉案件，被告人被采取强制措施的，人民法院应当立即解除。

第三百三十一条 自诉人经两次传唤，无正当理由拒不到庭，或者未经法庭准许中途退庭的，人民法院应当裁定按撤诉处理。

部分自诉人撤诉或者被裁定按撤诉处理的，不影响案件的继续审理。

第三百三十二条 被告人在自诉案件审判期间下落不明的，人民法院可以裁定中止审理；符合条件的，可以对被告人依法决定逮捕。

第三百三十三条 对自诉案件，应当参照刑事诉讼法第二百条和本解释第二百九十五条的有关规定作出判决。对依法宣告无罪的案件，有附带民事诉讼的，其附带民事部分可以依法进行调解或者一并作出判决，也可以告知附带民事诉讼原告人另行提起民事诉讼。

第三百三十四条 告诉才处理和被害人有证据证明的轻微刑事案件的被告人或者其法定代理人在诉讼过程中，可以对自诉人提起反诉。反诉必须符合下列条件：

（一）反诉的对象必须是本案自诉人；

（二）反诉的内容必须是与本案有关的行为；

（三）反诉的案件必须符合本解释第一条第一项、第二项的规定。

反诉案件适用自诉案件的规定，应当与自诉案件一并审理。自诉人撤诉的，不影响反诉案件的继续审理。

第十一章　单位犯罪案件的审理

第三百三十五条　人民法院受理单位犯罪案件，除依照本解释第二百一十八条的有关规定进行审查外，还应当审查起诉书是否列明被告单位的名称、住所地、联系方式，法定代表人、实际控制人、主要负责人以及代表被告单位出庭的诉讼代表人的姓名、职务、联系方式。需要人民检察院补充材料的，应当通知人民检察院在三日以内补送。

第三百三十六条　被告单位的诉讼代表人，应当是法定代表人、实际控制人或者主要负责人；法定代表人、实际控制人或者主要负责人被指控为单位犯罪直接责任人员或者因客观原因无法出庭的，应当由被告单位委托其他负责人或者职工作为诉讼代表人。但是，有关人员被指控为单位犯罪直接责任人员或者知道案件情况、负有作证义务的除外。

依据前款规定难以确定诉讼代表人的，可以由被告单位委托律师等单位以外的人员作为诉讼代表人。

诉讼代表人不得同时担任被告单位或者被指控为单位犯罪直接责任人员的有关人员的辩护人。

第三百三十七条　开庭审理单位犯罪案件，应当通知被告单位的诉讼代表人出庭；诉讼代表人不符合前条规定的，应当要求人民检察院另行确定。

被告单位的诉讼代表人不出庭的，应当按照下列情形分别处理：

（一）诉讼代表人系被告单位的法定代表人、实际控制人或者主要负责人，无正当理由拒不出庭的，可以拘传其到庭；因客观原因无法出庭，或者下落不明的，应当要求人民检察院另行确定诉讼代表人；

（二）诉讼代表人系其他人员的，应当要求人民检察院另行确定诉讼代表人。

第三百三十八条　被告单位的诉讼代表人享有刑事诉讼法规定的有关被告人的诉讼权利。开庭时，诉讼代表人席位置于审判台前左侧，与辩护人席并列。

第三百三十九条　被告单位委托辩护人的，参照适用本解释的有关规定。

第三百四十条 对应当认定为单位犯罪的案件，人民检察院只作为自然人犯罪起诉的，人民法院应当建议人民检察院对犯罪单位追加起诉。人民检察院仍以自然人犯罪起诉的，人民法院应当依法审理，按照单位犯罪直接负责的主管人员或者其他直接责任人员追究刑事责任，并援引刑法分则关于追究单位犯罪中直接负责的主管人员和其他直接责任人员刑事责任的条款。

第三百四十一条 被告单位的违法所得及其他涉案财物，尚未被依法追缴或者查封、扣押、冻结的，人民法院应当决定追缴或者查封、扣押、冻结。

第三百四十二条 为保证判决的执行，人民法院可以先行查封、扣押、冻结被告单位的财产，或者由被告单位提出担保。

第三百四十三条 采取查封、扣押、冻结等措施，应当严格依照法定程序进行，最大限度降低对被告单位正常生产经营活动的影响。

第三百四十四条 审判期间，被告单位被吊销营业执照、宣告破产但尚未完成清算、注销登记的，应当继续审理；被告单位被撤销、注销的，对单位犯罪直接负责的主管人员和其他直接责任人员应当继续审理。

第三百四十五条 审判期间，被告单位合并、分立的，应当将原单位列为被告单位，并注明合并、分立情况。对被告单位所判处的罚金以其在新单位的财产及收益为限。

第三百四十六条 审理单位犯罪案件，本章没有规定的，参照适用本解释的有关规定。

第十二章 认罪认罚案件的审理

第三百四十七条 刑事诉讼法第十五条规定的“认罪”，是指犯罪嫌疑人、被告人自愿如实供述自己的罪行，对指控的犯罪事实没有异议。

刑事诉讼法第十五条规定的“认罚”，是指犯罪嫌疑人、被告人真诚悔罪，愿意接受处罚。

被告人认罪认罚的，可以依照刑事诉讼法第十五条的规定，在程序上从简、实体上从宽处理。

第三百四十八条 对认罪认罚案件，应当根据案件情况，依法适用速裁程序、简易程序或者普通程序审理。

第三百四十九条 对人民检察院提起公诉的认罪认罚案件，人民法院应当重点审查以下内容：

（一）人民检察院讯问犯罪嫌疑人时，是否告知其诉讼权利和认罪认罚的法律规定；

（二）是否随案移送听取犯罪嫌疑人、辩护人或者值班律师、被害人及其诉讼代理人意见的笔录；

（三）被告人与被害人达成调解、和解协议或者取得被害人谅解的，是否随案移送调解、和解协议、被害人谅解书等相关材料；

（四）需要签署认罪认罚具结书的，是否随案移送具结书。

未随案移送前款规定的材料的，应当要求人民检察院补充。

第三百五十条 人民法院应当将被告人认罪认罚作为其是否具有社会危险性的重要考虑因素。被告人罪行较轻，采用非羁押性强制措施足以防止发生社会危险性的，应当依法适用非羁押性强制措施。

第三百五十一条 对认罪认罚案件，法庭审理时应当告知被告人享有的诉讼权利和认罪认罚的法律规定，审查认罪认罚的自愿性和认罪认罚具结书内容的真实性、合法性。

第三百五十二条 对认罪认罚案件，人民检察院起诉指控的事实清楚，但指控的罪名与审理认定的罪名不一致的，人民法院应当听取人民检察院、被告人及其辩护人对审理认定罪名的意见，依法作出判决。

第三百五十三条 对认罪认罚案件，人民法院经审理认为量刑建议明显不当，或者被告人、辩护人对量刑建议提出异议的，人民检察院可以调整量刑建议。人民检察院不调整或者调整后仍然明显不当的，人民法院应当依法作出判决。

适用速裁程序审理认罪认罚案件，需要调整量刑建议的，应当在庭前或者当庭作出调整；调整量刑建议后，仍然符合速裁程序适用条件的，继续适用速裁程序审理。

第三百五十四条 对量刑建议是否明显不当，应当根据审理认定的犯罪事实、认罪认罚的具体情况，结合相关犯罪的法定刑、类似案件的刑罚适用等作出审查判断。

第三百五十五条 对认罪认罚案件，人民法院一般应当对被告人从轻处罚；符合非监禁刑适用条件的，应当适用非监禁刑；具有法定减轻处罚情节的，可以减轻处罚。

对认罪认罚案件，应当根据被告人认罪认罚的阶段早晚以及认罪认罚的主动性、稳定性、彻底性等，在从宽幅度上体现差异。

共同犯罪案件，部分被告人认罪认罚的，可以依法对该部分被告人从宽处罚，但应当注意全案的量刑平衡。

第三百五十六条 被告人在人民检察院提起公诉前未认罪认罚，在审判阶段认罪认罚的，人民法院可以不再通知人民检察院提出或者调整量刑建议。

对前款规定的案件，人民法院应当就定罪量刑听取控辩双方意见，根据刑事诉讼法第十五条和本解释第三百五十五条的规定作出判决。

第三百五十七条 对被告人在第一审程序中未认罪认罚，在第二审程序中认罪认罚的案件，应当根据其认罪认罚的具体情况决定是否从宽，并依法作出裁判。确定从宽幅度时应当与第一审程序认罪认罚有所区别。

第三百五十八条 案件审理过程中，被告人不再认罪认罚的，人民法院应当根据审理查明的事实，依法作出裁判。需要转换程序的，依照本解释的相关规定处理。

第十三章 简易程序

第三百五十九条 基层人民法院受理公诉案件后，经审查认为案件事实清楚、证据充分的，在将起诉书副本送达被告人时，应当询问被告人对指控的犯罪事实的意见，告知其适用简易程序的法律规定。被告人对指控的犯罪事实没有异议并同意适用简易程序的，可以决定适用简易程序，并在开庭前通知人民检察院和辩护人。

对人民检察院建议或者被告人及其辩护人申请适用简易程序审理的案件，依照前款规定处理；不符合简易程序适用条件的，应当通知人民检察院或者被告人及其辩护人。

第三百六十条 具有下列情形之一的，不适用简易程序：

（一）被告人是盲、聋、哑人的；

（二）被告人是尚未完全丧失辨认或者控制自己行为能力的精神病人的；

（三）案件有重大社会影响的；

（四）共同犯罪案件中部分被告人不认罪或者对适用简易程序有异

议的；

（五）辩护人作无罪辩护的；

（六）被告人认罪但经审查认为可能不构成犯罪的；

（七）不宜适用简易程序审理的其他情形。

第三百六十一条 适用简易程序审理的案件，符合刑事诉讼法第三十五条第一款规定的，人民法院应当告知被告人及其近亲属可以申请法律援助。

第三百六十二条 适用简易程序审理案件，人民法院应当在开庭前将开庭的时间、地点通知人民检察院、自诉人、被告人、辩护人，也可以通知其他诉讼参与人。

通知可以采用简便方式，但应当记录在案。

第三百六十三条 适用简易程序审理案件，被告人有辩护人的，应当通知其出庭。

第三百六十四条 适用简易程序审理案件，审判长或者独任审判员应当当庭询问被告人对指控的犯罪事实的意见，告知被告人适用简易程序审理的法律规定，确认被告人是否同意适用简易程序。

第三百六十五条 适用简易程序审理案件，可以对庭审作如下简化：

（一）公诉人可以摘要宣读起诉书；

（二）公诉人、辩护人、审判人员对被告人的讯问、发问可以简化或者省略；

（三）对控辩双方无异议的证据，可以仅就证据的名称及所证明的事项作出说明；对控辩双方有异议或者法庭认为有必要调查核实的证据，应当出示，并进行质证；

（四）控辩双方对与定罪量刑有关的事实、证据没有异议的，法庭审理可以直接围绕罪名确定和量刑问题进行。

适用简易程序审理案件，判决宣告前应当听取被告人的最后陈述。

第三百六十六条 适用简易程序独任审判过程中，发现对被告人可能判处的有期徒刑超过三年的，应当转由合议庭审理。

第三百六十七条 适用简易程序审理案件，裁判文书可以简化。

适用简易程序审理案件，一般应当当庭宣判。

第三百六十八条 适用简易程序审理案件，在法庭审理过程中，具有下列情形之一的，应当转为普通程序审理：

（一）被告人的行为可能不构成犯罪的；

（二）被告人可能不负刑事责任的；

（三）被告人当庭对起诉指控的犯罪事实予以否认的；

（四）案件事实不清、证据不足的；

（五）不应当或者不宜适用简易程序的其他情形。

决定转为普通程序审理的案件，审理期限应当从作出决定之日起计算。

第十四章　速裁程序

第三百六十九条　对人民检察院在提起公诉时建议适用速裁程序的案件，基层人民法院经审查认为案件事实清楚，证据确实、充分，可能判处三年有期徒刑以下刑罚的，在将起诉书副本送达被告人时，应当告知被告人适用速裁程序的法律规定，询问其是否同意适用速裁程序。被告人同意适用速裁程序的，可以决定适用速裁程序，并在开庭前通知人民检察院和辩护人。

对人民检察院未建议适用速裁程序的案件，人民法院经审查认为符合速裁程序适用条件的，可以决定适用速裁程序，并在开庭前通知人民检察院和辩护人。

被告人及其辩护人可以向人民法院提出适用速裁程序的申请。

第三百七十条　具有下列情形之一的，不适用速裁程序：

（一）被告人是盲、聋、哑人的；

（二）被告人是尚未完全丧失辨认或者控制自己行为能力的精神病人的；

（三）被告人是未成年人的；

（四）案件有重大社会影响的；

（五）共同犯罪案件中部分被告人对指控的犯罪事实、罪名、量刑建议或者适用速裁程序有异议的；

（六）被告人与被害人或者其法定代理人没有就附带民事诉讼赔偿等事项达成调解、和解协议的；

（七）辩护人作无罪辩护的；

（八）其他不宜适用速裁程序的情形。

第三百七十一条　适用速裁程序审理案件，人民法院应当在开庭前将开庭的时间、地点通知人民检察院、被告人、辩护人，也可以通知其他诉讼参与人。

通知可以采用简便方式，但应当记录在案。

第三百七十二条 适用速裁程序审理案件，可以集中开庭，逐案审理。公诉人简要宣读起诉书后，审判人员应当当庭询问被告人对指控事实、证据、量刑建议以及适用速裁程序的意见，核实具结书签署的自愿性、真实性、合法性，并核实附带民事诉讼赔偿等情况。

第三百七十三条 适用速裁程序审理案件，一般不进行法庭调查、法庭辩论，但在判决宣告前应当听取辩护人的意见和被告人的最后陈述。

第三百七十四条 适用速裁程序审理案件，裁判文书可以简化。

适用速裁程序审理案件，应当当庭宣判。

第三百七十五条 适用速裁程序审理案件，在法庭审理过程中，具有下列情形之一的，应当转为普通程序或者简易程序审理：

（一）被告人的行为可能不构成犯罪或者不应当追究刑事责任的；

（二）被告人违背意愿认罪认罚的；

（三）被告人否认指控的犯罪事实的；

（四）案件疑难、复杂或者对适用法律有重大争议的；

（五）其他不宜适用速裁程序的情形。

第三百七十六条 决定转为普通程序或者简易程序审理的案件，审理期限应当从作出决定之日起计算。

第三百七十七条 适用速裁程序审理的案件，第二审人民法院依照刑事诉讼法第二百三十六条第一款第三项的规定发回原审人民法院重新审判的，原审人民法院应当适用第一审普通程序重新审判。

第十五章　第二审程序

第三百七十八条 地方各级人民法院在宣告第一审判决、裁定时，应当告知被告人、自诉人及其法定代理人不服判决和准许撤回起诉、终止审理等裁定的，有权在法定期限内以书面或者口头形式，通过本院或者直接向上一级人民法院提出上诉；被告人的辩护人、近亲属经被告人同意，也可以提出上诉；附带民事诉讼当事人及其法定代理人，可以对判决、裁定中的附带民事部分提出上诉。

被告人、自诉人、附带民事诉讼当事人及其法定代理人是否提出上诉，以其在上诉期满前最后一次的意思表示为准。

第三百七十九条 人民法院受理的上诉案件，一般应当有上诉状正本及副本。

上诉状内容一般包括：第一审判决书、裁定书的文号和上诉人收到的时间，第一审人民法院的名称，上诉的请求和理由，提出上诉的时间。被告人的辩护人、近亲属经被告人同意提出上诉的，还应当写明其与被告人的关系，并应当以被告人作为上诉人。

第三百八十条 上诉、抗诉必须在法定期限内提出。不服判决的上诉、抗诉的期限为十日；不服裁定的上诉、抗诉的期限为五日。上诉、抗诉的期限，从接到判决书、裁定书的第二日起计算。

对附带民事判决、裁定的上诉、抗诉期限，应当按照刑事部分的上诉、抗诉期限确定。附带民事部分另行审判的，上诉期限也应当按照刑事诉讼法规定的期限确定。

第三百八十一条 上诉人通过第一审人民法院提出上诉的，第一审人民法院应当审查。上诉符合法律规定的，应当在上诉期满后三日以内将上诉状连同案卷、证据移送上一级人民法院，并将上诉状副本送交同级人民检察院和对方当事人。

第三百八十二条 上诉人直接向第二审人民法院提出上诉的，第二审人民法院应当在收到上诉状后三日以内将上诉状交第一审人民法院。第一审人民法院应当审查上诉是否符合法律规定。符合法律规定的，应当在接到上诉状后三日以内将上诉状连同案卷、证据移送上一级人民法院，并将上诉状副本送交同级人民检察院和对方当事人。

第三百八十三条 上诉人在上诉期限内要求撤回上诉的，人民法院应当准许。

上诉人在上诉期满后要求撤回上诉的，第二审人民法院经审查，认为原判认定事实和适用法律正确，量刑适当的，应当裁定准许；认为原判确有错误的，应当不予准许，继续按照上诉案件审理。

被判处死刑立即执行的被告人提出上诉，在第二审开庭后宣告裁判前申请撤回上诉的，应当不予准许，继续按照上诉案件审理。

第三百八十四条 地方各级人民检察院对同级人民法院第一审判决、裁定的抗诉，应当通过第一审人民法院提交抗诉书。第一审人民法院应当在抗诉期满后三日以内将抗诉书连同案卷、证据移送上一级人民法院，并将抗诉书副本送交当事人。

第三百八十五条 人民检察院在抗诉期限内要求撤回抗诉的，人民法院应当准许。

人民检察院在抗诉期满后要求撤回抗诉的，第二审人民法院可以裁定准许，但是认为原判存在将无罪判为有罪、轻罪重判等情形的，应当不予准许，继续审理。

上级人民检察院认为下级人民检察院抗诉不当，向第二审人民法院要求撤回抗诉的，适用前两款规定。

第三百八十六条 在上诉、抗诉期满前撤回上诉、抗诉的，第一审判决、裁定在上诉、抗诉期满之日起生效。在上诉、抗诉期满后要求撤回上诉、抗诉，第二审人民法院裁定准许的，第一审判决、裁定应当自第二审裁定书送达上诉人或者抗诉机关之日起生效。

第三百八十七条 第二审人民法院对第一审人民法院移送的上诉、抗诉案卷、证据，应当审查是否包括下列内容：

（一）移送上诉、抗诉案件函；

（二）上诉状或者抗诉书；

（三）第一审判决书、裁定书八份（每增加一名被告人增加一份）及其电子文本；

（四）全部案卷、证据，包括案件审理报告和其他应当移送的材料。

前款所列材料齐全的，第二审人民法院应当收案；材料不全的，应当通知第一审人民法院及时补送。

第三百八十八条 第二审人民法院审理上诉、抗诉案件，应当就第一审判决、裁定认定的事实和适用法律进行全面审查，不受上诉、抗诉范围的限制。

第三百八十九条 共同犯罪案件，只有部分被告人提出上诉，或者自诉人只对部分被告人的判决提出上诉，或者人民检察院只对部分被告人的判决提出抗诉的，第二审人民法院应当对全案进行审查，一并处理。

第三百九十条 共同犯罪案件，上诉的被告人死亡，其他被告人未上诉的，第二审人民法院应当对死亡的被告人终止审理；但有证据证明被告人无罪，经缺席审理确认无罪的，应当判决宣告被告人无罪。

具有前款规定的情形，第二审人民法院仍应对全案进行审查，对其他同案被告人作出判决、裁定。

第三百九十一条 对上诉、抗诉案件，应当着重审查下列内容：

（一）第一审判决认定的事实是否清楚，证据是否确实、充分；

（二）第一审判决适用法律是否正确，量刑是否适当；

（三）在调查、侦查、审查起诉、第一审程序中，有无违反法定程序的情形；

（四）上诉、抗诉是否提出新的事实、证据；

（五）被告人的供述和辩解情况；

（六）辩护人的辩护意见及采纳情况；

（七）附带民事部分的判决、裁定是否合法、适当；

（八）对涉案财物的处理是否正确；

（九）第一审人民法院合议庭、审判委员会讨论的意见。

第三百九十二条 第二审期间，被告人除自行辩护外，还可以继续委托第一审辩护人或者另行委托辩护人辩护。

共同犯罪案件，只有部分被告人提出上诉，或者自诉人只对部分被告人的判决提出上诉，或者人民检察院只对部分被告人的判决提出抗诉的，其他同案被告人也可以委托辩护人辩护。

第三百九十三条 下列案件，根据刑事诉讼法第二百三十四条的规定，应当开庭审理：

（一）被告人、自诉人及其法定代理人对第一审认定的事实、证据提出异议，可能影响定罪量刑的上诉案件；

（二）被告人被判处死刑的上诉案件；

（三）人民检察院抗诉的案件；

（四）应当开庭审理的其他案件。

被判处死刑的被告人没有上诉，同案的其他被告人上诉的案件，第二审人民法院应当开庭审理。

第三百九十四条 对上诉、抗诉案件，第二审人民法院经审查，认为原判事实不清、证据不足，或者具有刑事诉讼法第二百三十八条规定的违反法定诉讼程序情形，需要发回重新审判的，可以不开庭审理。

第三百九十五条 第二审期间，人民检察院或者被告人及其辩护人提交新证据的，人民法院应当及时通知对方查阅、摘抄或者复制。

第三百九十六条 开庭审理第二审公诉案件，应当在决定开庭审理后及时通知人民检察院查阅案卷。自通知后的第二日起，人民检察院查阅案卷的时间不计入审理期限。

第三百九十七条 开庭审理上诉、抗诉的公诉案件，应当通知同级人民检察院派员出庭。

抗诉案件，人民检察院接到开庭通知后不派员出庭，且未说明原因的，人民法院可以裁定按人民检察院撤回抗诉处理。

第三百九十八条 开庭审理上诉、抗诉案件，除参照适用第一审程序的有关规定外，应当按照下列规定进行：

（一）法庭调查阶段，审判人员宣读第一审判决书、裁定书后，上诉案件由上诉人或者辩护人先宣读上诉状或者陈述上诉理由，抗诉案件由检察员先宣读抗诉书；既有上诉又有抗诉的案件，先由检察员宣读抗诉书，再由上诉人或者辩护人宣读上诉状或者陈述上诉理由；

（二）法庭辩论阶段，上诉案件，先由上诉人、辩护人发言，后由检察员、诉讼代理人发言；抗诉案件，先由检察员、诉讼代理人发言，后由被告人、辩护人发言；既有上诉又有抗诉的案件，先由检察员、诉讼代理人发言，后由上诉人、辩护人发言。

第三百九十九条 开庭审理上诉、抗诉案件，可以重点围绕对第一审判决、裁定有争议的问题或者有疑问的部分进行。根据案件情况，可以按照下列方式审理：

（一）宣读第一审判决书，可以只宣读案由、主要事实、证据名称和判决主文等；

（二）法庭调查应当重点围绕对第一审判决提出异议的事实、证据以及新的证据等进行；对没有异议的事实、证据和情节，可以直接确认；

（三）对同案审理案件中未上诉的被告人，未被申请出庭或者人民法院认为没有必要到庭的，可以不再传唤到庭；

（四）被告人犯有数罪的案件，对其中事实清楚且无异议的犯罪，可以不在庭审时审理。

同案审理的案件，未提出上诉、人民检察院也未对其判决提出抗诉的被告人要求出庭的，应当准许。出庭的被告人可以参加法庭调查和辩论。

第四百条 第二审案件依法不开庭审理的，应当讯问被告人，听取其他当事人、辩护人、诉讼代理人的意见。合议庭全体成员应当阅卷，必要时应当提交书面阅卷意见。

第四百零一条 审理被告人或者其法定代理人、辩护人、近亲属提出上诉的案件，不得对被告人的刑罚作出实质不利的改判，并应当执行下列规定：

（一）同案审理的案件，只有部分被告人上诉的，既不得加重上诉人的刑罚，也不得加重其他同案被告人的刑罚；

（二）原判认定的罪名不当的，可以改变罪名，但不得加重刑罚或者对刑罚执行产生不利影响；

（三）原判认定的罪数不当的，可以改变罪数，并调整刑罚，但不得加重决定执行的刑罚或者对刑罚执行产生不利影响；

（四）原判对被告人宣告缓刑的，不得撤销缓刑或者延长缓刑考验期；

（五）原判没有宣告职业禁止、禁止令的，不得增加宣告；原判宣告职业禁止、禁止令的，不得增加内容、延长期限；

（六）原判对被告人判处死刑缓期执行没有限制减刑、决定终身监禁的，不得限制减刑、决定终身监禁；

（七）原判判处的刑罚不当、应当适用附加刑而没有适用的，不得直接加重刑罚、适用附加刑。原判判处的刑罚畸轻，必须依法改判的，应当在第二审判决、裁定生效后，依照审判监督程序重新审判。

人民检察院抗诉或者自诉人上诉的案件，不受前款规定的限制。

第四百零二条 人民检察院只对部分被告人的判决提出抗诉，或者自诉人只对部分被告人的判决提出上诉的，第二审人民法院不得对其他同案被告人加重刑罚。

第四百零三条 被告人或者其法定代理人、辩护人、近亲属提出上诉，人民检察院未提出抗诉的案件，第二审人民法院发回重新审判后，除有新的犯罪事实且人民检察院补充起诉的以外，原审人民法院不得加重被告人的刑罚。

对前款规定的案件，原审人民法院对上诉发回重新审判的案件依法作出判决后，人民检察院抗诉的，第二审人民法院不得改判为重于原审人民法院第一次判处的刑罚。

第四百零四条 第二审人民法院认为第一审判决事实不清、证据不足的，可以在查清事实后改判，也可以裁定撤销原判，发回原审人民法院重新审判。

有多名被告人的案件，部分被告人的犯罪事实不清、证据不足或者有新的犯罪事实需要追诉，且有关犯罪与其他同案被告人没有关联的，第二审人民法院根据案件情况，可以对该部分被告人分案处理，将该部分被告人发回原审人民法院重新审判。原审人民法院重新作出判决后，被告人上诉或者人民检察院抗诉，其他被告人的案件尚未作出第二审判决、裁定的，第二审人民法院可以并案审理。

第四百零五条 原判事实不清、证据不足，第二审人民法院发回重新审判的案件，原审人民法院重新作出判决后，被告人上诉或者人民检察院抗诉的，第二审人民法院应当依法作出判决、裁定，不得再发回重新审判。

第四百零六条 第二审人民法院发现原审人民法院在重新审判过程中，有刑事诉讼法第二百三十八条规定的情形之一，或者违反第二百三十九条规定的，应当裁定撤销原判，发回重新审判。

第四百零七条 第二审人民法院审理对刑事部分提出上诉、抗诉，附带民事部分已经发生法律效力的案件，发现第一审判决、裁定中的附带民事部分确有错误的，应当依照审判监督程序对附带民事部分予以纠正。

第四百零八条 刑事附带民事诉讼案件，只有附带民事诉讼当事人及其法定代理人上诉的，第一审刑事部分的判决在上诉期满后即发生法律效力。

应当送监执行的第一审刑事被告人是第二审附带民事诉讼被告人的，在第二审附带民事诉讼案件审结前，可以暂缓送监执行。

第四百零九条 第二审人民法院审理对附带民事部分提出上诉，刑事部分已经发生法律效力的案件，应当对全案进行审查，并按照下列情形分别处理：

（一）第一审判决的刑事部分并无不当的，只需就附带民事部分作出处理；

（二）第一审判决的刑事部分确有错误的，依照审判监督程序对刑事部分进行再审，并将附带民事部分与刑事部分一并审理。

第四百一十条 第二审期间，第一审附带民事诉讼原告人增加独立的诉讼请求或者第一审附带民事诉讼被告人提出反诉的，第二审人民法院可以根据自愿、合法的原则进行调解；调解不成的，告知当事人另行起诉。

第四百一十一条　对第二审自诉案件，必要时可以调解，当事人也可以自行和解。调解结案的，应当制作调解书，第一审判决、裁定视为自动撤销。当事人自行和解的，依照本解释第三百二十九条的规定处理；裁定准许撤回自诉的，应当撤销第一审判决、裁定。

第四百一十二条　第二审期间，自诉案件的当事人提出反诉的，应当告知其另行起诉。

第四百一十三条　第二审人民法院可以委托第一审人民法院代为宣判，并向当事人送达第二审判决书、裁定书。第一审人民法院应当在代为宣判后五日以内将宣判笔录送交第二审人民法院，并在送达完毕后及时将送达回证送交第二审人民法院。

委托宣判的，第二审人民法院应当直接向同级人民检察院送达第二审判决书、裁定书。

第二审判决、裁定是终审的判决、裁定的，自宣告之日起发生法律效力。

第十六章　在法定刑以下判处刑罚和特殊假释的核准

第四百一十四条　报请最高人民法院核准在法定刑以下判处刑罚的案件，应当按照下列情形分别处理：

（一）被告人未上诉、人民检察院未抗诉的，在上诉、抗诉期满后三日以内报请上一级人民法院复核。上级人民法院同意原判的，应当书面层报最高人民法院核准；不同意的，应当裁定发回重新审判，或者按照第二审程序提审；

（二）被告人上诉或者人民检察院抗诉的，上一级人民法院维持原判，或者改判后仍在法定刑以下判处刑罚的，应当依照前项规定层报最高人民法院核准。

第四百一十五条　对符合刑法第六十三条第二款规定的案件，第一审人民法院未在法定刑以下判处刑罚的，第二审人民法院可以在法定刑以下判处刑罚，并层报最高人民法院核准。

第四百一十六条　报请最高人民法院核准在法定刑以下判处刑罚的案件，应当报送判决书、报请核准的报告各五份，以及全部案卷、证据。

第四百一十七条　对在法定刑以下判处刑罚的案件，最高人民法院予以核准的，应当作出核准裁定书；不予核准的，应当作出不核准裁定书，并撤销原判决、裁定，发回原审人民法院重新审判或者指定其他下级人民法院重新审判。

第四百一十八条 依照本解释第四百一十四条、第四百一十七条规定发回第二审人民法院重新审判的案件，第二审人民法院可以直接改判；必须通过开庭查清事实、核实证据或者纠正原审程序违法的，应当开庭审理。

第四百一十九条 最高人民法院和上级人民法院复核在法定刑以下判处刑罚案件的审理期限，参照适用刑事诉讼法第二百四十三条的规定。

第四百二十条 报请最高人民法院核准因罪犯具有特殊情况，不受执行刑期限制的假释案件，应当按照下列情形分别处理：

（一）中级人民法院依法作出假释裁定后，应当报请高级人民法院复核。高级人民法院同意的，应当书面报请最高人民法院核准；不同意的，应当裁定撤销中级人民法院的假释裁定；

（二）高级人民法院依法作出假释裁定的，应当报请最高人民法院核准。

第四百二十一条 报请最高人民法院核准因罪犯具有特殊情况，不受执行刑期限制的假释案件，应当报送报请核准的报告、罪犯具有特殊情况的报告、假释裁定书各五份，以及全部案卷。

第四百二十二条 对因罪犯具有特殊情况，不受执行刑期限制的假释案件，最高人民法院予以核准的，应当作出核准裁定书；不予核准的，应当作出不核准裁定书，并撤销原裁定。

第十七章　死刑复核程序

第四百二十三条 报请最高人民法院核准死刑的案件，应当按照下列情形分别处理：

（一）中级人民法院判处死刑的第一审案件，被告人未上诉、人民检察院未抗诉的，在上诉、抗诉期满后十日以内报请高级人民法院复核。高级人民法院同意判处死刑的，应当在作出裁定后十日以内报请最高人民法院核准；认为原判认定的某一具体事实或者引用的法律条款等存在瑕疵，但判处被告人死刑并无不当的，可以在纠正后作出核准的判决、裁定；不同意判处死刑的，应当依照第二审程序提审或者发回重新审判；

（二）中级人民法院判处死刑的第一审案件，被告人上诉或者人民检察院抗诉，高级人民法院裁定维持的，应当在作出裁定后十日以内报请最高人民法院核准；

（三）高级人民法院判处死刑的第一审案件，被告人未上诉、人民检察院未抗诉的，应当在上诉、抗诉期满后十日以内报请最高人民法院核准。

高级人民法院复核死刑案件，应当讯问被告人。

第四百二十四条 中级人民法院判处死刑缓期执行的第一审案件，被告人未上诉、人民检察院未抗诉的，应当报请高级人民法院核准。

高级人民法院复核死刑缓期执行案件，应当讯问被告人。

第四百二十五条 报请复核的死刑、死刑缓期执行案件，应当一案一报。报送的材料包括报请复核的报告，第一、二审裁判文书，案件综合报告各五份以及全部案卷、证据。案件综合报告，第一、二审裁判文书和审理报告应当附送电子文本。

同案审理的案件应当报送全案案卷、证据。

曾经发回重新审判的案件，原第一、二审案卷应当一并报送。

第四百二十六条 报请复核死刑、死刑缓期执行的报告，应当写明案由、简要案情、审理过程和判决结果。

案件综合报告应当包括以下内容：

（一）被告人、被害人的基本情况。被告人有前科或者曾受过行政处罚、处分的，应当写明；

（二）案件的由来和审理经过。案件曾经发回重新审判的，应当写明发回重新审判的原因、时间、案号等；

（三）案件侦破情况。通过技术调查、侦查措施抓获被告人、侦破案件，以及与自首、立功认定有关的情况，应当写明；

（四）第一审审理情况。包括控辩双方意见，第一审认定的犯罪事实，合议庭和审判委员会意见；

（五）第二审审理或者高级人民法院复核情况。包括上诉理由、人民检察院的意见，第二审审理或者高级人民法院复核认定的事实，证据采信情况及理由，控辩双方意见及采纳情况；

（六）需要说明的问题。包括共同犯罪案件中另案处理的同案犯的处理情况，案件有无重大社会影响，以及当事人的反应等情况；

（七）处理意见。写明合议庭和审判委员会的意见。

第四百二十七条 复核死刑、死刑缓期执行案件，应当全面审查以下内容：

（一）被告人的年龄，被告人有无刑事责任能力、是否系怀孕的妇女；

（二）原判认定的事实是否清楚，证据是否确实、充分；

（三）犯罪情节、后果及危害程度；

（四）原判适用法律是否正确，是否必须判处死刑，是否必须立即执行；

（五）有无法定、酌定从重、从轻或者减轻处罚情节；

（六）诉讼程序是否合法；

（七）应当审查的其他情况。

复核死刑、死刑缓期执行案件，应当重视审查被告人及其辩护人的辩解、辩护意见。

第四百二十八条 高级人民法院复核死刑缓期执行案件，应当按照下列情形分别处理：

（一）原判认定事实和适用法律正确、量刑适当、诉讼程序合法的，应当裁定核准；

（二）原判认定的某一具体事实或者引用的法律条款等存在瑕疵，但判处被告人死刑缓期执行并无不当的，可以在纠正后作出核准的判决、裁定；

（三）原判认定事实正确，但适用法律有错误，或者量刑过重的，应当改判；

（四）原判事实不清、证据不足的，可以裁定不予核准，并撤销原判，发回重新审判，或者依法改判；

（五）复核期间出现新的影响定罪量刑的事实、证据的，可以裁定不予核准，并撤销原判，发回重新审判，或者依照本解释第二百七十一条的规定审理后依法改判；

（六）原审违反法定诉讼程序，可能影响公正审判的，应当裁定不予核准，并撤销原判，发回重新审判。

复核死刑缓期执行案件，不得加重被告人的刑罚。

第四百二十九条 最高人民法院复核死刑案件，应当按照下列情形分别处理：

（一）原判认定事实和适用法律正确、量刑适当、诉讼程序合法的，应当裁定核准；

（二）原判认定的某一具体事实或者引用的法律条款等存在瑕疵，但判处被告人死刑并无不当的，可以在纠正后作出核准的判决、裁定；

（三）原判事实不清、证据不足的，应当裁定不予核准，并撤销原判，发回重新审判；

（四）复核期间出现新的影响定罪量刑的事实、证据的，应当裁定不予核准，并撤销原判，发回重新审判；

（五）原判认定事实正确、证据充分，但依法不应当判处死刑的，应当裁定不予核准，并撤销原判，发回重新审判；根据案件情况，必要时，也可以依法改判；

（六）原审违反法定诉讼程序，可能影响公正审判的，应当裁定不予核准，并撤销原判，发回重新审判。

第四百三十条 最高人民法院裁定不予核准死刑的，根据案件情况，可以发回第二审人民法院或者第一审人民法院重新审判。

对最高人民法院发回第二审人民法院重新审判的案件，第二审人民法院一般不得发回第一审人民法院重新审判。

第一审人民法院重新审判的，应当开庭审理。第二审人民法院重新审判的，可以直接改判；必须通过开庭查清事实、核实证据或者纠正原审程序违法的，应当开庭审理。

第四百三十一条 高级人民法院依照复核程序审理后报请最高人民法院核准死刑，最高人民法院裁定不予核准，发回高级人民法院重新审判的，高级人民法院可以依照第二审程序提审或者发回重新审判。

第四百三十二条 最高人民法院裁定不予核准死刑，发回重新审判的案件，原审人民法院应当另行组成合议庭审理，但本解释第四百二十九条第四项、第五项规定的案件除外。

第四百三十三条 依照本解释第四百三十条、第四百三十一条发回重新审判的案件，第一审人民法院判处死刑、死刑缓期执行的，上一级人民法院依照第二审程序或者复核程序审理后，应当依法作出判决或者裁定，不得再发回重新审判。但是，第一审人民法院有刑事诉讼法第二百三十八条规定的情形或者违反刑事诉讼法第二百三十九条规定的除外。

第四百三十四条 死刑复核期间，辩护律师要求当面反映意见的，最高人民法院有关合议庭应当在办公场所听取其意见，并制作笔录；辩护律师提出书面意见的，应当附卷。

第四百三十五条　死刑复核期间，最高人民检察院提出意见的，最高人民法院应当审查，并将采纳情况及理由反馈最高人民检察院。

第四百三十六条　最高人民法院应当根据有关规定向最高人民检察院通报死刑案件复核结果。

第十八章　涉案财物处理

第四百三十七条　人民法院对查封、扣押、冻结的涉案财物及其孳息，应当妥善保管，并制作清单，附卷备查；对人民检察院随案移送的实物，应当根据清单核查后妥善保管。任何单位和个人不得挪用或者自行处理。

查封不动产、车辆、船舶、航空器等财物，应当扣押其权利证书，经拍照或者录像后原地封存，或者交持有人、被告人的近亲属保管，登记并写明财物的名称、型号、权属、地址等详细信息，并通知有关财物的登记、管理部门办理查封登记手续。

扣押物品，应当登记并写明物品名称、型号、规格、数量、重量、质量、成色、纯度、颜色、新旧程度、缺损特征和来源等。扣押货币、有价证券，应当登记并写明货币、有价证券的名称、数额、面额等，货币应当存入银行专门账户，并登记银行存款凭证的名称、内容。扣押文物、金银、珠宝、名贵字画等贵重物品以及违禁品，应当拍照，需要鉴定的，应当及时鉴定。对扣押的物品应当根据有关规定及时估价。

冻结存款、汇款、债券、股票、基金份额等财产，应当登记并写明编号、种类、面值、张数、金额等。

第四百三十八条　对被害人的合法财产，权属明确的，应当依法及时返还，但须经拍照、鉴定、估价，并在案卷中注明返还的理由，将原物照片、清单和被害人的领取手续附卷备查；权属不明的，应当在人民法院判决、裁定生效后，按比例返还被害人，但已获退赔的部分应予扣除。

第四百三十九条　审判期间，对不宜长期保存、易贬值或者市场价格波动大的财产，或者有效期即将届满的票据等，经权利人申请或者同意，并经院长批准，可以依法先行处置，所得款项由人民法院保管。

涉案财物先行处置应当依法、公开、公平。

第四百四十条 对作为证据使用的实物，应当随案移送。第一审判决、裁定宣告后，被告人上诉或者人民检察院抗诉的，第一审人民法院应当将上述证据移送第二审人民法院。

第四百四十一条 对实物未随案移送的，应当根据情况，分别审查以下内容：

（一）大宗的、不便搬运的物品，是否随案移送查封、扣押清单，并附原物照片和封存手续，注明存放地点等；

（二）易腐烂、霉变和不易保管的物品，查封、扣押机关变卖处理后，是否随案移送原物照片、清单、变价处理的凭证（复印件）等；

（三）枪支弹药、剧毒物品、易燃易爆物品以及其他违禁品、危险物品，查封、扣押机关根据有关规定处理后，是否随案移送原物照片和清单等。

上述未随案移送的实物，应当依法鉴定、估价的，还应当审查是否附有鉴定、估价意见。

对查封、扣押的货币、有价证券等，未移送实物的，应当审查是否附有原物照片、清单或者其他证明文件。

第四百四十二条 法庭审理过程中，应当依照本解释第二百七十九条的规定，依法对查封、扣押、冻结的财物及其孳息进行审查。

第四百四十三条 被告人将依法应当追缴的涉案财物用于投资或者置业的，对因此形成的财产及其收益，应当追缴。

被告人将依法应当追缴的涉案财物与其他合法财产共同用于投资或者置业的，对因此形成的财产中与涉案财物对应的份额及其收益，应当追缴。

第四百四十四条 对查封、扣押、冻结的财物及其孳息，应当在判决书中写明名称、金额、数量、存放地点及其处理方式等。涉案财物较多，不宜在判决主文中详细列明的，可以附清单。

判决追缴违法所得或者责令退赔的，应当写明追缴、退赔的金额或者财物的名称、数量等情况；已经发还的，应当在判决书中写明。

第四百四十五条 查封、扣押、冻结的财物及其孳息，经审查，确属违法所得或者依法应当追缴的其他涉案财物的，应当判决返还被害人，或者没收上缴国库，但法律另有规定的除外。

对判决时尚未追缴到案或者尚未足额退赔的违法所得，应当判决继续追缴或者责令退赔。

判决返还被害人的涉案财物，应当通知被害人认领；无人认领的，应当公告通知；公告满一年无人认领的，应当上缴国库；上缴国库后有人认领，经查证属实的，应当申请退库予以返还；原物已经拍卖、变卖的，应当返还价款。

对侵犯国有财产的案件，被害单位已经终止且没有权利义务继受人，或者损失已经被核销的，查封、扣押、冻结的财物及其孳息应当上缴国库。

第四百四十六条 第二审期间，发现第一审判决未对随案移送的涉案财物及其孳息作出处理的，可以裁定撤销原判，发回原审人民法院重新审判，由原审人民法院依法对涉案财物及其孳息一并作出处理。

判决生效后，发现原判未对随案移送的涉案财物及其孳息作出处理的，由原审人民法院依法对涉案财物及其孳息另行作出处理。

第四百四十七条 随案移送的或者人民法院查封、扣押的财物及其孳息，由第一审人民法院在判决生效后负责处理。

实物未随案移送、由扣押机关保管的，人民法院应当在判决生效后十日以内，将判决书、裁定书送达扣押机关，并告知其在一个月以内将执行回单送回，确因客观原因无法按时完成的，应当说明原因。

第四百四十八条 对冻结的存款、汇款、债券、股票、基金份额等财产判决没收的，第一审人民法院应当在判决生效后，将判决书、裁定书送达相关金融机构和财政部门，通知相关金融机构依法上缴国库并在接到执行通知书后十五日以内，将上缴国库的凭证、执行回单送回。

第四百四十九条 查封、扣押、冻结的财物与本案无关但已列入清单的，应当由查封、扣押、冻结机关依法处理。

查封、扣押、冻结的财物属于被告人合法所有的，应当在赔偿被害人损失、执行财产刑后及时返还被告人。

第四百五十条 查封、扣押、冻结财物及其处理，本解释没有规定的，参照适用其他司法解释的有关规定。

第十九章　审判监督程序

第四百五十一条 当事人及其法定代理人、近亲属对已经发生法律效力的判决、裁定提出申诉的，人民法院应当审查处理。

案外人认为已经发生法律效力的判决、裁定侵害其合法权益，提出申诉的，人民法院应当审查处理。

申诉可以委托律师代为进行。

第四百五十二条 向人民法院申诉，应当提交以下材料：

（一）申诉状。应当写明当事人的基本情况、联系方式以及申诉的事实与理由；

（二）原一、二审判决书、裁定书等法律文书。经过人民法院复查或者再审的，应当附有驳回申诉通知书、再审决定书、再审判决书、裁定书；

（三）其他相关材料。以有新的证据证明原判决、裁定认定的事实确有错误为由申诉的，应当同时附有相关证据材料；申请人民法院调查取证的，应当附有相关线索或者材料。

申诉符合前款规定的，人民法院应当出具收到申诉材料的回执。申诉不符合前款规定的，人民法院应当告知申诉人补充材料；申诉人拒绝补充必要材料且无正当理由的，不予审查。

第四百五十三条 申诉由终审人民法院审查处理。但是，第二审人民法院裁定准许撤回上诉的案件，申诉人对第一审判决提出申诉的，可以由第一审人民法院审查处理。

上一级人民法院对未经终审人民法院审查处理的申诉，可以告知申诉人向终审人民法院提出申诉，或者直接交终审人民法院审查处理，并告知申诉人；案件疑难、复杂、重大的，也可以直接审查处理。

对未经终审人民法院及其上一级人民法院审查处理，直接向上级人民法院申诉的，上级人民法院应当告知申诉人向下级人民法院提出。

第四百五十四条 最高人民法院或者上级人民法院可以指定终审人民法院以外的人民法院对申诉进行审查。被指定的人民法院审查后，应当制作审查报告，提出处理意见，层报最高人民法院或者上级人民法院审查处理。

第四百五十五条 对死刑案件的申诉，可以由原核准的人民法院直接审查处理，也可以交由原审人民法院审查。原审人民法院应当制作审查报告，提出处理意见，层报原核准的人民法院审查处理。

第四百五十六条 对立案审查的申诉案件，人民法院可以听取当事人和原办案单位的意见，也可以对原判据以定罪量刑的证据和新的证据进行核实。必要时，可以进行听证。

第四百五十七条 对立案审查的申诉案件，应当在三个月以内作出决定，至迟不得超过六个月。因案件疑难、复杂、重大或者其他特殊原因需要延长审查期限的，参照本解释第二百一十条的规定处理。

经审查，具有下列情形之一的，应当根据刑事诉讼法第二百五十三条的规定，决定重新审判：

（一）有新的证据证明原判决、裁定认定的事实确有错误，可能影响定罪量刑的；

（二）据以定罪量刑的证据不确实、不充分、依法应当排除的；

（三）证明案件事实的主要证据之间存在矛盾的；

（四）主要事实依据被依法变更或者撤销的；

（五）认定罪名错误的；

（六）量刑明显不当的；

（七）对违法所得或者其他涉案财物的处理确有明显错误的；

（八）违反法律关于溯及力规定的；

（九）违反法定诉讼程序，可能影响公正裁判的；

（十）审判人员在审理该案件时有贪污受贿、徇私舞弊、枉法裁判行为的。

申诉不具有上述情形的，应当说服申诉人撤回申诉；对仍然坚持申诉的，应当书面通知驳回。

第四百五十八条 具有下列情形之一，可能改变原判决、裁定据以定罪量刑的事实的证据，应当认定为刑事诉讼法第二百五十三条第一项规定的“新的证据”：

（一）原判决、裁定生效后新发现的证据；

（二）原判决、裁定生效前已经发现，但未予收集的证据；

（三）原判决、裁定生效前已经收集，但未经质证的证据；

（四）原判决、裁定所依据的鉴定意见，勘验、检查等笔录被改变或者否定的；

（五）原判决、裁定所依据的被告人供述、证人证言等证据发生变化，影响定罪量刑，且有合理理由的。

第四百五十九条 申诉人对驳回申诉不服的，可以向上一级人民法院申诉。上一级人民法院经审查认为申诉不符合刑事诉讼法第二百五十三条和本解释第四百五十七条第二款规定的，应当说服申诉人撤回申诉；

对仍然坚持申诉的，应当驳回或者通知不予重新审判。

第四百六十条 各级人民法院院长发现本院已经发生法律效力的判决、裁定确有错误的，应当提交审判委员会讨论决定是否再审。

第四百六十一条 上级人民法院发现下级人民法院已经发生法律效力的判决、裁定确有错误的，可以指令下级人民法院再审；原判决、裁定认定事实正确但适用法律错误，或者案件疑难、复杂、重大，或者有不宜由原审人民法院审理情形的，也可以提审。

上级人民法院指令下级人民法院再审的，一般应当指令原审人民法院以外的下级人民法院审理；由原审人民法院审理更有利于查明案件事实、纠正裁判错误的，可以指令原审人民法院审理。

第四百六十二条 对人民检察院依照审判监督程序提出抗诉的案件，人民法院应当在收到抗诉书后一个月以内立案。但是，有下列情形之一的，应当区别情况予以处理：

（一）不属于本院管辖的，应当将案件退回人民检察院；

（二）按照抗诉书提供的住址无法向被抗诉的原审被告人送达抗诉书的，应当通知人民检察院在三日以内重新提供原审被告人的住址；逾期未提供的，将案件退回人民检察院；

（三）以有新的证据为由提出抗诉，但未附相关证据材料或者有关证据不是指向原起诉事实的，应当通知人民检察院在三日以内补送相关材料；逾期未补送的，将案件退回人民检察院。

决定退回的抗诉案件，人民检察院经补充相关材料后再次抗诉，经审查符合受理条件的，人民法院应当受理。

第四百六十三条 对人民检察院依照审判监督程序提出抗诉的案件，接受抗诉的人民法院应当组成合议庭审理。对原判事实不清、证据不足，包括有新的证据证明原判可能有错误，需要指令下级人民法院再审的，应当在立案之日起一个月以内作出决定，并将指令再审决定书送达抗诉的人民检察院。

第四百六十四条 对决定依照审判监督程序重新审判的案件，人民法院应当制作再审决定书。再审期间不停止原判决、裁定的执行，但被告人可能经再审改判无罪，或者可能经再审减轻原判刑罚而致刑期届满的，可以决定中止原判决、裁定的执行，必要时，可以对被告人采取取保候审、监视居住措施。

第四百六十五条 依照审判监督程序重新审判的案件，人民法院应当重点针对申诉、抗诉和决定再审的理由进行审理。必要时，应当对原判决、裁定认定的事实、证据和适用法律进行全面审查。

第四百六十六条 原审人民法院审理依照审判监督程序重新审判的案件，应当另行组成合议庭。

原来是第一审案件，应当依照第一审程序进行审判，所作的判决、裁定可以上诉、抗诉；原来是第二审案件，或者是上级人民法院提审的案件，应当依照第二审程序进行审判，所作的判决、裁定是终审的判决、裁定。

符合刑事诉讼法第二百九十六条、第二百九十七条规定的，可以缺席审判。

第四百六十七条 对依照审判监督程序重新审判的案件，人民法院在依照第一审程序进行审判的过程中，发现原审被告人还有其他犯罪的，一般应当并案审理，但分案审理更为适宜的，可以分案审理。

第四百六十八条 开庭审理再审案件，再审决定书或者抗诉书只针对部分原审被告人，其他同案原审被告人不出庭不影响审理的，可以不出庭参加诉讼。

第四百六十九条 除人民检察院抗诉的以外，再审一般不得加重原审被告人的刑罚。再审决定书或者抗诉书只针对部分原审被告人的，不得加重其他同案原审被告人的刑罚。

第四百七十条 人民法院审理人民检察院抗诉的再审案件，人民检察院在开庭审理前撤回抗诉的，应当裁定准许；人民检察院接到出庭通知后不派员出庭，且未说明原因的，可以裁定按撤回抗诉处理，并通知诉讼参与人。

人民法院审理申诉人申诉的再审案件，申诉人在再审期间撤回申诉的，可以裁定准许；但认为原判确有错误的，应当不予准许，继续按照再审案件审理。申诉人经依法通知无正当理由拒不到庭，或者未经法庭许可中途退庭的，可以裁定按撤回申诉处理，但申诉人不是原审当事人的除外。

第四百七十一条 开庭审理的再审案件，系人民法院决定再审的，由合议庭组成人员宣读再审决定书；系人民检察院抗诉的，由检察员宣读抗诉书；系申诉人申诉的，由申诉人或者其辩护人、诉讼代理人陈述申诉理由。

第四百七十二条 再审案件经过重新审理后，应当按照下列情形分别处理：

（一）原判决、裁定认定事实和适用法律正确、量刑适当的，应当裁定驳回申诉或者抗诉，维持原判决、裁定；

（二）原判决、裁定定罪准确、量刑适当，但在认定事实、适用法律等方面有瑕疵的，应当裁定纠正并维持原判决、裁定；

（三）原判决、裁定认定事实没有错误，但适用法律错误或者量刑不当的，应当撤销原判决、裁定，依法改判；

（四）依照第二审程序审理的案件，原判决、裁定事实不清、证据不足的，可以在查清事实后改判，也可以裁定撤销原判，发回原审人民法院重新审判。

原判决、裁定事实不清或者证据不足，经审理事实已经查清的，应当根据查清的事实依法裁判；事实仍无法查清，证据不足，不能认定被告人有罪的，应当撤销原判决、裁定，判决宣告被告人无罪。

第四百七十三条　原判决、裁定认定被告人姓名等身份信息有误，但认定事实和适用法律正确、量刑适当的，作出生效判决、裁定的人民法院可以通过裁定对有关信息予以更正。

第四百七十四条　对再审改判宣告无罪并依法享有申请国家赔偿权利的当事人，人民法院宣判时，应当告知其在判决发生法律效力后可以依法申请国家赔偿。

第二十章　涉外刑事案件的审理和刑事司法协助

第一节　涉外刑事案件的审理

第四百七十五条　本解释所称的涉外刑事案件是指：

（一）在中华人民共和国领域内，外国人犯罪或者我国公民对外国、外国人犯罪的案件；

（二）符合刑法第七条、第十条规定情形的我国公民在中华人民共和国领域外犯罪的案件；

（三）符合刑法第八条、第十条规定情形的外国人犯罪的案件；

（四）符合刑法第九条规定情形的中华人民共和国在所承担国际条约义务范围内行使管辖权的案件。

第四百七十六条　第一审涉外刑事案件，除刑事诉讼法第二十一条至第二十三条规定的以外，由基层人民法院管辖。必要时，中级人民法院可以指定辖区内若干基层人民法院集中管辖第一审涉外刑事案件，也可以依照刑事诉讼法第二十四条的规定，审理基层人民法院管辖的第一审涉外刑事案件。

第四百七十七条 外国人的国籍，根据其入境时持用的有效证件确认；国籍不明的，根据公安机关或者有关国家驻华使领馆出具的证明确认。

国籍无法查明的，以无国籍人对待，适用本章有关规定，在裁判文书中写明“国籍不明”。

第四百七十八条 在刑事诉讼中，外国籍当事人享有我国法律规定的诉讼权利并承担相应义务。

第四百七十九条 涉外刑事案件审判期间，人民法院应当将下列事项及时通报同级人民政府外事主管部门，并依照有关规定通知有关国家驻华使领馆：

（一）人民法院决定对外国籍被告人采取强制措施的情况，包括外国籍当事人的姓名（包括译名）、性别、入境时间、护照或者证件号码、采取的强制措施及法律依据、羁押地点等；

（二）开庭的时间、地点、是否公开审理等事项；

（三）宣判的时间、地点。

涉外刑事案件宣判后，应当将处理结果及时通报同级人民政府外事主管部门。

对外国籍被告人执行死刑的，死刑裁决下达后执行前，应当通知其国籍国驻华使领馆。

外国籍被告人在案件审理中死亡的，应当及时通报同级人民政府外事主管部门，并通知有关国家驻华使领馆。

第四百八十条 需要向有关国家驻华使领馆通知有关事项的，应当层报高级人民法院，由高级人民法院按照下列规定通知：

（一）外国籍当事人国籍国与我国签订有双边领事条约的，根据条约规定办理；未与我国签订双边领事条约，但参加《维也纳领事关系公约》的，根据公约规定办理；未与我国签订领事条约，也未参加《维也纳领事关系公约》，但与我国有外交关系的，可以根据外事主管部门的意见，按照互惠原则，根据有关规定和国际惯例办理；

（二）在外国驻华领馆领区内发生的涉外刑事案件，通知有关外国驻该地区的领馆；在外国领馆领区外发生的涉外刑事案件，通知有关外国驻华使馆；与我国有外交关系，但未设使领馆的国家，可以通知其代管国家驻华使领馆；无代管国家、代管国家不明的，可以不通知；

（三）双边领事条约规定通知时限的，应当在规定的期限内通知；没有规定的，应当根据或者参照《维也纳领事关系公约》和国际惯例尽快通知，至迟不得超过七日；

（四）双边领事条约没有规定必须通知，外国籍当事人要求不通知其国籍国驻华使领馆的，可以不通知，但应当由其本人出具书面声明。

高级人民法院向外国驻华使领馆通知有关事项，必要时，可以请人民政府外事主管部门协助。

第四百八十一条 人民法院受理涉外刑事案件后，应当告知在押的外国籍被告人享有与其国籍国驻华使领馆联系，与其监护人、近亲属会见、通信，以及请求人民法院提供翻译的权利。

第四百八十二条 涉外刑事案件审判期间，外国籍被告人在押，其国籍国驻华使领馆官员要求探视的，可以向受理案件的人民法院所在地的高级人民法院提出。人民法院应当根据我国与被告人国籍国签订的双边领事条约规定的时限予以安排；没有条约规定的，应当尽快安排。必要时，可以请人民政府外事主管部门协助。

涉外刑事案件审判期间，外国籍被告人在押，其监护人、近亲属申请会见的，可以向受理案件的人民法院所在地的高级人民法院提出，并依照本解释第四百八十六条的规定提供与被告人关系的证明。人民法院经审查认为不妨碍案件审判的，可以批准。

被告人拒绝接受探视、会见的，应当由其本人出具书面声明。拒绝出具书面声明的，应当记录在案；必要时，应当录音录像。

探视、会见被告人应当遵守我国法律规定。

第四百八十三条 人民法院审理涉外刑事案件，应当公开进行，但依法不应公开审理的除外。

公开审理的涉外刑事案件，外国籍当事人国籍国驻华使领馆官员要求旁听的，可以向受理案件的人民法院所在地的高级人民法院提出申请，人民法院应当安排。

第四百八十四条 人民法院审判涉外刑事案件，使用中华人民共和国通用的语言、文字，应当为外国籍当事人提供翻译。翻译人员应当在翻译文件上签名。

人民法院的诉讼文书为中文本。外国籍当事人不通晓中文的，应当附有外文译本，译本不加盖人民法院印章，以中文本为准。

外国籍当事人通晓中国语言、文字，拒绝他人翻译，或者不需要诉讼文书外文译本的，应当由其本人出具书面声明。拒绝出具书面声明的，应当记录在案；必要时，应当录音录像。

第四百八十五条 外国籍被告人委托律师辩护，或者外国籍附带民事诉讼原告人、自诉人委托律师代理诉讼的，应当委托具有中华人民共和国律师资格并依法取得执业证书的律师。

外国籍被告人在押的，其监护人、近亲属或者其国籍国驻华使领馆可以代为委托辩护人。其监护人、近亲属代为委托的，应当提供与被告人关系的有效证明。

外国籍当事人委托其监护人、近亲属担任辩护人、诉讼代理人的，被委托人应当提供与当事人关系的有效证明。经审查，符合刑事诉讼法、有关司法解释规定的，人民法院应当准许。

外国籍被告人没有委托辩护人的，人民法院可以通知法律援助机构为其指派律师提供辩护。被告人拒绝辩护人辩护的，应当由其出具书面声明，或者将其口头声明记录在案；必要时，应当录音录像。被告人属于应当提供法律援助情形的，依照本解释第五十条规定处理。

第四百八十六条 外国籍当事人从中华人民共和国领域外寄交或者托交给中国律师或者中国公民的委托书，以及外国籍当事人的监护人、近亲属提供的与当事人关系的证明，必须经所在国公证机关证明，所在国中央外交主管机关或者其授权机关认证，并经中华人民共和国驻该国使领馆认证，或者履行中华人民共和国与该所在国订立的有关条约中规定的证明手续，但我国与该国之间有互免认证协定的除外。

第四百八十七条 对涉外刑事案件的被告人，可以决定限制出境；对开庭审理案件时必须到庭的证人，可以要求暂缓出境。限制外国人出境的，应当通报同级人民政府外事主管部门和当事人国籍国驻华使领馆。

人民法院决定限制外国人和中国公民出境的，应当书面通知被限制出境的人在案件审理终结前不得离境，并可以采取扣留护照或者其他出入境证件的办法限制其出境；扣留证件的，应当履行必要手续，并发给本人扣留证件的证明。

需要对外国人和中国公民在口岸采取边控措施的，受理案件的人民法院应当按照规定制作边控对象通知书，并附有关法律文书，层报高级人民法院办理交控手续。紧急情况下，需要采取临时边控措施的，受理案件的人民法院可以先向有关口岸所在地出入境边防检查机关交控，但应当在七日以内按照规定层报高级人民法院办理手续。

第四百八十八条 涉外刑事案件，符合刑事诉讼法第二百零八条第一款、第二百四十三条规定的，经有关人民法院批准或者决定，可以延长审理期限。

第四百八十九条 涉外刑事案件宣判后，外国籍当事人国籍国驻华使领馆要求提供裁判文书的，可以向受理案件的人民法院所在地的高级人民法院提出，人民法院可以提供。

第四百九十条 涉外刑事案件审理过程中的其他事项，依照法律、司法解释和其他有关规定办理。

第二节 刑事司法协助

第四百九十一条 请求和提供司法协助，应当依照《中华人民共和国国际刑事司法协助法》、我国与有关国家、地区签订的刑事司法协助条约、移管被判刑人条约和有关法律规定进行。

对请求书的签署机关、请求书及所附材料的语言文字、有关办理期限和具体程序等事项，在不违反中华人民共和国法律的基本原则的情况下，可以按照刑事司法协助条约规定或者双方协商办理。

第四百九十二条 外国法院请求的事项有损中华人民共和国的主权、安全、社会公共利益以及违反中华人民共和国法律的基本原则的，人民法院不予协助；属于有关法律规定的可以拒绝提供刑事司法协助情形的，可以不予协助。

第四百九十三条 人民法院请求外国提供司法协助的，应当层报最高人民法院，经最高人民法院审核同意后交由有关对外联系机关及时向外国提出请求。

外国法院请求我国提供司法协助，有关对外联系机关认为属于人民法院职权范围的，经最高人民法院审核同意后转有关人民法院办理。

第四百九十四条 人民法院请求外国提供司法协助的请求书，应当依照刑事司法协助条约的规定提出；没有条约或者条约没有规定的，应当载明法律规定的相关信息并附相关材料。请求书及其所附材料应当以中文制作，并附有被请求国官方文字的译本。

外国请求我国法院提供司法协助的请求书，应当依照刑事司法协助条约的规定提出；没有条约或者条约没有规定的，应当载明我国法律规定的相关信息并附相关材料。请求书及所附材料应当附有中文译本。

第四百九十五条　人民法院向在中华人民共和国领域外居住的当事人送达刑事诉讼文书，可以采用下列方式：

（一）根据受送达人所在国与中华人民共和国缔结或者共同参加的国际条约规定的方式送达；

（二）通过外交途径送达；

（三）对中国籍当事人，所在国法律允许或者经所在国同意的，可以委托我国驻受送达人所在国的使领馆代为送达；

（四）当事人是自诉案件的自诉人或者附带民事诉讼原告人的，可以向有权代其接受送达的诉讼代理人送达；

（五）当事人是外国单位的，可以向其在中华人民共和国领域内设立的代表机构或者有权接受送达的分支机构、业务代办人送达；

（六）受送达人所在国法律允许的，可以邮寄送达；自邮寄之日起满三个月，送达回证未退回，但根据各种情况足以认定已经送达的，视为送达；

（七）受送达人所在国法律允许的，可以采用传真、电子邮件等能够确认受送达人收悉的方式送达。

第四百九十六条　人民法院通过外交途径向在中华人民共和国领域外居住的受送达人送达刑事诉讼文书的，所送达的文书应当经高级人民法院审查后报最高人民法院审核。最高人民法院认为可以发出的，由最高人民法院交外交部主管部门转递。

外国法院通过外交途径请求人民法院送达刑事诉讼文书的，由该国驻华使馆将法律文书交我国外交部主管部门转最高人民法院。最高人民法院审核后认为属于人民法院职权范围，且可以代为送达的，应当转有关人民法院办理。

第二十一章 执行程序

第一节 死刑的执行

第四百九十七条 被判处死刑缓期执行的罪犯，在死刑缓期执行期间犯罪的，应当由罪犯服刑地的中级人民法院依法审判，所作的判决可以上诉、抗诉。

认定故意犯罪，情节恶劣，应当执行死刑的，在判决、裁定发生法律效力后，应当层报最高人民法院核准执行死刑。

对故意犯罪未执行死刑的，不再报高级人民法院核准，死刑缓期执行的期间重新计算，并层报最高人民法院备案。备案不影响判决、裁定的生效和执行。

最高人民法院经备案审查，认为原判不予执行死刑错误，确需改判的，应当依照审判监督程序予以纠正。

第四百九十八条 死刑缓期执行的期间，从判决或者裁定核准死刑缓期执行的法律文书宣告或者送达之日起计算。

死刑缓期执行期满，依法应当减刑的，人民法院应当及时减刑。死刑缓期执行期满减为无期徒刑、有期徒刑的，刑期自死刑缓期执行期满之日起计算。

第四百九十九条 最高人民法院的执行死刑命令，由高级人民法院交付第一审人民法院执行。第一审人民法院接到执行死刑命令后，应当在七日以内执行。

在死刑缓期执行期间故意犯罪，最高人民法院核准执行死刑的，由罪犯服刑地的中级人民法院执行。

第五百条 下级人民法院在接到执行死刑命令后、执行前，发现有下列情形之一的，应当暂停执行，并立即将请求停止执行死刑的报告和相关材料层报最高人民法院：

（一）罪犯可能有其他犯罪的；

（二）共同犯罪的其他犯罪嫌疑人到案，可能影响罪犯量刑的；

（三）共同犯罪的其他罪犯被暂停或者停止执行死刑，可能影响罪犯量刑的；

（四）罪犯揭发重大犯罪事实或者有其他重大立功表现，可能需要改判的；

（五）罪犯怀孕的；

（六）判决、裁定可能有影响定罪量刑的其他错误的。

最高人民法院经审查，认为可能影响罪犯定罪量刑的，应当裁定停止执行死刑；认为不影响的，应当决定继续执行死刑。

第五百零一条 最高人民法院在执行死刑命令签发后、执行前，发现有前条第一款规定情形的，应当立即裁定停止执行死刑，并将有关材料移交下级人民法院。

第五百零二条 下级人民法院接到最高人民法院停止执行死刑的裁定后，应当会同有关部门调查核实停止执行死刑的事由，并及时将调查结果和意见层报最高人民法院审核。

第五百零三条 对下级人民法院报送的停止执行死刑的调查结果和意见，由最高人民法院原作出核准死刑判决、裁定的合议庭负责审查；必要时，另行组成合议庭进行审查。

第五百零四条 最高人民法院对停止执行死刑的案件，应当按照下列情形分别处理：

（一）确认罪犯怀孕的，应当改判；

（二）确认罪犯有其他犯罪，依法应当追诉的，应当裁定不予核准死刑，撤销原判，发回重新审判；

（三）确认原判决、裁定有错误或者罪犯有重大立功表现，需要改判的，应当裁定不予核准死刑，撤销原判，发回重新审判；

（四）确认原判决、裁定没有错误，罪犯没有重大立功表现，或者重大立功表现不影响原判决、裁定执行的，应当裁定继续执行死刑，并由院长重新签发执行死刑的命令。

第五百零五条 第一审人民法院在执行死刑前，应当告知罪犯有权会见其近亲属。罪犯申请会见并提供具体联系方式的，人民法院应当通知其近亲属。确实无法与罪犯近亲属取得联系，或者其近亲属拒绝会见的，应当告知罪犯。罪犯申请通过录音录像等方式留下遗言的，人民法院可以准许。

罪犯近亲属申请会见的，人民法院应当准许并及时安排，但罪犯拒绝会见的除外。罪犯拒绝会见的，应当记录在案并及时告知其近亲属；必要时，应当录音录像。

罪犯申请会见近亲属以外的亲友，经人民法院审查，确有正当理由的，在确保安全的情况下可以准许。

罪犯申请会见未成年子女的，应当经未成年子女的监护人同意；会见可能影响未成年人身心健康的，人民法院可以通过视频方式安排会见，会见时监护人应当在场。

会见一般在罪犯羁押场所进行。

会见情况应当记录在案，附卷存档。

第五百零六条　第一审人民法院在执行死刑三日以前，应当通知同级人民检察院派员临场监督。

第五百零七条　死刑采用枪决或者注射等方法执行。

采用注射方法执行死刑的，应当在指定的刑场或者羁押场所内执行。

采用枪决、注射以外的其他方法执行死刑的，应当事先层报最高人民法院批准。

第五百零八条　执行死刑前，指挥执行的审判人员应当对罪犯验明正身，讯问有无遗言、信札，并制作笔录，再交执行人员执行死刑。

执行死刑应当公布，禁止游街示众或者其他有辱罪犯人格的行为。

第五百零九条　执行死刑后，应当由法医验明罪犯确实死亡，在场书记员制作笔录。负责执行的人民法院应当在执行死刑后十五日以内将执行情况，包括罪犯被执行死刑前后的照片，上报最高人民法院。

第五百一十条　执行死刑后，负责执行的人民法院应当办理以下事项：

（一）对罪犯的遗书、遗言笔录，应当及时审查；涉及财产继承、债务清偿、家事嘱托等内容的，将遗书、遗言笔录交给家属，同时复制附卷备查；涉及案件线索等问题的，抄送有关机关；

（二）通知罪犯家属在限期内领取罪犯骨灰；没有火化条件或者因民族、宗教等原因不宜火化的，通知领取尸体；过期不领取的，由人民法院通知有关单位处理，并要求有关单位出具处理情况的说明；对罪犯骨灰或者尸体的处理情况，应当记录在案；

（三）对外国籍罪犯执行死刑后，通知外国驻华使领馆的程序和时限，根据有关规定办理。

第二节　死刑缓期执行、无期徒刑、有期徒刑、拘役的交付执行

第五百一十一条　被判处死刑缓期执行、无期徒刑、有期徒刑、拘役的罪犯，第一审人民法院应当在判决、裁定生效后十日以内，将判决书、裁定书、起诉书副本、自诉状复印件、执行通知书、结案登记表送达公安机关、监狱或者其他执行机关。

第五百一十二条　同案审理的案件中，部分被告人被判处死刑，对未被判处死刑的同案被告人需要羁押执行刑罚的，应当根据前条规定及时交付执行。但是，该同案被告人参与实施有关死刑之罪的，应当在复核讯问被判处死刑的被告人后交付执行。

第五百一十三条　执行通知书回执经看守所盖章后，应当附卷备查。

第五百一十四条　罪犯在被交付执行前，因有严重疾病、怀孕或者正在哺乳自己婴儿的妇女、生活不能自理的原因，依法提出暂予监外执行的申请的，有关病情诊断、妊娠检查和生活不能自理的鉴别，由人民法院负责组织进行。

第五百一十五条　被判处无期徒刑、有期徒刑或者拘役的罪犯，符合刑事诉讼法第二百六十五条第一款、第二款的规定，人民法院决定暂予监外执行的，应当制作暂予监外执行决定书，写明罪犯基本情况、判决确定的罪名和刑罚、决定暂予监外执行的原因、依据等。

人民法院在作出暂予监外执行决定前，应当征求人民检察院的意见。

人民检察院认为人民法院的暂予监外执行决定不当，在法定期限内提出书面意见的，人民法院应当立即对该决定重新核查，并在一个月以内作出决定。

对暂予监外执行的罪犯，适用本解释第五百一十九条的有关规定，依法实行社区矫正。

人民法院决定暂予监外执行的，由看守所或者执行取保候审、监视居住的公安机关自收到决定之日起十日以内将罪犯移送社区矫正机构。

第五百一十六条　人民法院收到社区矫正机构的收监执行建议书后，经审查，确认暂予监外执行的罪犯具有下列情形之一的，应当作出收监执行的决定：

（一）不符合暂予监外执行条件的；

（二）未经批准离开所居住的市、县，经警告拒不改正，或者拒不报告行踪，脱离监管的；

（三）因违反监督管理规定受到治安管理处罚，仍不改正的；

（四）受到执行机关两次警告，仍不改正的；

（五）保外就医期间不按规定提交病情复查情况，经警告拒不改正的；

（六）暂予监外执行的情形消失后，刑期未满的；

（七）保证人丧失保证条件或者因不履行义务被取消保证人资格，不能在规定期限内提出新的保证人的；

（八）违反法律、行政法规和监督管理规定，情节严重的其他情形。

第五百一十七条 人民法院应当在收到社区矫正机构的收监执行建议书后三十日以内作出决定。收监执行决定书一经作出，立即生效。

人民法院应当将收监执行决定书送达社区矫正机构和公安机关，并抄送人民检察院，由公安机关将罪犯交付执行。

第五百一十八条 被收监执行的罪犯有不计入执行刑期情形的，人民法院应当在作出收监决定时，确定不计入执行刑期的具体时间。

第三节 管制、缓刑、剥夺政治权利的交付执行

第五百一十九条 对被判处管制、宣告缓刑的罪犯，人民法院应当依法确定社区矫正执行地。社区矫正执行地为罪犯的居住地；罪犯在多个地方居住的，可以确定其经常居住地为执行地；罪犯的居住地、经常居住地无法确定或者不适宜执行社区矫正的，应当根据有利于罪犯接受矫正、更好地融入社会的原则，确定执行地。

宣判时，应当告知罪犯自判决、裁定生效之日起十日以内到执行地社区矫正机构报到，以及不按期报到的后果。

人民法院应当自判决、裁定生效之日起五日以内通知执行地社区矫正机构，并在十日以内将判决书、裁定书、执行通知书等法律文书送达执行地社区矫正机构，同时抄送人民检察院和执行地公安机关。人民法院与社区矫正执行地不在同一地方的，由执行地社区矫正机构将法律文书转送所在地的人民检察院和公安机关。

第五百二十条 对单处剥夺政治权利的罪犯，人民法院应当在判决、裁定生效后十日以内，将判决书、裁定书、执行通知书等法律文书送达

罪犯居住地的县级公安机关，并抄送罪犯居住地的县级人民检察院。

第四节　刑事裁判涉财产部分和附带民事裁判的执行

第五百二十一条　刑事裁判涉财产部分的执行，是指发生法律效力的刑事裁判中下列判项的执行：

（一）罚金、没收财产；

（二）追缴、责令退赔违法所得；

（三）处置随案移送的赃款赃物；

（四）没收随案移送的供犯罪所用本人财物；

（五）其他应当由人民法院执行的相关涉财产的判项。

第五百二十二条　刑事裁判涉财产部分和附带民事裁判应当由人民法院执行的，由第一审人民法院负责裁判执行的机构执行。

第五百二十三条　罚金在判决规定的期限内一次或者分期缴纳。期满无故不缴纳或者未足额缴纳的，人民法院应当强制缴纳。经强制缴纳仍不能全部缴纳的，在任何时候，包括主刑执行完毕后，发现被执行人有可供执行的财产的，应当追缴。

行政机关对被告人就同一事实已经处以罚款的，人民法院判处罚金时应当折抵，扣除行政处罚已执行的部分。

第五百二十四条　因遭遇不能抗拒的灾祸等原因缴纳罚金确有困难，被执行人申请延期缴纳、酌情减少或者免除罚金的，应当提交相关证明材料。人民法院应当在收到申请后一个月以内作出裁定。符合法定条件的，应当准许；不符合条件的，驳回申请。

第五百二十五条　判处没收财产的，判决生效后，应当立即执行。

第五百二十六条　执行财产刑，应当参照被扶养人住所地政府公布的上年度当地居民最低生活费标准，保留被执行人及其所扶养人的生活必需费用。

第五百二十七条　被判处财产刑，同时又承担附带民事赔偿责任的被执行人，应当先履行民事赔偿责任。

第五百二十八条　执行刑事裁判涉财产部分、附带民事裁判过程中，当事人、利害关系人认为执行行为违反法律规定，或者案外人对被执行标的书面提出异议的，人民法院应当参照民事诉讼法的有关规定处理。

第五百二十九条　执行刑事裁判涉财产部分、附带民事裁判过程中，具有下列情形之一的，人民法院应当裁定终结执行：

（一）据以执行的判决、裁定被撤销的；

（二）被执行人死亡或者被执行死刑，且无财产可供执行的；

（三）被判处罚金的单位终止，且无财产可供执行的；

（四）依照刑法第五十三条规定免除罚金的；

（五）应当终结执行的其他情形。

裁定终结执行后，发现被执行人的财产有被隐匿、转移等情形的，应当追缴。

第五百三十条 被执行财产在外地的，第一审人民法院可以委托财产所在地的同级人民法院执行。

第五百三十一条 刑事裁判涉财产部分、附带民事裁判全部或者部分被撤销的，已经执行的财产应当全部或者部分返还被执行人；无法返还的，应当依法赔偿。

第五百三十二条 刑事裁判涉财产部分、附带民事裁判的执行，刑事诉讼法及有关刑事司法解释没有规定的，参照适用民事执行的有关规定。

第五节 减刑、假释案件的审理

第五百三十三条 被判处死刑缓期执行的罪犯，在死刑缓期执行期间，没有故意犯罪的，死刑缓期执行期满后，应当裁定减刑；死刑缓期执行期满后，尚未裁定减刑前又犯罪的，应当在依法减刑后，对其所犯新罪另行审判。

第五百三十四条 对减刑、假释案件，应当按照下列情形分别处理：

（一）对被判处死刑缓期执行的罪犯的减刑，由罪犯服刑地的高级人民法院在收到同级监狱管理机关审核同意的减刑建议书后一个月以内作出裁定；

（二）对被判处无期徒刑的罪犯的减刑、假释，由罪犯服刑地的高级人民法院在收到同级监狱管理机关审核同意的减刑、假释建议书后一个月以内作出裁定，案情复杂或者情况特殊的，可以延长一个月；

（三）对被判处有期徒刑和被减为有期徒刑的罪犯的减刑、假释，由罪犯服刑地的中级人民法院在收到执行机关提出的减刑、假释建议书后一个月以内作出裁定，案情复杂或者情况特殊的，可以延长一个月；

（四）对被判处管制、拘役的罪犯的减刑，由罪犯服刑地的中级人民法院在收到同级执行机关审核同意的减刑建议书后一个月以内作出裁定。

对社区矫正对象的减刑，由社区矫正执行地的中级以上人民法院在收到社区矫正机构减刑建议书后三十日以内作出裁定。

第五百三十五条 受理减刑、假释案件，应当审查执行机关移送的材料是否包括下列内容：

（一）减刑、假释建议书；

（二）原审法院的裁判文书、执行通知书、历次减刑裁定书的复制件；

（三）证明罪犯确有悔改、立功或者重大立功表现具体事实的书面材料；

（四）罪犯评审鉴定表、奖惩审批表等；

（五）罪犯假释后对所居住社区影响的调查评估报告；

（六）刑事裁判涉财产部分、附带民事裁判的执行、履行情况；

（七）根据案件情况需要移送的其他材料。

人民检察院对报请减刑、假释案件提出意见的，执行机关应当一并移送受理减刑、假释案件的人民法院。

经审查，材料不全的，应当通知提请减刑、假释的执行机关在三日以内补送；逾期未补送的，不予立案。

第五百三十六条 审理减刑、假释案件，对罪犯积极履行刑事裁判涉财产部分、附带民事裁判确定的义务的，可以认定有悔改表现，在减刑、假释时从宽掌握；对确有履行能力而不履行或者不全部履行的，在减刑、假释时从严掌握。

第五百三十七条 审理减刑、假释案件，应当在立案后五日以内对下列事项予以公示：

（一）罪犯的姓名、年龄等个人基本情况；

（二）原判认定的罪名和刑期；

（三）罪犯历次减刑情况；

（四）执行机关的减刑、假释建议和依据。

公示应当写明公示期限和提出意见的方式。

第五百三十八条 审理减刑、假释案件，应当组成合议庭，可以采用书面审理的方式，但下列案件应当开庭审理：

（一）因罪犯有重大立功表现提请减刑的；

（二）提请减刑的起始时间、间隔时间或者减刑幅度不符合一般规定的；

（三）被提请减刑、假释罪犯系职务犯罪罪犯，组织、领导、参加、包庇、纵容黑社会性质组织罪犯，破坏金融管理秩序罪犯或者金融诈骗罪犯的；

（四）社会影响重大或者社会关注度高的；

（五）公示期间收到不同意见的；

（六）人民检察院提出异议的；

（七）有必要开庭审理的其他案件。

第五百三十九条　人民法院作出减刑、假释裁定后，应当在七日以内送达提请减刑、假释的执行机关、同级人民检察院以及罪犯本人。人民检察院认为减刑、假释裁定不当，在法定期限内提出书面纠正意见的，人民法院应当在收到意见后另行组成合议庭审理，并在一个月以内作出裁定。

对假释的罪犯，适用本解释第五百一十九条的有关规定，依法实行社区矫正。

第五百四十条　减刑、假释裁定作出前，执行机关书面提请撤回减刑、假释建议的，人民法院可以决定是否准许。

第五百四十一条　人民法院发现本院已经生效的减刑、假释裁定确有错误的，应当另行组成合议庭审理；发现下级人民法院已经生效的减刑、假释裁定确有错误的，可以指令下级人民法院另行组成合议庭审理，也可以自行组成合议庭审理。

第六节　缓刑、假释的撤销

第五百四十二条　罪犯在缓刑、假释考验期限内犯新罪或者被发现在判决宣告前还有其他罪没有判决，应当撤销缓刑、假释的，由审判新罪的人民法院撤销原判决、裁定宣告的缓刑、假释，并书面通知原审人民法院和执行机关。

第五百四十三条　人民法院收到社区矫正机构的撤销缓刑建议书后，经审查，确认罪犯在缓刑考验期限内具有下列情形之一的，应当作出撤销缓刑的裁定：

（一）违反禁止令，情节严重的；

（二）无正当理由不按规定时间报到或者接受社区矫正期间脱离监管，超过一个月的；

（三）因违反监督管理规定受到治安管理处罚，仍不改正的；

（四）受到执行机关二次警告，仍不改正的；

（五）违反法律、行政法规和监督管理规定，情节严重的其他情形。

人民法院收到社区矫正机构的撤销假释建议书后，经审查，确认罪犯在假释考验期限内具有前款第二项、第四项规定情形之一，或者有其他违反监督管理规定的行为，尚未构成新的犯罪的，应当作出撤销假释的裁定。

第五百四十四条 被提请撤销缓刑、假释的罪犯可能逃跑或者可能发生社会危险，社区矫正机构在提出撤销缓刑、假释建议的同时，提请人民法院决定对其予以逮捕的，人民法院应当在四十八小时以内作出是否逮捕的决定。决定逮捕的，由公安机关执行。逮捕后的羁押期限不得超过三十日。

第五百四十五条 人民法院应当在收到社区矫正机构的撤销缓刑、假释建议书后三十日以内作出裁定。撤销缓刑、假释的裁定一经作出，立即生效。

人民法院应当将撤销缓刑、假释裁定书送达社区矫正机构和公安机关，并抄送人民检察院，由公安机关将罪犯送交执行。执行以前被逮捕的，羁押一日折抵刑期一日。

第二十二章　未成年人刑事案件诉讼程序

第一节　一般规定

第五百四十六条 人民法院审理未成年人刑事案件，应当贯彻教育、感化、挽救的方针，坚持教育为主、惩罚为辅的原则，加强对未成年人的特殊保护。

第五百四十七条 人民法院应当加强同政府有关部门、人民团体、社会组织等的配合，推动未成年人刑事案件人民陪审、情况调查、安置帮教等工作的开展，充分保障未成年人的合法权益，积极参与社会治安综合治理。

第五百四十八条 人民法院应当加强同政府有关部门、人民团体、社会组织等的配合，对遭受性侵害或者暴力伤害的未成年被害人及其家庭实施必要的心理干预、经济救助、法律援助、转学安置等保护措施。

第五百四十九条 人民法院应当确定专门机构或者指定专门人员，负责审理未成年人刑事案件。审理未成年人刑事案件的人员应当经过专门培训，熟悉未成年人身心特点、善于做未成年人思想教育工作。

参加审理未成年人刑事案件的人民陪审员，可以从熟悉未成年人身心特点、关心未成年人保护工作的人民陪审员名单中随机抽取确定。

第五百五十条 被告人实施被指控的犯罪时不满十八周岁、人民法院立案时不满二十周岁的案件，由未成年人案件审判组织审理。

下列案件可以由未成年人案件审判组织审理：

（一）人民法院立案时不满二十二周岁的在校学生犯罪案件；

（二）强奸、猥亵、虐待、遗弃未成年人等侵害未成年人人身权利的犯罪案件；

（三）由未成年人案件审判组织审理更为适宜的其他案件。

共同犯罪案件有未成年被告人的或者其他涉及未成年人的刑事案件，是否由未成年人案件审判组织审理，由院长根据实际情况决定。

第五百五十一条 对分案起诉至同一人民法院的未成年人与成年人共同犯罪案件，可以由同一个审判组织审理；不宜由同一个审判组织审理的，可以分别审理。

未成年人与成年人共同犯罪案件，由不同人民法院或者不同审判组织分别审理的，有关人民法院或者审判组织应当互相了解共同犯罪被告人的审判情况，注意全案的量刑平衡。

第五百五十二条 对未成年人刑事案件，必要时，上级人民法院可以根据刑事诉讼法第二十七条的规定，指定下级人民法院将案件移送其他人民法院审判。

第五百五十三条 对未成年被告人应当严格限制适用逮捕措施。

人民法院决定逮捕，应当讯问未成年被告人，听取辩护律师的意见。

对被逮捕且没有完成义务教育的未成年被告人，人民法院应当与教育行政部门互相配合，保证其接受义务教育。

第五百五十四条 人民法院对无固定住所、无法提供保证人的未成年被告人适用取保候审的，应当指定合适成年人作为保证人，必要时可以安排取保候审的被告人接受社会观护。

第五百五十五条 人民法院审理未成年人刑事案件，在讯问和开庭时，应当通知未成年被告人的法定代理人到场。法定代理人无法通知、不能到场或者是共犯的，也可以通知合适成年人到场，并将有关情况记录在案。

到场的法定代理人或者其他人员，除依法行使刑事诉讼法第二百八十一条第二款规定的权利外，经法庭同意，可以参与对未成年被告人的法庭教育等工作。

适用简易程序审理未成年人刑事案件，适用前两款规定。

第五百五十六条 询问未成年被害人、证人，适用前条规定。

审理未成年人遭受性侵害或者暴力伤害案件，在询问未成年被害人、证人时，应当采取同步录音录像等措施，尽量一次完成；未成年被害人、证人是女性的，应当由女性工作人员进行。

第五百五十七条 开庭审理时被告人不满十八周岁的案件，一律不公开审理。经未成年被告人及其法定代理人同意，未成年被告人所在学校和未成年人保护组织可以派代表到场。到场代表的人数和范围，由法庭决定。经法庭同意，到场代表可以参与对未成年被告人的法庭教育工作。

对依法公开审理，但可能需要封存犯罪记录的案件，不得组织人员旁听；有旁听人员的，应当告知其不得传播案件信息。

第五百五十八条 开庭审理涉及未成年人的刑事案件，未成年被害人、证人一般不出庭作证；必须出庭的，应当采取保护其隐私的技术手段和心理干预等保护措施。

第五百五十九条 审理涉及未成年人的刑事案件，不得向外界披露未成年人的姓名、住所、照片以及可能推断出未成年人身份的其他资料。

查阅、摘抄、复制的案卷材料，涉及未成年人的，不得公开和传播。

第五百六十条 人民法院发现有关单位未尽到未成年人教育、管理、救助、看护等保护职责的，应当向该单位提出司法建议。

第五百六十一条 人民法院应当结合实际，根据涉及未成年人刑事案件的特点，开展未成年人法治宣传教育工作。

第五百六十二条 审理未成年人刑事案件，本章没有规定的，适用本解释的有关规定。

第二节 开庭准备

第五百六十三条 人民法院向未成年被告人送达起诉书副本时，应当向其讲明被指控的罪行和有关法律规定，并告知其审判程序和诉讼权利、义务。

第五百六十四条 审判时不满十八周岁的未成年被告人没有委托辩护人的，人民法院应当通知法律援助机构指派熟悉未成年人身心特点的律师为其提供辩护。

第五百六十五条 未成年被害人及其法定代理人因经济困难或者其他原因没有委托诉讼代理人的，人民法院应当帮助其申请法律援助。

第五百六十六条 对未成年人刑事案件，人民法院决定适用简易程序审理的，应当征求未成年被告人及其法定代理人、辩护人的意见。上述人员提出异议的，不适用简易程序。

第五百六十七条 被告人实施被指控的犯罪时不满十八周岁，开庭时已满十八周岁、不满二十周岁的，人民法院开庭时，一般应当通知其近亲属到庭。经法庭同意，近亲属可以发表意见。近亲属无法通知、不能到场或者是共犯的，应当记录在案。

第五百六十八条 对人民检察院移送的关于未成年被告人性格特点、家庭情况、社会交往、成长经历、犯罪原因、犯罪前后的表现、监护教育等情况的调查报告，以及辩护人提交的反映未成年被告人上述情况的书面材料，法庭应当接受。

必要时，人民法院可以委托社区矫正机构、共青团、社会组织等对未成年被告人的上述情况进行调查，或者自行调查。

第五百六十九条 人民法院根据情况，可以对未成年被告人、被害人、证人进行心理疏导；根据实际需要并经未成年被告人及其法定代理人同意，可以对未成年被告人进行心理测评。

心理疏导、心理测评可以委托专门机构、专业人员进行。

心理测评报告可以作为办理案件和教育未成年人的参考。

第五百七十条 开庭前和休庭时，法庭根据情况，可以安排未成年被告人与其法定代理人或者合适成年人会见。

第三节　审　判

第五百七十一条　人民法院应当在辩护台靠近旁听区一侧为未成年被告人的法定代理人或者合适成年人设置席位。

审理可能判处五年有期徒刑以下刑罚或者过失犯罪的未成年人刑事案件，可以采取适合未成年人特点的方式设置法庭席位。

第五百七十二条　未成年被告人或者其法定代理人当庭拒绝辩护人辩护的，适用本解释第三百一十一条第二款、第三款的规定。

重新开庭后，未成年被告人或者其法定代理人再次当庭拒绝辩护人辩护的，不予准许。重新开庭时被告人已满十八周岁的，可以准许，但不得再另行委托辩护人或者要求另行指派律师，由其自行辩护。

第五百七十三条　法庭审理过程中，审判人员应当根据未成年被告人的智力发育程度和心理状态，使用适合未成年人的语言表达方式。

发现有对未成年被告人威胁、训斥、诱供或者讽刺等情形的，审判长应当制止。

第五百七十四条　控辩双方提出对未成年被告人判处管制、宣告缓刑等量刑建议的，应当向法庭提供有关未成年被告人能够获得监护、帮教以及对所居住社区无重大不良影响的书面材料。

第五百七十五条　对未成年被告人情况的调查报告，以及辩护人提交的有关未成年被告人情况的书面材料，法庭应当审查并听取控辩双方意见。上述报告和材料可以作为办理案件和教育未成年人的参考。

人民法院可以通知作出调查报告的人员出庭说明情况，接受控辩双方和法庭的询问。

第五百七十六条　法庭辩论结束后，法庭可以根据未成年人的生理、心理特点和案件情况，对未成年被告人进行法治教育；判决未成年被告人有罪的，宣判后，应当对未成年被告人进行法治教育。

对未成年被告人进行教育，其法定代理人以外的成年亲属或者教师、辅导员等参与有利于感化、挽救未成年人的，人民法院应当邀请其参加有关活动。

适用简易程序审理的案件，对未成年被告人进行法庭教育，适用前两款规定。

第五百七十七条 未成年被告人最后陈述后，法庭应当询问其法定代理人是否补充陈述。

第五百七十八条 对未成年人刑事案件，宣告判决应当公开进行。

对依法应当封存犯罪记录的案件，宣判时，不得组织人员旁听；有旁听人员的，应当告知其不得传播案件信息。

第五百七十九条 定期宣告判决的未成年人刑事案件，未成年被告人的法定代理人无法通知、不能到场或者是共犯的，法庭可以通知合适成年人到庭，并在宣判后向未成年被告人的成年亲属送达判决书。

第四节 执 行

第五百八十条 将未成年罪犯送监执行刑罚或者送交社区矫正时，人民法院应当将有关未成年罪犯的调查报告及其在案件审理中的表现材料，连同有关法律文书，一并送达执行机关。

第五百八十一条 犯罪时不满十八周岁，被判处五年有期徒刑以下刑罚以及免予刑事处罚的未成年人的犯罪记录，应当封存。

司法机关或者有关单位向人民法院申请查询封存的犯罪记录的，应当提供查询的理由和依据。对查询申请，人民法院应当及时作出是否同意的决定。

第五百八十二条 人民法院可以与未成年犯管教所等服刑场所建立联系，了解未成年罪犯的改造情况，协助做好帮教、改造工作，并可以对正在服刑的未成年罪犯进行回访考察。

第五百八十三条 人民法院认为必要时，可以督促被收监服刑的未成年罪犯的父母或者其他监护人及时探视。

第五百八十四条 对被判处管制、宣告缓刑、裁定假释、决定暂予监外执行的未成年罪犯，人民法院可以协助社区矫正机构制定帮教措施。

第五百八十五条 人民法院可以适时走访被判处管制、宣告缓刑、免予刑事处罚、裁定假释、决定暂予监外执行等的未成年罪犯及其家庭，了解未成年罪犯的管理和教育情况，引导未成年罪犯的家庭承担管教责任，为未成年罪犯改过自新创造良好环境。

第五百八十六条 被判处管制、宣告缓刑、免予刑事处罚、裁定假释、决定暂予监外执行等的未成年罪犯，具备就学、就业条件的，人民法院可以就其安置问题向有关部门提出建议，并附送必要的材料。

第二十三章　当事人和解的公诉案件诉讼程序

第五百八十七条　对符合刑事诉讼法第二百八十八条规定的公诉案件，事实清楚、证据充分的，人民法院应当告知当事人可以自行和解；当事人提出申请的，人民法院可以主持双方当事人协商以达成和解。

根据案件情况，人民法院可以邀请人民调解员、辩护人、诉讼代理人、当事人亲友等参与促成双方当事人和解。

第五百八十八条　符合刑事诉讼法第二百八十八条规定的公诉案件，被害人死亡的，其近亲属可以与被告人和解。近亲属有多人的，达成和解协议，应当经处于最先继承顺序的所有近亲属同意。

被害人系无行为能力或者限制行为能力人的，其法定代理人、近亲属可以代为和解。

第五百八十九条　被告人的近亲属经被告人同意，可以代为和解。

被告人系限制行为能力人的，其法定代理人可以代为和解。

被告人的法定代理人、近亲属依照前两款规定代为和解的，和解协议约定的赔礼道歉等事项，应当由被告人本人履行。

第五百九十条　对公安机关、人民检察院主持制作的和解协议书，当事人提出异议的，人民法院应当审查。经审查，和解自愿、合法的，予以确认，无需重新制作和解协议书；和解违反自愿、合法原则的，应当认定无效。和解协议被认定无效后，双方当事人重新达成和解的，人民法院应当主持制作新的和解协议书。

第五百九十一条　审判期间，双方当事人和解的，人民法院应当听取当事人及其法定代理人等有关人员的意见。双方当事人在庭外达成和解的，人民法院应当通知人民检察院，并听取其意见。经审查，和解自愿、合法的，应当主持制作和解协议书。

第五百九十二条　和解协议书应当包括以下内容：

（一）被告人承认自己所犯罪行，对犯罪事实没有异议，并真诚悔罪；

（二）被告人通过向被害人赔礼道歉、赔偿损失等方式获得被害人谅解；涉及赔偿损失的，应当写明赔偿的数额、方式等；提起附带民事诉讼的，由附带民事诉讼原告人撤回起诉；

（三）被害人自愿和解，请求或者同意对被告人依法从宽处罚。

和解协议书应当由双方当事人和审判人员签名，但不加盖人民法院印章。

和解协议书一式三份，双方当事人各持一份，另一份交人民法院附卷备查。

对和解协议中的赔偿损失内容，双方当事人要求保密的，人民法院应当准许，并采取相应的保密措施。

第五百九十三条　和解协议约定的赔偿损失内容，被告人应当在协议签署后即时履行。

和解协议已经全部履行，当事人反悔的，人民法院不予支持，但有证据证明和解违反自愿、合法原则的除外。

第五百九十四条　双方当事人在侦查、审查起诉期间已经达成和解协议并全部履行，被害人或者其法定代理人、近亲属又提起附带民事诉讼的，人民法院不予受理，但有证据证明和解违反自愿、合法原则的除外。

第五百九十五条　被害人或者其法定代理人、近亲属提起附带民事诉讼后，双方愿意和解，但被告人不能即时履行全部赔偿义务的，人民法院应当制作附带民事调解书。

第五百九十六条　对达成和解协议的案件，人民法院应当对被告人从轻处罚；符合非监禁刑适用条件的，应当适用非监禁刑；判处法定最低刑仍然过重的，可以减轻处罚；综合全案认为犯罪情节轻微不需要判处刑罚的，可以免予刑事处罚。

共同犯罪案件，部分被告人与被害人达成和解协议的，可以依法对该部分被告人从宽处罚，但应当注意全案的量刑平衡。

第五百九十七条　达成和解协议的，裁判文书应当叙明，并援引刑事诉讼法的相关条文。

第二十四章　缺席审判程序

第五百九十八条　对人民检察院依照刑事诉讼法第二百九十一条第一款的规定提起公诉的案件，人民法院应当重点审查以下内容：

（一）是否属于可以适用缺席审判程序的案件范围；

（二）是否属于本院管辖；

（三）是否写明被告人的基本情况，包括明确的境外居住地、联系方式等；

（四）是否写明被告人涉嫌有关犯罪的主要事实，并附证据材料；

（五）是否写明被告人有无近亲属以及近亲属的姓名、身份、住址、联系方式等情况；

（六）是否列明违法所得及其他涉案财产的种类、数量、价值、所在地等，并附证据材料；

（七）是否附有查封、扣押、冻结违法所得及其他涉案财产的清单和相关法律手续。

前款规定的材料需要翻译件的，人民法院应当要求人民检察院一并移送。

第五百九十九条 对人民检察院依照刑事诉讼法第二百九十一条第一款的规定提起公诉的案件，人民法院审查后，应当按照下列情形分别处理：

（一）符合缺席审判程序适用条件，属于本院管辖，且材料齐全的，应当受理；

（二）不属于可以适用缺席审判程序的案件范围、不属于本院管辖或者不符合缺席审判程序的其他适用条件的，应当退回人民检察院；

（三）材料不全的，应当通知人民检察院在三十日以内补送；三十日以内不能补送的，应当退回人民检察院。

第六百条 对人民检察院依照刑事诉讼法第二百九十一条第一款的规定提起公诉的案件，人民法院立案后，应当将传票和起诉书副本送达被告人，传票应当载明被告人到案期限以及不按要求到案的法律后果等事项；应当将起诉书副本送达被告人近亲属，告知其有权代为委托辩护人，并通知其敦促被告人归案。

第六百零一条 人民法院审理人民检察院依照刑事诉讼法第二百九十一条第一款的规定提起公诉的案件，被告人有权委托或者由近亲属代为委托一至二名辩护人。委托律师担任辩护人的，应当委托具有中华人民共和国律师资格并依法取得执业证书的律师；在境外委托的，应当依照本解释第四百八十六条的规定对授权委托进行公证、认证。

被告人及其近亲属没有委托辩护人的，人民法院应当通知法律援助机构指派律师为被告人提供辩护。

被告人及其近亲属拒绝法律援助机构指派的律师辩护的，依照本解释第五十条第二款的规定处理。

第六百零二条 人民法院审理人民检察院依照刑事诉讼法第二百九十一条第一款的规定提起公诉的案件，被告人的近亲属申请参加诉讼的，应当在收到起诉书副本后、第一审开庭前提出，并提供与被告人关系的证明材料。有多名近亲属的，应当推选一至二人参加诉讼。

对被告人的近亲属提出申请的，人民法院应当及时审查决定。

第六百零三条 人民法院审理人民检察院依照刑事诉讼法第二百九十一条第一款的规定提起公诉的案件，参照适用公诉案件第一审普通程序的有关规定。被告人的近亲属参加诉讼的，可以发表意见，出示证据，申请法庭通知证人、鉴定人等出庭，进行辩论。

第六百零四条 对人民检察院依照刑事诉讼法第二百九十一条第一款的规定提起公诉的案件，人民法院审理后应当参照本解释第二百九十五条的规定作出判决、裁定。

作出有罪判决的，应当达到证据确实、充分的证明标准。

经审理认定的罪名不属于刑事诉讼法第二百九十一条第一款规定的罪名的，应当终止审理。

适用缺席审判程序审理案件，可以对违法所得及其他涉案财产一并作出处理。

第六百零五条 因被告人患有严重疾病导致缺乏受审能力，无法出庭受审，中止审理超过六个月，被告人仍无法出庭，被告人及其法定代理人、近亲属申请或者同意恢复审理的，人民法院可以根据刑事诉讼法第二百九十六条的规定缺席审判。

符合前款规定的情形，被告人无法表达意愿的，其法定代理人、近亲属可以代为申请或者同意恢复审理。

第六百零六条 人民法院受理案件后被告人死亡的，应当裁定终止审理；但有证据证明被告人无罪，经缺席审理确认无罪的，应当判决宣告被告人无罪。

前款所称“有证据证明被告人无罪，经缺席审理确认无罪”，包括案件事实清楚，证据确实、充分，依据法律认定被告人无罪的情形，以及证据不足，不能认定被告人有罪的情形。

第六百零七条 人民法院按照审判监督程序重新审判的案件，被告人死亡的，可以缺席审理。有证据证明被告人无罪，经缺席审理确认被告人无罪的，应当判决宣告被告人无罪；虽然构成犯罪，但原判量刑畸重的，应当依法作出判决。

第六百零八条 人民法院缺席审理案件，本章没有规定的，参照适用本解释的有关规定。

第二十五章 犯罪嫌疑人、被告人逃匿、死亡案件违法所得的没收程序

第六百零九条 刑事诉讼法第二百九十八条规定的“贪污贿赂犯罪、恐怖活动犯罪等”犯罪案件，是指下列案件：

（一）贪污贿赂、失职渎职等职务犯罪案件；

（二）刑法分则第二章规定的相关恐怖活动犯罪案件，以及恐怖活动组织、恐怖活动人员实施的杀人、爆炸、绑架等犯罪案件；

（三）危害国家安全、走私、洗钱、金融诈骗、黑社会性质组织、毒品犯罪案件；

（四）电信诈骗、网络诈骗犯罪案件。

第六百一十条 在省、自治区、直辖市或者全国范围内具有较大影响的犯罪案件，或者犯罪嫌疑人、被告人逃匿境外的犯罪案件，应当认定为刑事诉讼法第二百九十八条第一款规定的“重大犯罪案件”。

第六百一十一条 犯罪嫌疑人、被告人死亡，依照刑法规定应当追缴其违法所得及其他涉案财产，人民检察院提出没收违法所得申请的，人民法院应当依法受理。

第六百一十二条 对人民检察院提出的没收违法所得申请，人民法院应当审查以下内容：

（一）是否属于可以适用违法所得没收程序的案件范围；

（二）是否属于本院管辖；

（三）是否写明犯罪嫌疑人、被告人基本情况，以及涉嫌有关犯罪的情况，并附证据材料；

（四）是否写明犯罪嫌疑人、被告人逃匿、被通缉、脱逃、下落不明、死亡等情况，并附证据材料；

（五）是否列明违法所得及其他涉案财产的种类、数量、价值、所在地等，并附证据材料；

（六）是否附有查封、扣押、冻结违法所得及其他涉案财产的清单和法律手续；

（七）是否写明犯罪嫌疑人、被告人有无利害关系人，利害关系人的姓名、身份、住址、联系方式及其要求等情况；

（八）是否写明申请没收的理由和法律依据；

（九）其他依法需要审查的内容和材料。

前款规定的材料需要翻译件的，人民法院应当要求人民检察院一并移送。

第六百一十三条 对没收违法所得的申请，人民法院应当在三十日以内审查完毕，并按照下列情形分别处理：

（一）属于没收违法所得申请受案范围和本院管辖，且材料齐全、有证据证明有犯罪事实的，应当受理；

（二）不属于没收违法所得申请受案范围或者本院管辖的，应当退回人民检察院；

（三）没收违法所得申请不符合“有证据证明有犯罪事实”标准要求的，应当通知人民检察院撤回申请；

（四）材料不全的，应当通知人民检察院在七日以内补送；七日以内不能补送的，应当退回人民检察院。

人民检察院尚未查封、扣押、冻结申请没收的财产或者查封、扣押、冻结期限即将届满，涉案财产有被隐匿、转移或者毁损、灭失危险的，人民法院可以查封、扣押、冻结申请没收的财产。

第六百一十四条 人民法院受理没收违法所得的申请后，应当在十五日以内发布公告。公告应当载明以下内容：

（一）案由、案件来源；

（二）犯罪嫌疑人、被告人的基本情况；

（三）犯罪嫌疑人、被告人涉嫌犯罪的事实；

（四）犯罪嫌疑人、被告人逃匿、被通缉、脱逃、下落不明、死亡等情况；

（五）申请没收的财产的种类、数量、价值、所在地等以及已查封、扣押、冻结财产的清单和法律手续；

（六）申请没收的财产属于违法所得及其他涉案财产的相关事实；

（七）申请没收的理由和法律依据；

（八）利害关系人申请参加诉讼的期限、方式以及未按照该期限、方式申请参加诉讼可能承担的不利法律后果；

（九）其他应当公告的情况。

公告期为六个月，公告期间不适用中止、中断、延长的规定。

第六百一十五条 公告应当在全国公开发行的报纸、信息网络媒体、最高人民法院的官方网站发布，并在人民法院公告栏发布。必要时，公告可以在犯罪地、犯罪嫌疑人、被告人居住地或者被申请没收财产所在地发布。最后发布的公告的日期为公告日期。发布公告的，应当采取拍照、录像等方式记录发布过程。

人民法院已经掌握境内利害关系人联系方式的，应当直接送达含有公告内容的通知；直接送达有困难的，可以委托代为送达、邮寄送达。经受送达人同意的，可以采用传真、电子邮件等能够确认其收悉的方式告知公告内容，并记录在案。

人民法院已经掌握境外犯罪嫌疑人、被告人、利害关系人联系方式，经受送达人同意的，可以采用传真、电子邮件等能够确认其收悉的方式告知公告内容，并记录在案；受送达人未表示同意，或者人民法院未掌握境外犯罪嫌疑人、被告人、利害关系人联系方式，其所在国、地区的主管机关明确提出应当向受送达人送达含有公告内容的通知的，人民法院可以决定是否送达。决定送达的，应当依照本解释第四百九十三条的规定请求所在国、地区提供司法协助。

第六百一十六条 刑事诉讼法第二百九十九条第二款、第三百条第二款规定的“其他利害关系人”，是指除犯罪嫌疑人、被告人的近亲属以外的，对申请没收的财产主张权利的自然人和单位。

第六百一十七条 犯罪嫌疑人、被告人的近亲属和其他利害关系人申请参加诉讼的，应当在公告期间内提出。犯罪嫌疑人、被告人的近亲属应当提供其与犯罪嫌疑人、被告人关系的证明材料，其他利害关系人应当提供证明其对违法所得及其他涉案财产主张权利的证据材料。

利害关系人可以委托诉讼代理人参加诉讼。委托律师担任诉讼代理人的，应当委托具有中华人民共和国律师资格并依法取得执业证书的律师；在境外委托的，应当依照本解释第四百八十六条的规定对授权委托进行公证、认证。

利害关系人在公告期满后申请参加诉讼，能够合理说明理由的，人民法院应当准许。

第六百一十八条 犯罪嫌疑人、被告人逃匿境外，委托诉讼代理人申请参加诉讼，且违法所得或者其他涉案财产所在国、地区主管机关明确提出意见予以支持的，人民法院可以准许。

人民法院准许参加诉讼的，犯罪嫌疑人、被告人的诉讼代理人依照本解释关于利害关系人的诉讼代理人的规定行使诉讼权利。

第六百一十九条 公告期满后，人民法院应当组成合议庭对申请没收违法所得的案件进行审理。

利害关系人申请参加或者委托诉讼代理人参加诉讼的，应当开庭审理。没有利害关系人申请参加诉讼的，或者利害关系人及其诉讼代理人无正当理由拒不到庭的，可以不开庭审理。

人民法院确定开庭日期后，应当将开庭的时间、地点通知人民检察院、利害关系人及其诉讼代理人、证人、鉴定人、翻译人员。通知书应当依照本解释第六百一十五条第二款、第三款规定的方式，至迟在开庭审理三日以前送达；受送达人在境外的，至迟在开庭审理三十日以前送达。

第六百二十条 开庭审理申请没收违法所得的案件，按照下列程序进行：

（一）审判长宣布法庭调查开始后，先由检察员宣读申请书，后由利害关系人、诉讼代理人发表意见；

（二）法庭应当依次就犯罪嫌疑人、被告人是否实施了贪污贿赂犯罪、恐怖活动犯罪等重大犯罪并已经通缉一年不能到案，或者是否已经死亡，以及申请没收的财产是否依法应当追缴进行调查；调查时，先由检察员出示证据，后由利害关系人、诉讼代理人出示证据，并进行质证；

（三）法庭辩论阶段，先由检察员发言，后由利害关系人、诉讼代理人发言，并进行辩论。

利害关系人接到通知后无正当理由拒不到庭，或者未经法庭许可中途退庭的，可以转为不开庭审理，但还有其他利害关系人参加诉讼的除外。

第六百二十一条 对申请没收违法所得的案件，人民法院审理后，应当按照下列情形分别处理：

（一）申请没收的财产属于违法所得及其他涉案财产的，除依法返还被害人的以外，应当裁定没收；

（二）不符合刑事诉讼法第二百九十八条第一款规定的条件的，应当裁定驳回申请，解除查封、扣押、冻结措施。

申请没收的财产具有高度可能属于违法所得及其他涉案财产的，应当认定为前款规定的“申请没收的财产属于违法所得及其他涉案财产”。巨额财产来源不明犯罪案件中，没有利害关系人对违法所得及其他涉案财产主张权利，或者利害关系人对违法所得及其他涉案财产虽然主张权利但提供的证据没有达到相应证明标准的，应当视为“申请没收的财产属于违法所得及其他涉案财产”。

第六百二十二条 对没收违法所得或者驳回申请的裁定，犯罪嫌疑人、被告人的近亲属和其他利害关系人或者人民检察院可以在五日以内提出上诉、抗诉。

第六百二十三条 对不服第一审没收违法所得或者驳回申请裁定的上诉、抗诉案件，第二审人民法院经审理，应当按照下列情形分别处理：

（一）第一审裁定认定事实清楚和适用法律正确的，应当驳回上诉或者抗诉，维持原裁定；

（二）第一审裁定认定事实清楚，但适用法律有错误的，应当改变原裁定；

（三）第一审裁定认定事实不清的，可以在查清事实后改变原裁定，也可以撤销原裁定，发回原审人民法院重新审判；

（四）第一审裁定违反法定诉讼程序，可能影响公正审判的，应当撤销原裁定，发回原审人民法院重新审判。

第一审人民法院对发回重新审判的案件作出裁定后，第二审人民法院对不服第一审人民法院裁定的上诉、抗诉，应当依法作出裁定，不得再发回原审人民法院重新审判；但是，第一审人民法院在重新审判过程中违反法定诉讼程序，可能影响公正审判的除外。

第六百二十四条 利害关系人非因故意或者重大过失在第一审期间未参加诉讼，在第二审期间申请参加诉讼的，人民法院应当准许，并撤销原裁定，发回原审人民法院重新审判。

第六百二十五条 在审理申请没收违法所得的案件过程中，在逃的犯罪嫌疑人、被告人到案的，人民法院应当裁定终止审理。人民检察院向原受理申请的人民法院提起公诉的，可以由同一审判组织审理。

第六百二十六条 在审理案件过程中，被告人脱逃或者死亡，符合刑事诉讼法第二百九十八条第一款规定的，人民检察院可以向人民法院提出没收违法所得的申请；符合刑事诉讼法第二百九十一条第一款规定的，人民检察院可以按照缺席审判程序向人民法院提起公诉。

人民检察院向原受理案件的人民法院提出没收违法所得申请的，可以由同一审判组织审理。

第六百二十七条 审理申请没收违法所得案件的期限，参照公诉案件第一审普通程序和第二审程序的审理期限执行。

公告期间和请求刑事司法协助的时间不计入审理期限。

第六百二十八条 没收违法所得裁定生效后，犯罪嫌疑人、被告人到案并对没收裁定提出异议，人民检察院向原作出裁定的人民法院提起公诉的，可以由同一审判组织审理。

人民法院经审理，应当按照下列情形分别处理：

（一）原裁定正确的，予以维持，不再对涉案财产作出判决；

（二）原裁定确有错误的，应当撤销原裁定，并在判决中对有关涉案财产一并作出处理。

人民法院生效的没收裁定确有错误的，除第一款规定的情形外，应当依照审判监督程序予以纠正。

第六百二十九条 人民法院审理申请没收违法所得的案件，本章没有规定的，参照适用本解释的有关规定。

第二十六章 依法不负刑事责任的精神病人的强制医疗程序

第六百三十条 实施暴力行为，危害公共安全或者严重危害公民人身安全，社会危害性已经达到犯罪程度，但经法定程序鉴定依法不负刑事责任的精神病人，有继续危害社会可能的，可以予以强制医疗。

第六百三十一条 人民检察院申请对依法不负刑事责任的精神病人强制医疗的案件，由被申请人实施暴力行为所在地的基层人民法院管辖；由被申请人居住地的人民法院审判更为适宜的，可以由被申请人居住地的基层人民法院管辖。

第六百三十二条 对人民检察院提出的强制医疗申请，人民法院应当审查以下内容：

（一）是否属于本院管辖；

（二）是否写明被申请人的身份，实施暴力行为的时间、地点、手段、所造成的损害等情况，并附证据材料；

（三）是否附有法医精神病鉴定意见和其他证明被申请人属于依法不负刑事责任的精神病人的证据材料；

（四）是否列明被申请人的法定代理人的姓名、住址、联系方式；

（五）需要审查的其他事项。

第六百三十三条 对人民检察院提出的强制医疗申请，人民法院应当在七日以内审查完毕，并按照下列情形分别处理：

（一）属于强制医疗程序受案范围和本院管辖，且材料齐全的，应当受理；

（二）不属于本院管辖的，应当退回人民检察院；

（三）材料不全的，应当通知人民检察院在三日以内补送；三日以内不能补送的，应当退回人民检察院。

第六百三十四条 审理强制医疗案件，应当通知被申请人或者被告人的法定代理人到场；被申请人或者被告人的法定代理人经通知未到场的，可以通知被申请人或者被告人的其他近亲属到场。

被申请人或者被告人没有委托诉讼代理人的，应当自受理强制医疗申请或者发现被告人符合强制医疗条件之日起三日以内，通知法律援助机构指派律师担任其诉讼代理人，为其提供法律帮助。

第六百三十五条 审理强制医疗案件，应当组成合议庭，开庭审理。但是，被申请人、被告人的法定代理人请求不开庭审理，并经人民法院审查同意的除外。

审理强制医疗案件，应当会见被申请人，听取被害人及其法定代理人的意见。

第六百三十六条 开庭审理申请强制医疗的案件，按照下列程序进行：

（一）审判长宣布法庭调查开始后，先由检察员宣读申请书，后由被申请人的法定代理人、诉讼代理人发表意见；

（二）法庭依次就被申请人是否实施了危害公共安全或者严重危害公民人身安全的暴力行为、是否属于依法不负刑事责任的精神病人、是否有继续危害社会的可能进行调查；调查时，先由检察员出示证据，后由被申请人的法定代理人、诉讼代理人出示证据，并进行质证；必要时，可以通知鉴定人出庭对鉴定意见作出说明；

（三）法庭辩论阶段，先由检察员发言，后由被申请人的法定代理人、诉讼代理人发言，并进行辩论。

被申请人要求出庭，人民法院经审查其身体和精神状态，认为可以出庭的，应当准许。出庭的被申请人，在法庭调查、辩论阶段，可以发表意见。

检察员宣读申请书后，被申请人的法定代理人、诉讼代理人无异议的，法庭调查可以简化。

第六百三十七条　对申请强制医疗的案件，人民法院审理后，应当按照下列情形分别处理：

（一）符合刑事诉讼法第三百零二条规定的强制医疗条件的，应当作出对被申请人强制医疗的决定；

（二）被申请人属于依法不负刑事责任的精神病人，但不符合强制医疗条件的，应当作出驳回强制医疗申请的决定；被申请人已经造成危害结果的，应当同时责令其家属或者监护人严加看管和医疗；

（三）被申请人具有完全或者部分刑事责任能力，依法应当追究刑事责任的，应当作出驳回强制医疗申请的决定，并退回人民检察院依法处理。

第六百三十八条　第一审人民法院在审理刑事案件过程中，发现被告人可能符合强制医疗条件的，应当依照法定程序对被告人进行法医精神病鉴定。经鉴定，被告人属于依法不负刑事责任的精神病人的，应当适用强制医疗程序，对案件进行审理。

开庭审理前款规定的案件，应当先由合议庭组成人员宣读对被告人的法医精神病鉴定意见，说明被告人可能符合强制医疗的条件，后依次由公诉人和被告人的法定代理人、诉讼代理人发表意见。经审判长许可，公诉人和被告人的法定代理人、诉讼代理人可以进行辩论。

第六百三十九条　对前条规定的案件，人民法院审理后，应当按照下列情形分别处理：

（一）被告人符合强制医疗条件的，应当判决宣告被告人不负刑事责任，同时作出对被告人强制医疗的决定；

（二）被告人属于依法不负刑事责任的精神病人，但不符合强制医疗条件的，应当判决宣告被告人无罪或者不负刑事责任；被告人已经造成危害结果的，应当同时责令其家属或者监护人严加看管和医疗；

（三）被告人具有完全或者部分刑事责任能力，依法应当追究刑事责任的，应当依照普通程序继续审理。

第六百四十条 第二审人民法院在审理刑事案件过程中，发现被告人可能符合强制医疗条件的，可以依照强制医疗程序对案件作出处理，也可以裁定发回原审人民法院重新审判。

第六百四十一条 人民法院决定强制医疗的，应当在作出决定后五日以内，向公安机关送达强制医疗决定书和强制医疗执行通知书，由公安机关将被决定强制医疗的人送交强制医疗。

第六百四十二条 被决定强制医疗的人、被害人及其法定代理人、近亲属对强制医疗决定不服的，可以自收到决定书第二日起五日以内向上一级人民法院申请复议。复议期间不停止执行强制医疗的决定。

第六百四十三条 对不服强制医疗决定的复议申请，上一级人民法院应当组成合议庭审理，并在一个月以内，按照下列情形分别作出复议决定：

（一）被决定强制医疗的人符合强制医疗条件的，应当驳回复议申请，维持原决定；

（二）被决定强制医疗的人不符合强制医疗条件的，应当撤销原决定；

（三）原审违反法定诉讼程序，可能影响公正审判的，应当撤销原决定，发回原审人民法院重新审判。

第六百四十四条 对本解释第六百三十九条第一项规定的判决、决定，人民检察院提出抗诉，同时被决定强制医疗的人、被害人及其法定代理人、近亲属申请复议的，上一级人民法院应当依照第二审程序一并处理。

第六百四十五条 被强制医疗的人及其近亲属申请解除强制医疗的，应当向决定强制医疗的人民法院提出。

被强制医疗的人及其近亲属提出的解除强制医疗申请被人民法院驳回，六个月后再次提出申请的，人民法院应当受理。

第六百四十六条 强制医疗机构提出解除强制医疗意见，或者被强制医疗的人及其近亲属申请解除强制医疗的，人民法院应当审查是否附有对被强制医疗的人的诊断评估报告。

强制医疗机构提出解除强制医疗意见，未附诊断评估报告的，人民法院院应当要求其提供。

被强制医疗的人及其近亲属向人民法院申请解除强制医疗，强制医疗机构未提供诊断评估报告的，申请人可以申请人民法院调取。必要时，人民法院可以委托鉴定机构对被强制医疗的人进行鉴定。

第六百四十七条 强制医疗机构提出解除强制医疗意见，或者被强制医疗的人及其近亲属申请解除强制医疗的，人民法院应当组成合议庭进行审查，并在一个月以内，按照下列情形分别处理：

（一）被强制医疗的人已不具有人身危险性，不需要继续强制医疗的，应当作出解除强制医疗的决定，并可责令被强制医疗的人的家属严加看管和医疗；

（二）被强制医疗的人仍具有人身危险性，需要继续强制医疗的，应当作出继续强制医疗的决定。

对前款规定的案件，必要时，人民法院可以开庭审理，通知人民检察院派员出庭。

人民法院应当在作出决定后五日以内，将决定书送达强制医疗机构、申请解除强制医疗的人、被决定强制医疗的人和人民检察院。决定解除强制医疗的，应当通知强制医疗机构在收到决定书的当日解除强制医疗。

第六百四十八条 人民检察院认为强制医疗决定或者解除强制医疗决定不当，在收到决定书后二十日以内提出书面纠正意见的，人民法院应当另行组成合议庭审理，并在一个月以内作出决定。

第六百四十九条 审理强制医疗案件，本章没有规定的，参照适用本解释的有关规定。

第二十七章 附 则

第六百五十条 人民法院讯问被告人，宣告判决，审理减刑、假释案件等，可以根据情况采取视频方式。

第六百五十一条 向人民法院提出自诉、上诉、申诉、申请等的，应当以书面形式提出。书写有困难的，除另有规定的以外，可以口头提出，由人民法院工作人员制作笔录或者记录在案，并向口述人宣读或者交其阅读。

第六百五十二条 诉讼期间制作、形成的工作记录、告知笔录等材料，应当由制作人员和其他有关人员签名、盖章。宣告或者送达裁判文书、通知书等诉讼文书的，应当由接受宣告或者送达的人在诉讼文书、送达回证上签名、盖章。

诉讼参与人未签名、盖章的，应当捺指印；刑事被告人除签名、盖章外，还应当捺指印。

当事人拒绝签名、盖章、捺指印的，办案人员应当在诉讼文书或者笔录材料中注明情况，有见证人见证或者有录音录像证明的，不影响相关诉讼文书或者笔录材料的效力。

第六百五十三条 本解释的有关规定适用于军事法院等专门人民法院。

第六百五十四条 本解释有关公安机关的规定，依照刑事诉讼法的有关规定，适用于国家安全机关、军队保卫部门、中国海警局和监狱。

第六百五十五条 本解释自2021年3月1日起施行。最高人民法院2012年12月20日发布的《关于适用〈中华人民共和国刑事诉讼法〉的解释》（法释〔2012〕21号）同时废止。最高人民法院以前发布的司法解释和规范性文件，与本解释不一致的，以本解释为准。

第三部分　条文释义

2018 年 10 月 26 日，第十三届全国人民代表大会常务委员会第六次会议通过了《关于修改〈中华人民共和国刑事诉讼法〉的决定》。为正确理解和适用修改后的刑事诉讼法，结合人民法院审判工作实际，制定本解释。

【理解与适用】

引言阐明了《解释》的主旨、制定依据和目的。

第一章　管　辖

管辖的确定是刑事诉讼的开始。《刑事诉讼法修改决定》未涉及管辖问题。本章沿用《2012 年解释》第一章"管辖"的条文，并根据司法实践反映的情况，特别是针对当前犯罪形态多样，流动性犯罪、新类型犯罪增多，管辖问题日趋复杂的情况，作了修改完善，主要涉及：（1）明确海上犯罪、在列车以及其他交通工具上犯罪等的管辖规则；（2）规范指定管辖；（3）明确并案和分案处理的相关规则。

第一条　人民法院直接受理的自诉案件包括：

（一）告诉才处理的案件：

1. 侮辱、诽谤案（刑法第二百四十六条规定的，但严重危害社会秩序和国家利益的除外）；

2. 暴力干涉婚姻自由案（刑法第二百五十七条第一款规定的）；

3. 虐待案（刑法第二百六十条第一款规定的，但被害人没有能力告诉或者因受到强制、威吓无法告诉的除外）；

4. 侵占案（刑法第二百七十条规定的）。

（二）人民检察院没有提起公诉，被害人有证据证明的轻微刑事案件：

1. 故意伤害案（刑法第二百三十四条第一款规定的）；

2. 非法侵入住宅案（刑法第二百四十五条规定的）；

3. 侵犯通信自由案（刑法第二百五十二条规定的）；

4. 重婚案（刑法第二百五十八条规定的）；

5. 遗弃案（刑法第二百六十一条规定的）；

6. 生产、销售伪劣商品案（刑法分则第三章第一节规定的，但严重危害社会秩序和国家利益的除外）；

7. 侵犯知识产权案（刑法分则第三章第七节规定的，但严重危害社会秩序和国家利益的除外）；

8. 刑法分则第四章、第五章规定的，可能判处三年有期徒刑以下刑罚的案件。

本项规定的案件，被害人直接向人民法院起诉的，人民法院应当依法受理。对其中证据不足，可以由公安机关受理的，或者认为对被告人可能判处三年有期徒刑以上刑罚的，应当告知被害人向公安机关报案，或者移送公安机关立案侦查。

（三）被害人有证据证明对被告人侵犯自己人身、财产权利的行为应当依法追究刑事责任，且有证据证明曾经提出控告，而公安机关或者人民检察院不予追究被告人刑事责任的案件。

【理解与适用】

本条根据《刑法修正案（九）》对《2012年解释》第一条的规定作出修改完善，规定了人民法院可直接受理的自诉案件的范围。

1. 本条第一项规定的案件属于告诉才处理的案件。具体而言，包括侮辱、诽谤案（刑法第二百四十六条规定的，但严重危害社会秩序和国家利益的除外），暴力干涉婚姻自由案（刑法第二百五十七条第一款规定的），虐待案（刑法第二百六十条第一款规定的，但被害人没有能力告诉或者因受到强制、威吓无法告诉的除外），以及侵占案（刑法第二百七十条规定的）。

根据1997年《刑法》第二百六十条规定，虐待家庭成员，情节恶劣的，构成虐待罪；没有致被害人重伤、死亡的，告诉的才处理。2015年《刑法修正案（九）》考虑到实践中发生的被害人因病重、年幼、智力缺陷、精神障碍等没有能力告诉，或者因受到强制、威吓无法告诉的情况，增加规定了虐待罪告诉才处理的例外情形，即：被害人没有能力告诉，或者因受到强制、威吓无法告诉的，应按照公诉案件处理，由人民检察院提起公诉。这是告诉才处理的例外情形，属于公诉案件范畴。基于此，本条第一项第三目增加"但被害人没有能力告诉或者因受到强制、威吓无法告诉的除外"的规定。

需要注意的是，《刑法》第九十八条还规定："本法所称告诉才处理，是指被害人告诉才处理。如果被害人因受强制、威吓无法告诉的，人民检察院和被害人的近亲属也可以告诉。"这意味着，对其他告诉才处理的犯罪，如侵占罪等，如被害人因受强制、威吓无法告诉的，应当适用代为告诉的相关规定，仍属于自诉案件的范畴。

2. 本条第二项规定的案件属于可公诉可自诉的案件。对于相关案件，被害人直接向人民法院起诉的，人民法院应当依法受理。对其中证据不足，可以由公安机关受理的，或者认为对被告人可能判处三年有期徒刑以上刑罚的，应当告知被害人向公安机关报案，或者移送公安机关立案侦查。征求意见过程中，有意见提出，对于本条第二项规定的案件，数罪并罚后可能判处三年以上有期徒刑的自诉案件，法院是否应当受理，实践中存在不同认识。经研究认为，自诉案件规定的是单个刑事案件，如果同一被告人涉及多个案件，且都符合自诉案件受理条件，则都应当受理；符合并案条件的，应当并案处理。

3. 本条第三项规定的案件属于公诉转自诉案件。需要注意的是，实践中公安机关或者人民检察院不予追究被告人刑事责任的，可能不会出具书面材料。基于此，为避免影响公民的告诉权，本条并未要求"公安机关和人民检察院作出不予追究的书面决定"，只是要求被害人有证据证明"曾经提出控告，而公安机关或者人民检察院不予追究被告人刑事责任"即可。因此，对于实践中发生的公安机关、人民检察院不受理被害人控告又不出具相关证明材料的案件，只要被害人有证据证明"曾经提出控告，而公安机关或者人民检察院不予追究被告人刑事责任”的，无论公安机关、人民检察院是否出具书面材料，均符合自诉案件的受案范围。

第二条 犯罪地包括犯罪行为地和犯罪结果地。

针对或者主要利用计算机网络实施的犯罪，犯罪地包括用于实施犯罪行为的网络服务使用的服务器所在地，网络服务提供者所在地，被侵害的信息网络系统及其管理者所在地，犯罪过程中被告人、被害人使用的信息网络系统所在地，以及被害人被侵害时所在地和被害人财产遭受损失地等。

【理解与适用】

本条吸收《网络犯罪程序意见》第二条对《2012年解释》第二条的规定作出修改完善，明确了犯罪地的内涵。

《网络犯罪程序意见》第二条规定：“网络犯罪案件由犯罪地公安机关立案侦查。必要时，可以由犯罪嫌疑人居住地公安机关立案侦查。”“网络犯罪案件的犯罪地包括用于实施犯罪行为的网站服务器所在地，网络接入地，网站建立者、管理者所在地，被侵害的计算机信息系统或其管理者所在地，犯罪嫌疑人、被害人使用的计算机信息系统所在地，被害人被侵害时所在地，以及被害人财产遭受损失地等。”“涉及多个环节的网络犯罪案件，犯罪嫌疑人为网络犯罪提供帮助的，其犯罪地或者居住地公安机关可以立案侦查。”经吸收上述规定并根据司法实践情况作了调整，本条第二款就针对或者主要利用计算机网络实施犯罪的管辖规则作了说明。

此外，其他司法解释、规范性文件中关于某些特殊犯罪的犯罪地规定，如不与《解释》相冲突，仍然有效。

第三条 被告人的户籍地为其居住地。经常居住地与户籍地不一致的，经常居住地为其居住地。经常居住地为被告人被追诉前已连续居住一年以上的地方，但住院就医的除外。

被告单位登记的住所地为其居住地。主要营业地或者主要办事机构所在地与登记的住所地不一致的，主要营业地或者主要办事机构所在地为其居住地。

【理解与适用】

本条沿用《2012 年解释》第三条的规定，明确了居住地的内涵。

第四条　在中华人民共和国内水、领海发生的刑事案件，由犯罪地或者被告人登陆地的人民法院管辖。由被告人居住地的人民法院审判更为适宜的，可以由被告人居住地的人民法院管辖。

【理解与适用】

本条系新增规定，吸收《海上刑事案件管辖通知》的规定，明确了在中华人民共和国内水、领海发生的刑事案件的管辖规则。

考虑到内水、领海发生的刑事案件的特殊性，除犯罪地外，被告人登陆地的人民法院也可以管辖。基于此，《海上刑事案件管辖通知》第一条第一项规定："在中华人民共和国内水、领海发生的犯罪，由犯罪地或者被告人登陆地的人民法院管辖，如果由被告人居住地的人民法院审判更为适宜的，可以由被告人居住地的人民法院管辖。"本条吸收上述规定。

需要注意的是，《最高人民法院关于审理发生在我国管辖海域相关案件若干问题的规定（一）》（法释〔2016〕16 号）第一条规定："本规定所称我国管辖海域，是指中华人民共和国内水、领海、毗连区、专属经济区、大陆架，以及中华人民共和国管辖的其他海域。"据此，《解释》第四条规定的"内水"应当是指领海基线向陆一侧的海上水域。

第五条 在列车上的犯罪，被告人在列车运行途中被抓获的，由前方停靠站所在地负责审判铁路运输刑事案件的人民法院管辖。必要时，也可以由始发站或者终点站所在地负责审判铁路运输刑事案件的人民法院管辖。

被告人不是在列车运行途中被抓获的，由负责该列车乘务的铁路公安机关对应的审判铁路运输刑事案件的人民法院管辖；被告人在列车运行途经车站被抓获的，也可以由该车站所在地负责审判铁路运输刑事案件的人民法院管辖。

【理解与适用】

本条系新增规定，吸收并完善了《铁路运输法院案件管辖规定》第一条第三款的规定。

《铁路运输法院案件管辖规定》第一条第三款规定“在列车上的犯罪，由犯罪发生后该列车最初停靠的车站所在地或者目的地的铁路运输法院管辖……”本条根据司法实践中反映的问题作了修改完善。具体而言：（1）当前一些铁路运输法院处于改革期，有些地方已经把铁路运输案件交给地方法院管辖。因此，一概要求“铁路运输法院管辖”，与实际不符。（2）本条规定由“前方停靠站”而非“最初停靠站”所在地的负责审判铁路运输刑事案件的人民法院管辖，主要考虑是：“最初停靠站”只能是发现犯罪后停靠的第一个站点，而第一个站点有大有小，小站点可能根本没有警力羁押犯罪嫌疑人，不便于管辖，而用“前方停靠站”则涵盖范围更广，更符合实际需求。（3）在一些案件中，列车刚刚驶出始发地即发生犯罪案件并抓获犯罪嫌疑人，在此种情况下，由列车始发地的负责审判铁路运输刑事案件的人民法院管辖，更具合理性。

此外，对于被告人不是在列车运行途中被抓获的，规定由负责该列车乘务的铁路公安机关对应的审判铁路运输刑事案件的人民法院管辖。但是实践中存在被告人实施犯罪后下车，在车站即被抓获的情形。为便于执法办案，避免移送案件浪费侦查资源，此种情形也可以由该车站所在地负责审判铁路运输刑事案件的人民法院管辖。

第六条 在国际列车上的犯罪，根据我国与相关国家签订的协定确定管辖；没有协定的，由该列车始发或者前方停靠的中国车站所在地负责审判铁路运输刑事案件的人民法院管辖。

【理解与适用】

本条根据司法实践反映的问题对《2012年解释》第六条的规定作出修改完善。

《2012年解释》第六条规定："在国际列车上的犯罪，根据我国与相关国家签订的协定确定管辖；没有协定的，由该列车最初停靠的中国车站所在地或者目的地的铁路运输法院管辖。"实践中存在国际列车在离开最后一座中国车站后，行为人在中国境内实施犯罪，但前方无停靠的中国车站的情形，无法依据现有规定进行管辖。鉴此，本条将相关表述修改为"没有协定的，由该列车始发或者前方停靠的中国车站所在地负责审判铁路运输刑事案件的人民法院管辖"。

第七条 在中华人民共和国领域外的中国船舶内的犯罪，由该船舶最初停泊的中国口岸所在地或者被告人登陆地、入境地的人民法院管辖。

【理解与适用】

本条吸收《海上刑事案件管辖通知》第一条第二项的规定，对《2012年解释》第四条的规定作出修改完善。

《2012年解释》第四条规定："在中华人民共和国领域外的中国船舶内的犯罪，由该船舶最初停泊的中国口岸所在地的人民法院管辖。"实际办案中可能存在犯罪发生后船舶不停泊我国口岸而是继续向外航行（主要是由我国出发向外国航行的情况），仅将犯罪嫌疑人带回我国的情形，无法依据《2012年解释》第四条的规定进行管辖。为此，《海上刑事案件管辖通知》

第一条第二项增加规定被告人登陆地、入境地的人民法院作为管辖选择地，规定："在中华人民共和国领域外的中国船舶内的犯罪，由该船舶最初停泊的中国口岸所在地或者被告人登陆地、入境地的人民法院管辖。"经吸收上述条文，本条对《2012年解释》第四条的规定作出修改完善。

第八条 在中华人民共和国领域外的中国航空器内的犯罪，由该航空器在中国最初降落地的人民法院管辖。

【理解与适用】

本条沿用《2012年解释》第五条的规定。

第九条 中国公民在中国驻外使领馆内的犯罪，由其主管单位所在地或者原户籍地的人民法院管辖。

【理解与适用】

本条沿用《2012年解释》第七条的规定。

第十条 中国公民在中华人民共和国领域外的犯罪，由其登陆地、入境地、离境前居住地或者现居住地的人民法院管辖；被害人是中国公民的，也可以由被害人离境前居住地或者现居住地的人民法院管辖。

【理解与适用】

本条吸收《海上刑事案件管辖通知》第一条第三项的规定，对《2012 年解释》第八条的规定作出修改完善。

《2012 年解释》第八条规定：“中国公民在中华人民共和国领域外的犯罪，由其入境地或者离境前居住地的人民法院管辖；被害人是中国公民的，也可由被害人离境前居住地的人民法院管辖。”鉴于海上刑事案件的被告人通常是从海上登陆，同时，考虑到被告人或者被害人入境后的居住地可能与离境前居住地不一致的情况，为便于案件办理，《海上刑事案件管辖通知》增加规定了相关管辖连接点。具体而言，《海上刑事案件管辖通知》第一条第三项规定：“中国公民在中华人民共和国领海以外的海域犯罪，由其登陆地、入境地、离境前居住地或者现居住地的人民法院管辖；被害人是中国公民的，也可以由被害人离境前居住地或者现居住地的人民法院管辖。”经吸收上述条文，本条对《2012 年解释》第八条的规定作出修改完善。

第十一条 **外国人在中华人民共和国领域外对中华人民共和国国家或者公民犯罪，根据《中华人民共和国刑法》应当受处罚的，由该外国人登陆地、入境地或者入境后居住地的人民法院管辖，也可以由被害人离境前居住地或者现居住地的人民法院管辖。**

【理解与适用】

本条吸收《海上刑事案件管辖通知》第一条第四项的规定，对《2012 年解释》第九条的规定作出修改完善。

《2012 年解释》第九条规定：“外国人在中华人民共和国领域外对中华人民共和国国家或者公民犯罪，根据《中华人民共和国刑法》应当受处罚的，由该外国人入境地、入境后居住地或者被害中国公民离境前居住地的人民法院管辖。”鉴于海上刑事案件的特殊性，《海上刑事案件管辖通知》第一条第四项增加规定被告人登陆地的人民法院也可以管辖，规定：“外国人在中华人民共和国领海以外的海域对中华人民共和国国家或者公民犯罪，根据《中华人民共和国刑法》应当受到处罚的，由该外国人登陆地、入境地、入境后居住地的人民法院管辖，也可以由被害人离境前居住地或者现居住地的人民法院管辖。”经吸收上述条文，本条对《2012 年解释》第九条的规定作出修改完善。

第十二条　对中华人民共和国缔结或者参加的国际条约所规定的罪行，中华人民共和国在所承担条约义务的范围内行使刑事管辖权的，由被告人被抓获地、登陆地或者入境地的人民法院管辖。

【理解与适用】

本条吸收《海上刑事案件管辖通知》第一条第五项的规定，对《2012 年解释》第十条的规定作出修改完善。

《2012 年解释》第十条规定：“对中华人民共和国缔结或者参加的国际条约所规定的罪行，中华人民共和国在所承担条约义务的范围内，行使刑事管辖权的，由被告人被抓获地的人民法院管辖。”由于海上刑事案件的特殊性，实际办案中可能存在犯罪嫌疑人在我国领海以外（如公海）被抓获的情形，无法依据《2012 年解释》第十条的规定进行管辖。基于此，《海上刑事案件管辖通知》第一条第五项增加规定被告人入境地、登陆地的人民法院也可以管辖，规定：“对中华人民共和国缔结或者参加的国际条约所规定的罪行，中华人民共和国在所承担的条约义务的范围内行使刑事管辖权的，由被告人被抓获地、登陆地或者入境地的人民法院管辖。”经吸收上述条文，本条对《2012 年解释》第十条的规定作出修改完善。

第十三条　正在服刑的罪犯在判决宣告前还有其他罪没有判决的，由原审地人民法院管辖；由罪犯服刑地或者犯罪地的人民法院审判更为适宜的，可以由罪犯服刑地或者犯罪地的人民法院管辖。

罪犯在服刑期间又犯罪的，由服刑地的人民法院管辖。

罪犯在脱逃期间又犯罪的，由服刑地的人民法院管辖。但是，在犯罪地抓获罪犯并发现其在脱逃期间犯罪的，由犯罪地的人民法院管辖。

【理解与适用】

本条沿用《2012 年解释》第十一条的规定。

根据本条第二款的规定，罪犯在服刑期间又犯罪的，即又犯新罪的，由服刑地的人民法院管辖。服刑地的人民法院包括服刑地的基层人民法院、中级人民法院和高级人民法院，根据新罪的不同情况，确定由服刑地的不同级别的人民法院管辖。需要明确的是，服刑罪犯在服刑期间脱逃，但在脱逃期间没有实施其他犯罪的，根据我国《刑法》第三百一十六条的规定，脱逃行为一般构成脱逃罪。对于服刑罪犯的脱逃罪，由服刑地人民法院管辖。

对于服刑罪犯脱逃期间又实施新的犯罪，如果是在犯罪地被抓获并发现了其实施的新的犯罪的，由犯罪地的人民法院管辖；如果是在被抓回服刑地后发现，或者其他情形的，均由服刑地人民法院管辖。

第十四条　人民检察院认为可能判处无期徒刑、死刑，向中级人民法院提起公诉的案件，中级人民法院受理后，认为不需要判处无期徒刑、死刑的，应当依法审判，不再交基层人民法院审判。

【理解与适用】

本条沿用《2012 年解释》第十二条的规定。

征求意见过程中，有意见建议增加一款，规定："中级人民法院审理二审案件时，发现被告人应当被判处无期徒刑以上刑罚，基层人民法院没有管辖权的，应当撤销原判，发回原审人民法院重新审判，由原审人民法院请求移送中级人民法院审判，并通知同级人民检察院和当事人，将起诉材料退回同级人民检察院。”经研究认为，所涉问题较为复杂，不宜一概而论，故未作明确规定，司法实践应当区分情况作出处理：（1）对于人民检察院提出抗诉的二审案件，中级人民法院认为可能判处无期徒刑、死刑的，可以与同级人民检察院沟通，并裁定撤销原判，发回原审人民法院，由市级人民检察院向中级人民法院提起公诉。（2）根据上诉不加刑原则的规定，二审程序不得加重刑罚；只有被告人上诉的案件，二审发回重审的，除有新的犯罪事实，人民检察院补充起诉的以外，原审人民法院也不得加重被告人的刑罚。因此，对于人民检察院未提出抗诉的二审案件，以发回重审，之后由原审法院请求移送中级法院审判的方式解决原审法院级别管辖不当的问题，容易引发违反上诉不加刑原则的争议。

第十五条 **一人犯数罪、共同犯罪或者其他需要并案审理的案件，其中一人或者一罪属于上级人民法院管辖的，全案由上级人民法院管辖。**

【理解与适用】

本条沿用《2012年解释》第十三条的规定。

讨论中，有意见建议增加一款，规定：“一人犯数罪、共同犯罪中，被告人分案审理或先后审理的，可以按照案件的具体情况由不同级别的法院管辖。”经研究认为，本条规定全案由上级人民法院管辖，针对的是并案审理的案件；对于分案审理的案件，可以根据案件的具体情况确定级别管辖，但分案审理应当以有利于提高审判质量和效率为原则，不得影响当事人诉讼权利的行使。对于后到案的漏犯或者后发现的漏罪，明显不需要由上级人民法院管辖的，可以由下级人民法院审判。

第十六条 **上级人民法院决定审判下级人民法院管辖的第一审刑事案件的，应当向下级人民法院下达改变管辖决定书，并书面通知同级人民检察院。**

【理解与适用】

本条沿用《2012 年解释》第十四条的规定。

本条既适用于中级人民法院决定审理基层人民法院管辖的第一审案件，也适用于高级人民法院决定审理中级人民法院管辖的第一审案件。

第十七条 基层人民法院对可能判处无期徒刑、死刑的第一审刑事案件，应当移送中级人民法院审判。

基层人民法院对下列第一审刑事案件，可以请求移送中级人民法院审判：

（一）重大、复杂案件；

（二）新类型的疑难案件；

（三）在法律适用上具有普遍指导意义的案件。

需要将案件移送中级人民法院审判的，应当在报请院长决定后，至迟于案件审理期限届满十五日以前书面请求移送。中级人民法院应当在接到申请后十日以内作出决定。不同意移送的，应当下达不同意移送决定书，由请求移送的人民法院依法审判；同意移送的，应当下达同意移送决定书，并书面通知同级人民检察院。

【理解与适用】

本条沿用《2012 年解释》第十五条的规定。

需要注意的是，考虑到如果规定中级人民法院也可以将案件移送上级人民法院，则会大量增加高级人民法院、最高人民法院的审判压力，也会削弱其审判监督、指导职能，故本条仅适用于基层人民法院将案件移送中级人民法院审判的情形。

第十八条 有管辖权的人民法院因案件涉及本院院长需要回避或者其他原因，不宜行使管辖权的，可以请求移送上一级人民法院管辖。上一级人民法院可以管辖，也可以指定与提出请求的人民法院同级的其他人民法院管辖。

【理解与适用】

本条根据司法实践反映的问题对《2012年解释》第十六条的规定作出修改完善。

《2012年解释》第十六条规定："有管辖权的人民法院因案件涉及本院院长需要回避等原因，不宜行使管辖权的，可以请求移送上一级人民法院管辖。上一级人民法院可以管辖，也可以指定与提出请求的人民法院同级的其他人民法院管辖。"实践反映本院工作人员及其近亲属犯罪的，也不宜由该院管辖，需要予以回避。经研究，为了给司法实践妥善处理案件留有裁量空间，本条将原规定中的"等"改为"或者其他"，以使表述更为明确和更具包容性。具体司法适用中，除案件涉及本院院长需要回避的情形外，有管辖权的人民法院因案件其他原因不宜行使管辖权的，也可以向上级人民法院申请移送管辖。

第十九条 两个以上同级人民法院都有管辖权的案件，由最初受理的人民法院审判。必要时，可以移送主要犯罪地的人民法院审判。

管辖权发生争议的，应当在审理期限内协商解决；协商不成的，由争议的人民法院分别层报共同的上级人民法院指定管辖。

【理解与适用】

本条沿用《2012年解释》第十七条的规定。

需要注意的是，本条规定没有"尚未开庭审判的"限制，即在开庭后，也可以将案件移送主要犯罪地人民法院审判。

征求意见过程中，有意见提出，如果管辖权发生争议且协商不成，分别逐级报请指定管辖过程中，审限应当如何计算？共同上一级法院是否需要在审理期限内作出指定管辖决定？经研究认为，如上级人民法院决定改变管辖的，《刑事诉讼法》第二百零八条第二款“人民法院改变管辖的案件，从改变后的人民法院收到案件之日起计算审理期限”的规定已解决了这一问题；如果没有改变管辖的，管辖争议期间的计算问题，可以适用《最高人民法院关于严格执行案件审理期限制度的若干规定》第九条“下列期间不计入审理、执行期限……（七）审理当事人提出的管辖权异议和处理法院之间的管辖争议的期间”的规定。

征求意见过程中，有意见建议对移送被告人主要犯罪地的人民法院管辖时如何与检察机关衔接予以明确。经研究认为，实践中可以照此把握：人民法院决定移送案件的，应当将案卷退回提起公诉的人民检察院，并书面通知当事人。

第二十条　**管辖不明的案件，上级人民法院可以指定下级人民法院审判。**

有关案件，由犯罪地、被告人居住地以外的人民法院审判更为适宜的，上级人民法院可以指定下级人民法院管辖。

【理解与适用】

本条根据司法实践反映的问题对《2012年解释》第十八条的规定作出修改完善。

《2012年解释》第十八条规定：“上级人民法院在必要时，可以指定下级人民法院将其管辖的案件移送其他下级人民法院审判。”据此，上级法院的指定管辖只能针对下级法院已经管辖的案件，这与实践需求不完全相符。调研中，地方法院普遍建议明确指定管辖的具体情形。经研究认为，被指定管辖的人民法院可以是本来就有管辖权的法院，也可以是本来没有管辖权，但是因为更为适宜审理案件而被赋予管辖权的法院。实践中，具体情形包括：（1）管辖不明或者存在争议的案件。（2）国家工作人员犯罪，不宜由其犯罪地或者居住地人民法院管辖的案件。例如，司法机关工作人员犯罪，因所在单位工作人员系其同事，依法需要回避；为避免其任职辖区人民法院审判案件引发争议，将案件指定由其他法院管辖，更为妥当。又如，重大职务犯罪案件通常指定被告人任职地点以外的法院管辖。（3）其他需要指定管辖的案件。例如，人民法院工作人员的近亲属犯罪的（犯罪地或居住地属于该院辖区），虽然不属于国家工作人员犯罪，但根据具体情况，也可能不宜由该院管辖，需要指定其他人民法院管辖。又如，专业性较强的刑事案件，可以指定具有相关审判经验的法院管辖。基于此，本条新增第二款规定，明确对有关案件可以指定管辖。

征求意见过程中，有意见提出，司法实务中指定管辖过于随意，甚至泛化，与《刑事诉讼法》的规定似有不符。经研究，采纳上述意见，本条第二款将指定管辖限定在“由犯罪地、被告人居住地以外的人民法院审判更为适宜的”情形，以防止不当适用。

第二十一条　上级人民法院指定管辖，应当将指定管辖决定书送达被指定管辖的人民法院和其他有关的人民法院。

【理解与适用】

本条沿用《2012年解释》第十九条的规定，仅对表述作了微调。

第二十二条　原受理案件的人民法院在收到上级人民法院改变管辖决定书、同意移送决定书或者指定其他人民法院管辖的决定书后，对公诉案件，应当书面通知同级人民检察院，并将案卷材料退回，同时书面通知当事人；对自诉案件，应当将案卷材料移送被指定管辖的人民法院，并书面通知当事人。

【理解与适用】

本条沿用《2012 年解释》第二十条的规定。

第二十三条　第二审人民法院发回重新审判的案件，人民检察院撤回起诉后，又向原第一审人民法院的下级人民法院重新提起公诉的，下级人民法院应当将有关情况层报原第二审人民法院。原第二审人民法院根据具体情况，可以决定将案件移送原第一审人民法院或者其他人民法院审判。

【理解与适用】

本条沿用《2012 年解释》第二十一条的规定。

司法实践中，对于发回重审的案件，有的司法机关为了回避证据不足问题或者减少社会关注，将案件降格处理，将本应由中级法院审理的案件，改由基层法院审理。对此，本条予以限制，以确保相关案件的审理质量。

第二十四条　人民法院发现被告人还有其他犯罪被起诉的，可以并案审理；涉及同种犯罪的，一般应当并案审理。

人民法院发现被告人还有其他犯罪被审查起诉、立案侦查、立案调查的，可以参照前款规定协商人民检察院、公安机关、监察机关并案处理，但可能造成审判过分迟延的除外。

根据前两款规定并案处理的案件，由最初受理地的人民法院审判。必要时，可以由主要犯罪地的人民法院审判。

【理解与适用】

本条系新增条文。

1. 本条第一款明确了人民法院发现被告人还有其他犯罪被起诉的并案审理规则。从实践来看，人民法院受理案件后，发现被告人还有犯罪的，主要包括以下情形：发现被告人还有犯罪被立案侦查、立案调查的；发现被告人还有犯罪被审查起诉的；发现被告人还有犯罪被起诉的。对于上述情形，应当区分情况进行处理：对于起诉至人民法院的，可以并案审理；涉及同种罪的，一般应当并案审理。司法实践反映，并案审理不仅涉及裁判的人民法院，还涉及提起公诉的人民检察院，如果前后两案是起诉至同一人民法院的，并案处理相对容易操作；如果起诉至不同法院，特别是不同省份的法院的，并案处理就涉及两地法院、两地检察院的工作衔接和配合，具体操作程序繁杂、费时费力、十分困难。基于此，本条第一款将“一般应当”并案审理的情形限于涉及同种罪的情形。从应然层面而言，对于同种罪，特别是分案处理可能导致对被告人刑罚裁量不利的，应当并案审理。有些案件，确实无法与原提起公诉的人民检察院、拟并案审理的人民法院对应的人民检察院以及上级人民检察院协商一致的，只能分案处理，在刑罚裁量时酌情考虑。故而，本条第一款使用的表述是“一般应当”而非“应当”，对于分案处理对被告人的刑罚裁量无实质不利影响（如一罪被判处死刑、无期徒刑，采用吸收原则进行并罚的）和确实无法就并案问题协商一致的，可以允许分案审理。

征求意见过程中，有意见提出，本条第一款并未明确具体适用情形，实践中往往要求公安机关指定管辖，耗费大量时间精力。建议吸收《六部委规定》第三条规定，明确可以并案处理的情形，规定这些情形不需要指定管辖，以节约司法资源，提升办案效率。经研究认为，并案管辖的相关情形，在《六部委规定》中已作明确规定，实践中可以直接适用，此处似无重复的必要。对于符合并案管辖情形的，自然可以依法并案处理，不需要再指定管辖。但是在实践中，对于一些管辖疑难的案件，特别是在涉众型、新类型案件中，管辖问题较为复杂，是否符合并案处理的情形有时存在争议，需要具体案件具体分析，可以通过指定管辖予以解决。

2. 本条第二款明确了人民法院发现被告人还有其他犯罪被审查起诉、立案侦查、立案调查的并案处理规则。此种情形下，应当参照第一款规定的原则协商人民检察院、公安机关、监察机关并案处理。实践中，如果确实协商不成的，可以继续审理。而且，实践中有些案件强行要求并案处理，可能导致超期羁押、审理时间过长，对被告人反而不利。

征求意见过程中，有意见建议不规定本条第二款，交由司法实践裁量处理，以免法院“自己捆绑自己”。与之不同，有意见则建议删去本条第二款的但书规定，主要理由是：判决宣告前被告人犯有数罪的，理应数罪并罚，不宜以防止审判过分迟延为由而先行判决。经研究认为，上述两种意见均有一定道理，本款现有规定实际上综合了两种意见，兼顾了公正与效率，可以灵活适应实践中的不同情况。受制于审限、羁押性强制措施等因素的影响，有些案件一律要求并案审理会导致审判过分迟延，明显不当。当然，在对后起诉的案件进行审理时，可以充分考虑分案处理的特殊情况，在刑罚裁量时体现罪责刑相适应原则。

3. 本条第三款明确了依照前两款规定并案处理后的管辖规则。具体而言，可以由最初受理地的人民法院审理，必要时可以由主要犯罪地的人民法院审理。需要注意的是：（1）之所以规定“由最初受理地的人民法院审判”而非“由最初受理的人民法院审判”，主要考虑是：如果最初受理的是基层人民法院，而还有罪行是由地市级检察院审查起诉，则并案时就不是由最初受理的基层人民法院，而是由最初受理地的中级人民法院管辖。（2）考虑到有些案件由主要犯罪地人民法院审判更为便利，故规定“必要时，可以由主要犯罪地的人民法院审判”。此外，如果多个犯罪不属于同级人民法院管辖，一般可以认为属于中级人民法院管辖的犯罪属于主要犯罪，从而适用上述规定，由该中级人民法院并案处理。

征求意见过程中，有意见提出，实践中，有的共同犯罪案件，共同犯罪人被多个有管辖权的公安机关抓获，但公安机关基于种种考虑，相互不移交案件，导致共同犯罪案件被移送至不同的法院审理。在均具有管辖权的情况下，法院只能受理案件，但上述情况很可能导致无法全案考量，出现量刑不平衡或者两份判决存在矛盾之处等情况，此种情况下如何并案处理，建议予以明确。经研究认为，此种情形客观存在，可以参照本条规定的精神处理，即应尽量通过沟通协调，实现并案管辖。确实无法并案审理的，在办理相关案件时，应当注意了解同案犯的诉讼进展和定罪处刑情况，确保量刑平衡。

《六部委规定》第三条规定：“具有下列情形之一的，人民法院、人民检察院、公安机关可以在其职责范围内并案处理：（一）一人犯数罪的；（二）共同犯罪的；（三）共同犯罪的犯罪嫌疑人、被告人还实施其他犯罪的；（四）多个犯罪嫌疑人、被告人实施的犯罪存在关联，并案处理有利于查明案件事实的。”

《人民检察院刑事诉讼规则》第十八条第二款规定：“对于一人犯数罪、共同犯罪、共同犯罪的犯罪嫌疑人还实施其他犯罪、多个犯罪嫌疑人实施的犯罪存在关联，并案处理有利于查明案件事实和诉讼进行的，人民检察院可以在职责范围内对相关犯罪案件并案处理。”

第二十五条　第二审人民法院在审理过程中，发现被告人还有其他犯罪没有判决的，参照前条规定处理。第二审人民法院决定并案审理的，应当发回第一审人民法院，由第一审人民法院作出处理。

【理解与适用】

本条系新增条文。

1993年《最高人民法院关于判决宣告后又发现被判刑的犯罪分子的同种漏罪是否实行数罪并罚问题的批复》规定：“人民法院的判决宣告并已发生法律效力以后，刑罚还没有执行完毕以前，发现被判刑的犯罪分子在判决宣告以前还有其他罪没有判决的，不论新发现的罪与原判决的罪是否属于同种罪，都应当依照刑法第六十五条的规定实行数罪并罚。但如果在第一审人民法院的判决宣告以后，被告人提出上诉或者人民检察院提出抗诉，判决尚未发生法律效力的，第二审人民法院在审理期间，发现原审被告人在第一审判决宣告以前还有同种漏罪没有判决的，第二审人民法院应当依照《刑事诉讼法》第一百三十六条第（三）项的规定，裁定撤销原判，发回原审人民法院重新审判，第一审人民法院重新审判时，不适用刑法关于数罪并罚的规定。”司法实践反映，该批复要求二审法院发现被告人有同种漏罪没有判决的，一律发回一审人民法院重新审判，出发点在于避免被告人因为分案处理在刑罚裁量上遭致不利后果，但是由于规定过于绝对，在一些案件中不具有可操作性。司法实践反映突出的主要有两种情形：一是被告人被判处无期徒刑、死刑，分案审理对其刑罚裁量并无实质不利的；二是一些案件无法与人民检察院在并案审理上协调一致的。前一种情形分案处理也似无不妥，后一种情形只能分案处理。基于此，本条在该批复的基础上，根据司法实践反映的问题作了相应调整。

具体而言，根据本条规定，第二审人民法院在审理过程中，发现被告人还有其他犯罪被起诉，决定发回第一审人民法院并案审理的，由第一审人民法院根据下列规则作出处理：（1）对于其他犯罪尚未作出生效判决的，应当并案审理。对于其他犯罪系同种犯罪的，不能适用数罪并罚的规定；对于其他犯罪系异种犯罪的，应当根据《刑法》第六十九条的规定进行数罪并罚。（2）对于其他犯罪已经作出生效判决，但刑罚尚未执行完毕的，应当根据《刑法》第七十条的规定进行数罪并罚。

实践中，对于被判处死缓的被告人在上诉期内再犯新罪如何处理，存在不同认识。经研究认为，对于此种情形，可以将新罪先行处理，待死缓判决进入二审后，发回并案处理；如果死缓判决生效，对新罪单独作出处理，并与死缓判决并罚处理。

第二十六条　军队和地方互涉刑事案件，按照有关规定确定管辖。

【理解与适用】

本条沿用《2012年解释》第二十二条的规定。

实践中，关于军事法院的管辖问题应注意以下两点：

1. 关于军事法院管辖案件的范围。根据《办理军队和地方互涉刑事案件规定》，军事法院管辖：（1）军人犯罪的；（2）军人在入伍前实施犯罪，需要与服役期内实施的犯罪一并审理的；（3）退役军人在服役期内实施军人违反职责罪的（含退役后又在地方实施犯罪，需要一并审理的）。军人和地方人员共同犯罪的，分别由军事法院和地方人民法院或者其他专门法院管辖；涉及军事秘密的，全案由军事法院管辖。

2. 管辖争议的处理。对于军地互涉案件管辖不明确的，由军队军区级以上军事法院与有关高级人民法院协商确定管辖；管辖有争议或者情况特殊的案件，报请最高人民法院指定管辖。

第二章 回 避

审判是刑事诉讼最为重要的阶段，直接涉及对被告人的定罪量刑。因此，在审判阶段，避免与案件有某种利害关系或者其他特殊关系而可能影响案件公正审判的人员参与审判活动，有利于确保司法公正。《刑事诉讼法修改决定》未涉及回避问题。本章沿用《2012年解释》第二章“回避”的条文，并根据司法实践反映的问题作了修改完善，主要涉及：（1）根据《监察法》和司法改革要求对相关条文作了修改；（2）明确对出庭检察人员的回避申请不属于《刑事诉讼法》第二十九条、第三十条规定情形的处理规则。

第二十七条 审判人员具有下列情形之一的，应当自行回避，当事人及其法定代理人有权申请其回避：

（一）是本案的当事人或者是当事人的近亲属的；

（二）本人或者其近亲属与本案有利害关系的；

（三）担任过本案的证人、鉴定人、辩护人、诉讼代理人、翻译人员的；

（四）与本案的辩护人、诉讼代理人有近亲属关系的；

（五）与本案当事人有其他利害关系，可能影响公正审判的。

【理解与适用】

本条沿用《2012年解释》第二十三条的规定。

关于本条规定的“近亲属”的范围，根据《最高人民法院关于审判人员在诉讼活动中执行回避制度若干问题的规定》（法释〔2011〕12号），包括与审判人员有夫妻、直系血亲、三代以内旁系血亲及近姻亲关系的亲属。

第二十八条　审判人员具有下列情形之一的，当事人及其法定代理人有权申请其回避：

（一）违反规定会见本案当事人、辩护人、诉讼代理人的；

（二）为本案当事人推荐、介绍辩护人、诉讼代理人，或者为律师、其他人员介绍办理本案的；

（三）索取、接受本案当事人及其委托的人的财物或者其他利益的；

（四）接受本案当事人及其委托的人的宴请，或者参加由其支付费用的活动的；

（五）向本案当事人及其委托的人借用款物的；

（六）有其他不正当行为，可能影响公正审判的。

【理解与适用】

本条根据《刑事诉讼法》第三十条对《2012年解释》第二十四条的规定作出修改完善。

《刑事诉讼法》第三十条第一款规定："审判人员、检察人员、侦查人员不得接受当事人及其委托的人的请客送礼，不得违反规定会见当事人及其委托的人。"而《2012年解释》第二十四条第三、四、五项使用的是"委托人"，容易使人误解为仅仅指辩护人或者诉讼代理人。因此，修改为"委托的人"。

第二十九条　参与过本案调查、侦查、审查起诉工作的监察、侦查、检察人员，调至人民法院工作的，不得担任本案的审判人员。

在一个审判程序中参与过本案审判工作的合议庭组成人员或者独任审判员，不得再参与本案其他程序的审判。但是，发回重新审判的案件，在第一审人民法院作出裁判后又进入第二审程序、在法定刑以下判处刑罚的复核程序或者死刑复核程序的，原第二审程序、在法定刑以下判处刑罚的复核程序或者死刑复核程序中的合议庭组成人员不受本款规定的限制。

【理解与适用】

本条根据《监察法》对《2012年解释》第二十五条的规定作出修改完善。

《监察法》规定了监察机关对职务犯罪的调查权和移送审查起诉权。因此，参与过案件调查工作的监察人员，如果调至人民法院工作，也不得担任本案的审判人员。基于此，本条作出相应调整。

需要注意的是，本条第二款的用语是“参与过本案审判工作的合议庭组成人员或者独任审判员”，而非“参与过本案审判工作的审判人员”。因此，法官助理、书记员不在其中。讨论中，有意见提出，本条第二款规定“在一个审判程序中参与过本案审判工作的合议庭组成人员或者独任审判员，不得再参与本案其他程序的审判”，此处的“不得再参与本案其他程序的审判”是否包括“参与审委会讨论”？例如，发回重审的案件需要提交审委会讨论，原审是承办法官、发回重审时是审委会委员的，是否还有发表意见及投票的权利？经研究认为，审委会对案件有最终决定权，故不得再“参与本案其他程序的审判”当然包括“参与审委会讨论”，作为原承办法官的审委会委员不宜再发表意见及投票。但是，如原审时即经过审委会讨论，上级法院发回重审后仍需经过审委会讨论的，由于本条将适用范围明确限定为“合议庭组成人员或者独任审判员”，故不适用上述规则，不能据此认为原审参与审委会讨论的委员都需要回避。而且，如果适用上述规则，可能导致案件无法处理，不具有可操作性。

征求意见过程中，有意见提出，“本案其他程序”是否仅指《刑事诉讼法》第三编的第一审、第二审、死刑复核、审判监督程序，司法实践中容易产生歧义，建议对“本案其他程序”的内涵进一步明确。理由是：《刑事诉讼法》第三编规定了第一审、第二审、死刑复核、审判监督程序，第五编还规定了特别程序，这两编规定的都是审判程序，且部分审判程序存在密切关联，如贪污贿赂、恐怖活动犯罪等重大犯罪案件的被告人在审判过程中死亡，法院依法裁定终止审理；同时，对于因需要追缴其违法所得及其他涉案财产而启动特别没收程序的，特别没收程序是否属于本案其他程序，原合议庭人员能否继续审理，实践中会存在争议。被告人在特别没收程序中归案，同样也存在类似问题。经研究认为，上述情形不需要适用回避的规定。主要考虑：（1）“在一个审判程序中参与过本案审判工作的合议庭组成人员或者独任审判员，不得再参与本案其他程序的审判”的规定限于“本案”，即同一个案件。对于普通程序与缺席审判程序、违法所得没收程序、强制医疗程序等特别程序之间的转换，由于案由发生变化，不再属于同一案件，自然不受本条规定的限制。（2）对于上述情形，由同一审判组织继续审理，不仅不会影响公正审判，而且由于原审判组织熟悉案件相关情况，更加便利于审判，故不需要适用回避制度。（3）关于特别程序的相关条文，有的可以当然推导出不需要另行组成合议庭。例如，《解释》第六百三十八条第一款规定：“第一审人民法院在审理刑事案件过程中，发现被告人可能符合强制医疗条件的，应当依照法定程序对被告人进行法医精神病鉴定。经鉴定，被告人属于依法不负刑事责任的精神病人的，应当适用强制医疗程序，对案件进行审理。”此处明显是指直接转换强制医疗程序，不需要另行组成合议庭。

第三十条　依照法律和有关规定应当实行任职回避的，不得担任案件的审判人员。

【理解与适用】

本条系新增条文。

第三十一条　人民法院应当依法告知当事人及其法定代理人有权申请回避，并告知其合议庭组成人员、独任审判员、法官助理、书记员等人员的名单。

【理解与适用】

本条对《2012年解释》第二十六条的规定作出修改完善，以适应司法改革的要求。

既然关于回避的规定适用于法官和书记员，那么地位在二者之间的法官助理也理应遵守回避制度。基于此，本条增加了“法官助理”的表述。

征求意见过程中，有意见建议增加“告知审判委员会委员名单”的规定。理由是：审判实践中，部分案件需要经过审判委员会讨论决定，应当告知当事人有权申请回避。经研究认为，对此问题可以在司法实践中裁量把握，不宜作出硬性规定。主要考虑：（1）审理案件时，特别是告知申请回避权阶段，对该案是否需要提请审判委员会讨论，尚难以作出准确判断。（2）各级人民法院的审判委员会委员名单会通过官网或者其他途径对外公开，当事人及其法定代理人可以查询。故不明确要求告知审判委员会委员名单，不会影响当事人及其法定代理人申请回避权的行使。据了解，也有法院向当事人提供《审判委员会委员回避告知书》，且在裁判文书中尾部载明参加本案讨论的审判委员会委员名单。

第三十二条 审判人员自行申请回避，或者当事人及其法定代理人申请审判人员回避的，可以口头或者书面提出，并说明理由，由院长决定。

院长自行申请回避，或者当事人及其法定代理人申请院长回避的，由审判委员会讨论决定。审判委员会讨论时，由副院长主持，院长不得参加。

第三十三条 当事人及其法定代理人依照刑事诉讼法第三十条和本解释第二十八条的规定申请回避的，应当提供证明材料。

第三十四条 应当回避的审判人员没有自行回避，当事人及其法定代理人也没有申请其回避的，院长或者审判委员会应当决定其回避。

【理解与适用】

以上三条沿用《2012年解释》第二十七条至第二十九条的规定。

第三十五条　对当事人及其法定代理人提出的回避申请，人民法院可以口头或者书面作出决定，并将决定告知申请人。

当事人及其法定代理人申请回避被驳回的，可以在接到决定时申请复议一次。不属于刑事诉讼法第二十九条、第三十条规定情形的回避申请，由法庭当庭驳回，并不得申请复议。

【理解与适用】

本条沿用《2012年解释》第三十条的规定。

征求意见过程中，有意见建议删除本条第二款中“不属于刑事诉讼法第二十九条、第三十条规定情形的回避申请，由法庭当庭驳回，并不得申请复议”的规定。理由是：依据《刑事诉讼法》第三十一条的规定，“审判人员、检察人员、侦查人员的回避，应当分别由院长、检察长、公安机关负责人决定”，法庭无权驳回。《刑事诉讼法》赋予当事人及其法定代理人对驳回申请回避决定的申请复议权利，司法解释不宜规定不得申请复议的内容。经研究，未采纳上述意见。主要考虑：（1）根据《刑事诉讼法》规定，回避限于《刑事诉讼法》第二十九条规定的与本案当事人有特殊关系，可能影响公正处理案件的情形，以及《刑事诉讼法》第三十条规定的接受当事人及其委托的人请客送礼、违反规定会见当事人及其委托的人的情形。对于其他情形，不属于应当回避的事由，当事人及其法定代理人依法无权要求回避。（2）实践中，个别诉讼参与人滥用回避规定，严重干扰庭审正常进行。对于上述情形，法庭应当当庭驳回，以保障庭审顺利进行。

第三十六条　当事人及其法定代理人申请出庭的检察人员回避的，人民法院应当区分情况作出处理：

（一）属于刑事诉讼法第二十九条、第三十条规定情形的回避申请，应当决定休庭，并通知人民检察院尽快作出决定；

（二）不属于刑事诉讼法第二十九条、第三十条规定情形的回避申请，应当当庭驳回，并不得申请复议。

【理解与适用】

本条根据司法实践反映的问题对《2012年解释》第三十一条的规定作出修改完善。

《2012年解释》第三十一条规定："当事人及其法定代理人申请出庭的检察人员回避的，人民法院应当决定休庭，并通知人民检察院。"实践反映，如果当事人及其法定代理人所提申请根本不属于《刑事诉讼法》第二十九条、第三十条规定的情形，没有必要休庭，应当由法庭当庭驳回，以保证庭审的有序推进。经研究，采纳上述意见，对本条作了相应修改完善。

《人民检察院刑事诉讼规则》第二十八条规定："在开庭审理过程中，当事人及其法定代理人向法庭申请出庭的检察人员回避的，在收到人民法院通知后，人民检察院应当作出回避或者驳回申请的决定。不属于刑事诉讼法第二十九条、第三十条规定情形的回避申请，出席法庭的检察人员应当建议法庭当庭驳回。"

第三十七条 **本章所称的审判人员，包括人民法院院长、副院长、审判委员会委员、庭长、副庭长、审判员和人民陪审员。**

【理解与适用】

本条根据《法官法》第二条对《2012年解释》第三十二条的规定作出修改完善，删去"助理审判员"的表述。

《法官法》第二条规定："法官是依法行使国家审判权的审判人员，包括最高人民法院、地方各级人民法院和军事法院等专门人民法院的院长、副院长、审判委员会委员、庭长、副庭长和审判员。"

第三十八条 **法官助理、书记员、翻译人员和鉴定人适用审判人员回避的有关规定，其回避问题由院长决定。**

【理解与适用】

本条根据《法官法》第六十七条对《2012年解释》第三十三条的规定作出修改完善，增加了“法官助理”的表述。

《法官法》第六十七条规定：“人民法院的法官助理在法官指导下负责审查案件材料、草拟法律文书等审判辅助事务。”“人民法院应当加强法官助理队伍建设，为法官遴选储备人才。”

第三十九条　辩护人、诉讼代理人可以依照本章的有关规定要求回避、申请复议。

【理解与适用】

本条沿用《2012年解释》第三十四条的规定。

第三章　辩护与代理

辩护制度是刑事诉讼程序中保障犯罪嫌疑人、被告人依法行使辩护权的重要制度。《刑事诉讼法修改决定》对辩护与代理作了三个方面的修改：一是增加规定被开除公职和被吊销律师、公证员执业证书的人不得担任辩护人；二是增加值班律师制度；三是与监察体制改革相衔接，删除辩护律师会见“特别重大贿赂犯罪”案件的犯罪嫌疑人的规定。本章根据修改后《刑事诉讼法》的规定，对《2012 年解释》第三章“辩护与代理”的条文作了修改完善，主要涉及：（1）对《刑事诉讼法》修改调整的条文作出照应规定或者修改，特别是明确值班律师的阅卷权及参与诉讼活动有关问题；（2）明确辩护人应当及时提交书面辩护意见；（3）明确相关录音录像的查阅规则；（4）删去辩护人、诉讼代理人复制案卷材料收取费用的规定；①（5）明确律师助理参加庭审的规则。

① 《2012 年解释》第五十九条规定：“辩护人、诉讼代理人复制案卷材料的，人民法院只收取工本费；法律援助律师复制必要的案卷材料的，应当免收或者减收费用。”《财政部、国家发展和改革委员会关于清理规范一批行政事业性收费有关政策的通知》（财税〔2017〕20 号）要求“停征涉及个人等事项的行政事业性收费”，其中包括“复制费（含案卷材料费）”，并规定“取消、停征或减免上述行政事业性收费后，有关部门和单位依法履行管理职能所需相关经费，由同级财政预算予以保障，不得影响依法履行职责”。据了解，实践中不少地方对复制案卷材料早已停收费用。鉴此，删去《2012 年解释》第五十九条的规定。顺带提及的是，《人民检察院刑事诉讼规则》第四十九条第三款规定：“辩护人复制案卷材料可以采取复印、拍照、扫描、刻录等方式，人民检察院不收取费用。”

第四十条 人民法院审判案件，应当充分保障被告人依法享有的辩护权利。

被告人除自己行使辩护权以外，还可以委托辩护人辩护。下列人员不得担任辩护人：

（一）正在被执行刑罚或者处于缓刑、假释考验期间的人；

（二）依法被剥夺、限制人身自由的人；

（三）被开除公职或者被吊销律师、公证员执业证书的人；

（四）人民法院、人民检察院、监察机关、公安机关、国家安全机关、监狱的现职人员；

（五）人民陪审员；

（六）与本案审理结果有利害关系的人；

（七）外国人或者无国籍人；

（八）无行为能力或者限制行为能力的人。

前款第三项至第七项规定的人员，如果是被告人的监护人、近亲属，由被告人委托担任辩护人的，可以准许。

【理解与适用】

本条根据《刑事诉讼法》第三十三条第三款对《2012年解释》第三十五条的规定作出修改完善。

1.《刑事诉讼法》第三十三条第三款规定：“被开除公职和被吊销律师、公证员执业证书的人，不得担任辩护人，但系犯罪嫌疑人、被告人的监护人、近亲属的除外。”本条吸收上述规定，形成第二款第三项。此外，第四项不得担任辩护人的情形在“人民法院、人民检察院、公安机关、国家安全机关、监狱的现职人员”之外增加监察机关的现职人员，以与《监察法》相衔接。

征求意见过程中，有意见建议明确有犯罪前科人员不能担任辩护人。理由是：被开除公职人员、被吊销律师、公证员执业证书的人不得担任辩护人，所涉情形显然轻于受过刑事处罚。经研究认为，根据《律师法》的规定，因过失犯罪受过刑事处罚的人可以担任律师，自然就可以担任辩护人。上述意见似于法无据，未予采纳。

2. 本条第三款规定："前款第三项至第七项规定的人员，如果是被告人的监护人、近亲属，由被告人委托担任辩护人的，可以准许。"之所以规定"可以准许"而非"应当准许"，旨在给司法实践一定的自由裁量权。有些情形下，本条第二款第三项至第七项规定的人员，以被告人的监护人、近亲属的身份担任辩护人，可能会影响司法公正，似不适宜。例如，已经担任过本案证人的，如果担任辩护人，会导致角色混同，不利于司法公正；又如，被告人近亲属系案件受理法院或者上级法院的法官或者领导，允许其作为辩护人参与诉讼，容易对裁判的公信力产生不良影响。

第四十一条 审判人员和人民法院其他工作人员从人民法院离任后二年内，不得以律师身份担任辩护人。

审判人员和人民法院其他工作人员从人民法院离任后，不得担任原任职法院所审理案件的辩护人，但系被告人的监护人、近亲属的除外。

审判人员和人民法院其他工作人员的配偶、子女或者父母不得担任其任职法院所审理案件的辩护人，但系被告人的监护人、近亲属的除外。

【理解与适用】

本条沿用《2012年解释》第三十六条的规定，仅对表述略作调整。

司法适用中，适用本条时对"原任职法院"应当作实质而非形式把握，包括原任职法院已经更名或者已并入新的法院等情形。例如，甲原是A法院法官，辞职当律师后，A法院与B法院合并，新法院名称是B法院，在此情形下，甲同样不能在B法院代理案件。

第四十二条 对接受委托担任辩护人的，人民法院应当核实其身份证明和授权委托书。

【理解与适用】

本条沿用《2012年解释》第三十七条的规定，仅对表述略作调整。

第四十三条　一名被告人可以委托一至二人作为辩护人。

一名辩护人不得为两名以上的同案被告人，或者未同案处理但犯罪事实存在关联的被告人辩护。

【理解与适用】

本条沿用《2012年解释》第三十八条的规定。

从司法实践来看，有些案件的被告人虽然并非共同犯罪的被告人，但犯罪事实存在关联，如毒品犯罪的上下家；此外，有些共同犯罪案件被分案处理。如果一名辩护人同时为上述两类案件中的两名以上被告人提供辩护，势必存在“利益冲突”，可能会损害被告人的合法权利，影响案件公正审理。基于此，本条第二款明确规定一名辩护人不得为两名以上“未同案处理但犯罪事实存在关联的被告人”辩护。

征求意见过程中，有意见提出，实践中可能出现以下几种争议情况：（1）一名辩护人曾经担任过共同犯罪案件中某被告人的辩护人，后与该人解除委托关系，能否再担任本案同案犯的辩护人；（2）一名辩护人所代理案件已经结束（终审判决已下达并执行完毕），能否再担任另案处理的同案犯的辩护人；（3）作为值班律师为被告人提供法律帮助的律师是否在本条限制范围之内等。因此，建议对本条内容进一步细化，对实践中可能出现的问题分情况明确相应处理规则，增强司法解释的可操作性。经研究认为，第一种和第二种情形当然属于本条第二款规定的情形，不应准许；第三种情形所涉及的值班律师提供的是“法律帮助”而非“辩护”，不属于本条第二款规定的情形，可以准许。

第四十四条 被告人没有委托辩护人的，人民法院自受理案件之日起三日以内，应当告知其有权委托辩护人；被告人因经济困难或者其他原因没有委托辩护人的，应当告知其可以申请法律援助；被告人属于应当提供法律援助情形的，应当告知其将依法通知法律援助机构指派律师为其提供辩护。

被告人没有委托辩护人，法律援助机构也没有指派律师为其提供辩护的，人民法院应当告知被告人有权约见值班律师，并为被告人约见值班律师提供便利。

告知可以采取口头或者书面方式。

【理解与适用】

本条根据《刑事诉讼法》第三十六条对《2012年解释》第三十九条的规定作出修改完善。

《刑事诉讼法》第三十四条第二款规定："……犯罪嫌疑人、被告人在押期间要求委托辩护人的，人民法院、人民检察院和公安机关应当及时转达其要求。"从司法实践来看，被告人要求委托辩护人的情况比较复杂。有的可能点明拟委托的辩护人，有的可能要求其家属代为委托，有的可能只能笼统提出要委托辩护人，等等。经研究认为，审判期间，在押的被告人要求委托辩护人的，人民法院应当及时向其监护人、近亲属或者其指定的人员转达要求，由上述人员代为办理相关手续。主要考虑如下：（1）根据《刑事诉讼法》第三十三条第三款的规定，犯罪嫌疑人、被告人在押的，也可以由其监护人、近亲属代为委托辩护人。据此，在押的被告人提出委托辩护人要求的，宜由其监护人、近亲属代为委托。（2）在押的被告人由于种种原因，不想让其监护人、近亲属代为委托辩护人，而是希望向监护人或者近亲属以外的人员转达委托辩护人要求的，可以同意。适用中应注意，一般情况下，应当避免向有关律师事务所、律师协会转达委托要求，以免有介绍案件、推荐律师之嫌。

征求意见过程中，有意见建议本条第一款"被告人没有委托辩护人的，人民法院自受理案件之日起三日以内，应当告知其有权委托辩护人"中的"受理案件之日起三日以内"修改为"送达起诉书副本时"。理由是：

（1）受理案件后法院有七天立案审查期，如果审查后不具备立案条件的不立案。如果产生不立案后果，受理案件之日起三日以内送通知没有意义。如果立案庭立案审查时间过长，则要求审判庭受理案件后三日以内告知是不可能的。在此情况下，案件尚未开审，就已经程序违法，无论其后的审理是否正确，都埋下被上级法院以程序违法发回重审的隐患。（2）在实践中，在被告人被羁押的情况下，一审法院均是在送达起诉书副本的同时告知被告人该条权利，为节约诉讼资源，对于多数案件法院均不会专门跑一趟看守所。因此，该条实际上成为对一审法院送达起诉书副本时间的限制，即必须在立案后三日以内去送，不然就会产生超期的法律后果。而在被告人未被羁押的情况下，法院就算受理案件后立即寻找被告人送达，如果被告人不配合，超过三日，人民法院就有程序违法的嫌疑。经研究认为，《刑事诉讼法》第三十四条明确规定："……人民法院自受理案件之日起三日以内，应当告知被告人有权委托辩护人……"司法解释不得作出突破性规定。当然，需要注意的是，"受理案件之日"是指人民法院对提起公诉的案件审查后决定受理之日，而不是指人民法院收到起诉书和相关材料之日。

第四十五条 审判期间，在押的被告人要求委托辩护人的，人民法院应当在三日以内向其监护人、近亲属或者其指定的人员转达要求。被告人应当提供有关人员的联系方式。有关人员无法通知的，应当告知被告人。

【理解与适用】

本条沿用《2012 年解释》第四十条的规定，仅对表述略作调整。

第四十六条 人民法院收到在押被告人提出的法律援助或者法律帮助申请，应当依照有关规定及时转交法律援助机构或者通知值班律师。

【理解与适用】

本条结合《最高人民法院、最高人民检察院、公安部、国家安全部、司法部关于开展法律援助值班律师工作的意见》第一条第二款对《2012 年解释》第四十一条的规定作出修改完善。

《2012 年解释》第四十一条规定："人民法院收到在押被告人提出的法律援助申请，应当在二十四小时内转交所在地的法律援助机构。"司法实践反映，"二十四小时内"难以做到，特别是在逢节假日的情况下。基于实事求是的考虑，本条原本拟修改为"至迟在三日以内"。征求意见过程中，有意见建议恢复为"二十四小时内"。理由是：根据"两高两部"《刑事诉讼法律援助工作规定》第七条的规定，对于在押被告人、犯罪嫌疑人提出法律援助申请的，公检法机关应当在二十四小时内将申请转交或者告知法律援助机构。经研究认为，关于"二十四小时内"转交援助申请的要求，有些情形下难以做到，故本条原则表述为"及时"，实践中可以继续执行相关规范性文件"二十四小时内"的规定。对于司法实践反映的"二十四小时内"的规定难以执行的问题，可以留待下一次修改相关联合规范性文件时再予解决。而且，目前《法律援助法》正在制定过程中，本条原则规定"依照有关规定及时转交"，具有灵活性，可以兼顾将来法律作出的具体规定。

第四十七条 对下列没有委托辩护人的被告人，人民法院应当通知法律援助机构指派律师为其提供辩护：

（一）盲、聋、哑人；

（二）尚未完全丧失辨认或者控制自己行为能力的精神病人；

（三）可能被判处无期徒刑、死刑的人。

高级人民法院复核死刑案件，被告人没有委托辩护人的，应当通知法律援助机构指派律师为其提供辩护。

死刑缓期执行期间故意犯罪的案件，适用前两款规定。

【理解与适用】

本条根据司法实践反映的问题对《2012年解释》第四十二条的规定作出修改完善。

实践中，被告人并非被一审判处死刑，而是因为发现新罪、漏罪等情况下，一审判决与既有死刑并罚的，或者死缓期间故意犯罪，审理后可能决定执行死刑的，是否应当通知法律援助机构指派律师为其提供辩护，各个地方做法不一。经研究认为，基于人权保障的考虑，此种情形宜认定为属于"可能被判处死刑的人"，应当通知法律援助机构指派律师为其提供辩护。

本条第二款规定："高级人民法院复核死刑案件，被告人没有委托辩护人的，应当通知法律援助机构指派律师为其提供辩护。"这里的"死刑案件"，包括死刑、死刑缓期执行案件。

征求意见过程中，有意见提出，对审判时已满七十五周岁的人也应当通知法律援助机构指派律师进行辩护，因为其在《刑法》中和盲、聋、哑人及尚未完全丧失辨认或者控制自己行为能力的精神病人同属从宽处罚的人群，故应当对其辩护权予以特殊保护。经研究认为，由于《刑事诉讼法》未将此种情形列为应当提供法律援助的情形，不宜在法律之外再作扩张性解释。当然，根据《解释》第四十八条规定的"有必要指派律师提供辩护的其他情形"，对审判时已满七十五周岁的被告人，确有必要的，可以通知法律援助机构指派律师为其提供辩护。

为保证刑事诉讼活动的顺利进行，《六部委规定》明确了法律援助机构指派律师的时间，第五条规定："……对于人民法院、人民检察院、公安机关根据上述规定，通知法律援助机构指派律师提供辩护或者法律帮助的，法律援助机构应当在接到通知后三日以内指派律师，并将律师的姓名、单位、联系方式书面通知人民法院、人民检察院、公安机关。"

第四十八条 具有下列情形之一，被告人没有委托辩护人的，人民法院可以通知法律援助机构指派律师为其提供辩护：

（一）共同犯罪案件中，其他被告人已经委托辩护人的；

（二）案件有重大社会影响的；

（三）人民检察院抗诉的；
（四）被告人的行为可能不构成犯罪的；
（五）有必要指派律师提供辩护的其他情形。

【理解与适用】

本条沿用《2012年解释》第四十三条的规定，仅对表述作了微调。

需要注意的是，本条第四项规定的“被告人的行为可能不构成犯罪的”既包括依据法律认定被告人无罪的情形，也包括证据不足、指控的犯罪不能成立的情形。

征求意见过程中，有意见建议增加律师辩护全覆盖的相关规定。经研究认为，律师辩护全覆盖目前尚处于试点阶段，待下一步根据试点情况再作规定为宜，故未采纳上述意见。司法实践中，可以根据最高人民法院会同司法部联合发布的相关文件，继续推进律师辩护全覆盖相关工作。

第四十九条 人民法院通知法律援助机构指派律师提供辩护的，应当将法律援助通知书、起诉书副本或者判决书送达法律援助机构；决定开庭审理的，除适用简易程序或者速裁程序审理的以外，应当在开庭十五日以前将上述材料送达法律援助机构。

法律援助通知书应当写明案由、被告人姓名、提供法律援助的理由、审判人员的姓名和联系方式；已确定开庭审理的，应当写明开庭的时间、地点。

【理解与适用】

本条根据《刑事诉讼法》第二百二十四条第一款对《2012年解释》第四十四条的规定作出修改完善。

《刑事诉讼法》第二百二十四条第一款规定：“适用速裁程序审理案件，

不受本章第一节规定的送达期限的限制”。

第五十条 被告人拒绝法律援助机构指派的律师为其辩护，坚持自己行使辩护权的，人民法院应当准许。

属于应当提供法律援助的情形，被告人拒绝指派的律师为其辩护的，人民法院应当查明原因。理由正当的，应当准许，但被告人应当在五日以内另行委托辩护人；被告人未另行委托辩护人的，人民法院应当在三日以内通知法律援助机构另行指派律师为其提供辩护。

【理解与适用】

本条根据司法实践反映的问题对《2012年解释》第四十五条的规定作出修改完善。

征求意见过程中，有意见建议明确被告人另行委托辩护人的期限。理由是：被告人拒绝指派的律师为其辩护的，另行委托辩护人有无时限规定不明，限定法院在三日以内通知法律援助机构另行指定没有可操作性。而且，被告人拒绝法律援助律师又不另行委托辩护人的，可能是为了扰乱或拖延审判，似有必要对其另行委托辩护人的时间作出限制。经研究，采纳上述意见，本条第二款明确此种情形下“被告人应当在五日以内另行委托辩护人”。

第五十一条 对法律援助机构指派律师为被告人提供辩护，被告人的监护人、近亲属又代为委托辩护人的，应当听取被告人的意见，由其确定辩护人人选。

【理解与适用】

本条系新增条文。

从实践来看，有的案件法律援助机构指派律师为被告人提供辩护，被告人的监护人、近亲属又代为委托辩护人的，如何处理，存在不同做法。经研究认为，委托辩护是《刑事诉讼法》赋予被告人的基本诉讼权利，应当予以充分保障。在指定辩护和委托辩护并存的情况下，应当赋予被告人选择权，以其意思表示为准，否则会产生对审判公正性的质疑。具体而言，此种情况下，由被告人决定接受指定辩护、不接受指定辩护而选择委托辩护或者指定辩护与委托辩护并存。

第五十二条　审判期间，辩护人接受被告人委托的，应当在接受委托之日起三日以内，将委托手续提交人民法院。

接受法律援助机构指派为被告人提供辩护的，适用前款规定。

【理解与适用】

本条根据司法实践反映的问题对《2012年解释》第四十六条的规定作出修改完善。

1. 本条第一款原本拟规定“对于依照普通程序审理的案件，辩护人应当按照本解释第二百二十一条的规定，在开庭五日以前提交相关证据材料”。主要考虑：(1)相关规定旨在保证促使相关证据材料及时向法庭提供，防止“证据突袭”，确保庭审顺利进行。如不作相关规定，反而会使得证据的提交拖延，不利于公诉人做好质证准备。(2)根据《刑事诉讼法》和《解释》的规定，应当至迟在开庭三日以前通知控辩双方开庭时间。但是，人民法院在开庭十日以前就会将起诉书副本送达被告人及其辩护人，同时告知其在开庭五日以前向法庭提交证据。当然，这一规定也只是指引性规定，在刑事诉讼中不存在“证据关门”。即使开庭后甚至庭审结束后提交的新证据，法庭亦应进行审查，不会对被告人的权利保护产生不利影响。征求意见过程中，有意见提出，《刑事诉讼法》未规定辩护人向法庭提交证据材料的期限，有关表述似对辩护人的举证权利进行了限制。经研究，采纳上述意见，删去相关规定。但从实践看，如当庭才提交、申请出示有关证据材料，对方势必会提出需要时间准备质证意见，进而会导致庭审中断。因此，对在庭前已收集有证据材料的，宜在开庭前尽早提交给法庭，供控方准备质证意见，也便于法庭确定庭审重点。

征求意见过程中，有意见建议删除本条第一款“在接受委托之日起三日以内”的规定。经研究认为，实践中，个别辩护人接受委托后，迟迟不向人民法院提交委托手续，不利于被告人辩护权的保障，且影响法庭审理的顺利进行，故维持原有规定不变。

2. 关于本条第二款，考虑到法律援助指派律师的情况较为特殊，法律援助机构决定为被告人指派律师提供辩护后，还需要由被告人与受指派承担法律援助的律师签订委托代理协议。故此种情形下，“三日以内，将委托手续提交人民法院”是指受指派承担法律援助的律师在与被告人签订委托代理协议之日起三日以内，将委托手续提交人民法院。

第五十三条 辩护律师可以查阅、摘抄、复制案卷材料。其他辩护人经人民法院许可，也可以查阅、摘抄、复制案卷材料。合议庭、审判委员会的讨论记录以及其他依法不公开的材料不得查阅、摘抄、复制。

辩护人查阅、摘抄、复制案卷材料的，人民法院应当提供便利，并保证必要的时间。

值班律师查阅案卷材料的，适用前两款规定。

复制案卷材料可以采用复印、拍照、扫描、电子数据拷贝等方式。

【理解与适用】

本条根据司法实践反映的问题对《2012年解释》第四十七条的规定作出修改完善，主要是明确人民法院可以准许值班律师阅卷。

本条第一款系沿用《2012年解释》第四十七条第一款的规定。关于

"依法不公开的材料"的表述，在《2012年解释》起草过程中，曾有不同意见：一种意见认为，可规定为"应当归入人民法院副卷的材料"；另一种意见认为，法院一般是在结案后才装订卷宗，区分正卷、副卷，且法律也没有明文规定哪些材料应当归入副卷，故建议规定为"依法不宜公开的材料"。经研究认为，后一种意见更符合实际，予以采纳，具体表述为"合议庭、审判委员会的讨论记录以及其他依法不公开的材料"。

第五十四条 对作为证据材料向人民法院移送的讯问录音录像，辩护律师申请查阅的，人民法院应当准许。

【理解与适用】

本条系新增条文。

关于侦查讯问录音录像，《最高人民法院刑事审判第二庭关于辩护律师能否复制侦查机关讯问录像问题的批复》(〔2013〕刑他字第239号)规定："……自人民检察院对案件审查起诉之日起，辩护律师可以查阅、摘抄、复制案卷材料，但其中涉及国家秘密、个人隐私的，应严格履行保密义务。你院请示的案件，侦查机关对被告人的讯问录音录像已经作为证据材料向人民法院移送并已在庭审中播放，不属于依法不能公开的材料，在辩护律师提出要求复制有关录音录像的情况下，应当准许。"本条原本拟吸收上述规定。征求意见过程中，存在不同认识。有意见建议不作规定。理由是：关于录音录像的性质，目前《刑事诉讼法》及《六部委规定》均将其定性为证明取证合法性的证明材料，有别于证据材料。并且，录音录像中可能涉及关联案件线索、国家秘密、侦查秘密等，尤其是危害国家安全犯罪案件、职务犯罪案件，较为敏感。如允许复制，在信息化时代，一旦传播到互联网中，可能会带来重大国家安全及舆情隐患。将录音录像定性为"取证合法性的证明材料"而非证据材料，并且根据需要调取，较为符合实际。《六部委规定》第十九条和《非法证据排除规定》第二十二条均采取了上述立场。实践中有个别办案机关将讯问录音录像放入案卷随案移送，这属于因对法律、司法解释理解不到位导致的不规范做法，应当予以纠正，不能因此认为讯问录音录像就是证据。另一种意见认为，讯问的同步录音录像证明讯问过程的合法性，对于律师应该公开。如果将允许查阅、复制的范围限定在"在庭审中举证、质证的且不属于不能公开的材料"，有可能在执行中成为法院限制律师复制的理由。如果讯问录音录像涉密，可以按照涉密规定处理。

经研究，本条对《最高人民法院刑事审判第二庭关于辩护律师能否复制侦查机关讯问录像问题的批复》(〔2013〕刑他字第239号）予以吸收并作适当调整，规定："对作为证据材料向人民法院移送的讯问录音录像，辩护律师申请查阅的，人民法院应当准许。"具体而言：（1）根据《刑事诉讼法》第四十条的规定，辩护律师自人民检察院对案件审查起诉之日起，可以查阅本案的案卷材料。对于移送人民法院的录音录像，无论是否已经在庭审中举证质证，无论是直接用于证明案件事实还是用于证明取证合法性，均应当属于案卷材料的范围。基于此，本条未再限定为"已在庭审中播放"。而且，移送的证据材料，对诉讼参与人应当是公开的。特别是在公开审理的案件中举证、质证的相关证据材料，包括录音录像在内，由于不少案件要进行庭审直播，人民群众均可观看、下载。此种情形下，再以"防止录音录像广泛传播"为由禁止辩护律师查阅讯问录音录像，于理不合。即使讯问录音录像涉及国家秘密、个人隐私、商业秘密，辩护律师为行使辩护权，也是可以查阅的。而且，《解释》第五十五条对此已作充分考虑，专门规定了保密和不得违反规定泄露、披露案件信息、资料的相关问题。（2）较之一般证据材料，录音录像确实具有一定特殊性。特别是作为证明取证合法性的录音录像，可能涉及侦查办案的策略方法，也可能涉及其他关联案件和当事人隐私，一律允许复制，恐难以控制传播面以及一旦泄露可能带来的影响。从实践来看，允许查阅，即可以满足辩护律师的辩护需要，充分保障其权益。基于此，本条明确为"辩护律师申请查阅的，人民法院应当准许"，即对于查阅权利应当一律允许，但对复制未再作明确要求。（3）本条规定的"讯问录音录像"，不限于作为证据材料移送人民法院的"侦查录音录像"，也包括作为证据材料向人民法院移送的相关监察调查过程的录音录像。《人民检察院刑事诉讼规则》第二百六十三条第二款规定："对于监察机关移送起诉的案件，认为需要调取有关录音、录像的，可以商监察机关调取。"第七十六条规定："对于提起公诉的案件，被告人及其辩护人提出审前供述系非法取得，并提供相关线索或者材料的，人民检察院可以将讯问录音、录像连同案卷材料一并移送人民法院。”当然，如果相关监察调查过程的录音录像未移送人民法院的，自然不属于可以查阅的范围。

第五十五条 查阅、摘抄、复制案卷材料，涉及国家秘密、商业秘密、个人隐私的，应当保密；对不公开审理案件的信息、材料，或者在办案过程中获悉的案件重要信息、证据材料，不得违反规定泄露、披露，不得用于办案以外的用途。人民法院可以要求相关人员出具承诺书。

违反前款规定的，人民法院可以通报司法行政机关或者有关部门，建议给予相应处罚；构成犯罪的，依法追究刑事责任。

【理解与适用】

本条系新增条文，强调了查阅、摘抄、复制案卷材料在保密方面的相关要求。

征求意见过程中，有意见建议删去本条，理由是：《律师法》中已有关于律师违反保密义务的相关规定，律师行业规范中也对此进行了约束，不必在此赘述。关于“人民法院可以要求相关人员出具承诺书”的规定，根据《律师法》第三十八条，律师应当保守在执业活动中知悉的国家秘密、商业秘密和当事人隐私。若律师违反保密义务，无论是否出具承诺书，都可以依法依规对其违法或犯罪行为予以追究。经研究，未采纳上述意见。主要考虑：（1）《律师法》《保障律师执业权利规定》《律师办理刑事案件规范》（律发通〔2017〕51号）已对相关问题作出明确，本条只是作了照应性规定。（2）实践中，绝大多数律师能够保守在执业活动中知悉的秘密和相关信息，但也有极个别律师违反保密义务，或者违规散布案件信息，《解释》作出规定，有利于警示和规制。

《律师法》第三十八条规定：“律师应当保守在执业活动中知悉的国家秘密、商业秘密，不得泄露当事人的隐私。”“律师对在执业活动中知悉的委托人和其他人不愿泄露的有关情况和信息，应当予以保密。但是，委托人或者其他人准备或者正在实施危害国家安全、公共安全以及严重危害他人人身安全的犯罪事实和信息除外。”

2015 年《保障律师执业权利规定》第十四条第四款规定：“辩护律师查阅、摘抄、复制的案卷材料属于国家秘密的，应当经过人民检察院、人民法院同意并遵守国家保密规定。律师不得违反规定，披露、散布案件重要信息和案卷材料，或者将其用于本案辩护、代理以外的其他用途。”

2017 年中华全国律师协会印发的《律师办理刑事案件规范》（律发通〔2017〕51 号）第二百五十二条规定：“律师应当依照法定程序履行职责，不得以下列不正当方式影响依法办理案件：……（四）违反规定披露、散布不公开审理案件的信息、材料，或者本人、其他律师在办案过程中获悉的有关案件重要信息、证据材料。”

第五十六条　辩护律师可以同在押的或者被监视居住的被告人会见和通信。其他辩护人经人民法院许可，也可以同在押的或者被监视居住的被告人会见和通信。

【理解与适用】

本条沿用《2012 年解释》第四十八条的规定。

本条原本拟规定“值班律师经人民法院许可，也可以同在押的或者被监视居住的被告人会见和通信”。主要考虑：实践中存在到审判阶段通知值班律师提供法律帮助的情形，应当赋予其经许可同在押的或者被监视居住的被告人会见和通信的权利，以确保法律帮助的有效性。征求意见过程中，有意见提出，《刑事诉讼法》第三十六条第二款规定，人民法院、人民检察院、看守所应当告知犯罪嫌疑人、被告人有权约见值班律师，并为犯罪嫌疑人、被告人约见值班律师提供便利。征求意见稿规定值班律师同在押或者被监视居住的被告人会见和通信需经人民法院许可，这一问题涉及公安机关和人民检察院，且与刑事诉讼法的规定不一致。另有意见建议明确值班律师会见和通信不需要经人民法院许可。理由是：其他辩护人与被告人会见、通信须经许可是因为不具有律师身份，可能有无法承担保密义务等情况，值班律师具有律师身份，与被告人会见、通信应无需经过许可。经研究认为，本条原本拟规定的是值班律师同在押的或者被监视居住的被告人会见和通信的情形。与辩护律师提供辩护不同，值班律师提供的是法律帮助，《刑事诉讼法》并没有明确赋予值班律师会见和通信权，只是规定被告人可以随时约见值班律师。基于强化权利保障的立场，本条原拟赋予值班律师会见和通信权，但为兼顾切实保障值班律师有效履职和维护正常秩序的需要，设置了“经人民法院许可”的限制条件。鉴于相关表述引发了一些误解，且值班律师的会见、通信等问题可以再作探索，本条删去上述规定，留待下一步适时通过其他司法解释或者规范性文件作出明确。

第五十七条 辩护人认为在调查、侦查、审查起诉期间监察机关、公安机关、人民检察院收集的证明被告人无罪或者罪轻的证据材料未随案移送，申请人民法院调取的，应当以书面形式提出，并提供相关线索或者材料。人民法院接受申请后，应当向人民检察院调取。人民检察院移送相关证据材料后，人民法院应当及时通知辩护人。

【理解与适用】

本条根据《监察法》的规定对《2012年解释》第四十九条的规定作出修改完善，增加了“调查”“监察机关”的表述。

第五十八条 辩护律师申请向被害人及其近亲属、被害人提供的证人收集与本案有关的材料，人民法院认为确有必要的，应当签发准许调查书。

【理解与适用】

本条沿用《2012年解释》第五十条的规定。

第五十九条 辩护律师向证人或者有关单位、个人收集、调取与本案有关的证据材料，因证人或者有关单位、个人不同意，申请人民法院收集、调取，或者申请通知证人出庭作证，人民法院认为确有必要的，应当同意。

【理解与适用】

本条沿用《2012年解释》第五十一条的规定。

第六十条 辩护律师直接申请人民法院向证人或者有关单位、个人收集、调取证据材料，人民法院认为确有必要，且不宜或者不能由辩护律师收集、调取的，应当同意。

人民法院向有关单位收集、调取的书面证据材料，必须由提供人签名，并加盖单位印章；向个人收集、调取的书面证据材料，必须由提供人签名。

人民法院对有关单位、个人提供的证据材料，应当出具收据，写明证据材料的名称、收到的时间、件数、页数以及是否为原件等，由书记员、法官助理或者审判人员签名。

收集、调取证据材料后，应当及时通知辩护律师查阅、摘抄、复制，并告知人民检察院。

【理解与适用】

本条根据司法实践反映的问题对《2012年解释》第五十二条

的规定作出修改完善。

《刑事诉讼法》第四十三条第一款规定："辩护律师经证人或者其他有关单位和个人同意，可以向他们收集与本案有关的材料，也可以申请人民检察院、人民法院收集、调取证据，或者申请人民法院通知证人出庭作证。"《六部委规定》第八条进一步规定："……对于辩护律师申请人民检察院、人民法院收集、调取证据，人民检察院、人民法院认为需要调查取证的，应当由人民检察院、人民法院收集、调取证据，不得向律师签发准许调查决定书，让律师收集、调取证据。"本条作了进一步规定。对于辩护律师申请人民法院收集、调取证据，人民法院同意的，不得向律师签发准许调查决定书，让律师收集、调取证据，而应当依照规定直接收集、调取相关证据，并在收集、调取证据材料后，及时通知辩护律师查阅、摘抄、复制，告知人民检察院。

法院取证时是否通知律师在场，可以由法院根据具体情况决定，故删去第一款"人民法院收集、调取证据材料时，辩护律师可以在场"的规定。征求意见过程中，有意见建议保留本条原表述。理由是：人民法院依申请向证人或有关单位、个人收集、调取证据材料时"辩护律师可以在场"，是赋予律师的一项权利，即律师可以主动向法院申请在场。最高人民法院等五部门出台《保障律师执业权利规定》等举措，都在围绕实现以审判为中心的司法改革的要求，加强辩方对抗能力，以便让控辩不平等的局面得以缓解。此处修改明显削弱律师调查权，有与政策导向精神相左之嫌。经研究，未采纳上述意见，主要考虑：（1）本条适用的是证据材料"不宜或者不能由辩护律师收集、调取"的情形。例如，向性侵案件被害人收集相关证据，如辩护律师在场，可能不利于证据材料的收集、调取。（2）保障辩护权的核心在于强化辩方的取证能力。法院依申请收集、调取证据材料，本身就是保障辩护权的有力措施。而在调取过程中，即使辩护律师未到场，其仍可以在法庭上充分行使质证和辩护权，对其依法履职和权利保障并无影响。

第六十一条 **本解释第五十八条至第六十条规定的申请，应当以书面形式提出，并说明理由，写明需要收集、调取证据材料的内容或者需要调查问题的提纲。**

对辩护律师的申请，人民法院应当在五日以内作出是否准许、同意的决定，并通知申请人；决定不准许、不同意的，应当说明理由。

【理解与适用】

本条沿用《2012年解释》第五十三条的规定。

征求意见过程中，有意见建议将本条第二款修改为："对辩护律师的申请，人民法院应当在五日以内作出是否准许、同意的决定，并通知申请人；决定不准许、不同意的，应当书面说明理由。"理由是：与《保障律师执业权利规定》第十七条、第十八条相关规定保持一致。经研究，维持现有规定不变。主要考虑：（1）实践中，辩护律师申请收集、调取证据的情况较为复杂，有的申请明显没有必要，人民法院决定不允许的，一律要求以书面形式作出，既无必要，也难以做到。（2）本条规定"决定不准许、不同意的，应当说明理由"，属于概括性规定。（3）《保障律师执业权利规定》确实规定，对于书面提出的申请，不同意的，应当书面说明理由。上述规定与本条并不矛盾。在《解释》施行后，可以继续适用《保障律师执业权利规定》。下一步，在修改《保障律师执业权利规定》时，可以根据实践情况，会同有关部门作进一步研究，视情作出调整。

《保障律师执业权利规定》第十七条规定："辩护律师申请向被害人或者其近亲属、被害人提供的证人收集与本案有关的材料的，人民检察院、人民法院应当在七日以内作出是否许可的决定，并通知辩护律师。辩护律师书面提出有关申请时，办案机关不许可的，应当书面说明理由；辩护律师口头提出申请的，办案机关可以口头答复。"第十八条规定："辩护律师申请人民检察院、人民法院收集、调取证据的，人民检察院、人民法院应当在三日以内作出是否同意的决定，并通知辩护律师。辩护律师书面提出有关申请时，办案机关不同意的，应当书面说明理由；辩护律师口头提出申请的，办案机关可以口头答复。"

第六十二条 人民法院自受理自诉案件之日起三日以内，应当告知自诉人及其法定代理人、附带民事诉讼当事人及其法定代理人，有权委托诉讼代理人，并告知其如果经济困难，可以申请法律援助。

第六十三条 当事人委托诉讼代理人的，参照适用刑事诉讼法第三十三条和本解释的有关规定。

第六十四条 诉讼代理人有权根据事实和法律，维护被害人、自诉人或者附带民事诉讼当事人的诉讼权利和其他合法权益。

【理解与适用】

以上三条沿用《2012 年解释》第五十四条至第五十六条的规定，仅对表述略作调整。

第六十五条 律师担任诉讼代理人的，可以查阅、摘抄、复制案卷材料。其他诉讼代理人经人民法院许可，也可以查阅、摘抄、复制案卷材料。

律师担任诉讼代理人，需要收集、调取与本案有关的证据材料的，参照适用本解释第五十九条至第六十一条的规定。

【理解与适用】

本条根据司法实践反映的问题对《2012 年解释》第五十七条的规定作出修改完善。

《2012 年解释》第五十七条第一款规定："经人民法院许可，诉讼代理人可以查阅、摘抄、复制本案的案卷材料。"当前，在强化对犯罪嫌疑人、被告人权利保护的同时，应当更加注意对被害人权利的保护。而且，从刑事诉讼法理上而言，被害人与被告人同属于当事人，诉讼代理人的权利与辩护人的权利基本相同，应当对诉讼代理人和辩护人在查阅、摘抄、复制案卷材料方面予以同等权利保护。基于此，本条第一款作出修改完善，规定："律师担任诉讼代理人的，可以查阅、摘抄、复制案卷材料。其他诉讼代理人经人民法院许可，也可以查阅、摘抄、复制案卷材料。"

第六十六条 诉讼代理人接受当事人委托或者法律援助机构指派后，应当在三日以内将委托手续或者法律援助手续提交人民法院。

【理解与适用】

本条沿用《2012 年解释》第五十八条的规定。

第六十七条 辩护律师向人民法院告知其委托人或者其他人准备实施、正在实施危害国家安全、公共安全以及严重危害他人人身安全犯罪的，人民法院应当记录在案，立即转告主管机关依法处理，并为反映有关情况的辩护律师保密。

【理解与适用】

本条沿用《2012 年解释》第六十条的规定。

《刑事诉讼法》第四十八条规定："辩护律师对在执业活动中知悉的委托人的有关情况和信息，有权予以保密。但是，辩护律师在执业活动中知悉委托人或者其他人，准备或者正在实施危害国家安全、公共安全以及严重危害他人人身安全的犯罪的，应当及时告知司法机关。"据此，本条进一步规定人民法院对辩护律师所告知的情况和信息，应当记录在案，转告主管机关处理，并为反映有关情况的辩护律师保密。

第六十八条 律师担任辩护人、诉讼代理人，经人民法院准许，可以带一名助理参加庭审。律师助理参加庭审的，可以从事辅助工作，但不得发表辩护、代理意见。

【理解与适用】

本条系新增条文。

《保障律师执业权利规定》第二十五条第二款规定："律师可以根据需要，向人民法院申请带律师助理参加庭审。律师助理参加庭审仅能从事相关辅助工作，不得发表辩护、代理意见。"根据这一规定，被告人除自己行使辩护权以外，还可以委托一至二名辩护律师，而每名辩护律师可以向人民法院申请带一名律师助理参与庭审，从事记录等辅助工作。本条吸收上述规定，对律师带律师助理参加庭审的有关问题作了明确。需要注意的是，本条规定的"发表辩护、代理意见"是概称，包括申请回避、举证、质证、辩论以及发表辩护、代理意见等诉讼行为，这些行为都应当由辩护人、诉讼代理人完成，不能交由律师助理代为实施。

第四章 证 据

证据是刑事诉讼的基石，对于准确定罪量刑，实现司法公正，防止冤假错案的发生具有关键作用。《刑事诉讼法修改决定》未涉及证据问题。本章在《2012年解释》第四章“证据”条文的基础上，对证据审查判断和综合运用规则作了完善，主要涉及：(1) 总结推进以审判为中心刑事诉讼制度改革的经验和成果，对“三项规程”特别是《非法证据排除规程》的有关规定予以吸收，进一步丰富细化证据部分的内容；(2) 根据司法实践反映的问题，对证据部分与实践相比滞后或者不协调的条文作出调整；(3) 鉴于技术调查、侦查证据材料的移送与审查判断等问题存在较大争议，为统一司法适用，本章增加第八节“技术调查、侦查证据的审查与认定”，对《2012年解释》第一百零七条的规定予以扩展并独立成节，对技术调查、侦查证据材料的审查判断作出专门规定。

第一节 一般规定

第六十九条 认定案件事实，必须以证据为根据。

【理解与适用】

本条沿用《2012年解释》第六十一条的规定。

本条是关于证据裁判原则的规定。证据裁判原则，也被称为证据裁判主义，是现代刑事诉讼普遍奉行的基本原则，可以谓之为证据法之纲，对于强化司法人员的证据意识具有重要意义。

第七十条 审判人员应当依照法定程序收集、审查、核实、认定证据。

【理解与适用】

本条沿用《2012年解释》第六十二条的规定。

本条是关于程序法定原则的规定。这一原则是程序法定的刑事诉讼法基本原则在证据部分的具体化，在审判环节乃至整个刑事诉讼中切实贯彻落实程序法定原则，具有重要意义。

第七十一条 证据未经当庭出示、辨认、质证等法庭调查程序查证属实，不得作为定案的根据。

【理解与适用】

本条对《2012年解释》第六十三条的规定作出修改完善，删去"但法律和本解释另有规定的除外"的表述。

征求意见过程中，有意见提出，《刑事诉讼法》第五十条第三款规定，证据必须经过查证属实，才能作为定案的依据。在法律作出明确规定的情况下，司法解释不宜作出除外的规定。经研究，采纳上述意见，删去但书规定。但是，在特定情形下，根据《解释》第二百七十一条的规定，对于庭审结束后取得的，不影响定罪量刑的非关键证据、有利于被告人的量刑证据以及认定被告人有犯罪前科的裁判文书等证据，经庭外征求意见，控辩双方没有异议的，可以不再开庭质证。

第七十二条 应当运用证据证明的案件事实包括：

（一）被告人、被害人的身份；

（二）被指控的犯罪是否存在；

（三）被指控的犯罪是否为被告人所实施；

（四）被告人有无刑事责任能力，有无罪过，实施犯罪的动机、目的；

（五）实施犯罪的时间、地点、手段、后果以及案件起因等；

（六）是否系共同犯罪或者犯罪事实存在关联，以及被告人在犯罪中的地位、作用；

（七）被告人有无从重、从轻、减轻、免除处罚情节；

（八）有关涉案财物处理的事实；

（九）有关附带民事诉讼的事实；

（十）有关管辖、回避、延期审理等的程序事实；

（十一）与定罪量刑有关的其他事实。

认定被告人有罪和对被告人从重处罚，适用证据确实、充分的证明标准。

【理解与适用】

本条根据司法实践反映的问题对《2012年解释》第六十四条的规定作出修改完善。

征求意见过程中，有意见建议将第一款原第六项“被告人在共同犯罪中的地位、作用”修改为“是否系共同犯罪、上下家犯罪以及被告人在犯罪中的地位、作用”。经研究认为，上述意见确有道理。对于上下家犯罪的量刑平衡问题，实践中关注不够，此条有必要作出专门规定。此外，上下游犯罪也存在类似问题。基于此，作出相应规定。

需要注意的是，考虑到涉案财物处理问题是当前司法实践中较为突出的问题，本条将第一款原第八项规定的“有关附带民事诉讼、涉案财物处理的事实”拆分为两项，以强化运用证据更好地证明涉案财物处理的相关事实。

此外，本条第二款规定的“对被告人从重处罚”，既包括在法定刑幅度内从重处罚，也包括适用加重法定刑幅度。

第七十三条 对提起公诉的案件，人民法院应当审查证明被告人有罪、无罪、罪重、罪轻的证据材料是否全部随案移送；未随案移送的，应当通知人民检察院在指定时间内移送。人民检察院未移送的，人民法院应当根据在案证据对案件事实作出认定。

【理解与适用】

本条系新增条文。

《刑事诉讼法》第四十一条规定："辩护人认为在侦查、审查起诉期间公安机关、人民检察院收集的证明犯罪嫌疑人、被告人无罪或者罪轻的证据材料未提交的，有权申请人民检察院、人民法院调取。"全案移送证据材料有利于全面查明案件事实，是刑事诉讼的基本规则。从近些年纠正的冤错案件来看，一些案件就是因为没有全案移送证据材料，影响了最终裁判。例如安徽于某生案，侦查机关没有随案移送现场发现的第三人的指纹。后经继续侦查，发现该第三人的血指纹即为真凶的血指纹。基于此，应当要求移送全案证据材料。从司法实践来看，个别案件存在由于未随案移送相关证据材料导致案件存疑的情况，甚至经人民法院调取仍未提供。为将相关法律规定落到实处，切实保障被告人的合法权益，《六部委规定》第二十四条规定："人民检察院向人民法院提起公诉时，应当将案卷材料和全部证据移送人民法院，包括犯罪嫌疑人、被告人翻供的材料，证人改变证言的材料，以及对犯罪嫌疑人、被告人有利的其他证据材料。"基于此，本条作了照应性规定。

需要注意的是，本条专门规定"人民检察院未移送的，人民法院应当根据在案证据对案件事实作出认定"，旨在明确人民检察院经调取未移送的处理规则。这意味着因缺乏证据材料导致有关事实存疑的，应当依法作出有利于被告人的认定。例如，在辩方举证证明被告人未满十八周岁的情况下，由于人民检察院拒绝移送相关证据导致年龄存疑的，应当作有利于被告人的认定，即认定其不满十八周岁。

《人民检察院刑事诉讼规则》第六十一条第三款规定："人民检察院提起公诉，应当秉持客观公正立场，对被告人有罪、罪重、罪轻的证据都应当向人民法院提出。"

《人民检察院刑事诉讼规则》第四百一十四条规定："在法庭审理过程中，合议庭对证据有疑问或者人民法院根据辩护人、被告人的申请，向人民检察院调取在侦查、审查起诉中收集的有关被告人无罪或者罪轻的证据材料的，人民检察院应当自收到人民法院要求调取证据材料决定书后三日以内移交。没有上述材料的，应当向人民法院说明情况。"

第七十四条　依法应当对讯问过程录音录像的案件，相关录音录像未随案移送的，必要时，人民法院可以通知人民检察院在指定时间内移送。人民检察院未移送，导致不能排除属于刑事诉讼法第五十六条规定的以非法方法收集证据情形的，对有关证据应当依法排除；导致有关证据的真实性无法确认的，不得作为定案的根据。

【理解与适用】

本条系新增条文，是根据司法实践情况对调取取证过程录音录像的专门规定。

《刑事诉讼法》对讯问录音录像问题作了明确，《监察法》第四十一条第二款也规定"调查人员进行讯问以及搜查、查封、扣押等重要取证工作，应当对全过程进行录音录像，留存备查"。而且，相关主管部门也对重要取证环节的录音录像作了进一步细化规定。但是，从司法实践来看，个别案件仍然存在由于未随案移送相关录音录像导致证据存疑的情况，甚至经人民法院调取仍未提供。为将相关法律规定落到实处，切实保障被告人的合法权益，本条作了专门规定。需要注意的是，对于因不移送相关录音录像导致证据的合法性和真实性存疑的，根据《刑事诉讼法》的规定，应当采用不同的处理规则：对于相关证据不能排除《刑事诉讼法》第五十六条规定的以非法方法收集证据情形的，对有关证据应当予以排除；对于相关证据的真实性无法确认的，相关证据不作为定案的根据。

征求意见过程中，有意见建议删去本条。理由是：根据《刑事诉讼法》和《六部委规定》，讯问录音录像无需随案移送，而是根据需要调取。无论是《刑事诉讼法》还是《非法证据排除规定》都没有将"未依法对取证过程进行录音录像”或者“录音录像未随案移送”作为排除非法证据的情形。关于检察机关未提供讯问过程录音录像以证明取证合法性的问题，《刑事诉讼法》第五十八条、《非法证据排除规定》均明文规定经法庭审理，不能排除存在《刑事诉讼法》第五十六条以非法方法收集情形的，对有关证据应当予以排除。建议按此规定办理。经研究，未采纳上述意见。主要考虑：本条规定与上述规范性文件的规定并不矛盾。本条规定的是经人民法院调取仍未移送，进而导致相关证据的真实性、合法性或者关联性无法确认的情形。对此，无论依据哪个规范性文件的规定，还是刑事诉讼基本法理，都不能作为定案的根据。本条规定并无不妥。

需要注意的是，本条规定的“讯问过程录音录像”不限于侦查讯问过程录音录像，也包括监察调查讯问过程录音录像。《国家监察委员会与最高人民检察院办理职务犯罪案件工作衔接办法》第二十七条第二款规定：“国家监察委员会对调查过程的录音、录像不随案移送最高人民检察院。最高人民检察院认为需要调取与指控犯罪有关并且需要对证据合法性进行审查的讯问录音录像，可以同国家监察委员会沟通协调后予以调取……”可见，调查过程的录音录像虽然不随案移送，但可以依法调取。

第七十五条　行政机关在行政执法和查办案件过程中收集的物证、书证、视听资料、电子数据等证据材料，经法庭查证属实，且收集程序符合有关法律、行政法规规定的，可以作为定案的根据。

根据法律、行政法规规定行使国家行政管理职权的组织，在行政执法和查办案件过程中收集的证据材料，视为行政机关收集的证据材料。

【理解与适用】

本条根据司法实践反映的问题对《2012年解释》第六十五条的规定作出修改完善。

1.《刑事诉讼法》第五十四条第二款规定：“行政机关在行政执法和查办案件过程中收集的物证、书证、视听资料、电子数据等证据材料，在刑事诉讼中可以作为证据使用。”实践中，有观点认为，勘验、检查等笔录的客观性强，且往往条件消失后，不能重复制作，而重复鉴定亦无必要，故对于上述行政证据材料，应当承认其刑事证据资格。基于此，本条原本拟增加规定“勘验、检查等笔录”和“鉴定意见”在刑事诉讼中可以作为证据使用。征求意见过程中，有意见提出：“由于行政机关收集勘验、检查等笔录以及鉴定意见等证据的程序与刑事诉讼法的规定存在差异，且基于各方面等原因，这些证据可能存在无法有效检验、质证等情况，刑事诉讼法未对行政机关收集的勘验、检查等笔录以及鉴定意见在刑事诉讼中的证据效力作出规定。这些证据如果在刑事诉讼中使用，并作为定案的依据，应当严格慎重把握。”另有意见认为，勘验、检查笔录以及鉴定意见是有一定主观性的证据材料，与书证、物证等客观性证据不同，不宜采用相同的证据审查认定规则。特别是行政执法过程中的“鉴定意见”效力不同于司法鉴定。司法鉴定需要有鉴定资质，而行政执法过程中的“鉴定意见”往往由行政机关自己作出，或者由不具有司法鉴定资质的机构作出，不具有相同的公信力，不应直接作为证据使用。经研究，采纳上述意见，沿用《2012年解释》第六十五条第一款的规定，且与《刑事诉讼法》第五十四条第二款的规定保持一致。

需要注意的是，本条规定的是“物证、书证、视听资料、电子数据等证据材料”在刑事诉讼中可以作为证据使用，对其中的“等”，原则上应作“等内”解释，即通常只限于物证、书证、视听资料、电子数据，不包括鉴定意见、勘验、检查笔录；但是，根据案件具体情况，进入刑事诉讼程序后，如已不具备重新鉴定、勘验、检查的条件，且有证据证明行政机关进行的鉴定、勘验、检查程序合法，相关证据能与其他证据相印证，确有必要作“等外”解释的，则可以个案处理。

2. 本条原本拟增加一款作为第二款：“行政机关在行政执法和查办案件过程中收集的证人证言、当事人陈述、辨认笔录，需要在刑事诉讼中作为证据使用的，应当重新收集。确有证据证实相关人员因死亡、丧失作证能力等，无法重新收集的，该证据可以在刑事诉讼中作为证据使用；经法庭调查，证言、陈述的收集程序合法，并有其他证据相印证的，可以作为定案的根据。”讨论中，有意见认为，相比于刑事司法程序，行政执法办案对程序规范、权利保障的要求较为宽松。言词证据具有易变性，故对于言词证据特别是证人证言的审查通常要遵守直接言词原则。而作出上述规定，将导致对言词证据的质证权难以落实。此外，还有可能被滥用、不当适用，规避《刑事诉讼法》的相关规定。例如，一旦证人联系不上，就以证人失踪为由，要求使用、采信行政机关对其录取的证言。经研究，采纳上述意见，删去相关规定。司法实践中，对行政机关收集的言词证据，在刑事诉讼中作为证据材料使用的，必须作更为严格的限制，即仅限于确实无法重新收集，但又必须使用的，且有证据证明取证程序合法、能与其他证据相印证的极特殊情形。

3. 征求意见过程中，有意见建议本条增加一款，明确“公安机关在办理行政案件过程中所收集的言词证据，需要在刑事诉讼中作为证据使用的，无需重新收集”。理由是：公安机关具有行政执法和刑事司法的双重职能，在办理行政案件和刑事案件中对于取证程序的要求是完全相同的。并且，根据《公安机关办理行政案件程序规定》的有关规定，对发现或者受理的案件暂时无法确定为刑事案件或者行政案件的，可以按照行政案件的程序办理。在办理过程中，认为涉嫌构成犯罪的，应当按照《公安机关办理刑事案件程序规定》办理。因此，公安机关在办理行政案件过程中收集的证据，应当可以用作刑事诉讼中的证据。经研究认为，上述观点似有不妥，对于公安机关在行政执法过程中收集的言词证据，依法应当在刑事立案之后重新收集。主要考虑：（1）公安机关具有行政执法和刑事司法的双重职能，这就决定了公安机关的取证活动未必就是刑事侦查，而可能是行政执法，应当受《刑事诉讼法》第五十四条第二款的规范。（2）监察机关收集的证据材料，无论是言词证据还是实物证据，在刑事诉讼中都可以作为刑事证据使用。其依据在于《监察法》第三十三条第一款“监察机关依照本法规定收集的物证、书证、证人证言、被调查人供述和辩解、视听资料、电子数据等证据材料，在刑事诉讼中可以作为证据使用”的规定。如果公安机关在行政执法过程中收集的言词证据也需要在刑事诉讼中直接使用，则需要在《刑事诉讼法》或者其他法律中作出专门规定。

第七十六条 **监察机关依法收集的证据材料，在刑事诉讼中可以作为证据使用。**

对前款规定证据的审查判断，适用刑事审判关于证据的要求和标准。

【理解与适用】

本条系新增条文，根据《监察法》第三十三条的规定增设。

《监察法》第三十三条规定："监察机关依照本法规定收集的物证、书证、证人证言、被调查人供述和辩解、视听资料、电子数据等证据材料，在刑事诉讼中可以作为证据使用。""监察机关在收集、固定、审查、运用证据时，应当与刑事审判关于证据的要求和标准相一致。""以非法方法收集的证据应当依法予以排除，不得作为案件处置的依据。"

第七十七条 对来自境外的证据材料，人民检察院应当随案移送有关材料来源、提供人、提取人、提取时间等情况的说明。经人民法院审查，相关证据材料能够证明案件事实且符合刑事诉讼法规定的，可以作为证据使用，但提供人或者我国与有关国家签订的双边条约对材料的使用范围有明确限制的除外；材料来源不明或者真实性无法确认的，不得作为定案的根据。

当事人及其辩护人、诉讼代理人提供来自境外的证据材料的，该证据材料应当经所在国公证机关证明，所在国中央外交主管机关或者其授权机关认证，并经中华人民共和国驻该国使领馆认证，或者履行中华人民共和国与该所在国订立的有关条约中规定的证明手续，但我国与该国之间有互免认证协定的除外。

【理解与适用】

本条根据司法实践反映的问题对《2012年解释》第四百零五条的规定作出修改完善。

本条原规定在涉外案件的审理和司法协助一章，位置调整到证据部分，主要是考虑到在非涉外案件中，也存在来自境外的证据的审查运用问题。

根据本条规定，对于办案机关收集、获得的境外证据材料，无需经过公证、认证程序，只需对来源等作出说明即可；只有当事人等个人提供的境外证据材料才需要经过公证、认证程序。

《电诈犯罪意见》“六、证据的收集和审查判断”第三项规定：“依照国际条约、刑事司法协助、互助协议或平等互助原则，请求证据材料所在地司法机关收集，或通过国际警务合作机制、国际刑警组织启动合作取证程序收集的境外证据材料，经查证属实，可以作为定案的依据。公安机关应对其来源、提取人、提取时间或者提供人、提供时间以及保管移交的过程等作出说明。”“对其他来自境外的证据材料，应当对其来源、提供人、提供时间以及提取人、提取时间进行审查。能够证明案件事实且符合刑事诉讼法规定的，可以作为证据使用。”

第七十八条 控辩双方提供的证据材料涉及外国语言、文字的，应当附中文译本。

【理解与适用】

本条系新增条文。

司法实践中存在控辩双方提供的证据材料涉及外国语言、文字而未附中文译文的情况。针对这一情况，本条作出专门规定。

第七十九条 人民法院依照刑事诉讼法第一百九十六条的规定调查核实证据，必要时，可以通知检察人员、辩护人、自诉人及其法定代理人到场。上述人员未到场的，应当记录在案。

人民法院调查核实证据时，发现对定罪量刑有重大影响的新的证据材料的，应当告知检察人员、辩护人、自诉人及其法定代理人。必要时，也可以直接提取，并及时通知检察人员、辩护人、自诉人及其法定代理人查阅、摘抄、复制。

【理解与适用】

本条沿用《2012 年解释》第六十六条的规定。

《刑事诉讼法》第一百九十六条规定："法庭审理过程中，合议庭对证据有疑问的，可以宣布休庭，对证据进行调查核实。""人民法院调查核实证据，可以进行勘验、检查、查封、扣押、鉴定和查询、冻结。"据此，本条对人民法院调查、核实证据的问题作了进一步规定。

为了保证对证据调查核实的公正性和客观性，本条第一款专门规定调查核实证据，"必要时，可以通知检察人员、辩护人、自诉人及其法定代理人到场"。《2012 年解释》征求意见过程中，有意见建议对"可以通知检察人员、辩护人、自诉人及其法定代理人到场"设定一个前提，即在什么情况下才可以通知检察人员、辩护人等到场。经研究认为，通知相关人员的情形需根据具体案件情况把握，故只作原则规定。关于到场人员的范围问题，有意见认为应当规定为"检察人员、证人及其他诉讼参与人"，也有意见认为应当通知作为证据材料主要收集人的侦查人员到场，以促使侦查人员树立取证以服务庭审为中心的观念。经研究认为，人民法院庭外调取、调查、核实证据活动并非庭审活动，应当考虑司法成本，不宜将参与范围规定过大、程序设计过于复杂。必要时，通知检察人员、辩护人、自诉人及其法定代理人到场，已足以保证调取、调查、核实证据的公正性和客观性。而被告人往往处于羁押状态，可以由其辩护人代为表达意见，可以不通知到场。证人参与庭外调取、调查、核实证据活动，容易受到上述活动的影响，影响其客观地陈述证言。而人民法院直接通知侦查人员到场，不符合刑事诉讼的构造。因此，未采纳上述建议，仍然将庭外调取、调查、核实证据活动的人员范围规定为"检察人员、辩护人、自诉人及其法定代理人"。

人民法院依法调查核实证据时，发现对定罪量刑有重大影响的新的证据材料的，应当告知检察人员、辩护人、自诉人及其法定代理人，由上述主体依法收集。这主要是考虑到人民法院在刑事审判过程中处中立地位，原则上不主动收集相关证据。但是，在证据不及时收集可能灭失，辩护人、自诉人及其法定代理人难以收集到相关证据等必要情况下，也可以由人民法院直接提取。基于上述考虑，本条第二款规定以通知控辩双方收集为原则、人民法院直接提取为补充。

第八十条 下列人员不得担任见证人：

（一）生理上、精神上有缺陷或者年幼，不具有相应辨别能力或者不能正确表达的人；

（二）与案件有利害关系，可能影响案件公正处理的人；

（三）行使勘验、检查、搜查、扣押、组织辨认等监察调查、刑事诉讼职权的监察、公安、司法机关的工作人员或者其聘用的人员。

对见证人是否属于前款规定的人员，人民法院可以通过相关笔录载明的见证人的姓名、身份证件种类及号码、联系方式以及常住人口信息登记表等材料进行审查。

由于客观原因无法由符合条件的人员担任见证人的，应当在笔录材料中注明情况，并对相关活动进行全程录音录像。

【理解与适用】

本条根据司法实践反映的问题对《2012年解释》第六十七条的规定作出修改完善，增加不得在监察调查活动中担任见证人的禁止性和例外规定，并增设第二款要求载明见证人的相关信息以便审查。

征求意见过程中，有意见建议明确要求载明见证人的相关信息。理由是：在司法实践中，见证人基本上都是只签一个名字，没有身份、联系方式等信息，一些重大敏感或者对证据有疑问的案件，需要再次核实相关证据材料就会存在难以找到相关见证人的问题；另外，一些案件中，也会出现侦查机关等部门的工作人员或其聘用的人员签名的情况。要求见证人载明姓名、身份、联系方式等信息，既有利于日后核实证据，也有利于防范个别侦查机关违规操作现象的发生。经研究，采纳上述意见，本条第二款增加规定了相关内容。

征求意见过程中，有意见提出本条第一款第三项所列人员，是指所有工作人员，还是只限于行使勘验、检查、搜查、扣押、组织辨认等监察调查、刑事诉讼职权的工作人员，即从事其他工作如后勤、政工的人员是否可以作为见证人宜作进一步明确。经研究认为，本项所称情形包括在该案件中行使勘验、检查、搜查、扣押等监察调查、刑事诉讼职权的监察、公安、司法机关的工作人员或者其聘用人员，既包括正式工作人员，也包括实习人员或者其聘用的协勤、文职、清洁、保安等人员。作出上述规定，并不会影响刑事诉讼职权的行使和侦查活动的正常开展。本条第三款专门规定可以通过录音录像替代见证活动。

第八十一条 公开审理案件时，公诉人、诉讼参与人提出涉及国家秘密、商业秘密或者个人隐私的证据的，法庭应当制止；确与本案有关的，可以根据具体情况，决定将案件转为不公开审理，或者对相关证据的法庭调查不公开进行。

【理解与适用】

本条沿用《2012 年解释》第六十八条的规定。

需要注意的是，本条未规定一律不公开审理，而是可以根据案件情况采取不公开审理或者局部不公开审理（即对相关证据的法庭调查不公开进行）两种方式。所谓局部不公开，是指对涉及国家秘密、商业秘密或者个人隐私的证据的质证不公开，让旁听人员退庭，转为不公开审理。待相关证据的调查结束后，法庭审理再转为公开进行。

第二节 物证、书证的审查与认定

第八十二条 对物证、书证应当着重审查以下内容：

（一）物证、书证是否为原物、原件，是否经过辨认、鉴定；物证的照片、录像、复制品或者书证的副本、复制件是否与原物、原件相符，是否由二人以上制作，有无制作人关于制作过程以及原物、原件存放于何处的文字说明和签名；

（二）物证、书证的收集程序、方式是否符合法律、有关规定；经勘验、检查、搜查提取、扣押的物证、书证，是否附有相关笔录、清单，笔录、清单是否经调查人员或者侦查人员、物品持有人、见证人签名，没有签名的，是否注明原因；物品的名称、特征、数量、质量等是否注明清楚；

（三）物证、书证在收集、保管、鉴定过程中是否受损或者改变；

（四）物证、书证与案件事实有无关联；对现场遗留与犯罪有关的具备鉴定条件的血迹、体液、毛发、指纹等生物样本、痕迹、物品，是否已作DNA鉴定、指纹鉴定等，并与被告人或者被害人的相应生物特征、物品等比对；

（五）与案件事实有关联的物证、书证是否全面收集。

【理解与适用】

本条根据司法实践反映的问题对《2012年解释》第六十九条的规定作出修改完善，主要是增加了对监察机关调查人员所提取的物证、书证的审查要求。

第八十三条 据以定案的物证应当是原物。原物不便搬运、不易保存、依法应当返还或者依法应当由有关部门保管、处理的，可以拍摄、制作足以反映原物外形和特征的照片、录像、复制品。必要时，审判人员可以前往保管场所查看原物。

物证的照片、录像、复制品，不能反映原物的外形和特征的，不得作为定案的根据。

物证的照片、录像、复制品，经与原物核对无误、经鉴定或者以其他方式确认真实的，可以作为定案的根据。

第八十四条 据以定案的书证应当是原件。取得原件确有困难的，可以使用副本、复制件。

对书证的更改或者更改迹象不能作出合理解释，或者书证的副本、复制件不能反映原件及其内容的，不得作为定案的根据。

书证的副本、复制件，经与原件核对无误、经鉴定或者以其他方式确认真实的，可以作为定案的根据。

【理解与适用】

以上两条基本沿用《2012年解释》第七十条、第七十一条的规定，但根据司法实践反映的问题，在第七十条第一款增加规定“必要时，审判人员可以前往保管场所查看原物”。

对物证、书证的审查，首先应判断物证、书证是否为原物、原件并核实物证、书证的真实性。根据最佳证据原则的要求，《解释》第八十三条、第八十四条专门规定，据以定案的物证、书证应当是原物、原件。这是基于确保物证、书证本身真实性的要求。但是，在司法实践中，要求一概提交原物、原件，一律以原物、原件作为定案的根据，并不现实。因此，可以使用原物的照片、录像、复制品，原件的副本、复制件，但同时必须严格限制条件，以确保其真实性。具体而言：（1）原物不便搬运，不易保存，依法应当由有关部门保管、处理，或者依法应当返还的，可以拍摄、制作足以反映原物外形和特征的照片、录像、复制品。物证的照片、录像、复制品，不能反映原物的外形和特征的，不得作为定案的根据。物证的照片、录像、复制品，经与原物核对无误、经鉴定为真实或者以其他方式确认为真实的，可以作为定案的根据。（2）取得原件确有困难的，可以使用副本、复制件。书证有更改或者更改迹象不能作出合理解释，或者书证的副本、复制件不能反映原件及其内容的，不得作为定案的根据。书证的副本、复制件，经与原件核对无误、经鉴定为真实或者以其他方式确认为真实的，可以作为定案的根据。

第八十五条　对与案件事实可能有关联的血迹、体液、毛发、人体组织、指纹、足迹、字迹等生物样本、痕迹和物品，应当提取而没有提取，应当鉴定而没有鉴定，应当移送鉴定意见而没有移送，导致案件事实存疑的，人民法院应当通知人民检察院依法补充收集、调取、移送证据。

【理解与适用】

本条根据司法实践反映的问题对《2012年解释》第七十二条的规定作出修改完善。

实践中，个别案件对相关生物样本进行检验而未依法移送DNA鉴定等鉴定意见，导致案件事实存疑。鉴此，本条作了相应规定。

第八十六条 在勘验、检查、搜查过程中提取、扣押的物证、书证，未附笔录或者清单，不能证明物证、书证来源的，不得作为定案的根据。

物证、书证的收集程序、方式有下列瑕疵，经补正或者作出合理解释的，可以采用：

（一）勘验、检查、搜查、提取笔录或者扣押清单上没有调查人员或者侦查人员、物品持有人、见证人签名，或者对物品的名称、特征、数量、质量等注明不详的；

（二）物证的照片、录像、复制品，书证的副本、复制件未注明与原件核对无异，无复制时间，或者无被收集、调取人签名的；

（三）物证的照片、录像、复制品，书证的副本、复制件没有制作人关于制作过程和原物、原件存放地点的说明，或者说明中无签名的；

（四）有其他瑕疵的。

物证、书证的来源、收集程序有疑问，不能作出合理解释的，不得作为定案的根据。

【理解与适用】

本条根据《监察法》对《2012年解释》第七十三条的规定作出修改完善，增加了监察调查的相关内容。

本条第一款对物证、书证的绝对排除规则作了规定。在勘验、检查、搜查过程中提取、扣押的物证、书证，未附笔录或者清单，不能证明物证、书证来源的，不得作为定案的根据。物证、书证的来源清楚，是物证、书证作为定案根据的前提条件。对于经勘验、检查、搜查提取、扣押的物证、书证，应当附有关笔录或者清单，以证明物证、书证的具体来源。如果未附有关笔录或者清单，不能证明物证、书证来源的，则无法确保物证、书证的真实性，无法排除伪造物证、书证的可能。因此，对于此种情形的物证、书证，应当绝对排除，不得作为定案的根据。

本条第二款对瑕疵物证、书证的情形和采用规则作了规定。根据规定，物证、书证的收集程序、方式有瑕疵，经补正或者作出合理解释的，可以采用。本条第三款则进一步规定，对物证、书证的来源、收集程序有疑问，不能作出合理解释的，该物证、书证不得作为定案的根据。物证、书证的来源及收集过程有疑问，不能作出合理解释的，则影响到该物证、书证的真实性和合法性，应当绝对予以排除，不得作为定案的根据。

第三节　证人证言、被害人陈述的审查与认定

第八十七条　对证人证言应当着重审查以下内容：

（一）证言的内容是否为证人直接感知；

（二）证人作证时的年龄，认知、记忆和表达能力，生理和精神状态是否影响作证；

（三）证人与案件当事人、案件处理结果有无利害关系；

（四）询问证人是否个别进行；

（五）询问笔录的制作、修改是否符合法律、有关规定，是否注明询问的起止时间和地点，首次询问时是否告知证人有关权利义务和法律责任，证人对询问笔录是否核对确认；

（六）询问未成年证人时，是否通知其法定代理人或者刑事诉讼法第二百八十一条第一款规定的合适成年人到场，有关人员是否到场；

（七）有无以暴力、威胁等非法方法收集证人证言的情形；

（八）证言之间以及与其他证据之间能否相互印证，有无矛盾；存在矛盾的，能否得到合理解释。

第八十八条 处于明显醉酒、中毒或者麻醉等状态，不能正常感知或者正确表达的证人所提供的证言，不得作为证据使用。

证人的猜测性、评论性、推断性的证言，不得作为证据使用，但根据一般生活经验判断符合事实的除外。

【理解与适用】

以上两条基本沿用《2012 年解释》第七十四条、第七十五条的规定，规定了审查证人证言应当注意的相关问题。

1. 证人证言的来源和内容。根据《解释》第八十七条的规定，对证人证言审查判断的第一项内容是“证言的内容是否为证人直接感知”，即审查证人证言的来源和内容，这是确定证人证言真实性，准确认定案件事实的前提条件。

首先，证人证言不同于案件线索。证人证言是证人就直接或者间接了解的案件有关情况所作陈述。无论是直接了解的情况，还是间接了解的情况，证人都应当说明其来源，而不能是估计、猜测，否则不能作为证人证言，只能作为案件调查的线索。

其次，证人证言不包括对案件事实的分析、判断和评价。证人证言是证人对案件事实的客观陈述，并不包括证人对案件情况的分析、判断和评价等主观内容。有论者指出：“证人证言的内容包括能够证明案件真相的一切事实。与案件无关的内容不应当成为证言。因此，证人证言只是证人就案件有关情况的感知所作的陈述，不应当包括其个人的推测或分析判断意见。”① 基于此，《解释》第八十八条第二款专门规定：“证人的猜测性、评论性、推断性的证言，不得作为证据使用，但根据一般生活经验判断符合事实的除外。”因此，对于证人向司法机关的陈述既有客观的案件情况内容，又有主观的分析评价内容的，要注意从中分离出作为客观情况陈述的证人证言部分。

最后，证人证言只限于自然人所作的关于案件事实的陈述。证人证言属于言词证据的范畴，是自然人对案件事实情况的陈述，也是见证案件事

---

① 陈光中主编：《刑事诉讼法》，北京大学出版社、高等教育出版社 2009 年版，第 200 页。

实的自然人的义务。由于自然人以外的机关、团体、公司、企业、事业单位等非自然人不具备感知案件事实的能力，自然就无法就案件事实作出陈述。因此，任何非自然人的机关、团体、公司、企业、事业单位出具的证明文件等书面材料都不属于证人证言。

2. 证人的作证能力。《刑事诉讼法》第六十二条规定：“凡是知道案件情况的人，都有作证的义务。生理上、精神上有缺陷或者年幼，不能辨别是非、不能正确表达的人，不能作证人。”生理上有缺陷的人，通常是指盲人、又聋又哑的人或者存在其他生理缺陷的人。精神上有缺陷的人，通常是指智力上或者精神上存在障碍的人，如智障人、精神病人等。年幼的人，则是指未成年人。此外，根据《解释》第八十八条第一款的规定处于明显醉酒、中毒或者麻醉等状态，不能正常感知[①]或者正确表达的证人所提供的证言，不得作为证据使用。

需要注意的是，生理上、精神上有缺陷或者年幼，并非意味着必然不能作证，关键要判断生理精神缺陷或者年幼是否导致“不能辨别是非、不能正确表达”。例如，如果某未成年人目睹了一起故意杀人案件，虽然其年幼，但是能够辨别是非、能够正确表达，完全可以作为该起案件的证人。征求意见过程中，有意见提出，司法实践中，有的人由于事故、疾病等原因致语言能力、视力、听力严重下降，甚至有的比盲、聋、哑人还要严重，因此，应当将因疾病等原因造成重度残疾，不能准确表达自己意志的人排除在证人之外。经研究认为，此种情形可以由司法实践具体把握，确实存在因疾病等原因不能准确表达自己意志的人，可以认定为生理上有缺陷，“不能辨别是非、不能正确表达”的人，将其排除在证人之外。

《解释》第八十七条第二项规定应当着重判断证人作证时的年龄、认知水平、记忆能力和表达能力，生理和精神状态是否影响作证，以准确判断证人证言的真实性。对于是否“不能辨别是非、不能正确表达”，应当根据

---

① 《2012 年解释》征求意见过程中，有意见认为不能仅审查作证时的状态，而且应当审查感知相关内容时的状态。经研究认为，上述意见确有一定道理，故《解释》第八十八条第一款规定：“处于明显醉酒、中毒或者麻醉等状态，不能正常感知或者正确表达的证人所提供的证言，不得作为证据使用。”从实践来看，证人作证时的状态基本上能显示证人感知相关内容时的状态，不会有太大的变化。当然，实践中处理具体案件时，如果证人感知相关内容时认知能力和生理、精神状态处于不正常状态，如间歇性精神病人在感知相关内容时处于发病状态，而作证时处于正常状态，也应当根据具体情况排除相关证言。

具体情况予以判断，从而决定能否成为证人。

3. 证人与案件的利害关系。根据《刑事诉讼法》的规定，无论是与案件当事人具有利害关系，还是与案件处理结果具有利害关系的人，都可以成为证人。即使《刑事诉讼法》第一百九十三条第一款关于“被告人的父母、子女、配偶除外”的规定，所免除的也只是相关人员的出庭作证义务，也并未赋予其作证豁免权。然而，上述人员由于与案件当事人或者案件处理结果具有利害关系，可能会影响所作证言的真实性，在审判环节应当加以重点审查甄别，以避免对案件事实的不当认定。对于证人与案件具有利害关系的，还要结合案件的具体情况、利害关系程度，综合全案证据，判断该利害关系对证人证言的影响程度，进而准确判断该证言的证明价值。

4. 证言的取得程序、方式。依法收集证人证言是《刑事诉讼法》和相关规定的明确要求，《解释》第八十七条第四项至第七项规定应当着重审查证言的取得程序、方式。具体而言：（1）询问证人是否个别进行。《刑事诉讼法》第一百二十四条第二款规定：“询问证人应当个别进行。”询问证人没有个别进行的，相关证人证言不能作为定案的根据。（2）询问证人笔录的制作、修改是否规范。审判人员应当审查询问笔录的制作、修改是否符合法律、有关规定，是否注明询问的起止时间和地点，首次询问时是否告知证人有关作证的权利义务和法律责任，证人对询问笔录是否核对确认。（3）询问未成年证人是否符合相关特殊要求。根据《刑事诉讼法》第二百八十一条的规定，询问未成年证人，应当通知未成年证人的法定代理人到场。无法通知、法定代理人不能到场或者法定代理人系犯罪嫌疑人、被告人的，也可以通知未成年犯罪嫌疑人、被告人的其他成年亲属，所在学校、单位、居住地基层组织或者未成年人保护组织的代表到场，并将有关情况记录在案。因此，审判人员询问未成年证人时，应当审查是否通知其法定代理人或者《刑事诉讼法》第二百八十一条第一款规定的合适成年人到场，有关人员是否到场。（4）询问证人的禁止性规定。《刑事诉讼法》明确规定了非法证据排除规则，进一步强化了禁止采用暴力、威胁等非法方法收集证人证言的规定。审判人员应当着重审查证人证言有无以暴力、威胁等非法方法收集的情形。

5. 证言的综合审查判断。《解释》第八十七条第八项规定应当着重审查“证言之间以及与其他证据之间能否相互印证，有无矛盾；存在矛盾的，能否得到合理解释”。对此，在司法实践中，审判人员应当从两个方面对证言进行综合审查判断：（1）对证言与其他证言之间的关系进行综合审查判断。主要是审查各证言之间的重合一致程度，判断各证言之间的差异及其原因，认定各证言之间是否有矛盾之处。（2）审查证言与其他证据之间的关系。如果证言与其他证据之间相互矛盾，则需要对矛盾的成因进行分析，判断证言的可信程度。

第八十九条　证人证言具有下列情形之一的，不得作为定案的根据：

（一）询问证人没有个别进行的；

（二）书面证言没有经证人核对确认的；

（三）询问聋、哑人，应当提供通晓聋、哑手势的人员而未提供的；

（四）询问不通晓当地通用语言、文字的证人，应当提供翻译人员而未提供的。

【理解与适用】

本条沿用《2012年解释》第七十六条的规定。

第九十条　证人证言的收集程序、方式有下列瑕疵，经补正或者作出合理解释的，可以采用；不能补正或者作出合理解释的，不得作为定案的根据：

（一）询问笔录没有填写询问人、记录人、法定代理人姓名以及询问的起止时间、地点的；

（二）询问地点不符合规定的；

（三）询问笔录没有记录告知证人有关权利义务和法律责任的；

（四）询问笔录反映出在同一时段，同一询问人员询问不同证人的；

（五）询问未成年人，其法定代理人或者合适成年人不在场的。

【理解与适用】

本条根据司法实践反映的问题对《2012年解释》第七十七条的规定作出修改完善，主要是增加规定第五项“询问未成年人，其法定代理人或者合适成年人不在场的”。

根据《刑事诉讼法》第二百八十一条的规定，对于在法定代理人无法通知、不能到场或者是共犯的情况下，应当通知合适成年人到场。有意见认为，对于询问未成年证人，法定代理人或相关人员未到场的，该未成年证人提供的证言不得作为定案的根据。经研究认为，瑕疵证据不同于非法证据，并不涉及严重违反法定程序和侵犯人权的问题，只是证据的真实性受到证据瑕疵的影响。瑕疵证据不能直接予以排除，而是要看证据瑕疵能否得到解决。询问未成年证人时，法定代理人或合适成年人未到场的，违反了《刑事诉讼法》相关规定，但考虑未成年证人的证言对认定案件事实具有重要作用，且在法定代理人或合适成年人未到场情况下作伪证的可能性并不大，不宜绝对排除，宜认定为证人证言收集程序存在瑕疵，允许补正和合理解释为妥。

第九十一条　证人当庭作出的证言，经控辩双方质证、法庭查证属实的，应当作为定案的根据。

证人当庭作出的证言与其庭前证言矛盾，证人能够作出合理解释，并有其他证据印证的，应当采信其庭审证言；不能作出合理解释，而其庭前证言有其他证据印证的，可以采信其庭前证言。

经人民法院通知，证人没有正当理由拒绝出庭或者出庭后拒绝作证，法庭对其证言的真实性无法确认的，该证人证言不得作为定案的根据。

【理解与适用】

本条沿用《2012年解释》第七十八条的规定。

本条规定包括当庭证言的采信、证人改变证言情况下的证言采信、未出庭证人证言的排除。具体而言：

1. 当庭证言的采信。2012 年《刑事诉讼法》根据司法实践的需要，对证人出庭的问题作出了较大幅度的修改完善，体现了直接言词证据原则的要求。司法实践中，应当根据《刑事诉讼法》的相关规定，做好证人出庭作证的相关工作。本条第一款体现的正是这一立场。这里使用了“应当”的用语，体现的正是对证人出庭作证的鼓励。

2. 证人改变证言情况下的证言采信。对于证人在庭前和当庭所作的证言存在差异甚至矛盾时，如何采信相关证言，《刑事诉讼法》未规定明确规则。本条第二款对能否采信庭前证言的问题予以明确。主要有如下考虑：（1）从《刑事诉讼法》鼓励证人出庭的立法精神出发，宜鼓励司法实践中根据庭审证言认定案件事实，因此，本条第二款的基本立场是以庭审证言为基础，允许证人当庭对其当庭作出的证言与庭前证言矛盾的情形作出合理解释。（2）从实践来看，在庭审证言和庭前证言相矛盾的情况下，庭审证言未必一定是真实的，而庭前证言也未必一定是不真实的。这里专门规定只有在“证人当庭能够作出合理解释，并有其他证据印证”的，才采信其庭审证言。因此，在证人当庭改变庭前证言后，应当结合全案证据，对其当庭证言进行审查，进行有针对性的询问，判断其庭审证言的可信度。（3）在证人当庭作出的证言与其庭前证言矛盾的情况下，如果证人不能作出合理解释，而其庭前证言有其他证据印证的，可以采信其庭前证言。

《2012 年解释》征求意见过程中，有意见提出，从鼓励证人出庭作证的角度出发，对于证人当庭作出的证言与庭前证言矛盾的，应当采纳庭审证言，而不应当附加“作出合理解释，并有相关证据印证”的条件。而且，很多情况下，证人当庭作出与庭前证言不同的证言是无法有证据印证的。经研究认为，上述观点确有一定道理，但从查明案件事实的角度来看，不能直接规定庭审证言与庭前证言不一致的情况下可以直接采信庭审证言，因为庭审证言也存在着不真实的可能性。当然，司法实践中可能存在着无法印证与庭前不一致的庭审证言的情况。此种情况下，如果庭前证言有其他证据印证的，可以采纳庭前证言；如果庭前证言也没有其他证据印证的，则庭前证言、庭审证言均无法采信。

3. 未出庭证人证言的排除。对于鉴定人经法庭通知，无正当理由拒绝出庭的，法律明确规定，鉴定意见不得作为定案的根据。但对证人经通知无正当理由拒不出庭的，未作类似规定。实践中，若出现此种情况，究竟如何处理，存在不同认识。鉴此，本条第三款专门对这一问题作出了明确。根据该款规定，证人拒绝出庭或者出庭后拒绝作证，尚不能绝对排除证言的采用。在当前的司法实践中，证人证言仍然在证明案件事实的过程中发挥着重要作用。而实践中，许多证人为避免麻烦和报复，不愿出庭的情况大量存在，如果关键证人不出庭作证，其证言失去效力，会影响案件判决，故不宜绝对排除。如在行贿、受贿等案件中，证言的作用十分重要，往往是定案的关键证据，如果因为证人拒绝出庭作证绝对予以排除并不合适。因此，基于当前实际，人民法院应结合具体案情，分别作出处理：经审查，其庭前证言无法与在案其他证据相印证，如书面证言之间或者同其他证据产生矛盾且矛盾无法排除的，则不能采信，不得作为定案的根据；反之，仍可作为定案根据。

第九十二条 对被害人陈述的审查与认定，参照适用本节的有关规定。

【理解与适用】

本条沿用《2012年解释》第七十九条的规定。

第四节 被告人供述和辩解的审查与认定

第九十三条 对被告人供述和辩解应当着重审查以下内容：

（一）讯问的时间、地点，讯问人的身份、人数以及讯问方式等是否符合法律、有关规定；

（二）讯问笔录的制作、修改是否符合法律、有关规定，是否注明讯问的具体起止时间和地点，首次讯问时是否告知被告人有关权利和法律规定，被告人是否核对确认；

（三）讯问未成年被告人时，是否通知其法定代理人或者合适成年人到场，有关人员是否到场；

（四）讯问女性未成年被告人时，是否有女性工作人员在场；

（五）有无以刑讯逼供等非法方法收集被告人供述的情形；

（六）被告人的供述是否前后一致，有无反复以及出现反复的原因；

（七）被告人的供述和辩解是否全部随案移送；

（八）被告人的辩解内容是否符合案情和常理，有无矛盾；

（九）被告人的供述和辩解与同案被告人的供述和辩解以及其他证据能否相互印证，有无矛盾；存在矛盾的，能否得到合理解释。

必要时，可以结合现场执法音视频记录、讯问录音录像、被告人进出看守所的健康检查记录、笔录等，对被告人的供述和辩解进行审查。

【理解与适用】

本条根据司法实践反映的问题对《2012年解释》第八十条的规定作出修改完善。

《刑事诉讼法》第二百八十一条第三款规定："讯问女性未成年犯罪嫌疑人，应当有女工作人员在场。"这是基于对女性未成年犯罪嫌疑人的保护，体现了特殊的法益保障，符合司法实践的需求。基于此，本条第一款增设第四项，要求重点审查"讯问女性未成年被告人时，是否有女性工作人员在场"。

本条第二款作了适当修改，要求必要时结合相关证据对被告人的供述和辩解进行审查。需要注意的问题有如下两点：（1）根据公安部《公安机关现场执法视音频记录工作规定》的规定，对于公安机关当场盘问、检查的，应当对犯罪嫌疑人言行举止进行全过程视音频同步记录。因此，对于被告人作出的供述、辩解可以结合现场执法视音频记录予以审查。（2）《监察法》第四十一条第二款规定："调查人员进行讯问以及搜查、查封、扣押等重要取证工作，应当对全过程进行录音录像，留存备查。"因此，对于被告人作出的供述、辩解可以结合侦查讯问和调查讯问过程的录音录像予以审查。

第九十四条 被告人供述具有下列情形之一的，不得作为定案的根据：

（一）讯问笔录没有经被告人核对确认的；

（二）讯问聋、哑人，应当提供通晓聋、哑手势的人员而未提供的；

（三）讯问不通晓当地通用语言、文字的被告人，应当提供翻译人员而未提供的；

（四）讯问未成年人，其法定代理人或者合适成年人不在场的。

【理解与适用】

本条根据司法实践反映的问题对《2012年解释》第八十一条的规定作出修改完善。

合适成年人制度基于儿童最大利益原则和国家亲权理论而设立，是国家刑事司法制度对未成年人诉权的一种特殊保护。合适成年人参与未成年人刑事诉讼程序，具有监督讯问活动、抚慰未成年人的紧张情绪、帮助未成年人与讯问人员有效沟通等职能。《刑事诉讼法》第二百八十一条已经明确规定，对于未成年人刑事案件，在讯问和审判的时候，是“应当”而非“可以”通知法定代理人、合适成年人到场。因此，对法定代理人、合适成年人不在场的未成年被告人供述，取证程序严重违反法律强制规定，无法保障被告人供述的真实性，故直接强制性排除。鉴此，增加规定本条第四项。征求意见中，有个别意见认为，此种情况下似不宜绝对排除。例如，在被告人本人及其法定代理人对相关证据无异议的情况下，该供述可以作为证据使用。经研究认为，在《刑事诉讼法》第二百八十一条已经明确规定的前提下，对于讯问未成年人，法定代理人或者合适成年人未到场的，应当予以排除；而且，经进一步了解情况，司法实践中均是如此操作的，不存在问题。基于此，决定作出上述修改。

第九十五条　讯问笔录有下列瑕疵，经补正或者作出合理解释的，可以采用；不能补正或者作出合理解释的，不得作为定案的根据：

（一）讯问笔录填写的讯问时间、讯问地点、讯问人、记录人、法定代理人等有误或者存在矛盾的；

（二）讯问人没有签名的；

（三）首次讯问笔录没有记录告知被讯问人有关权利和法律规定的。

【理解与适用】

本条基本沿用《2012年解释》第八十二条的规定，仅在第一项增加了“讯问地点”的规定。

第九十六条　审查被告人供述和辩解，应当结合控辩双方提供的所有证据以及被告人的全部供述和辩解进行。

被告人庭审中翻供，但不能合理说明翻供原因或者其辩解与全案证据矛盾，而其庭前供述与其他证据相互印证的，可以采信其庭前供述。

被告人庭前供述和辩解存在反复，但庭审中供认，且与其他证据相互印证的，可以采信其庭审供述；被告人庭前供述和辩解存在反复，庭审中不供认，且无其他证据与庭前供述印证的，不得采信其庭前供述。

【理解与适用】

本条沿用《2012年解释》第八十三条的规定。

“犯罪嫌疑人和被告人在面对司法机关和执法机关的调查和指控时，心理活动非常复杂，而且经常随着讯问人员和环节的变化而发生变化……受这些不同心理活动和状态的影响，翻供就成为司法实践中一种常见的现象，而且往往是供了又翻，翻了又供，多次反复，令人真假难辨。这种反复性也是口供复杂性的表现。”[①] 司法工作人员在处理犯罪嫌疑人、被告人翻供的问题时应当特别审慎。本条专门规定审查被告人供述和辩解，应当结合控辩双方提供的所有证据以及被告人的全部供述和辩解进行。

1. 被告人庭审中翻供，但不能合理说明翻供原因或者其辩解与全案证据矛盾，而其庭前供述与其他证据相互印证的，可以采信其庭前供述。司法实践中，庭前一直作有罪供述的被告人，也可能在庭审中翻供。对于被告人庭审中翻供的，应当充分听取被告人的说明，以便结合全案证据判断被告人翻供理由或者辩解的合理与否。

2. 被告人庭前供述和辩解存在反复，但庭审中供认，且与其他证据相互印证的，可以采信其庭审供述。对于庭前供述和辩解存在反复的被告人，也可能由于法律威慑和真诚悔罪等因素，在庭审中作有罪供述。此种情况下，也需要结合其他证据综合判断，与其他证据印证的，可以采信其庭审中的供述。

3. 被告人庭前供述和辩解存在反复，庭审中不供认，且无其他证据与庭前供述印证的，不得采信其庭前供述。对于庭前供述和辩解存在反复的被告人，在庭审中仍未供述有罪的，此种情况下，更加要注意结合其他证据进行判断。无其他证据与庭前供述相印证的，不得将其在庭前所作的有罪供述作为认定其有罪的根据。

第五节　鉴定意见的审查与认定

第九十七条　对鉴定意见应当着重审查以下内容：

（一）鉴定机构和鉴定人是否具有法定资质；

（二）鉴定人是否存在应当回避的情形；

① 何家弘、刘品新：《证据法学》，法律出版社2011年版，第175页。

（三）检材的来源、取得、保管、送检是否符合法律、有关规定，与相关提取笔录、扣押清单等记载的内容是否相符，检材是否可靠；

（四）鉴定意见的形式要件是否完备，是否注明提起鉴定的事由、鉴定委托人、鉴定机构、鉴定要求、鉴定过程、鉴定方法、鉴定日期等相关内容，是否由鉴定机构盖章并由鉴定人签名；

（五）鉴定程序是否符合法律、有关规定；

（六）鉴定的过程和方法是否符合相关专业的规范要求；

（七）鉴定意见是否明确；

（八）鉴定意见与案件事实有无关联；

（九）鉴定意见与勘验、检查笔录及相关照片等其他证据是否矛盾；存在矛盾的，能否得到合理解释；

（十）鉴定意见是否依法及时告知相关人员，当事人对鉴定意见有无异议。

【理解与适用】

本条基本沿用《2012 年解释》第八十四条的规定，但将第四项的相关表述调整为“是否由鉴定机构盖章并由鉴定人签名”，在第九项增加“存在矛盾的，能否得到合理解释”的规定，并对表述作了调整。

鉴定意见是证据的种类之一，和其他证据种类一样，必须经过司法人员的审查判断，确定其属实的，才能作为定案的根据。受主客观因素的影响，实践中鉴定意见也时常出现差错。因此，审判人员应当注意审查判断鉴定意见是否属实，从而准确判断是否可以作为定案的根据。本条对鉴定意见应当着重审查的内容作出明确规定。

1. 鉴定机构和鉴定人法定资质的审查。由于鉴定是解决刑事诉讼中的专门性问题，而解决专门性问题的鉴定机构和鉴定人应当具有相应的资质，才能确保鉴定意见的可靠性。因此，本条第一项规定应当着重审查“鉴定机构和鉴定人是否具有法定资质”。根据这一规定，审判人员要注重对鉴定人和鉴定机构资质的审查，鉴定人和鉴定机构不具备法定资质的鉴定意见不得作为定案的根据。

2. 鉴定人回避的审查。根据《刑事诉讼法》和相关规定，作为诉讼参与人的鉴定人应当遵守法律有关回避的规定，以确保鉴定人的中立客观，确保所作出的鉴定意见的真实性。因此，本条第二项规定应当着重审查“鉴定人是否存在应当回避的情形”。

3. 鉴定检材的审查。检材是鉴定的基础，其来源和质量直接影响鉴定意见的科学性和可靠性，直接影响鉴定意见能否作为定案的根据。因此，本条第三项规定应当着重审查“检材的来源、取得、保管、送检是否符合法律、有关规定，与相关提取笔录、扣押清单等记载的内容是否相符，检材是否可靠”。

4. 鉴定意见的形式审查。《刑事诉讼法》第一百四十七条第一款规定：“鉴定人进行鉴定后，应当写出鉴定意见，并且签名。”《全国人民代表大会常务委员会关于司法鉴定管理问题的决定》第十条规定：“……鉴定人应当独立进行鉴定，对鉴定意见负责并在鉴定书上签名或者盖章。多人参加的鉴定，对鉴定意见有不同意见的，应当注明。”上述规定明确了鉴定意见的形式要求。本条第四项专门对鉴定意见的形式审查提出要求，规定应当着重审查“鉴定意见的形式要件是否完备，是否注明提起鉴定的事由、鉴定委托人、鉴定机构、鉴定要求、鉴定过程、鉴定方法、鉴定日期等相关内容，是否由鉴定机构盖章并由鉴定人签名”。

5. 鉴定意见告知程序的审查。《刑事诉讼法》第一百四十八条规定：“侦查机关应当将用作证据的鉴定意见告知犯罪嫌疑人、被害人。如果犯罪嫌疑人、被害人提出申请，可以补充鉴定或者重新鉴定。”因此，本条第十项规定应当着重审查“鉴定意见是否依法及时告知相关人员，当事人对鉴定意见有无异议”。司法实践中，审判人员要注意审查鉴定意见是否告知相关人员，当事人对鉴定意见是否有异议，异议是否得到处理等事项。

第九十八条　鉴定意见具有下列情形之一的，不得作为定案的根据：

（一）鉴定机构不具备法定资质，或者鉴定事项超出该鉴定机构业务范围、技术条件的；

（二）鉴定人不具备法定资质，不具有相关专业技术或者职称，或者违反回避规定的；

（三）送检材料、样本来源不明，或者因污染不具备鉴定条件的；

（四）鉴定对象与送检材料、样本不一致的；

（五）鉴定程序违反规定的；

（六）鉴定过程和方法不符合相关专业的规范要求的；

（七）鉴定文书缺少签名、盖章的；

（八）鉴定意见与案件事实没有关联的；

（九）违反有关规定的其他情形。

【理解与适用】

本条沿用《2012年解释》第八十五条的规定。

关于本条第七项“鉴定文书缺少签名、盖章的”，究竟应当直接排除，还是作为瑕疵证据允许补正或者作出合理解释，征求意见过程中存在不同认识。有意见认为，此种情形应作为瑕疵证据，允许补正或者作出合理解释。理由是：实践中，存在个别鉴定人因担心遭受打击报复，拒绝在鉴定意见上签名的情况，相关鉴定意见仅有鉴定单位盖章。这种情况下，并不能否认鉴定意见的证据资格。此外，鉴定意见缺少签名或盖章，部分原因可能是调查或侦查活动疏忽。鉴定意见往往直接关乎罪与非罪及案件的定性，如果直接予以排除将对整个案件办理造成不利影响。有些鉴定文书鉴定的对象存在时效性，若作为应当直接排除的情形，时过境迁可能无法进行再次鉴定。故而，对于仅因疏忽大意或者其他客观原因导致鉴定文书缺少签名或盖章的，只要能作出补正或者合理解释，经法庭查证属实，与其他证据相互印证，且无其他依法应当排除情形的，可以作为定案的依据。

经研究，维持本项规定不变。主要考虑：（1）签名、盖章是鉴定文书的必备要件，缺少签名、盖章，则难以确定鉴定文书的真实性。基于此，对于鉴定文书缺少签名、盖章的，应绝对排除，而不宜纳入瑕疵证据的范畴。（2）“两个证据规定”、《2012年解释》均已明确，鉴定文书缺少签名、盖章的，应当绝对排除。长期以来，这一规定的适用未收到不良反映，说明其符合我国司法实际。本次修改，不宜放松对鉴定意见的要求，否则可能会招致外界批评，引发不良效应。（3）鉴定意见与其他证据相比，不论在法律上还是司法实践中都具有极特殊的地位和作用。而且，出具鉴定意见的鉴定人以向诉讼活动出具鉴定意见为职业，属“职业证人”，应当对其高标准、严要求。鉴定人在出具的鉴定文书上“缺少签名、盖章”，是其对工作严重不负责任或不敢负责任的表现，与讯问笔录上缺少讯问人员签名完全不同，不能视为“瑕疵证据”，而应当绝对排除。

第九十九条 经人民法院通知，鉴定人拒不出庭作证的，鉴定意见不得作为定案的根据。

鉴定人由于不能抗拒的原因或者有其他正当理由无法出庭的，人民法院可以根据情况决定延期审理或者重新鉴定。

鉴定人无正当理由拒不出庭作证的，人民法院应当通报司法行政机关或者有关部门。

【理解与适用】

本条沿用《2012年解释》第八十六条的规定。

鉴定人往往向法庭提供书面意见，而不出庭就鉴定意见接受控辩双方的询问，是我国刑事诉讼庭审中的突出问题之一。鉴此，《刑事诉讼法》第一百九十二条第三款规定：“……经人民法院通知，鉴定人拒不出庭作证的，鉴定意见不得作为定案的根据。”这意味着，经人民法院通知，无论鉴定人不出庭的理由是否正当，也不论是否基于不能抗拒的原因，该鉴定意见在鉴定人未出庭的情况下都不得作为定案的根据。

《六部委规定》第二十九条规定：“……依法应当出庭的鉴定人经人民法院通知未出庭作证的，鉴定意见不得作为定案的根据。鉴定人由于不能抗拒的原因或者有其他正当理由无法出庭的，人民法院可以根据案件审理情况决定延期审理。”需要指出的是，对于鉴定人有正当理由无法出庭的，人民法院可以决定延期审理，也可以决定不延期审理，由人民法院根据案件具体情况把握。本条根据审判实践的具体情况，进一步规范了此种情形下的处理，规定人民法院可以根据情况决定延期审理或者重新鉴定。例如，应当出庭作证的鉴定人在庭审期间身患严重疾病或者行动极为不便的，人民法院根据案件具体情况，可以决定案件延期审理，待鉴定人痊愈后再开庭审理，也可以将该鉴定意见排除，重新进行鉴定。需要注意的是，对于经人民法院通知，鉴定人没有正当理由不出庭作证的，不得适用强制到庭措施。鉴定人在刑事诉讼中的地位不同于证人。证人具有不可替代性和不可指定性，而鉴定人是可以指定和替代的。故对鉴定人拒不出庭的，由其他鉴定人进行鉴定、提出新的鉴定意见即可，没有必要强制鉴定人到庭作证。

根据本条第三款的规定，对没有正当理由拒不出庭作证的鉴定人，人民法院应当通报司法行政机关或者有关部门。对此需要注意以下三个问题：（1）本款适用的是没有正当理由拒不出庭作证的鉴定人，对于鉴定人由于不能抗拒的原因或者其他正当理由无法出庭的，不属于应当通报的情形。（2）根据《最高人民法院、最高人民检察院、公安部、国家安全部、司法部关于做好司法鉴定机构和司法鉴定人备案登记工作的通知》（司发通〔2008〕165号）规定，司法行政部门仅对经检察机关、公安机关、国家安全机关审查合格的所属鉴定机构和鉴定人进行备案登记，对其无管理职能。因此，对于检察机关、公安机关、国家安全机关所属鉴定机构的鉴定人没有正当理由拒不出庭的，人民法院应当通报相应检察机关、公安机关、国家安全机关；对于其他司法鉴定人没有正当理由拒不出庭的，人民法院应当通报司法行政机关。（3）对于没有正当理由拒不出庭作证的鉴定人，司法行政部门或者有关部门可以依照《全国人民代表大会常务委员会关于司法鉴定管理问题的决定》或者其他规定给予相应处罚。例如，根据《全国人民代表大会常务委员会关于司法鉴定管理问题的决定》第十三条的规定，经人民法院通知，鉴定人拒不出庭作证的，可以给予停止从事司法鉴定业务三个月以上一年以下的处罚；情节严重的，撤销登记。

第一百条 **因无鉴定机构，或者根据法律、司法解释的规定，指派、聘请有专门知识的人就案件的专门性问题出具的报告，可以作为证据使用。**

对前款规定的报告的审查与认定，参照适用本节的有关规定。

经人民法院通知，出具报告的人拒不出庭作证的，有关报告不得作为定案的根据。

【理解与适用】

本条根据司法实践反映的问题对《2012 年解释》第八十七条的规定作出修改完善。

《2012 年解释》第八十七条规定："对案件中的专门性问题需要鉴定，但没有法定司法鉴定机构，或者法律、司法解释规定可以进行检验的，可以指派、聘请有专门知识的人进行检验，检验报告可以作为定罪量刑的参考。""对检验报告的审查与认定，参照适用本节的有关规定。""经人民法院通知，检验人拒不出庭作证的，检验报告不得作为定罪量刑的参考。"根据《刑事诉讼法》第五十条第一款的规定，可以用于证明案件事实的材料，都是证据。在司法实践中，大量的关于专门性问题的报告被用于证明案件事实，有些还被用于证明与定罪量刑直接相关的构成要件的事实，发挥着与鉴定意见同等重要的作用。无论从法条的规定来看，还是从司法实务的操作出发，该类报告可以且已经作为证据使用。特别是，在盗窃、诈骗等侵财案件中，被广泛运用的价格认定报告就属于本条所讲的"报告"。目前看来，现实中的专业性问题层出不穷，司法鉴定却非常有限，无法一一涵盖，允许出具报告不仅仅是应急之策，而是已成为常态。而"作为定罪量刑的参考"，并不能反映明确的态度。基于此，本条第一款中将有关报告直接规定为"可以作为证据使用"，在第三款中也相应地修改为"不得作为定案的根据"。

第一百零一条　有关部门对事故进行调查形成的报告，在刑事诉讼中可以作为证据使用；报告中涉及专门性问题的意见，经法庭查证属实，且调查程序符合法律、有关规定的，可以作为定案的根据。

【理解与适用】

本条系新增条文，根据司法实践反映的问题对事故调查报告等证据的认定作出明确。

司法实践中，事故调查报告被广泛运用。此类证据的特点如下：（1）以行政机关或者事故调查组名义出具，且很多时候是集体讨论的结果。（2）内容多涉及单位就其职权范围，依照一定的程序对某一事实进行审查、认定。（3）技术性强，具有不可替代性。例如，火灾事故调查报告记录了火灾的起火时间、起火点、可能的起火原因等对案件事实认定至关重要的因素。由于上述材料无法归入现行的证据种类，实践中对其能否作为刑事证据使用，存在不同认识。基于此，本条作出专门规定。

需要注意的是，根据本条规定，“报告中涉及专门性问题的意见，经法庭查证属实，且调查程序符合法律、有关规定的”，才可以作为定案的根据。首先，事故调查报告中涉及的对专门性问题的意见，其性质实际与鉴定意见类似，也需要接受控辩双方质证，接受法庭调查，只有经查证属实，且调查程序符合法律、有关规定的，才可以作为定案的根据。其次，事故调查报告中常常会涉及其他事项，有关事项与事实认定无关或者不属于专门性问题的，不具有证据性质，不能作为定案的根据。

第六节　勘验、检查、辨认、侦查实验等笔录的审查与认定

第一百零二条　对勘验、检查笔录应当着重审查以下内容：

（一）勘验、检查是否依法进行，笔录制作是否符合法律、有关规定，勘验、检查人员和见证人是否签名或者盖章；

（二）勘验、检查笔录是否记录了提起勘验、检查的事由，勘验、检查的时间、地点，在场人员、现场方位、周围环境等，现场的物品、人身、尸体等的位置、特征等情况，以及勘验、检查的过程；文字记录与实物或者绘图、照片、录像是否相符；现场、物品、痕迹等是否伪造、有无破坏；人身特征、伤害情况、生理状态有无伪装或者变化等；

（三）补充进行勘验、检查的，是否说明了再次勘验、检查的原由，前后勘验、检查的情况是否矛盾。

第一百零三条 勘验、检查笔录存在明显不符合法律、有关规定的情形，不能作出合理解释的，不得作为定案的根据。

【理解与适用】

以上两条沿用《2012年解释》第八十八条、第八十九条的规定。

勘验、检查是指侦查人员、司法人员为了查明案件事实，对与犯罪有关的场所、物品、人身、尸体进行勘查、检验、检查的侦查活动。勘验、检查的性质相同，区别在于对象不同：勘验的对象为现场、物品和尸体；检查的对象为活人的身体。根据《刑事诉讼法》的规定，勘验、检查可以分为现场勘验、物证检验、尸体检验和人身检查。勘验、检查是侦查活动的重要组成部分。勘验、检查笔录是侦查人员、司法人员在对与案件有关的场所、物品、人身、尸体进行勘验、检查过程中，制作的关于勘验、检查中发现的与案件有关的事实情况的记录，对于查明案件事实具有重要意义。《解释》第一百零二条对审判人员在审理案件过程中对勘验、检查笔录应当着重审查的内容予以明确规定。具体而言：

1. 勘验、检查是否依法进行，笔录的制作是否符合法律、有关规定，勘验、检查人员和见证人是否签名或者盖章。《刑事诉讼法》第一百二十八条规定："侦查人员对于与犯罪有关的场所、物品、人身、尸体应当进行勘验或者检查。在必要的时候，可以指派或者聘请具有专门知识的人，在侦查人员的主持下进行勘验、检查。"第一百九十六条规定："法庭审理过程中，合议庭对证据有疑问的，可以宣布休庭，对证据进行调查核实。""人民法院调查核实证据，可以进行勘验、检查、查封、扣押、鉴定和查询、冻结。"无论是侦查机关在侦查活动中进行勘验、检查，还是人民法院为调查核实证据进行勘验、检查，都应当依照法律和司法解释、其他规范性文件进行，严格遵守批准程序，规范制作笔录。

2. 勘验、检查笔录是否记录了提起勘验、检查的事由，勘验、检查的时间、地点，在场人员、现场方位、周围环境等，现场的物品、人身、尸体等的位置、特征等情况，以及勘验、检查的过程；文字记录与实物或者绘图、照片、录像是否相符；现场、物品、痕迹等是否伪造、有无破坏；人身特征、伤害情况、生理状态有无伪装或者变化等。这主要是要求审查勘验、检查笔录的规范性。在审查过程中，要注意审查笔录所记载的内容是否真实，是否由符合法定资格的司法人员制作，笔录格式、用语、签名是否符合规范要求，以及制作过程是否符合法定程序的要求。

3. 补充进行勘验、检查的，是否说明了再次勘验、检查的原由，前后勘验、检查的情况是否矛盾。《刑事诉讼法》第一百三十四条规定："人民检察院审查案件的时候，对公安机关的勘验、检查，认为需要复验、复查时，可以要求公安机关复验、复查，并且可以派检察人员参加。"而且，根据《刑事诉讼法》第一百九十七条的规定，法庭审理过程中，当事人和辩护人、诉讼代理人有权申请重新勘验。无论是何种情形，对于案件存在再次勘验、检查的，应当注意审查再次勘验、检查的原因，并注意审查前后勘验、检查的情况是否矛盾。

此外，毫无疑问的是，根据《解释》第一百三十九条第一款的规定，对证据的真实性，应当综合全案证据进行审查。因此，应当注意审查判断勘验、检查笔录中记载的情况与被告人供述、被害人陈述、鉴定意见等其他证据能否印证，有无矛盾。

根据《解释》第一百零三条的规定，经过上述审查，如果勘验、检查笔录存在明显不符合[①]法律、有关规定的情形，如主体不合法或者未依法回避的、勘验未经依法批准进行的、勘验笔录不合规范的等，法庭应当要求相关人员作出解释或者说明，结合案件其他证据，审查其真实性和关联性；不能作出合理解释或者说明，或者虽经解释或者说明，仍然无法确定其真实性和关联性的，不得作为定案的根据。

第一百零四条　对辨认笔录应当着重审查辨认的过程、方法，以及辨认笔录的制作是否符合有关规定。

① 需要注意的是，此处的表述是"明显"不符合。勘验、检查笔录属于非言词的客观证据，不能轻易排除，加上"明显"的表述更利于根据具体情况予以把握。

第一百零五条 辨认笔录具有下列情形之一的，不得作为定案的根据：

（一）辨认不是在调查人员、侦查人员主持下进行的；

（二）辨认前使辨认人见到辨认对象的；

（三）辨认活动没有个别进行的；

（四）辨认对象没有混杂在具有类似特征的其他对象中，或者供辨认的对象数量不符合规定的；

（五）辨认中给辨认人明显暗示或者明显有指认嫌疑的；

（六）违反有关规定，不能确定辨认笔录真实性的其他情形。

【理解与适用】

以上两条系由《2012 年解释》第九十条拆分而来，并在第一百零五条第一项增加规定“调查人员”，以强化与《监察法》的衔接。

第一百零六条 对侦查实验笔录应当着重审查实验的过程、方法，以及笔录的制作是否符合有关规定。

第一百零七条 侦查实验的条件与事件发生时的条件有明显差异，或者存在影响实验结论科学性的其他情形的，侦查实验笔录不得作为定案的根据。

【理解与适用】

以上两条系由《2012 年解释》第九十一条拆分而来。

第七节 视听资料、电子数据的审查与认定

第一百零八条 对视听资料应当着重审查以下内容：

（一）是否附有提取过程的说明，来源是否合法；

（二）是否为原件，有无复制及复制份数；是复制件的，是否附有无法调取原件的原因、复制件制作过程和原件存放地点的说明，制作人、原视听资料持有人是否签名；

（三）制作过程中是否存在威胁、引诱当事人等违反法律、有关规定的情形；

（四）是否写明制作人、持有人的身份，制作的时间、地点、条件和方法；

（五）内容和制作过程是否真实，有无剪辑、增加、删改等情形；

（六）内容与案件事实有无关联。

对视听资料有疑问的，应当进行鉴定。

【理解与适用】

本条基本沿用《2012 年解释》第九十二条的规定。

视听资料，又称音像证据，是指以录音、录像等音像信息证明案件事实情况的证据材料。本条就审判人员对于视听资料应当着重审查的内容予以明确。具体而言，对于视听资料，应当着重审查以下内容：

1. 是否附有提取过程的说明，来源是否合法。这实际上是要求注重对视听资料的来源的审查。视听资料的来源与其真实性密切相关，因此，审查视听资料的来源是查证视听资料的重要内容。

通常情况下，视听资料是由控辩双方向法庭提供的。从实践来看，控方提供的资料通常是由侦查机关制作的视听资料或者向有关视听资料的制作者、保管者调取的与案件事实有关的视听资料。而辩护方也可以依照法

定程序向证人或者其他单位和个人、被害人或者其近亲属等收集与案件事实相关的视听资料。无论是何方提供的视听资料，法庭首先应当审查其来源是否合法。具体而言，应当从如下方面审查视听资料来源的合法性：视听资料的制作是否依法进行；提取、收集视听资料的过程是否符合相关规定。

2. 是否为原件，有无复制及复制份数；是复制件的，是否附有无法调取原件的原因、复制件制作过程和原件存放地点的说明，制作人、原视听资料持有人是否签名。同书证、物证等传统证据一样，视听资料也适用最佳证据原则。为了防止视听资料被伪造和在复制的过程中被剪辑、增加、删改、编辑，收集、调取的视听资料应当是原件。但是，无法提取原件的，可以复制。在刑事诉讼中，对于上述复制有着严格的要求：无法提取视听资料原件的，可以复制；制作复制件的，制作人不得少于二人；应附有复制件和复制份数的说明，无法调取原件的原因、制作过程和原件存放地点的说明，制作人和原视听资料持有人签名。因此，在法庭审查证据的过程中，也应当审查上述信息。

3. 制作过程中是否存在威胁、引诱当事人等违反法律、有关规定的情形。如果制作过程中存在当事人受到威胁、引诱等违反法律及有关规定的情形的，所制作的视听资料也不具有合法性。

4. 是否写明制作人、持有人的身份，制作的时间、地点、条件和方法。上述信息对于判断视听资料的真实性具有重要意义，故在审查过程中要着重审查有无相关信息，以便更为全面地了解视听资料的制作过程，判断内容和制作过程是否真实，是否被伪造、变造。

5. 内容和制作过程是否真实，有无剪辑、增加、删改等情形。为了判断视听资料的真实性，需要特别注意对视听资料的内容和制作过程的审查，主要是判断有无伪造、变造情形。

在法庭审查过程中，审判人员应当通过听取控辩双方意见、询问相关人员等多种方式审查视听资料的内容和制作过程的真实性，必要时可以进行庭外调查。但是，由于视听资料的技术性较强，一般的伪造、变造情形难以通过审判人员的观察作出认定，需要专业人员的辅助。因此，本条第二款规定："对视听资料有疑问的，应当进行鉴定。"具体而言，对视听资料有疑问的，应当进行声像资料鉴定，包括对U盘、光盘等载体上记录的声音、图像信息的真实性、完整性及其所反映的情况进行的鉴定和对记录的声音、图像中的语言、人体、物体作出种类或者同一认定。一般而言，对视听资料进行鉴定主要有两个目的：（1）视听资料上记录的声音、图像信息的真实性、完整性，即对该视听资料是否系伪造、变造进行鉴定；（2）视听资料所记录的声音、图像中的语言、人体、物体是否与案件所涉及的犯罪嫌疑人、被告人、被害人等具有关联。

6. 内容与案件事实有无关联。通过前述审查，在判断视听资料的合法性和真实性之余，还应当对视听资料与案件事实的关联性进行审查。只有与案件事实有关联性的视听资料，才能作为证据使用；不具有关联性的，不应当作为证据使用。需要注意的是，视听资料的部分内容与案件事实具有关联性的，可以通过技术手段提取该部分内容作为证据使用。

第一百零九条　**视听资料具有下列情形之一的，不得作为定案的根据：**

（一）系篡改、伪造或者无法确定真伪的；

（二）制作、取得的时间、地点、方式等有疑问，不能作出合理解释的。

【理解与适用】

本条根据司法实践反映的问题对《2012 年解释》第九十四条的规定作出修改完善。

第一百一十条　**对电子数据是否真实，应当着重审查以下内容：**

（一）是否移送原始存储介质；在原始存储介质无法封存、不便移动时，有无说明原因，并注明收集、提取过程及原始存储介质的存放地点或者电子数据的来源等情况；

（二）是否具有数字签名、数字证书等特殊标识；

（三）收集、提取的过程是否可以重现；

（四）如有增加、删除、修改等情形的，是否附有说明；

（五）完整性是否可以保证。

第一百一十一条 对电子数据是否完整，应当根据保护电子数据完整性的相应方法进行审查、验证：

（一）审查原始存储介质的扣押、封存状态；

（二）审查电子数据的收集、提取过程，查看录像；

（三）比对电子数据完整性校验值；

（四）与备份的电子数据进行比较；

（五）审查冻结后的访问操作日志；

（六）其他方法。

第一百一十二条 对收集、提取电子数据是否合法，应当着重审查以下内容：

（一）收集、提取电子数据是否由二名以上调查人员、侦查人员进行，取证方法是否符合相关技术标准；

（二）收集、提取电子数据，是否附有笔录、清单，并经调查人员、侦查人员、电子数据持有人、提供人、见证人签名或者盖章；没有签名或者盖章的，是否注明原因；对电子数据的类别、文件格式等是否注明清楚；

（三）是否依照有关规定由符合条件的人员担任见证人，是否对相关活动进行录像；

（四）采用技术调查、侦查措施收集、提取电子数据的，是否依法经过严格的批准手续；

（五）进行电子数据检查的，检查程序是否符合有关规定。

第一百一十三条 电子数据的收集、提取程序有下列瑕疵，经补正或者作出合理解释的，可以采用；不能补正或者作出合理解释的，不得作为定案的根据：

（一）未以封存状态移送的；

（二）笔录或者清单上没有调查人员或者侦查人员、电子数据持有人、提供人、见证人签名或者盖章的；

（三）对电子数据的名称、类别、格式等注明不清的；

（四）有其他瑕疵的。

第一百一十四条 电子数据具有下列情形之一的，不得作为定案的根据：

（一）系篡改、伪造或者无法确定真伪的；
（二）有增加、删除、修改等情形，影响电子数据真实性的；
（三）其他无法保证电子数据真实性的情形。

【理解与适用】

以上五条系新增条文，吸收自《电子数据规定》的相关规定。

随着信息时代的到来，越来越多的刑事案件涉及电子数据。电子数据的审查运用常常涉及信息网络等专业知识。审判人员在办理相关案件时，特别是在办理网络犯罪案件时，一方面，要熟悉《刑事诉讼法》《解释》以及《电子数据规定》有关电子数据收集提取移送的要求；另一方面，应当对有关专业知识有基本的了解，以为切实履行审查职责、准确认定案件事实奠定基础。

第一百一十五条　**对视听资料、电子数据，还应当审查是否移送文字抄清材料以及对绰号、暗语、俗语、方言等不易理解内容的说明。未移送的，必要时，可以要求人民检察院移送。**

【理解与适用】

本条系新增条文。

司法实践反映，视听资料和电子数据中涉及的视听内容，往往视听效果不好，难以听辨，需要侦查机关进行说明，否则难以采信。基于此，有必要要求侦查机关提供文字抄清材料，故本条作出相应规定。

第八节　技术调查、侦查证据的审查与认定

第一百一十六条　依法采取技术调查、侦查措施收集的材料在刑事诉讼中可以作为证据使用。

采取技术调查、侦查措施收集的材料，作为证据使用的，应当随案移送。

【理解与适用】

本条系新增条文，规定了技术调查、侦查证据材料的随案移送规则。

《刑事诉讼法》第一百五十四条规定：“依照本节规定采取侦查措施收集的材料在刑事诉讼中可以作为证据使用……”据此，通过技术调查、侦查措施收集的材料（以下简称“技侦材料”），具有刑事诉讼的证据资格已无异议。实践中存在的问题是哪些技侦材料应当随案移送？由于技侦材料相对特殊，使用不当可能暴露有关人员的身份、技术方法，威胁技侦人员的安全，增强罪犯的反调查能力或反侦查能力。因此，实践中，通常采取将技侦材料转化为被告人供述、证人证言等其他证据的方式来证明案件事实。但是，如果技侦材料无法完全转化，需要运用技侦材料本身来直接证明案件事实时，技侦材料是否应当随案移送？经研究认为，如果技侦材料要作为证据使用，则必须随案移送，进而接受法庭审查；未随案移送、未经法庭审查的技侦材料，不可能具有诉讼证据的性质和功能，更不能作为定案根据；技侦材料未随案移送的，人民法院只能根据在案证据认定案件事实。基于此，本条第一款在明确了技侦材料的刑事证据资格之后，第二款进一步明确了技侦材料随案移送规则，要求采取技术调查、侦查措施收集的材料，作为证据使用的，应当随案移送。对于未随案移送的，人民法院只能根据在案证据裁判，这是当然之义。

第一百一十七条 使用采取技术调查、侦查措施收集的证据材料可能危及有关人员的人身安全，或者可能产生其他严重后果的，可以采取下列保护措施：

（一）使用化名等代替调查、侦查人员及有关人员的个人信息；

（二）不具体写明技术调查、侦查措施使用的技术设备和技术方法；

（三）其他必要的保护措施。

【理解与适用】

本条系新增条文，规定了移送技术调查、侦查证据材料的保护措施及相关问题。

第一百一十八条 移送技术调查、侦查证据材料的，应当附采取技术调查、侦查措施的法律文书、技术调查、侦查证据材料清单和有关说明材料。

移送采用技术调查、侦查措施收集的视听资料、电子数据的，应当制作新的存储介质，并附制作说明，写明原始证据材料、原始存储介质的存放地点等信息，由制作人签名，并加盖单位印章。

【理解与适用】

本条系新增条文，明确了技术调查、侦查证据材料的移送相关问题。

第一百一十九条 对采取技术调查、侦查措施收集的证据材料，除根据相关证据材料所属的证据种类，依照本章第二节至第七节的相应规定进行审查外，还应当着重审查以下内容：

（一）技术调查、侦查措施所针对的案件是否符合法律规定；

（二）技术调查措施是否经过严格的批准手续，按照规定交有关机关执行；技术侦查措施是否在刑事立案后，经过严格的批准手续；

（三）采取技术调查、侦查措施的种类、适用对象和期限是否按照批准决定载明的内容执行；

（四）采取技术调查、侦查措施收集的证据材料与其他证据是否矛盾；存在矛盾的，能否得到合理解释。

【理解与适用】

本条系新增条文。

技术调查、侦查证据并非单独的证据种类，而是通常表现为视听资料、电子数据等类型，故根据前述证据分类审查规定进行审查判断即可。本条只是进一步强调了关于技术调查、侦查措施本身应当审查的要点。

第一百二十条 采取技术调查、侦查措施收集的证据材料，应当经过当庭出示、辨认、质证等法庭调查程序查证。

当庭调查技术调查、侦查证据材料可能危及有关人员的人身安全，或者可能产生其他严重后果的，法庭应当采取不暴露有关人员身份和技术调查、侦查措施使用的技术设备、技术方法等保护措施。必要时，审判人员可以在庭外对证据进行核实。

【理解与适用】

本条系新增条文，明确了技术调查、侦查证据材料的当庭调查及庭外核实的有关问题。

第一百二十一条 采用技术调查、侦查证据作为定案根据的，人民法院在裁判文书中可以表述相关证据的名称、证据种类和证明对象，但不得表述有关人员身份和技术调查、侦查措施使用的技术设备、技术方法等。

【理解与适用】

本条系新增条文，明确裁判文书应当注意的问题。

第一百二十二条 人民法院认为应当移送的技术调查、侦查证据材料未随案移送的，应当通知人民检察院在指定时间内移送。人民检察院未移送的，人民法院应当根据在案证据对案件事实作出认定。

【理解与适用】

本条系新增条文，明确了技术调查、侦查证据材料的补充移送和处理问题。

第九节 非法证据排除

第一百二十三条 采用下列非法方法收集的被告人供述，应当予以排除：

（一）采用殴打、违法使用戒具等暴力方法或者变相肉刑的恶劣手段，使被告人遭受难以忍受的痛苦而违背意愿作出的供述；

（二）采用以暴力或者严重损害本人及其近亲属合法权益等相威胁的方法，使被告人遭受难以忍受的痛苦而违背意愿作出的供述；

（三）采用非法拘禁等非法限制人身自由的方法收集的被告人供述。

【理解与适用】

本条系新增条文，吸收《非法证据排除规定》第二条至第四条的规定，对非法口供的范围作出明确。

第一百二十四条 采用刑讯逼供方法使被告人作出供述，之后被告人受该刑讯逼供行为影响而作出的与该供述相同的重复性供述，应当一并排除，但下列情形除外：

（一）调查、侦查期间，监察机关、侦查机关根据控告、举报或者自己发现等，确认或者不能排除以非法方法收集证据而更换调查、侦查人员，其他调查、侦查人员再次讯问时告知有关权利和认罪的法律后果，被告人自愿供述的；

（二）审查逮捕、审查起诉和审判期间，检察人员、审判人员讯问时告知诉讼权利和认罪的法律后果，被告人自愿供述的。

【理解与适用】

本条系新增条文，吸收《非法证据排除规定》第五条的规定，对非法口供的范围作出明确，并增加了监察机关收集口供所涉情形的相应规定。

第一百二十五条 采用暴力、威胁以及非法限制人身自由等非法方法收集的证人证言、被害人陈述，应当予以排除。

【理解与适用】

本条系新增条文，吸收《非法证据排除规定》第六条的规定，对非法证人证言、被害人陈述的范围作出明确。

第一百二十六条 **收集物证、书证不符合法定程序，可能严重影响司法公正的，应当予以补正或者作出合理解释；不能补正或者作出合理解释的，对该证据应当予以排除。**

认定“可能严重影响司法公正”，应当综合考虑收集证据违反法定程序以及所造成后果的严重程度等情况。

【理解与适用】

本条系新增条文，吸收《非法证据排除规定》第七条的规定，对非法实物证据的范围作出明确。

关于视听资料、电子数据是否也适用本条规则，征求意见过程中，存在不同认识。反对意见的主要考虑是：(1)《非法证据排除规定》未规定视听资料、电子数据等同于物证排除方法和范围，而且对于其非法取证的判断方法，在《非法证据排除规定》制定过程中，也存在不同认识。(2) 视听资料、电子数据虽然特征接近于物证、书证，但是就客观性而言，视听资料、电子数据与物证、书证相比仍有所不同。鉴于对此问题存在不同认识，本条未作明确规定。

第一百二十七条 **当事人及其辩护人、诉讼代理人申请人民法院排除以非法方法收集的证据的，应当提供涉嫌非法取证的人员、时间、地点、方式、内容等相关线索或者材料。**

【理解与适用】

本条沿用《2012年解释》第九十六条的规定。

《非法证据排除规程》第五条规定："被告人及其辩护人申请排除非法证据，应当提供相关线索或者材料。'线索'是指内容具体、指向明确的涉嫌非法取证的人员、时间、地点、方式等；'材料'是指能够反映非法取证的伤情照片、体检记录、医院病历、讯问笔录、讯问录音录像或者同监室人员的证言等。""被告人及其辩护人申请排除非法证据，应当向人民法院提交书面申请。被告人书写确有困难的，可以口头提出申请，但应当记录在案，并由被告人签名或者捺印。"

第一百二十八条 人民法院向被告人及其辩护人送达起诉书副本时，应当告知其申请排除非法证据的，应当在开庭审理前提出，但庭审期间才发现相关线索或者材料的除外。

【理解与适用】

本条沿用《2012年解释》第九十七条的规定。

讨论中，有意见建议增加规定"被告人及其辩护人申请非法证据排除，但不能提供相关线索或材料的，人民法院可以直接驳回"。经研究认为，相关问题宜交由司法实践裁量把握。据了解，有的法院对于此种情形，仍会通过查阅同步录音录像等方式进行核实。故而，不作明确规定，交由司法实践裁量把握，更为妥当。

第一百二十九条 开庭审理前，当事人及其辩护人、诉讼代理人申请人民法院排除非法证据的，人民法院应当在开庭前及时将申请书或者申请笔录及相关线索、材料的复制件送交人民检察院。

【理解与适用】

本条沿用《2012年解释》第九十八条的规定。

第一百三十条 开庭审理前，人民法院可以召开庭前会议，就非法证据排除等问题了解情况，听取意见。

在庭前会议中，人民检察院可以通过出示有关证据材料等方式，对证据收集的合法性加以说明。必要时，可以通知调查人员、侦查人员或者其他人员参加庭前会议，说明情况。

【理解与适用】

本条根据司法实践反映的问题，结合《非法证据排除规定》第二十五条第一款、《非法证据排除规程》第十条第一款对《2012年解释》第九十九条的规定作出修改完善。

1. 申请排除非法证据，并提供相关线索或者材料的，即足以说明证据收集的合法性存在疑问，符合召开庭前会议的情形。

2.《非法证据排除规定》第二十五条第一款规定："被告人及其辩护人在开庭审理前申请排除非法证据，按照法律规定提供相关线索或者材料的，人民法院应当召开庭前会议……"司法实践反映，对于证据收集的合法性存在疑问的，可以通过庭前会议加以解决，也可以通过庭审程序中对证据合法性的审查加以解决。特别是，有意见提出，考虑到提押被告人等现实问题，基于庭审实质化的考虑，此种情形下通过庭审程序解决不失为一种更为可取的措施。鉴于《非法证据排除规定》系联合规范性文件，需要协商一致才能作出调整。故而，本条第一款规定"开庭审理前，人民法院可以召开庭前会议，就非法证据排除等问题了解情况，听取意见"，以更具灵活性和包容性。

3. 考虑到当前侦查人员或者其他人员出庭说明情况在操作上确有一定难度，而实践反映，侦查人员或者其他人员到庭前会议说明情况更具可操作性。本着循序渐进和实事求是的原则，本条专门规定必要时可以通知有关人员参加庭前会议，说明情况。

4.《监察法》第三十三条第一款规定："监察机关依照本法规定收集的物证、书证、证人证言、被调查人供述和辩解、视听资料、电子数据等证据材料，在刑事诉讼中可以作为证据使用。"第三款规定："以非法方法收集的证据应当依法予以排除，不得作为案件处置的依据。"《解释》重申了监察证据的刑事证据资格问题。而对监察调查人员收集的监察证据的合法性，也可能成为需要审查判断的问题。此种情况下，监察调查人员参加庭前会议并说明情况，对于证明取证活动的合法性，确保庭审顺利进行和相关证据的采信具有重要意义。而且，《人民检察院刑事诉讼规则》第四百一十条第一款规定："在法庭审理过程中，被告人及其辩护人提出被告人庭前供述系非法取得，审判人员认为需要进行法庭调查的，公诉人可以通过……提请法庭通知调查人员、侦查人员或者其他人员出庭说明情况等方式，对证据收集的合法性加以证明。"基于此，本条进一步明确可以通知调查人员参加庭前会议，说明情况。

第一百三十一条 在庭前会议中，人民检察院可以撤回有关证据。撤回的证据，没有新的理由，不得在庭审中出示。

当事人及其辩护人、诉讼代理人可以撤回排除非法证据的申请。撤回申请后，没有新的线索或者材料，不得再次对有关证据提出排除申请。

【理解与适用】

本条系新增条文，吸收《非法证据排除规定》第二十五条的相关规定。

需要注意的是，对于在庭前会议中对证据收集的合法性达成一致意见，但在庭审中反悔的情形，在公诉案件第一审普通程序一章的"庭前会议与庭审衔接"一节中作出规定，此处不再重复规定。

第一百三十二条　当事人及其辩护人、诉讼代理人在开庭审理前未申请排除非法证据，在庭审过程中提出申请的，应当说明理由。人民法院经审查，对证据收集的合法性有疑问的，应当进行调查；没有疑问的，驳回申请。

驳回排除非法证据的申请后，当事人及其辩护人、诉讼代理人没有新的线索或者材料，以相同理由再次提出申请的，人民法院不再审查。

【理解与适用】

本条系新增条文，吸收《非法证据排除规定》第二十九条的规定。

第一百三十三条　控辩双方在庭前会议中对证据收集是否合法未达成一致意见，人民法院对证据收集的合法性有疑问的，应当在庭审中进行调查；对证据收集的合法性没有疑问，且无新的线索或者材料表明可能存在非法取证的，可以决定不再进行调查并说明理由。

【理解与适用】

本条系新增条文，吸收《非法证据排除规定》第二十六条的规定并作出修改完善。

《非法证据排除规定》第二十六条规定，控辩双方在庭前会议中对证据收集是否合法未达成一致意见，“人民法院对证据收集的合法性没有疑问，且没有新的线索或者材料表明可能存在非法取证的，可以决定不再进行调查”，但没有要求说明理由。征求意见过程中，有意见建议此种情形下应当说明不再进行调查的理由。经研究认为，上述意见确有道理，予以采纳。

第一百三十四条 庭审期间，法庭决定对证据收集的合法性进行调查的，应当先行当庭调查。但为防止庭审过分迟延，也可以在法庭调查结束前调查。

【理解与适用】

本条根据《非法证据排除规定》对《2012年解释》第一百条的规定作出修改完善，确立了证据收集合法性的先行调查规则。

《非法证据排除规定》第三十条规定："庭审期间，法庭决定对证据收集的合法性进行调查的，应当先行当庭调查。但为防止庭审过分迟延，也可以在法庭调查结束前进行调查。"本条吸收上述规定。

此外，《非法证据排除规定》第三十三条第二款规定："在法庭作出是否排除有关证据的决定前，不得对有关证据宣读、质证。"司法实践反映，上述规定难以执行。在对有关证据出示、质证前，要求先行公布对证据收集合法性的法庭调查结论，再对有关证据出示、质证，可能由于辩方对调查结论的不认可，进而不配合进行证据的出示、质证，导致庭审无法顺利进行。而且，有意见认为，要求在法庭作出是否排除有关证据的决定前不得对有关证据宣读、质证，主要是英美法系国家的做法。英美法系如此操作，是为了避免让陪审团受到非法证据的干扰。我国的刑事诉讼制度，包括人民陪审员制度，与英美法系有很大不同。在我国，对证据是否合法、是否应当排除，是由合议庭，包括由法官和人民陪审员共同组成的合议庭，作出认定和决定，要求在作出是否排除决定前不得对有关证据宣读、质证，似无实际意义。经研究，上述意见确有合理之处，但鉴于《非法证据排除规定》系联合制定的规范性文件，本条未作出调整。

第一百三十五条 法庭决定对证据收集的合法性进行调查的，由公诉人通过宣读调查、侦查讯问笔录、出示提讯登记、体检记录、对讯问合法性的核查材料等证据材料，有针对性地播放讯问录音录像，提请法庭通知有关调查人员、侦查人员或者其他人员出庭说明情况等方式，证明证据收集的合法性。

讯问录音录像涉及国家秘密、商业秘密、个人隐私或者其他不宜公开内容的，法庭可以决定对讯问录音录像不公开播放、质证。

公诉人提交的取证过程合法的说明材料，应当经有关调查人员、侦查人员签名，并加盖单位印章。未经签名或者盖章的，不得作为证据使用。上述说明材料不能单独作为证明取证过程合法的根据。

【理解与适用】

本条根据《非法证据排除规定》第三十一条、《非法证据排除规程》第二十条对《2012年解释》第一百零一条的规定作出修改完善。

法庭在对证据收集的合法性进行调查时，会涉及监察机关采取留置、调查措施等相关证据材料。基于此，本条第一款增加涉及监察机关调查活动的相关内容。

本条规定的“讯问录音录像”不限于侦查录音录像，也包括监察调查讯问录音录像在内。《人民检察院刑事诉讼规则》第二百六十三条第二款规定：“对于监察机关移送起诉的案件，认为需要调取有关录音、录像的，可以商监察机关调取。”《人民检察院刑事诉讼规则》第七十六条规定：“对于提起公诉的案件，被告人及其辩护人提出审前供述系非法取得，并提供相关线索或者材料的，人民检察院可以将讯问录音、录像连同案卷材料一并移送人民法院。”可见，调查过程的录音录像虽然不随案移送，但可以依法调取。对于已经调取的监察调查讯问录音录像，应当允许播放，以更好地发挥其证明取证合法性的作用。

《非法证据排除规定》第三十一条规定：“公诉人对证据收集的合法性加以证明，可以出示讯问笔录、提讯登记、体检记录、采取强制措施或者侦查措施的法律文书、侦查终结前对讯问合法性的核查材料等证据材料，有针对性地播放讯问录音录像，提请法庭通知侦查人员或者其他人员出庭说明情况。”“被告人及其辩护人可以出示相关线索或者材料，并申请法庭播放特定时段的讯问录音录像。”“侦查人员或者其他人员出庭，应当向法庭说明证据收集过程，并就相关情况接受发问。对发问方式不当或者内容与证据收集的合法性无关的，法庭应当制止。”“公诉人、被告人及其辩护人可以对证据收集的合法性进行质证、辩论。”

第一百三十六条 控辩双方申请法庭通知调查人员、侦查人员或者其他人员出庭说明情况，法庭认为有必要的，应当通知有关人员出庭。

根据案件情况，法庭可以依职权通知调查人员、侦查人员或者其他人员出庭说明情况。

调查人员、侦查人员或者其他人员出庭的，应当向法庭说明证据收集过程，并就相关情况接受控辩双方和法庭的询问。

【理解与适用】

本条系新增条文，吸收《非法证据排除规定》第三十一条、《非法证据排除规程》第二十一条的规定，并根据《监察法》有关规定，增加了有关调查人员的内容。

《人民检察院刑事诉讼规则》第四百一十条第一款规定：“在法庭审理过程中，被告人及其辩护人提出被告人庭前供述系非法取得，审判人员认为需要进行法庭调查的，公诉人可以通过出示讯问笔录、提讯登记、体检记录、采取强制措施或者侦查措施的法律文书、侦查终结前对讯问合法性进行核查的材料等证据材料，有针对性地播放讯问录音、录像，提请法庭通知调查人员、侦查人员或者其他人员出庭说明情况等方式，对证据收集的合法性加以证明。”

第一百三十七条 法庭对证据收集的合法性进行调查后，确认或者不能排除存在刑事诉讼法第五十六条规定的以非法方法收集证据情形的，对有关证据应当排除。

【理解与适用】

本条根据《非法证据排除规定》对《2012 年解释》第一百零二条的规定作出修改完善。

关于启动证据收集合法性调查后在再次开庭时应当宣布证据合法性调查结论，《非法证据排除规定》第三十三条第一款规定："法庭对证据收集的合法性进行调查后，应当当庭作出是否排除有关证据的决定。必要时，可以宣布休庭，由合议庭评议或者提交审判委员会讨论，再次开庭时宣布决定。"本条吸收了上述规定，但是有意见认为本条关于当庭作出是否排除有关证据决定的规定，实践中难以做到，且可能在一些案件中影响法庭审理的有序推进。鉴于《非法证据排除规定》系联合规范性文件，本条未作出调整。

第一百三十八条 具有下列情形之一的，第二审人民法院应当对证据收集的合法性进行审查，并根据刑事诉讼法和本解释的有关规定作出处理：

（一）第一审人民法院对当事人及其辩护人、诉讼代理人排除非法证据的申请没有审查，且以该证据作为定案根据的；

（二）人民检察院或者被告人、自诉人及其法定代理人不服第一审人民法院作出的有关证据收集合法性的调查结论，提出抗诉、上诉的；

（三）当事人及其辩护人、诉讼代理人在第一审结束后才发现相关线索或者材料，申请人民法院排除非法证据的。

【理解与适用】

本条沿用《2012 年解释》第一百零三条的规定。

第十节　证据的综合审查与运用

第一百三十九条　对证据的真实性，应当综合全案证据进行审查。

对证据的证明力，应当根据具体情况，从证据与案件事实的关联程度、证据之间的联系等方面进行审查判断。

【理解与适用】

本条根据司法实践反映的问题对《2012年解释》第一百零四条的规定作出修改完善。

宣告被告人无罪的，只要证据之间存在无法排除的矛盾和无法解释的疑问即可。故而，《2012年解释》第一百零四条第三款“证据之间具有内在联系，共同指向同一待证事实，不存在无法排除的矛盾和无法解释的疑问的，才能作为定案的根据”的规定存在瑕疵，予以删去。

第一百四十条　没有直接证据，但间接证据同时符合下列条件的，可以认定被告人有罪：

（一）证据已经查证属实；

（二）证据之间相互印证，不存在无法排除的矛盾和无法解释的疑问；

（三）全案证据形成完整的证据链；

（四）根据证据认定案件事实足以排除合理怀疑，结论具有唯一性；

（五）运用证据进行的推理符合逻辑和经验。

【理解与适用】

本条沿用《2012 年解释》第一百零五条的规定，仅对表述作了微调。

第一百四十一条 根据被告人的供述、指认提取到了隐蔽性很强的物证、书证，且被告人的供述与其他证明犯罪事实发生的证据相互印证，并排除串供、逼供、诱供等可能性的，可以认定被告人有罪。

【理解与适用】

本条沿用《2012 年解释》第一百零六条的规定。

第一百四十二条 对监察机关、侦查机关出具的被告人到案经过、抓获经过等材料，应当审查是否有出具该说明材料的办案人员、办案机关的签名、盖章。

对到案经过、抓获经过或者确定被告人有重大嫌疑的根据有疑问的，应当通知人民检察院补充说明。

【理解与适用】

本条根据司法实践反映的问题对《2012 年解释》第一百零八条的规定作出修改完善。

考虑到审判程序中人民法院不宜直接要求侦查机关补充说明，故将相关规定调整为“通知人民检察院补充说明”。同时，增加对监察机关出具的犯罪嫌疑人到案经过等材料的审查要求。

征求意见过程中，有意见建议本条维持《2012 年解释》的表述，即

"对到案经过、抓获经过或者确定被告人有重大嫌疑的根据有疑问的，应当要求侦查机关补充说明"。理由是：除检察机关直接立案侦查的案件，实践中绝大多数案件，人民检察院并未参与抓获被告人、或接受被告人的投案，并不了解上述情况，难以进行说明，这类情况也不属于补充侦查的事由，由检察机关转达法院要求，再转交侦查机关的说明，反而影响庭审效率。经研究，未采纳上述意见。主要考虑：根据刑事诉讼流程，审判程序中人民法院不宜直接要求侦查机关补充说明。人民法院通知人民检察院补充说明，而后由人民检察院协调侦查机关出具相关说明材料，更为适宜。

第一百四十三条　下列证据应当慎重使用，有其他证据印证的，可以采信：

（一）生理上、精神上有缺陷，对案件事实的认知和表达存在一定困难，但尚未丧失正确认知、表达能力的被害人、证人和被告人所作的陈述、证言和供述；

（二）与被告人有亲属关系或者其他密切关系的证人所作的有利于被告人的证言，或者与被告人有利害冲突的证人所作的不利于被告人的证言。

【理解与适用】

本条沿用《2012年解释》第一百零九条的规定。

本条对特殊言词证据的采信规则作了规定。被告人供述与辩解、被害人陈述、证人证言是刑事诉讼中重要的证据种类，被称为"言词证据"，又称为"人证"。言词证据是刑事诉讼中的常见证据形式，本身往往含有较大的信息量，具有较强的证明力，很多情况下能够证明案件的全部或者主要事实，能够作为直接证据使用。但是，言词证据是以作证主体的言词形式存在，故容易受到作证主体自身因素的影响，容易发生变化，甚至出现虚假的情况。因此，对言词证据的审查需要根据其特点认真进行，特别是对特殊作证主体出具的言词证据，更是应当慎重使用，审慎采信。基于上述考虑，本条专门作了规定。

1. 作证主体的能力存在特殊性的言词证据的采信。根据《刑事诉讼法》第六十二条第二款的规定，生理上、精神上有缺陷，但尚未丧失辨别是非、正确表达能力的人，仍然可以作为证人。尽管这类人尚未丧失正确认知、表达能力，但由于生理上、精神上有缺陷，在对案件事实的认知和表达上存在一定困难，其所作证言的真实性容易受到影响，容易出现失真的情形，故需谨慎审查和使用。

2. 作证主体与被告人有特殊关系的言词证据的采信。包括与被告人有亲属关系或者其他密切关系的证人所作的有利于被告人的证言（如被告人的父亲所作的案发时被告人在家睡觉、未在案发现场的证言），或者与被告人有利害冲突的证人所作的不利于被告人的证言。显然，这类证言也需谨慎使用。因此，在实践中，应当重视审查证人与本案当事人有无亲属或者其他利害关系。

需要注意的是，本条并未排斥此类证据作为定案的根据，只是要求在审查判断这类证据时应当更加谨慎，要着重审查其能否与在案其他证据相互印证，如果能相互印证的，仍然可以采信为认定案件事实的根据。

第一百四十四条 证明被告人自首、坦白、立功的证据材料，没有加盖接受被告人投案、坦白、检举揭发等的单位的印章，或者接受人员没有签名的，不得作为定案的根据。

对被告人及其辩护人提出有自首、坦白、立功的事实和理由，有关机关未予认定，或者有关机关提出被告人有自首、坦白、立功表现，但证据材料不全的，人民法院应当要求有关机关提供证明材料，或者要求有关人员作证，并结合其他证据作出认定。

第一百四十五条 证明被告人具有累犯、毒品再犯情节等的证据材料，应当包括前罪的裁判文书、释放证明等材料；材料不全的，应当通知人民检察院提供。

【理解与适用】

以上两条沿用《2012年解释》第一百一十条、第一百一十一条的规定，仅将“证明被告人构成累犯、毒品再犯的证据材料”适度扩展为所有与从重处罚情节相关的证据材料，并将此类材料不全情形下“要求有关机关提供”修改为“通知人民检察院提供”。

征求意见过程中，有意见提出，与从重处罚情节相关的材料提供主体应明确，以防止相关部门推诿，应当明确由检察机关提供。理由是：检察机关是指控被告人构成累犯、毒品再犯的公诉方，负有提供完整的证据材料的责任。当证据材料不全时，应当由检察院进行收集补充，而不宜由法院直接向制作前罪裁判文书或者释放证明等材料的机关收集。经研究，采纳上述意见，《解释》第一百四十五条将《2012年解释》第一百一十一条规定的“有关机关”调整“人民检察院”。

第一百四十六条　审查被告人实施被指控的犯罪时或者审判时是否达到相应法定责任年龄，应当根据户籍证明、出生证明文件、学籍卡、人口普查登记、无利害关系人的证言等证据综合判断。

证明被告人已满十二周岁、十四周岁、十六周岁、十八周岁或者不满七十五周岁的证据不足的，应当作出有利于被告人的认定。

【理解与适用】

本条根据《刑法修正案（十一）》对《2012年解释》第一百一十二条的规定作出修改完善，以将年龄认定包括“已满十二周岁”的情形。

根据本条第二款的规定，证明被告人处于相应法定责任年龄的证据不足的，应当作出有利于被告人的认定。由于对被告人处于相应法定责任年龄的认定，影响被告人是否负刑事责任或者所负刑事责任的大小，影响具体刑罚裁量，故而，应当采取严格的标准，要求认定的证据确实充分、排除合理怀疑，而不能适用优势证据标准。如果无充分证据证明被告人实施被指控的犯罪时已满十八周岁的，则应当认定其不满十八周岁；如果无充分证据证明被告人实施指控的犯罪时已满十六周岁的，则应当认定其不满十六周岁；如果无充分证据证明被告人实施被指控的犯罪时已满十四周岁的，则应当认定其不满十四周岁；如果无充分证据证明被告人实施被指控的犯罪时已满十二周岁的，则应当认定其不满十二周岁。相反，如果无充分证据证明行为人实施指控的犯罪时不满七十五周岁的，则应当认定其已满七十五周岁。

第五章 强制措施

强制措施对于保证刑事诉讼的正常进行，保障犯罪嫌疑人、被告人的合法权益具有重要作用。《刑事诉讼法修改决定》对强制措施的修改只有一处，即增加一款，作为《刑事诉讼法》第八十一条的第二款："批准或者决定逮捕，应当将犯罪嫌疑人、被告人涉嫌犯罪的性质、情节，认罪认罚等情况，作为是否可能发生社会危险性的考虑因素。"本章沿用《2012年解释》第五章"强制措施"的条文，并根据司法实践反映的情况作了修改完善，主要涉及：（1）明确继续取保候审、监视居住的决定规则；（2）根据司法实践反映的情况对个别条文作了微调，如对取保候审、监视居住送交公安机关执行的情形删去了"同级"的限定；（3）规定强制措施的自动解除制度。

第一百四十七条 人民法院根据案件情况，可以决定对被告人拘传、取保候审、监视居住或者逮捕。

对被告人采取、撤销或者变更强制措施的，由院长决定；决定继续取保候审、监视居住的，可以由合议庭或者独任审判员决定。

【理解与适用】

本条根据司法实践反映的问题对《2012年解释》第一百一十三条的规定作出修改完善。

《2012年解释》第一百一十三条第二款规定："对被告人采取、撤销或者变更强制措施的，由院长决定。"征求意见过程中，有意见建议将"由院长决定"修改为"由院长、庭长或承办案件的审判员决定"，理由是：被告人在取保候审或监视居住的情况下，经常存在案件不能正常审结、一审与二审相互转换、宣判缓刑、判处无罪等情形，上述程序皆有法律规定，可以根据具体情况决定，只规定由院长决定显然已不适应当前司法体制改革的要求。经研究，部分采纳上述意见。主要考虑：（1）强制措施的变更涉及对被告人人身自由的限制或者剥夺，应当十分慎重。《刑事诉讼法》第八十九条规定："人民检察院审查批准逮捕犯罪嫌疑人由检察长决定。重大案件应当提交检察委员会讨论决定。"与之相对应，法院阶段变更强制措施，一般也应当由院长决定为宜。但是，在审判阶段延续此前所采取的强制措施的，可以由合议庭或者独任审判员决定。（2）据进一步向人民检察院了解情况，不少地方检察机关对于延续侦查阶段的取保候审、监视居住的，也不需要报请检察长批准。

第一百四十八条　**对经依法传唤拒不到庭的被告人，或者根据案件情况有必要拘传的被告人，可以拘传。**

拘传被告人，应当由院长签发拘传票，由司法警察执行，执行人员不得少于二人。

拘传被告人，应当出示拘传票。对抗拒拘传的被告人，可以使用戒具。

【理解与适用】

本条沿用《2012年解释》第一百一十四条的规定。

征求意见过程中，有意见建议明确"有必要拘传"的具体情形，将第一款修改为："被告人具有下列情形的，可以拘传：（一）经依法传唤拒不到庭的；（二）无固定住所的；（三）传唤可能导致被告人逃跑的；（四）传唤可能导致被告人毁灭、伪造证据、串供、干扰证人作证的；（五）其他有必要拘传的情形。"理由是：从调研看，拘传的适用率很低，与司法解释规定适用拘传的条件不够明确有一定关系，故建议对"有必要拘传"作进一步细化。经研究，未采纳该意见。主要考虑的是：拘传措施手续相对复杂，但时间过短，故而实践中或者适用传唤，或者适用拘留，较少适用拘传。上述现象与拘传情形是否明确并无必然关联。相关问题可以在司法实践中裁量处理，无需作出专门规定。

第一百四十九条 拘传被告人，持续的时间不得超过十二小时；案情特别重大、复杂，需要采取逮捕措施的，持续的时间不得超过二十四小时。不得以连续拘传的形式变相拘禁被告人。应当保证被拘传人的饮食和必要的休息时间。

【理解与适用】

本条沿用《2012 年解释》第一百一十五条的规定。

第一百五十条 被告人具有刑事诉讼法第六十七条第一款规定情形之一的，人民法院可以决定取保候审。

对被告人决定取保候审的，应当责令其提出保证人或者交纳保证金，不得同时使用保证人保证与保证金保证。

【理解与适用】

本条沿用《2012 年解释》第一百一十六条的规定。

征求意见过程中，有意见建议研究解决犯罪嫌疑人、被告人、上诉人由于年龄、身体状况、原判决羁押期限届满等客观原因必然办理取保候审但不能提供保证人、保证金或有效联系方式的法律解决方案。理由是：这种情况在老年“水客”走私、流窜人员等轻刑案件上诉中长期、频繁出现，亟须加以解决。经研究认为，在现行法律未作出调整的情况下，司法解释似无法针对上述问题作出明确规定，宜在司法实践个案裁量处理。

第一百五十一条 对下列被告人决定取保候审的，可以责令其提出一至二名保证人：

（一）无力交纳保证金的；

（二）未成年或者已满七十五周岁的；
（三）不宜收取保证金的其他被告人。

【理解与适用】

本条沿用《2012年解释》第一百一十七条的规定。

第一百五十二条 人民法院应当审查保证人是否符合法定条件。符合条件的，应当告知其必须履行的保证义务，以及不履行义务的法律后果，并由其出具保证书。

【理解与适用】

本条根据司法实践反映的问题对《2012年解释》第一百一十八条的规定作出修改完善，增加了告知“不履行义务的法律后果”的规定。

第一百五十三条 对决定取保候审的被告人使用保证金保证的，应当依照刑事诉讼法第七十二条第一款的规定确定保证金的具体数额，并责令被告人或者为其提供保证金的单位、个人将保证金一次性存入公安机关指定银行的专门账户。

【理解与适用】

本条沿用《2012年解释》第一百一十九条的规定。

采取保证金形式保证的，被取保候审人除符合法律规定的条件外，其本人或者其法定代理人、亲友、所在单位等可以代其交纳保证金。如果被取保候审人没有经济来源、无力交纳保证金或者依靠他人生活，一般不适用保证金保证。采取保证金形式保证的，应当将保证金一次性存入公安机关指定银行的专门账户。

第一百五十四条　人民法院向被告人宣布取保候审决定后，应当将取保候审决定书等相关材料送交当地公安机关。

对被告人使用保证金保证的，应当在核实保证金已经存入公安机关指定银行的专门账户后，将银行出具的收款凭证一并送交公安机关。

【理解与适用】

本条根据司法实践反映的问题对《2012年解释》第一百二十条的规定作出修改完善。

《2012年解释》第一百二十条第一款规定："人民法院向被告人宣布取保候审决定后，应当将取保候审决定书等相关材料送交当地同级公安机关执行；被告人不在本地居住的，送交其居住地公安机关执行。"根据司法实践反映的问题，本条作了两处调整：

1. 从实践来看，取保候审都是由基层公安机关执行，具体会落实到派出所。对于中级人民法院、高级人民法院决定取保候审的案件，不可能由市公安局或者省公安厅执行。基于此，删去了第一款中关于"同级"的规定。

2. 征求意见过程中，有意见提出，在司法实践中，很多被告人的户籍地和住所地均在外地，户籍地和住所地不一致时，取保候审的执行机关到底是户籍地公安机关还是住所地公安机关，实践中存在不同认识。人民法院送交执行的公安机关认为被告人并不居住在辖区，户籍地公安机关认为被告人已外出务工并不居住在户籍地，导致法院送交的取保候审决定书杳无音信，被告人脱管和再犯罪问题突出。而且，对公安机关来说，同属一个系统，材料的交接、工作的协调配合更为方便。经研究，删去本条第一款关于"被告人不在本地居住的，送交其居住地公安机关执行"的规定。

第一百五十五条 被告人被取保候审期间，保证人不愿继续履行保证义务或者丧失履行保证义务能力的，人民法院应当在收到保证人的申请或者公安机关的书面通知后三日以内，责令被告人重新提出保证人或者交纳保证金，或者变更强制措施，并通知公安机关。

【理解与适用】

本条沿用《2012年解释》第一百二十一条的规定。

第一百五十六条 人民法院发现保证人未履行保证义务的，应当书面通知公安机关依法处理。

【理解与适用】

本条系新增条文，根据司法实践反映的问题，明确了对保证人未履行保证义务，但尚未构成犯罪情形的处理方式。

第一百五十七条 根据案件事实和法律规定，认为已经构成犯罪的被告人在取保候审期间逃匿的，如果系保证人协助被告人逃匿，或者保证人明知被告人藏匿地点但拒绝向司法机关提供，对保证人应当依法追究责任。

【理解与适用】

本条根据司法实践反映的问题对《2012年解释》第一百二十二条的规定作出修改完善。

《2012年解释》第一百二十二条规定："根据案件事实和法律规定，认为已经构成犯罪的被告人在取保候审期间逃匿的，如果系保证人协助被告人逃匿，或者保证人明知被告人藏匿地点但拒绝向司法机关提供，对保证人应当依法追究刑事责任。”经研究认为，保证人“协助被告人逃匿”或者“明知被告人藏匿地点但拒绝向司法机关提供”的，不一定一律构成犯罪，特别是后一种情形，通常不构成犯罪。故而，本条作出修改完善，将“追究刑事责任”修改为“追究责任”，使表述更为严谨。

第一百五十八条 人民法院发现使用保证金保证的被取保候审人违反刑事诉讼法第七十一条第一款、第二款规定的，应当书面通知公安机关依法处理。

人民法院收到公安机关已经没收保证金的书面通知或者变更强制措施的建议后，应当区别情形，在五日以内责令被告人具结悔过，重新交纳保证金或者提出保证人，或者变更强制措施，并通知公安机关。

人民法院决定对被依法没收保证金的被告人继续取保候审的，取保候审的期限连续计算。

【理解与适用】

本条根据司法实践反映的问题对《2012年解释》第一百二十三条的规定作出修改完善，将第一款规定的“应当提出没收部分或者全部保证金的书面意见，连同有关材料一并送交负责执行的公安机关处理”修改为“应当书面通知公安机关依法处理”。

第一百五十九条 对被取保候审的被告人的判决、裁定生效后，如果保证金属于其个人财产，且需要用以退赔被害人、履行附带民事赔偿义务或者执行财产刑的，人民法院可以书面通知公安机关移交全部保证金，由人民法院作出处理，剩余部分退还被告人。

【理解与适用】

本条根据司法实践反映的问题对《2012年解释》第一百二十四条的规定作出修改完善，对人民法院可以书面通知公安机关移交全部保证金限定为需要“用以退赔被害人、履行附带民事赔偿义务或者执行财产刑”的情形。

第一百六十条 对具有刑事诉讼法第七十四条第一款、第二款规定情形的被告人，人民法院可以决定监视居住。

人民法院决定对被告人监视居住的，应当核实其住处；没有固定住处的，应当为其指定居所。

【理解与适用】

本条沿用《2012年解释》第一百二十五条的规定。

第一百六十一条 人民法院向被告人宣布监视居住决定后，应当将监视居住决定书等相关材料送交被告人住处或者指定居所所在地的公安机关执行。

对被告人指定居所监视居住后，人民法院应当在二十四小时以内，将监视居住的原因和处所通知其家属；确实无法通知的，应当记录在案。

【理解与适用】

本条根据司法实践反映的问题对《2012年解释》第一百二十六条的规定作出修改完善。

《2012年解释》第一百二十六条第一款规定：“人民法院向被告人宣布

监视居住决定后，应当将监视居住决定书等相关材料送交被告人住处或者指定居所所在地的同级公安机关执行。”监视居住都是由基层公安机关执行，具体会落实到派出所。对于中级人民法院、高级人民法院决定监视居住的案件，不可能由市公安局或者省公安厅执行。基于此，删去了第一款中关于“同级”的规定。

第一百六十二条　人民检察院、公安机关已经对犯罪嫌疑人取保候审、监视居住，案件起诉至人民法院后，需要继续取保候审、监视居住或者变更强制措施的，人民法院应当在七日以内作出决定，并通知人民检察院、公安机关。

决定继续取保候审、监视居住的，应当重新办理手续，期限重新计算；继续使用保证金保证的，不再收取保证金。

【理解与适用】

本条根据司法实践反映的问题对《2012年解释》第一百二十七条的规定作出修改完善。

关于本条第二款，征求意见过程中，有意见建议增加“但适用速裁程序、简易程序的除外”。理由是：对于适用速裁程序、简易程序等能在受理案件后一个月以内审结的刑事案件，原办案机关采取的强制措施尚未期满的，人民法院也可以不重新采取强制措施。速裁程序、简易程序重在快捷，如法院再重新办理取保候审手续无实际意义，徒增诉累，浪费审判资源，与速裁程序、简易程序目的不相符。经研究认为，上述意见反映的是司法实践中客观存在的现实问题，所提建议有其实践合理性。《刑事诉讼法》并未规定到审判阶段继续采取取保候审、监视居住的，应当重新办理手续。本条之所以规定第二款，旨在防止将取保候审最长不超过十二个月、监视居住最长不超过六个月理解为整个刑事诉讼过程的期限要求。但是上述意见所涉问题，涉及与公安机关和检察机关的协调问题；而且，相关问题实际操作会比较复杂，如采取保证人方式的，保证人是否愿意在新的刑事诉讼阶段继续承担保证义务，恐难一概而论，至少应当让保证人在签署保证书时作出明确。总之，相关问题无法通过《解释》予以明确，下一步可视情同意通过联合制定规范性文件加以解决。

《2012年解释》第一百二十七条第三款规定："人民法院不得对被告人重复采取取保候审、监视居住措施。"司法实践反映上述规定存在歧义。例如，一审法院对于取保候审的被告人决定逮捕，逮捕后因患病等原因不能羁押的，仍然只能取保候审，此种情况是否属于"重复取保候审"有不同认识。鉴此，删去该款规定。

在不同审判程序中，是否可以对被告人各采取不超过十二个月的取保候审、不超过六个月的监视居住措施，存在不同认识。例如，一审已经取保候审十二个月，二审可否再次取保候审。考虑到实际情况，明确不同审判程序可以分别采取取保候审；在同一个审判程序中，根据实际需要，取保候审可以重复采取，但累计最长不得超过十二个月。基于此，本条第三款原本拟规定："在同一个审判程序中，人民法院对被告人取保候审最长不得超过十二个月，监视居住最长不得超过六个月。"征求意见过程中，存在不同认识。有意见提出，根据《刑事诉讼法》第七十九条第一款的规定，人民法院对犯罪嫌疑人、被告人取保候审最长不得超过十二个月，监视居住最长不得超过六个月。法律没有规定在不同的审判程序中取保候审、监视居住的期限可以分别计算。经研究认为，分阶段把握取保候审、监视居住的期限更符合司法实际。上述意见可能会导致对符合取保候审、监视居住的被告人，由于期限的限制，不得已变更为羁押性强制措施的情形，反而不利于被告人，不符合降低羁押性强制措施适用的基本趋势。但鉴于对有关问题的认识尚未统一，《解释》未作明确规定。待条件成熟时，再通过适当方式作出明确。

此外，征求意见过程中，有意见建议增加规定："第二审人民法院审理期间，一审法院对被告人已经采取的取保候审、监视居住尚未到期的，继续有效，二审法院应当及时通知执行机关变更办案单位；已经到期需要继续采取取保候审、监视居住强制措施的，可以委托一审法院代为办理相关手续。"理由是：（1）参照在押被告人不同阶段仅需办理换押手续，而不用另行决定逮捕的做法，有利于提高诉讼效率；（2）一审法院已经办理过相关强制措施，且负责判决的交付执行，委托一审法院办理相关手续，有利于统一协调，减少不必要的诉讼耗费。经研究认为，上述意见认为二审法院应当与一审法院共用取保候审、监视居住的期限，又认为在二审法院在借用一审法院的取保候审、监视居住的期限到期后，可以重复决定取保候审、监视居住，明显违背《刑事诉讼法》和《解释》的相关规定，故未予采纳。相关问题可以交由司法实践裁量把握。但需要指出的是，如果二审法院未重新办理取保候审、监视居住手续，则二审阶段的取保候审、监视居住期限只能是一审阶段取保候审、监视居住的剩余时间。

第一百六十三条 对具有刑事诉讼法第八十一条第一款、第三款规定情形的被告人，人民法院应当决定逮捕。

【理解与适用】

本条沿用《2012年解释》第一百二十八条的规定。

第一百六十四条 被取保候审的被告人具有下列情形之一的，人民法院应当决定逮捕：

（一）故意实施新的犯罪的；

（二）企图自杀或者逃跑的；

（三）毁灭、伪造证据，干扰证人作证或者串供的；

（四）打击报复、恐吓滋扰被害人、证人、鉴定人、举报人、控告人等的；

（五）经传唤，无正当理由不到案，影响审判活动正常进行的；

（六）擅自改变联系方式或者居住地，导致无法传唤，影响审判活动正常进行的；

（七）未经批准，擅自离开所居住的市、县，影响审判活动正常进行，或者两次未经批准，擅自离开所居住的市、县的；

（八）违反规定进入特定场所、与特定人员会见或者通信、从事特定活动，影响审判活动正常进行，或者两次违反有关规定的；

（九）依法应当决定逮捕的其他情形。

【理解与适用】

本条根据司法实践反映的问题对《2012年解释》第一百二十九条的规定作出修改完善，主要是在第四项的行为方式增加规定了“恐吓滋扰”，对象增加规定了“证人、鉴定人……等”。

第一百六十五条　被监视居住的被告人具有下列情形之一的，人民法院应当决定逮捕：

（一）具有前条第一项至第五项规定情形之一的；

（二）未经批准，擅自离开执行监视居住的处所，影响审判活动正常进行，或者两次未经批准，擅自离开执行监视居住的处所的；

（三）未经批准，擅自会见他人或者通信，影响审判活动正常进行，或者两次未经批准，擅自会见他人或者通信的；

（四）对因患有严重疾病、生活不能自理，或者因怀孕、正在哺乳自己婴儿而未予逮捕的被告人，疾病痊愈或者哺乳期已满的；

（五）依法应当决定逮捕的其他情形。

【理解与适用】

本条沿用《2012年解释》第一百三十条的规定。

第一百六十六条　对可能判处徒刑以下刑罚的被告人，违反取保候审、监视居住规定，严重影响诉讼活动正常进行的，可以决定逮捕。

【理解与适用】

本条系新增条文。

《全国人民代表大会常务委员会关于〈中华人民共和国刑事诉讼法〉第七十九条第三款的解释》规定："根据刑事诉讼法第七十九条第三款的规定，对于被取保候审、监视居住的可能判处徒刑以下刑罚的犯罪嫌疑人、被告人，违反取保候审、监视居住规定，严重影响诉讼活动正常进行的，可以予以逮捕。"

第一百六十七条 人民法院作出逮捕决定后，应当将逮捕决定书等相关材料送交公安机关执行，并将逮捕决定书抄送人民检察院。逮捕被告人后，人民法院应当将逮捕的原因和羁押的处所，在二十四小时以内通知其家属；确实无法通知的，应当记录在案。

【理解与适用】

本条根据司法实践反映的问题对《2012年解释》第一百三十一条的规定作出修改完善，将送交执行由"同级公安机关"调整为"公安机关"。

第一百六十八条 人民法院对决定逮捕的被告人，应当在逮捕后二十四小时以内讯问。发现不应当逮捕的，应当立即释放。必要时，可以依法变更强制措施。

【理解与适用】

本条根据司法实践反映的问题对《2012年解释》第一百三十二条的规定作出修改完善。

《刑事诉讼法》第九十四条规定："人民法院、人民检察院对于各自决定逮捕的人，公安机关对于经人民检察院批准逮捕的人，都必须在逮捕后的二十四小时以内进行讯问。在发现不应当逮捕的时候，必须立即释放，发给释放证明。”“立即释放”涉及当事人的人身自由权利。基于此，本条将《2012年解释》第一百三十二条规定发现不应当逮捕的“应当变更强制措施或者立即释放”调整为“应当立即释放。必要时，可以依法变更强制措施”。

第一百六十九条 被逮捕的被告人具有下列情形之一的，人民法院可以变更强制措施：

（一）患有严重疾病、生活不能自理的；

（二）怀孕或者正在哺乳自己婴儿的；

（三）系生活不能自理的人的唯一扶养人。

【理解与适用】

本条沿用《2012年解释》第一百三十三条的规定。

第一百七十条 被逮捕的被告人具有下列情形之一的，人民法院应当立即释放；必要时，可以依法变更强制措施：

（一）第一审人民法院判决被告人无罪、不负刑事责任或者免予刑事处罚的；

（二）第一审人民法院判处管制、宣告缓刑、单独适用附加刑，判决尚未发生法律效力的；

（三）被告人被羁押的时间已到第一审人民法院对其判处的刑期期限的；

（四）案件不能在法律规定的期限内审结的。

【理解与适用】

本条根据司法实践反映的问题对《2012年解释》第一百三十四条的规定作出修改完善。

《刑事诉讼法》第二百六十条规定："第一审人民法院判决被告人无罪、免除刑事处罚的，如果被告人在押，在宣判后应当立即释放。""立即释放"涉及当事人的人身自由权利。基于此，本条将《2012年解释》第一百三十四条的规定作了相应修改完善，强调"应当立即释放"，并规定"必要时，可以依法变更强制措施"。

征求意见过程中，有意见提出，本条第三项规定"被告人被羁押的时间已到第一审人民法院对其判处的刑期期限的"情形，必要时可以依法变更强制措施，并不妥当。对于"只有被告人上诉的"情形，应当解除而非变更强制措施。理由是：根据上诉不加刑原则，即便被告人构成犯罪，二审也不能判处超过一审判处的刑罚，而被告人羁押的期限已经达到一审所判刑罚期限，即其一审刑罚实际已经执行完毕，此时即便二审变更为取保候审，这也是对被告人权利的一种限制。经研究认为，上述意见与实践不符。如不采取任何强制措施，可能导致后续审判无法顺利进行。基于此，未采纳上述意见。

此外，根据《最高人民法院研究室关于对一审宣告无罪的被告人采取强制措施有关问题的答复》（法研〔2015〕54号）的规定，第一审人民法院宣判后，可能存在抗诉或者上诉，为保障后续诉讼顺利进行，应当变更或者解除强制措施，具体手续由第一审人民法院办理。

顺带提及的是，司法实践中，对于撤回起诉的案件，往往会换押回检察院，由检察院予以释放。

第一百七十一条　**人民法院决定释放被告人的，应当立即将释放通知书送交公安机关执行。**

【理解与适用】

本条根据司法实践反映的问题对《2012年解释》第一百三十五条的规定作出修改完善。

《2012年解释》第一百三十五条规定："人民法院决定变更强制措施或者释放被告人的，应当立即将变更强制措施决定书或者释放通知书送交公安机关执行。"从实践操作来看，对于人民法院决定释放被告人的，应当立即将释放通知书送交公安机关执行。对于需要继续采取取保候审、监视居住等非羁押性强制措施的，会另行制作相关决定书，送交公安机关执行。对于不再采取任何强制措施的，除给公安机关的释放通知书外，通常不会有其他法律文书。鉴此，本条作了适当调整。

第一百七十二条　被采取强制措施的被告人，被判处管制、缓刑的，在社区矫正开始后，强制措施自动解除；被单处附加刑的，在判决、裁定发生法律效力后，强制措施自动解除；被判处监禁刑的，在刑罚开始执行后，强制措施自动解除。

【理解与适用】

本条系新增条文。

鉴于对于交付执行刑罚的罪犯，此前采取强制措施的，法院不会出具解除强制措施文书，本条规定了强制措施的自动解除制度。具体而言：（1）被判处管制、缓刑的，在社区矫正开始后，强制措施自动解除；（2）被单处附加刑的，在判决、裁定发生法律效力后，强制措施自动解除；（3）被判处监禁刑的，在刑罚开始执行后，强制措施自动解除。

需要注意的是，本条规定的"社区矫正开始""刑罚开始执行"，是指已经实际开始执行刑罚或者缓刑，而非送交执行手续。主要考虑：被采取强制措施的被告人在实际执行刑罚前，强制措施不当然解除。实践中，有观点认为，强制措施均为判决生效前的措施，其逻辑是判决一旦生效就进入了执行程序，对罪犯监禁、监外执行或者社区矫正，不存在判决生效后还要采取强制措施的问题。这一观点不符合实际情况，有部分被判处监禁刑的被告人，由于看守所拒收或者由于等待监外执行鉴定等原因，即使判决已经生效，实际上却未能被收监执行，一方面监禁刑尚未实际执行，另一方面没有其他监管措施，势必造成监管漏洞，可能存在罪犯判刑未入狱又犯新罪的情况，对于审判人员而言也存在渎职风险，故对于监禁刑判决尚未实际执行前，对被告人仍然存在监管的必要。而且，强制措施是为了保证刑事诉讼而并非仅是为了刑事审判的顺利进行而设置的措施，刑罚执行也是刑事诉讼的一个重要环节。因此，应当明确强制措施的自动解除从交付执行刑罚而非判决、裁定生效之日起。

第一百七十三条 对人民法院决定逮捕的被告人，人民检察院建议释放或者变更强制措施的，人民法院应当在收到建议后十日以内将处理情况通知人民检察院。

【理解与适用】

本条沿用《2012年解释》第一百三十六条的规定。

第一百七十四条 被告人及其法定代理人、近亲属或者辩护人申请变更、解除强制措施的，应当说明理由。人民法院收到申请后，应当在三日以内作出决定。同意变更、解除强制措施的，应当依照本解释规定处理；不同意的，应当告知申请人，并说明理由。

【理解与适用】

本条沿用《2012年解释》第一百三十七条的规定，仅对表述略作修改。

需要注意的是，《保障律师执业权利规定》第二十二条规定："辩护律师书面申请变更或者解除强制措施的，办案机关应当在三日以内作出处理决定。辩护律师的申请符合法律规定的，办案机关应当及时变更或者解除强制措施；经审查认为不应当变更或者解除强制措施的，应当告知辩护律师，并书面说明理由。”在《解释》施行后，可以继续适用《保障律师执业权利规定》，即对不应当变更或者解除强制措施的，应当告知辩护律师，并“书面”说明理由。当然，下一步在完善《保障律师执业权利规定》时，也可以考虑根据实践情况，会同有关部门作进一步研究，视情决定是否作出调整。

第六章 附带民事诉讼

附带民事诉讼是刑事诉讼的一项重要制度。刑事诉讼过程中，在解决被告人刑事责任的同时，一并解决被害人物质损失的赔偿问题，有利于节约诉讼资源，有效维护被害方的合法权益，化解社会矛盾，切实贯彻宽严相济刑事政策，实现“案结事了”。《刑事诉讼法修改决定》未涉及附带民事诉讼问题。本章沿用《2012年解释》第六章“附带民事诉讼”的条文，仅对个别条文根据司法实践反映的问题作了微调。

第一百七十五条 **被害人因人身权利受到犯罪侵犯或者财物被犯罪分子毁坏而遭受物质损失的，有权在刑事诉讼过程中提起附带民事诉讼；被害人死亡或者丧失行为能力的，其法定代理人、近亲属有权提起附带民事诉讼。**

因受到犯罪侵犯，提起附带民事诉讼或者单独提起民事诉讼要求赔偿精神损失的，人民法院一般不予受理。

【理解与适用】

本条基本沿用《2012年解释》第一百三十八条的规定，仅将第二款规定的“人民法院不予受理”调整为“人民法院一般不予受理”，以更好地适应司法实践的复杂情况。

1.《刑事诉讼法》第一百零一条规定，被害人由于被告人的犯罪行为而遭受物质损失的，在刑事诉讼过程中，有权提起附带民事诉讼。《民法典》第一百八十七条规定，民事主体因同一行为应当承担民事责任、行政责任和刑事责任的，承担行政责任或者刑事责任不影响承担民事责任。《民法典》第一千一百八十三条第一款规定，侵害自然人人身权益造成严重精神损害的，被侵权人有权请求精神损害赔偿。对于因犯罪行为遭受精神损失的，能否提起附带民事诉讼或者单独提起民事诉讼要求赔偿精神损失，存在不同认识。经研究，本条第二款明确规定："因受到犯罪侵犯，提起附带民事诉讼或者单独提起民事诉讼要求赔偿精神损失的，人民法院一般不予受理。"主要考虑如下：

第一，《刑事诉讼法》第一百零一条明确规定："被害人由于被告人的犯罪行为而遭受物质损失的，在刑事诉讼过程中，有权提起附带民事诉讼……"第一百零三条规定："人民法院审理附带民事诉讼案件，可以进行调解，或者根据物质损失情况作出判决、裁定。"若认为对精神损失可以另行提起民事诉讼，则意味着《刑事诉讼法》第一百零一条有关只有遭受物质损失的才能提起附带民事诉讼、附带民事诉讼只能根据物质损失判赔的规定将失去实际意义。绝大部分被害人会选择在刑事案件审结后，另行提起民事诉讼，要求同时赔偿物质损失和精神损失，这样势必导致附带民事诉讼制度被架空、虚置，附带民事诉讼制度有利于切实维护被害方合法权益、有利于化解社会矛盾、有利于贯彻宽严相济刑事政策、有利于节约司法资源等重要功能无法发挥。

第二，若认为对精神损失可以另行提起民事诉讼，则意味着，就同一犯罪行为，被害方可以同一理由，两次提出损失赔偿要求，势必存在"一事两诉"的问题。

第三，从司法实践看，刑事案件审结后，特别是被告人被送监服刑或者执行死刑后，往往连有关赔偿被害方物质损失的附带民事判决都难以得到实际执行。若赋予被害方对精神损失可以另行提起民事诉讼的权利，只会制造"空判"，引发新的社会矛盾。

2. 征求意见过程中，关于被害人家属参加诉讼的问题，讨论中形成两种观点：一种观点认为，没有提起附带民事诉讼的被害人家属不得参加诉讼，理由是《刑事诉讼法》并没有将被害人家属规定为诉讼参与人，其参与诉讼没有法律依据，如其坚持参加诉讼，应建议其提起附带民事诉讼，并以附带民事诉讼原告人身份参与庭审；另一种观点认为，被害人家属可以参加诉讼，理由是：（1）被害人对犯罪嫌疑人、被告人有控诉的权利，在被害人死亡的情况下，被害人该项权利转移给被害人家属。（2）在审判实践中，提起附带民事诉讼的被害人家属在庭审中可就刑事部分发表意见。同理，未提起附带民事诉讼的被害人家属也应享有同样的权利。（3）不允许被害人家属参加诉讼，不利于矛盾化解。经研究认为，上述问题是司法实践反映较多的问题，但与本条不直接相关。实践中各地做法不一，有的不让被害人家属出庭，有的则基于平息矛盾的角度考虑，让被害人家属出庭。整体看来，这一问题宜交由司法实践裁量把握，待进一步总结司法经验，适时再作统一规定。

第一百七十六条　被告人非法占有、处置被害人财产的，应当依法予以追缴或者责令退赔。被害人提起附带民事诉讼的，人民法院不予受理。追缴、退赔的情况，可以作为量刑情节考虑。

【理解与适用】

本条沿用《2012年解释》第一百三十九条的规定。

根据《刑法》《刑事诉讼法》的规定，对被害人因犯罪行为遭受物质损失，能够通过追缴、责令退赔程序获得救济的，则不能提起附带民事诉讼。《刑法》第六十四条规定："犯罪分子违法所得的一切财物，应当予以追缴或者责令退赔；对被害人的合法财产，应当及时返还……"据此，在被告人非法占有、处置被害人财产的情况下，司法机关依法负有追缴被告人的违法所得或者责令其退赔的职责、义务，无需由被害人通过附带民事诉讼要求被告人返还或者赔偿；由司法机关予以追缴或者责令退赔，也更有利于维护被害人合法权益；被害人提起附带民事诉讼的，人民法院依法不予受理。

第一百七十七条　国家机关工作人员在行使职权时，侵犯他人人身、财产权利构成犯罪，被害人或者其法定代理人、近亲属提起附带民事诉讼的，人民法院不予受理，但应当告知其可以依法申请国家赔偿。

【理解与适用】

本条沿用《2012年解释》第一百四十条的规定。

根据《国家赔偿法》的规定，被害人因犯罪行为遭受物质损失，能够通过国家赔偿获得救济的，则不能提起附带民事诉讼。根据国家赔偿法第三条、第四条、第十七条、第十八条的规定，对行政机关及其工作人员，行使侦查、检察、审判职权的机关以及看守所、监狱管理机关及其工作人员，在行使职权时侵犯他人人身、财产权利构成犯罪的，受害人有权获得国家赔偿，且赔偿范围要大于附带民事诉讼的赔偿范围，因此，如受害人提起附带民事诉讼的，人民法院不予受理，应告知其可以依法申请国家赔偿。

第一百七十八条　人民法院受理刑事案件后，对符合刑事诉讼法第一百零一条和本解释第一百七十五条第一款规定的，可以告知被害人或者其法定代理人、近亲属有权提起附带民事诉讼。

有权提起附带民事诉讼的人放弃诉讼权利的，应当准许，并记录在案。

【理解与适用】

本条沿用《2012年解释》第一百四十一条的规定。

征求意见过程中，有意见提出，刑事案件的被害人范围较广，大到死亡重伤，小到轻微伤、轻微财产损失的都有，而实践中由于被害人没有联系方式、变更联系方式、家庭住址不详等，无法通知的情形很常见。对于上述情形如何处理，存在不同认识。经研究认为，对于无法直接告知或者电话通知的，往往可以通过送达传票等方式告知其有权提起附带民事诉讼。对于穷尽相关方式确实无法告知的，应当记录在案。对此，司法实践可以裁量处理。

第一百七十九条 国家财产、集体财产遭受损失，受损失的单位未提起附带民事诉讼，人民检察院在提起公诉时提起附带民事诉讼的，人民法院应当受理。

人民检察院提起附带民事诉讼的，应当列为附带民事诉讼原告人。

被告人非法占有、处置国家财产、集体财产的，依照本解释第一百七十六条的规定处理。

【理解与适用】

本条沿用《2012年解释》第一百四十二条的规定。

征求意见过程中，有意见建议将本条第一款修改为“国家财产、集体财产遭受损失，破坏生态环境和资源保护，食品药品安全领域侵害众多消费者合法权益，侵害英雄烈士的姓名、肖像、名誉、荣誉等损害社会公共利益，受损失的单位未提起附带民事诉讼，人民检察院在提起公诉时提起附带民事诉讼、附带民事公益诉讼的，人民法院应当受理。”理由是：一是人民检察院提起附带民事诉讼并不以“受损失的单位未提起附带民事诉讼”作为前提条件。《刑事诉讼法》第一百零一条第二款规定：“如果是国家财产、集体财产遭受损失的，人民检察院在提起公诉的时候，可以提起附带民事诉讼。”没有附加任何限制条件。据此，人民检察院提起附带民事诉讼不需要像提起附带民事公益诉讼一样履行公告的前置程序，也不需要有关单位明示放弃提起附带民事公益诉讼的权利，只要国家财产、集体财产遭受损失，人民检察院就是适格的附带民事诉讼原告。二是根据《民事诉讼法》《英雄烈士保护法》及公益诉讼司法实践，建议增加刑事附带民事公益诉讼的内容。

经研究认为：（1）关于建议删去“受损失的单位未提起附带民事诉讼”的内容，根据《刑事诉讼法》第一百零一条的规定，在国家财产、集体财产遭受损失的情况下，如果相关案件存在被害单位的情况下，被害单位和人民检察院均可以提起附带民事诉讼。如果两个主体同时提起附带民事诉讼，应当优先保护被害单位提起附带民事诉讼的权利，故不宜删去上述内容。（2）关于刑事附带民事公益诉讼的问题，《解释》暂不作出明确规定。

主要考虑如下：其一，《刑事诉讼法》第一百零一条规定："被害人由于被告人的犯罪行为而遭受物质损失的，在刑事诉讼过程中，有权提起附带民事诉讼……"可见，《刑事诉讼法》只明确规定了刑事附带民事诉讼，未明确提及公益诉讼可以在刑事诉讼过程中附带提起。其二，《民事诉讼法》《英雄烈士保护法》确实规定了公益诉讼的内容，但也未明确提及刑事附带民事公益诉讼。其三，关于刑事附带民事公益诉讼的相关问题，《最高人民法院、最高人民检察院关于检察公益诉讼案件适用法律若干问题的解释》作了相对具体的规定，司法实践中可以继续适用该解释的规定。目前，该解释施行时间不长，可以待其继续适用一段时间后，根据司法实践的情况再作总结，通过修改《刑事诉讼法》的方式对附带民事公益诉讼的问题作出进一步明确。

第一百八十条　附带民事诉讼中依法负有赔偿责任的人包括：

（一）刑事被告人以及未被追究刑事责任的其他共同侵害人；

（二）刑事被告人的监护人；

（三）死刑罪犯的遗产继承人；

（四）共同犯罪案件中，案件审结前死亡的被告人的遗产继承人；

（五）对被害人的物质损失依法应当承担赔偿责任的其他单位和个人。

附带民事诉讼被告人的亲友自愿代为赔偿的，可以准许。

【理解与适用】

本条沿用《2012年解释》第一百四十三条的规定。

在《2012年解释》起草过程中，有意见提出，应当明确规定，未尽到安全保障义务的公共场所管理人，以及承担机动车交强险、商业险的保险公司也可以作为附带民事诉讼被告人。经研究，未采纳上述建议，主要考虑：依法应当对被害人因犯罪行为遭受的物质损失承担赔偿责任的人员范围较为广泛，难以一一列举，正因如此，《解释》设置了兜底条款。审判实践中，需要根据有关法律的规定，结合具体案件情况，确定附带民事诉讼被告人的具体范围。例如，被害人在娱乐场所遭到第三人的犯罪行为侵害，而娱乐场所管理人未尽到安全保障义务的，根据有关规定，娱乐场所管理人对被害人的物质损失承担相应的补充赔偿责任，此时，其就可以成为附带民事诉讼的共同被告人。又如，因交通肇事造成人身伤亡、财产损失的，根据《道路交通安全法》第七十六条的规定，由保险公司在机动车第三者责任强制保险责任限额范围内予以赔偿；不足的部分，由肇事人根据过错情况予以赔偿。如案发后，保险公司未在保险责任限额范围内作出赔偿的，也可以将其作为附带民事诉讼的共同被告人。

第一百八十一条　被害人或者其法定代理人、近亲属仅对部分共同侵害人提起附带民事诉讼的，人民法院应当告知其可以对其他共同侵害人，包括没有被追究刑事责任的共同侵害人，一并提起附带民事诉讼，但共同犯罪案件中同案犯在逃的除外。

被害人或者其法定代理人、近亲属放弃对其他共同侵害人的诉讼权利的，人民法院应当告知其相应法律后果，并在裁判文书中说明其放弃诉讼请求的情况。

【理解与适用】

本条沿用《2012年解释》第一百四十四条的规定。

需要注意的是：（1）本条第二款规定的“放弃对其他共同侵害人的诉讼权利”，既包括被害人或者其法定代理人、近亲属经人民法院告知后，仍不对有关共同侵害人提起附带民事诉讼，也包括经人民法院告知后，虽对有关共同侵害人提起附带民事诉讼，但在诉讼中放弃对部分共同侵害人的诉讼请求的。（2）本条第二款规定的“相应法律后果”，是指被害人或者其法定代理人、近亲属放弃对部分共同侵害人的诉讼权利的，其他共同侵害人对被放弃诉讼请求的侵害人应当承担的赔偿份额不承担连带责任。责任范围难以确定的，推定各共同侵害人承担同等责任。

第一百八十二条 附带民事诉讼的起诉条件是：

（一）起诉人符合法定条件；

（二）有明确的被告人；

（三）有请求赔偿的具体要求和事实、理由；

（四）属于人民法院受理附带民事诉讼的范围。

第一百八十三条 共同犯罪案件，同案犯在逃的，不应列为附带民事诉讼被告人。逃跑的同案犯到案后，被害人或者其法定代理人、近亲属可以对其提起附带民事诉讼，但已经从其他共同犯罪人处获得足额赔偿的除外。

第一百八十四条 附带民事诉讼应当在刑事案件立案后及时提起。

提起附带民事诉讼应当提交附带民事起诉状。

第一百八十五条 侦查、审查起诉期间，有权提起附带民事诉讼的人提出赔偿要求，经公安机关、人民检察院调解，当事人双方已经达成协议并全部履行，被害人或者其法定代理人、近亲属又提起附带民事诉讼的，人民法院不予受理，但有证据证明调解违反自愿、合法原则的除外。

第一百八十六条 被害人或者其法定代理人、近亲属提起附带民事诉讼的，人民法院应当在七日以内决定是否受理。符合刑事诉讼法第一百零一条以及本解释有关规定的，应当受理；不符合的，裁定不予受理。

【理解与适用】

以上五条沿用《2012 年解释》第一百四十五条至第一百四十九条的规定。

第一百八十七条 人民法院受理附带民事诉讼后，应当在五日以内将附带民事起诉状副本送达附带民事诉讼被告人及其法定代理人，或者将口头起诉的内容及时通知附带民事诉讼被告人及其法定代理人，并制作笔录。

人民法院送达附带民事起诉状副本时，应当根据刑事案件的审理期限，确定被告人及其法定代理人的答辩准备时间。

【理解与适用】

本条根据司法实践反映的问题对《2012年解释》第一百五十条的规定作出修改完善，适应当前被告人及其法定代理人一般不提交书面答辩意见的实际情况，允许其口头答辩。

第一百八十八条　附带民事诉讼当事人对自己提出的主张，有责任提供证据。

【理解与适用】

本条沿用《2012年解释》第一百五十一条的规定。

第一百八十九条　人民法院对可能因被告人的行为或者其他原因，使附带民事判决难以执行的案件，根据附带民事诉讼原告人的申请，可以裁定采取保全措施，查封、扣押或者冻结被告人的财产；附带民事诉讼原告人未提出申请的，必要时，人民法院也可以采取保全措施。

有权提起附带民事诉讼的人因情况紧急，不立即申请保全将会使其合法权益受到难以弥补的损害的，可以在提起附带民事诉讼前，向被保全财产所在地、被申请人居住地或者对案件有管辖权的人民法院申请采取保全措施。申请人在人民法院受理刑事案件后十五日以内未提起附带民事诉讼的，人民法院应当解除保全措施。

人民法院采取保全措施，适用民事诉讼法第一百条至第一百零五条的有关规定，但民事诉讼法第一百零一条第三款的规定除外。

【理解与适用】

本条沿用《2012年解释》第一百五十二条的规定。

1. 附带民事诉讼保全，既包括诉中保全，也包括诉前保全。对于在人民法院受理附带民事诉讼后，可能因被告人的行为或者其他原因，致使有关财物毁损、灭失或者被转移、隐匿等，使附带民事判决难以执行的案件，根据附带民事诉讼原告人（包括提起附带民事诉讼的人民检察院）的申请，人民法院可以裁定采取保全措施，查封、扣押或者冻结被告人的财产；有权提起附带民事诉讼的人因情况紧急，不立即申请保全将会使其合法权益受到难以弥补的损害的，还可以在提起附带民事诉讼前，向被保全财产所在地、被申请人居住地或者对案件有管辖权的人民法院申请采取保全措施。

2. 附带民事诉讼保全，既包括依申请保全，也包括依职权保全。人民法院受理附带民事诉讼后，既可以根据附带民事诉讼原告人的申请，裁定财产保全措施；附带民事诉讼原告人未提出申请的，必要时，人民法院也可以采取保全措施。

3. 人民法院采取附带民事诉讼保全措施，适用民事诉讼法有关规定，主要是：对诉中保全，人民法院可以责令申请人提供担保，申请人不提供担保的，裁定驳回申请；对诉前保全，申请人应当提供担保，不提供担保的，裁定驳回申请。此外，《民事诉讼法》有关人民法院应当在接受申请后四十八小时内作出裁定，保全限于请求的范围或者与本案有关的财物等的规定，也适用于附带民事诉讼保全。但附带民事诉讼保全不适用《民事诉讼法》第一百零一条第三款有关“申请人在人民法院采取保全措施后三十日内不起诉的，人民法院应当解除财产保全”的规定，这主要是考虑到对于公诉案件，附带民事诉讼的启动需待侦查、审查起诉工作的完结，被害人无法自主掌控，故对有权提起附带民事诉讼的人申请人民法院采取诉前保全措施的，不适用民事诉讼法的该款规定。同时，要注意兼顾保护被申请人利益，如申请人在人民法院受理刑事案件后十五日以内未提起附带民事诉讼的，人民法院则应当解除保全措施。

第一百九十条 人民法院审理附带民事诉讼案件，可以根据自愿、合法的原则进行调解。经调解达成协议的，应当制作调解书。调解书经双方当事人签收后即具有法律效力。

调解达成协议并即时履行完毕的，可以不制作调解书，但应当制作笔录，经双方当事人、审判人员、书记员签名后即发生法律效力。

【理解与适用】

本条沿用《2012年解释》第一百五十三条的规定。

对于附带民事诉讼，应当更加重视调解工作，切实加大调解力度。调解工作有效开展，才能避免不切实际、根本没有执行可能的空判，切实维护被害方的合法权益；通过调解结案，才能有效化解社会矛盾，避免申诉、上访，实现案结事了。

第一百九十一条 调解未达成协议或者调解书签收前当事人反悔的，附带民事诉讼应当同刑事诉讼一并判决。

【理解与适用】

本条沿用《2012年解释》第一百五十四条的规定。

第一百九十二条 对附带民事诉讼作出判决，应当根据犯罪行为造成的物质损失，结合案件具体情况，确定被告人应当赔偿的数额。

犯罪行为造成被害人人身损害的，应当赔偿医疗费、护理费、交通费等为治疗和康复支付的合理费用，以及因误工减少的收入。造成被害人残疾的，还应当赔偿残疾生活辅助器具费等费用；造成被害人死亡的，还应当赔偿丧葬费等费用。

驾驶机动车致人伤亡或者造成公私财产重大损失，构成犯罪的，依照《中华人民共和国道路交通安全法》第七十六条的规定确定赔偿责任。

附带民事诉讼当事人就民事赔偿问题达成调解、和解协议的，赔偿范围、数额不受第二款、第三款规定的限制。

【理解与适用】

本条沿用《2012 年解释》第一百五十五条的规定。

1. 附带民事诉讼判赔规则的形成。“死亡赔偿金、残疾赔偿金”（本章简称“两金”，含被扶养人生活费）通常高达七八十万元，甚至上百万元，是否属于附带民事诉讼的判赔范围，一直是争议焦点、难点。2003 年之前，“两金”被理解为精神损失，均不在附带民事诉讼判赔范围，但 2003 年的《人身损害赔偿解释》首次明确“两金”属于物质损失。但是，此规定是否适用于刑事附带民事诉讼案件，实践中存在不同认识，一些地方在附带民事诉讼中判赔“两金”，导致“空判”问题突出、调解难度增大、影响宽严相济刑事政策贯彻以及造成缠讼闹访。在 2006 年的第五次全国刑事审判工作会议上，最高人民法院院领导在总结讲话中首次提出：“死亡补偿费不能作为人民法院判决确定赔偿数额的根据。”《2012 年解释》制定时，最高人民法院审判委员会对“两金”问题作了重点审议、研究，明确“两金”不在附带民事诉讼的判赔范围，但调解、和解的，赔偿范围、数额不受限制。此后，各级人民法院严格执行《2012 年解释》的相关规定，整体实施良好。但是，关于“两金”问题的争论一直存在。在 2013 年第六次全国刑事审判工作会议上，最高人民法院院领导在总结讲话时再次强调，要求严格执行《2012 年解释》的相关规定。

2. 沿用《2012 年解释》的规定。整体看来，不判赔“两金”是基于被告人普遍无力赔偿以及“空判”所引发的系列问题等而“不得已”作出的务实选择。此次征求意见过程中，有意见认为，《民法典》第一千一百七十九条中规定，侵害他人造成残疾的，应当赔偿残疾赔偿金；造成死亡的，应当赔偿死亡赔偿金。在《民法典》背景下，应当作出适当调整。经进一步认真研究，综合考虑司法实践情况，维持《2012 年解释》的规定不变，即“两金”不在附带民事诉讼的判赔范围，但调解、和解的，赔偿范围、数额不受限制。主要考虑如下：

其一，根据法律、法理以及我国的法文化传统，对附带民事诉讼不应适用与单纯民事诉讼相同的标准。《刑事诉讼法》第一百零一条规定：“被害人由于被告人的犯罪行为而遭受物质损失的，在刑事诉讼过程中，有权提起附带民事诉讼。”第一百零三条规定：“人民法院审理附带民事诉讼案件，可以进行调解，或者根据物质损失情况作出判决、裁定。”而根据有关民事法律的规定，对民事侵权行为，还可判令被告人承担精神损害赔偿责任。由此可见，附带民事诉讼与单纯民事诉讼存在明显不同，依据法律规定，对二者不能适用相同赔偿标准。立法对附带民事诉讼与单纯民事诉讼的赔偿责任作出不同规定，是与两类不同诉讼的性质和我国的法文化传统相适应的。单纯民事案件，责令被告人作出相应赔偿，是对被害方进行抚慰、救济的唯一手段，故有理由要求被告人承担相应更重的赔偿责任；由于无需承担刑事责任，被告人往往也有意愿、有能力作出相应赔偿。而附带民事诉讼则不同，被告人不仅要在民事方面承担赔偿责任，还要承担相应的刑事责任。判决被告人承担刑事责任，既是对犯罪的惩处、重新犯罪的预防，也是对被害方抚慰、救济的主要方式。以故意杀人案件为例，如判处被告人死刑，实已让其“以命抵命”，显然不应再要求其作出与单纯民事案件相同的精神损害赔偿，否则势必存在双重处罚的问题。传统上“打了不罚、罚了不打”的观念、做法，正是根源于此。

其二，应当深刻认识我国国情与其他国家存在的重大差异。有观点提出，在一些发达国家，因犯罪行为引发的赔偿和单纯民事赔偿适用的是同一标准。在这些国家，被告人也大多无力赔偿，也存在“空判”问题。因此，我国没有理由“特殊”。这种观点没有充分认识其他国家在经济社会发展等方面与我国存在的巨大差异：在发达国家，由于有相对完善的社会保障制度，被害人国家救助工作开展早、力度大，被害方往往无需寄望被告人作出赔偿，国家会给予其生活救济；由于能得到国家的救济，即使形成“空判”，也不会引发缠讼闹访问题。而我国的情况则完全不同，判决得不到执行就会引发申诉、上访，影响社会和谐稳定。

其三，按单纯民事案件的经济赔偿标准判赔导致“空判”现象突出，严重影响案件的裁判效果。如依照民事案件的赔偿标准判赔，则意味着，对于命案而言，被害人是城镇居民的，仅死亡赔偿金一项，多则高达上百万；被害人是农村居民的，一般也要赔七八十万元。而此类刑事案件被告人绝大多数经济状况差、赔偿能力弱，有的被执行死刑或者其他刑罚后，更无法承担高额的赔偿责任，相关判决往往成为“法律白条”。据调研，凡套用民事标准判赔的，赔偿到位率都极低。

其四，赔偿标准过高，实际极不利于维护被害人的合法权益，不利于矛盾化解。从表面上看，设定高额赔偿标准似乎对被害人有利，但实际情况是：由于多数刑事被告人的实际赔偿能力很低，甚至没有，而被害方的期待又过高，远远超过被告人的承受能力，导致不少案件中原本愿意代赔的被告人亲属索性不再代赔，结果导致被害方反而得不到任何赔偿。严重犯罪中这种情况尤为普遍。赔偿数额虚高，还导致附带民事调解和矛盾化解的工作难度大大增加。套用单纯民事案件的赔偿标准确定附带民事案件的赔偿数额，常常使被害方对巨额赔偿抱有不切实际的期待，一旦被告人不能足额赔偿，就认为其没有悔罪诚意和表现，以致民事调解工作、矛盾化解工作根本无法开展。此外，根据《最高人民法院关于加强和规范人民法院国家司法救助工作的意见》（法发〔2016〕16号），对刑事被害人的救助金额需要综合考虑多种因素，从实践调研的情况看，国家给予司法救助金额一般在几万元左右。如将死亡赔偿金、残疾赔偿金也纳入附带民事赔偿范围，两者相差悬殊，显然救助工作也无法发挥实际作用。

其五，对《民法典》的有关规定应当正确理解。《民法典》第一百八十七条规定：“民事主体因同一行为应当承担民事责任、行政责任和刑事责任的，承担行政责任或者刑事责任不影响承担民事责任；民事主体的财产不足以支付的，优先用于承担民事责任。”有观点据此认为，对附带民事诉讼应适用与单纯民事诉讼相同的赔偿标准。经研究认为，对该条规定应当准确理解，应当将该条规定和《民法典》第十一条规定结合起来分析。《民法典》第十一条规定：“其他法律对民事关系有特别规定的，依照其规定。”（该条吸收了《侵权责任法》第五条“其他法律对侵权责任另有特别规定的，依照其规定”的内容并作了扩充）犯罪是严重的、特殊的侵权行为，《刑法》和《刑事诉讼法》是专门规定这种侵权行为的基本法。显然，处理犯罪行为的赔偿问题，应当优先适用《刑法》和《刑事诉讼法》的相关规定，而不应当适用主要规定民事侵权的《民法典》规定，否则，势必还要将精神损害赔偿纳入附带民事诉讼的赔偿范围。

其六，鉴于《2012年解释》不判赔“两金”的规定经过八年施行，总体效果是好的，有关规定在促进附带民事达成调解、保障被害方能实际得到赔偿等方面取得了良好效果，还没有发现重大、突出问题。而且，此次征求意见过程中，绝大多数意见建议维持和强化不判赔“两金”的现行规定。在此背景下，政策转向可能产生负面影响，导致附带民事调解的难度进一步加大，导致判赔数额虚高，进一步加剧刑事附带民事诉讼的“空判”和“执行难”问题。基于此，维持现有规定，不作修改，是务实选择。

3. 刑事附带民事诉讼案件的赔偿范围。根据本条规定，同时结合附带民事诉讼审判工作实际，适用中应当注意以下几点：

其一，对于附带民事诉讼，应当切实加大调解工作力度。在不违反自愿、合法原则的前提下，赔偿范围和数额不受限制。

其二，如调解不成，通过判决结案，则应当充分考虑刑事案件被告人多没有正常收入，赔偿能力很低的实际，实事求是地仅就被害人遭受的物质损失作出判决。对犯罪行为造成被害人人身损害的，应当赔偿医疗费、护理费、交通费等为治疗和康复支付的合理费用，以及因误工减少的收入。造成被害人残疾的，还应当赔偿残疾生活辅助器具费等费用；造成被害人死亡的，还应当赔偿丧葬费等费用。除被告人确有赔偿能力的以外，原则上不应将死亡赔偿金、残疾赔偿金纳入判决赔偿的范围。

其三，对因驾驶机动车致人伤亡或者公私财产遭受重大损失，构成犯罪的，要根据《道路交通安全法》第七十六条的规定确定赔偿责任，即“机动车发生交通事故造成人身伤亡、财产损失的，由保险公司在机动车第三者责任强制保险责任限额范围内予以赔偿；不足的部分，按照下列规定承担赔偿责任……”

其四，对符合条件的被害方，可以开展刑事被害人救助工作，给予相应司法救助。

第一百九十三条 **人民检察院提起附带民事诉讼的，人民法院经审理，认为附带民事诉讼被告人依法应当承担赔偿责任的，应当判令附带民事诉讼被告人直接向遭受损失的单位作出赔偿；遭受损失的单位已经终止，有权利义务继受人的，应当判令其向继受人作出赔偿；没有权利义务继受人的，应当判令其向人民检察院交付赔偿款，由人民检察院上缴国库。**

【理解与适用】

本条沿用《2012 年解释》第一百五十六条的规定。

对人民检察院提起的附带民事诉讼，人民法院经审查，如认为附带民事诉讼被告人依法应当承担赔偿责任的，由于人民检察院本身并非遭受损失的单位，因此，一般不能判令附带民事诉讼被告人向人民检察院作出赔偿，而应判令其直接向遭受损失的单位作出赔偿；如遭受损失的单位已经终止，且有权利义务继受人的（如与其他单位合并，或者已分立的），应判令附带民事诉讼被告人向继受人作出赔偿；遭受损失的单位已经终止，且无权利义务继受人的，则应判令附带民事诉讼被告人向人民检察院交付赔偿款，由人民检察院上缴国库。

第一百九十四条　审理刑事附带民事诉讼案件，人民法院应当结合被告人赔偿被害人物质损失的情况认定其悔罪表现，并在量刑时予以考虑。

【理解与适用】

本条沿用《2012 年解释》第一百五十七条的规定。

对于积极赔偿的被告人依法可以酌情从宽量刑。主要考虑以下几方面：（1）这完全符合我国《刑法》规定的量刑一般原则。《刑法》第六十一条规定，决定刑罚，应当根据犯罪的事实、犯罪的性质、情节和对于社会的危害程度。其中，“对于社会的危害程度”，必须综合案中行为、案后表现等事实、情节进行判断。如果被告人案发后对被害人进行了赔偿，则是在客观上减轻了其罪行对社会的危害程度，依照上述法律规定，当然应作为量刑情节加以考虑。如果赔多赔少甚至赔与不赔都适用一样的刑罚，显然不利于鼓励被告人履行赔偿义务，不利于维护被害方合法权益，不利于化解社会矛盾。（2）“花钱买刑”“以钱赎刑”是任何现代国家的法律所不允许的，但是通过赔偿减轻犯罪造成的社会危害，争取被害方谅解、宽恕，从而获得从宽处罚，在任何国家审判实践中都是客观存在的。许多国家甚至在刑法典中明确将赔偿情况作为量刑情节之一加以规定。例如,《联邦德国刑法典》第46条“量刑的基本原则”规定:“法院在量刑时……特别应注意以下事项……犯罪后的态度,尤其是为了补救损害所作的努力。”第46条a“犯罪人—被害人和解,损害赔偿”规定:“行为人具备下列情形之一的,法院可依第49条第1款(‘特别之法定减刑理由’)减轻其刑罚,或者,如果可能科处的刑罚不超过1年自由刑或360单位日罚金之附加刑的,免除其处罚:1.努力与被害人达成和解(犯罪人—被害人和解),其行为全部或大部得到补偿,或努力致力于对其行为进行补偿的,或2.被害人的补偿要求全部或大部得到实现的。”[①]《俄罗斯联邦刑法典》第61条规定,“在犯罪之后……自愿赔偿犯罪所造成的财产损失或精神损害,以及其他旨在弥补对被害人所造成的损失的行为”,是“减轻刑罚的情节”之一。[②]美国的《伊利诺伊州刑法典》也明确将“被告人对被害人赔偿了或者愿意赔偿因其犯罪行为所造成的损失或伤害”作为减轻刑罚的事由之一。[③]类似规定,还可见于意大利、西班牙、瑞士、瑞典等国的刑法典。[④]在国际上,目前颇具影响力的恢复性司法、刑事和解实质也均充分肯定了赔偿对量刑的积极影响。

需要注意的是,赔偿对量刑的影响也不是绝对的。应当结合被告人赔偿被害人物质损失的情况认定其悔罪表现,并在量刑时予以考虑。被告人即使作出赔偿,或者其亲友自愿代赔,如被告人毫无悔罪表现,则应严格掌握从宽处罚的幅度,甚至可以不予从宽。此外,还应当根据案件类型的不同区别把握赔偿与量刑的关系。对于因婚姻家庭、邻里纠纷等民间矛盾激化引发、事出有因、侵害对象特定的案件,如果被告人积极履行赔偿义务,取得被害方的谅解,应当依法从轻判处。相反,对于那些侵害不特定公众、严重危害社会治安的犯罪,就不能仅仅因为作了赔偿,或者得到了具体被害人的谅解,该重判的不重判,从而给社会造成“花钱买刑”的误解。

---

① 《德国刑法典》,徐久生、庄敬华译,中国法制出版社2000年版,第56~57页。

② 《俄罗斯联邦刑法典》,黄道秀译,中国法制出版社2004年版,第25页。

③ 参见储槐植:《美国刑法》,北京大学出版社2005年版,第256~257页。

④ 《意大利刑法典》第62条,《西班牙刑法典》第21条,《瑞士刑法典》第64条,《瑞典刑法典》第29章第5条。

第一百九十五条 **附带民事诉讼原告人经传唤，无正当理由拒不到庭，或者未经法庭许可中途退庭的，应当按撤诉处理。**

刑事被告人以外的附带民事诉讼被告人经传唤，无正当理由拒不到庭，或者未经法庭许可中途退庭的，附带民事部分可以缺席判决。

刑事被告人以外的附带民事诉讼被告人下落不明，或者用公告送达以外的其他方式无法送达，可能导致刑事案件审判过分迟延的，可以不将其列为附带民事诉讼被告人，告知附带民事诉讼原告人另行提起民事诉讼。

【理解与适用】

本条根据司法实践反映的问题对《2012年解释》第一百五十八条的规定作出修改完善，增加第三款规定。

本条第三款针对附带民事诉讼被告人"送达难"的情况，参照同案犯在逃的处理方式，告知附带民事诉讼原告人另行提起民事诉讼。

征求意见过程中，有意见建议删去本条第三款，理由是：本条第二款已经规定了刑事被告人以外的附带民事诉讼被告人不到庭或者未经法庭许可中途退庭的，可以缺席判决。依照上述规定，刑事被告人以外的附带民事诉讼被告人下落不明的，依法缺席判决即可。否则，即便另行提起民事诉讼，被告人不到庭的，法院也要缺席审判。经研究，未采纳上述意见。主要考虑：（1）依据民事诉讼的规定，缺席判决需要公告送达，耗时过长（六十天），不宜作为附带民事诉讼的送达方式。（2）新增部分内容在实践中具有必要性。

征求意见过程中，有意见建议进一步明确告知另行提起民事诉讼的方式，即是仅仅建议原告人撤回对该被告人的起诉，还是直接裁定驳回该部分（对下落不明附带民事诉讼被告人的）起诉？抑或书面告知即可？经研究认为，对此可以交由司法实践裁量把握。一般而言，口头告知附带民事诉讼原告人另行提起民事诉讼即可；确有必要的，也可以在裁判文书中说明相关情况。

第一百九十六条 附带民事诉讼应当同刑事案件一并审判，只有为了防止刑事案件审判的过分迟延，才可以在刑事案件审判后，由同一审判组织继续审理附带民事诉讼；同一审判组织的成员确实不能继续参与审判的，可以更换。

【理解与适用】

本条沿用《2012年解释》第一百五十九条的规定。

第一百九十七条 人民法院认定公诉案件被告人的行为不构成犯罪，对已经提起的附带民事诉讼，经调解不能达成协议的，可以一并作出刑事附带民事判决，也可以告知附带民事原告人另行提起民事诉讼。

人民法院准许人民检察院撤回起诉的公诉案件，对已经提起的附带民事诉讼，可以进行调解；不宜调解或者经调解不能达成协议的，应当裁定驳回起诉，并告知附带民事诉讼原告人可以另行提起民事诉讼。

【理解与适用】

本条根据司法实践反映的问题对《2012年解释》第一百六十条的规定作出修改完善。

《2012年解释》第一百六十条第一款规定："人民法院认定公诉案件被告人的行为不构成犯罪，对已经提起的附带民事诉讼，经调解不能达成协议的，应当一并作出刑事附带民事判决。"人民法院认定公诉案件被告人的行为不构成犯罪，对已经提起的附带民事诉讼，经调解不能达成协议的，如果作出刑事附带民事判决，根据《解释》规定，适用附民赔偿标准，可能判赔标准较低，不利于对被害人权益的保障。基于此，本条第一款作出调整，对此种情形赋予被害人选择权，即允许其另行提起民事诉讼。

第一百九十八条　第一审期间未提起附带民事诉讼，在第二审期间提起的，第二审人民法院可以依法进行调解；调解不成的，告知当事人可以在刑事判决、裁定生效后另行提起民事诉讼。

【理解与适用】

本条沿用《2012 年解释》第一百六十一条的规定。

第一百九十九条　人民法院审理附带民事诉讼案件，不收取诉讼费。

【理解与适用】

本条沿用《2012 年解释》第一百六十二条的规定。

第二百条　被害人或者其法定代理人、近亲属在刑事诉讼过程中未提起附带民事诉讼，另行提起民事诉讼的，人民法院可以进行调解，或者根据本解释第一百九十二条第二款、第三款的规定作出判决。

【理解与适用】

本条根据司法实践反映的问题对《2012 年解释》第一百六十四条的规定作出修改完善。

根据《2012 年解释》第一百六十四条的规定，在刑事附带民事诉讼过程中未提起附带民事诉讼，另行提起民事诉讼的，人民法院应当优先进行调解。达成调解协议的，赔偿范围、数额不受限制；如果作出判决，则应当“根据物质损失情况作出判决”，即不得判赔“两金”。

但是，如前所述，《人身损害赔偿解释》将“两金”规定为物质损失，故《2012年解释》第一百六十四条的规定在适用中存在一定的混乱。特别是，《最高人民法院公报》2019年第3期“尹瑞军诉颜礼奎健康权、身体权纠纷案”的裁判摘要提出：“刑事案件的受害人因犯罪行为受到身体伤害，未提起刑事附带民事诉讼，而是另行提起民事侵权诉讼的，关于残疾赔偿金是否属于物质损失范畴的问题，《刑事诉讼法》及司法解释没有明确规定。刑事案件受害人因犯罪行为造成残疾的，今后的生活和工作必然受到影响，导致劳动能力下降，造成生活成本增加，进而相应减少物质收入，故残疾赔偿金应属于物质损失的范畴，应予赔偿。”鉴此，为统一法律适用，本条作出适当调整，进一步明确对于另行提起民事诉讼，作出判决的，应当严格执行《解释》第一百九十二条第二款、第三款的规定，即在刑事附带民事诉讼过程中未提起附带民事诉讼，另行提起民事诉讼的，人民法院应当优先进行调解。达成调解协议的，赔偿范围、数额不受限制；如果作出判决，则应当“根据物质损失情况作出判决”，即不得判赔“两金”。

征求意见过程中，有意见提出，《民法典》第一百八十七条规定，民事主体因同一行为应当承担民事责任、行政责任和刑事责任的，承担行政责任或者刑事责任不影响承担民事责任。《民法典》第一千一百八十三条第一款规定，侵害自然人人身权益造成严重精神损害的，被侵权人有权请求精神损害赔偿。对于因犯罪行为遭受精神损失的，在刑事案件审结后，被害人另行提起民事诉讼，人民法院判决赔偿的标准是否适用刑事附带民事诉讼的有关规定的问题，与民事诉讼法律制度相关联，情况复杂，涉及面广，各方面认识仍不一致，建议再作研究。经进一步认真研究，综合考虑司法实践情况，本条维持了上述规定。主要考虑如下：

其一，对被害人等在刑事诉讼过程中未提起附带民事诉讼，另行提起民事诉讼的，理应适用与附带民事诉讼相同的判赔范围与标准。否则，势必会导致同样行为不同处理的问题，既有违类案类判的基本法理，也会导致附带民事诉讼制度被架空，影响该制度重要功能的发挥。

其二，对另行提起民事诉讼的，适用不同的判赔范围和标准，表面上看似乎对被害人等有利，实际恰恰相反，一旦刑事部分审结，被告人被送交执行刑罚，甚至执行死刑，就根本不可能再对被害人等作出赔偿，其亲友也不可能代赔。基于贯彻宽严相济刑事政策，便利案件处理的基本考虑，不应当将“两金”纳入单独提起民事诉讼的判赔范围。

第二百零一条 人民法院审理附带民事诉讼案件，除刑法、刑事诉讼法以及刑事司法解释已有规定的以外，适用民事法律的有关规定。

【理解与适用】

本条沿用《2012 年解释》第一百六十三条的规定。

第七章　期间、送达、审理期限

2012年《刑事诉讼法》完善了期间及其计算的规定，适当延长案件的审理期限。《2012年解释》根据《刑事诉讼法》的规定和人民法院的具体情况，对审判工作中涉及的期间、送达、审理期限等问题作了明确规定。本章沿用《2012年解释》第七章“期间、送达、审理期限”的条文，但根据司法实践反映的问题进一步明确了刑期的计算方法和上一级人民法院批准延长审限的有关事宜。

第二百零二条　以月计算的期间，自本月某日至下月同日为一个月；期限起算日为本月最后一日的，至下月最后一日为一个月；下月同日不存在的，自本月某日至下月最后一日为一个月；半个月一律按十五日计算。

以年计算的刑期，自本年本月某日至次年同月同日的前一日为一年；次年同月同日不存在的，自本年本月某日至次年同月最后一日的前一日为一年。以月计算的刑期，自本月某日至下月同日的前一日为一个月；刑期起算日为本月最后一日的，至下月最后一日的前一日为一个月；下月同日不存在的，自本月某日至下月最后一日的前一日为一个月；半个月一律按十五日计算。

【理解与适用】

本条根据司法实践反映的问题对《2012年解释》第一百六十五条的规定作出修改完善。

本条增设第二款，明确刑期的计算规则。具体而言：（1）以年计算的刑期，“自本年本月某日至次年同月同日的前一日为一年”，如2016年3月

31日至2017年3月30日为一年；“次年同月同日不存在的，自本年本月某日至次年同月最后一日的前一日为一年”，如2016年2月29日至2017年2月27日为一年。（2）以月计算的刑期，“自本月某日至下月同日的前一日为一个月”，如4月15日至5月14日为一个月（30天），5月15日至6月14日为一个月（31天），4月30日至5月29日为一个月（30天）；“刑期起算日为本月最后一日的，至下月最后一日的前一日为一个月”，如5月31日至6月29日为一个月（30天），平年的1月31日—2月27日为一个月（28天），闰年的1月31日—2月28日为一个月（29天）；“下月同日不存在的，自本月某日至下月最后一日的前一日为一个月”，如平年的1月30日至2月27日为一个月（29天）。

第二百零三条　当事人由于不能抗拒的原因或者有其他正当理由而耽误期限，依法申请继续进行应当在期满前完成的诉讼活动的，人民法院查证属实后，应当裁定准许。

【理解与适用】

本条沿用《2012年解释》第一百六十六条的规定。

《刑事诉讼法》第一百零六条规定：“当事人由于不能抗拒的原因或者有其他正当理由而耽误期限的，在障碍消除后五日以内，可以申请继续进行应当在期满以前完成的诉讼活动。前款申请是否准许，由人民法院裁定。”据此，本条对期间恢复作了进一步规定。根据上述规定，期间恢复的条件如下：（1）只有当事人有权提出期间恢复的申请。期间恢复的申请须由当事人提出，其他诉讼参与人不能提出期间恢复的申请。（2）当事人在法定期间内未能完成特定诉讼行为，是由于不能抗拒的原因或者其他正当理由，如地震、洪水、战争、患有严重疾病等情形。如果当事人是由于自身原因而耽误期限的，不能提出期间恢复的申请。（3）当事人关于期间恢复的申请应当在障碍消除后五日以内提出。（4）当事人关于期间恢复的申请须由人民法院裁定。人民法院接到当事人申请后，应当进行审查，如果查实当事人系由于不能抗拒的原因或者有其他正当理由而耽误期限，依法申请继续进行应当在期限届满以前完成的诉讼活动的，人民法院应当裁定准许。

第二百零四条 送达诉讼文书，应当由收件人签收。收件人不在的，可以由其成年家属或者所在单位负责收件的人员代收。收件人或者代收人在送达回证上签收的日期为送达日期。

收件人或者代收人拒绝签收的，送达人可以邀请见证人到场，说明情况，在送达回证上注明拒收的事由和日期，由送达人、见证人签名或者盖章，将诉讼文书留在收件人、代收人的住处或者单位；也可以把诉讼文书留在受送达人的住处，并采用拍照、录像等方式记录送达过程，即视为送达。

第二百零五条 直接送达诉讼文书有困难的，可以委托收件人所在地的人民法院代为送达或者邮寄送达。

第二百零六条 委托送达的，应当将委托函、委托送达的诉讼文书及送达回证寄送受托法院。受托法院收到后，应当登记，在十日以内送达收件人，并将送达回证寄送委托法院；无法送达的，应当告知委托法院，并将诉讼文书及送达回证退回。

【理解与适用】

以上三条沿用《2012年解释》第一百六十七条至第一百六十九条的规定。

第二百零七条 邮寄送达的，应当将诉讼文书、送达回证邮寄给收件人。签收日期为送达日期。

【理解与适用】

本条根据司法实践反映的问题对《2012年解释》第一百七十

条的规定作出修改完善。

《2012年解释》第一百七十条规定："邮寄送达的，应当将诉讼文书、送达回证挂号邮寄给收件人。挂号回执上注明的日期为送达日期。"本条主要作了以下修改：（1）邮寄送达的，现在多采用邮政快递方式送达，很少采用挂号信方式，故而删除"挂号"二字。（2）借鉴《民事诉讼法》第八十四条第二款"受送达人在送达回证上的签收日期为送达日期"的规定，将"挂号回执上注明的日期为送达日期"调整为"签收日期为送达日期"。

第二百零八条 诉讼文书的收件人是军人的，可以通过其所在部队团级以上单位的政治部门转交。

收件人正在服刑的，可以通过执行机关转交。

收件人正在接受专门矫治教育等的，可以通过相关机构转交。

由有关部门、单位代为转交诉讼文书的，应当请有关部门、单位收到后立即交收件人签收，并将送达回证及时寄送人民法院。

【理解与适用】

本条基本沿用《2012年解释》第一百七十一条的规定，但根据法律修改情况将"正在被采取强制性教育措施"调整为"正在接受专门矫治教育等"。

第二百零九条 指定管辖案件的审理期限，自被指定管辖的人民法院收到指定管辖决定书和案卷、证据材料之日起计算。

【理解与适用】

本条沿用《2012年解释》第一百七十二条的规定。

从司法实践来看，指定管辖案件，一般是上级法院作出指定管辖决定后，公诉机关才开始将案卷移送给人民法院立案庭进行审查，二者之间相隔的时间有时候长达两三个月。因此，对于指定管辖的案件，不能自被指定管辖的人民法院收到上级人民法院指定管辖决定书之日起计算审理期限，而是应当在指定管辖决定书和有关案卷、证据材料均收到开始计算。

此外，司法实践反映，人民检察院补充、变更或者追加起诉，辩方需要准备时间，很难在法定期限内审结。经研究认为，补充起诉、变更起诉、追加起诉的法律效力、效果与另行起诉相当，因此审理期限应当重新计算。基于此，本条原本拟规定："人民检察院补充、变更或者追加起诉的，审理期限重新计算。"征求意见过程中，有意见提出："《刑事诉讼法》第二百零八条第三款规定，人民检察院补充侦查的案件，补充侦查完毕移送人民法院后，人民法院重新计算审理期限。对于补充、变更或者追加起诉的，法律并未规定重新计算审理期限。"经研究，采纳上述意见，未再作出明确规定。

第二百一十条 **对可能判处死刑的案件或者附带民事诉讼的案件，以及有刑事诉讼法第一百五十八条规定情形之一的案件，上一级人民法院可以批准延长审理期限一次，期限为三个月。因特殊情况还需要延长的，应当报请最高人民法院批准。**

申请批准延长审理期限的，应当在期限届满十五日以前层报。有权决定的人民法院不同意的，应当在审理期限届满五日以前作出决定。

因特殊情况报请最高人民法院批准延长审理期限，最高人民法院经审查，予以批准的，可以延长审理期限一至三个月。期限届满案件仍然不能审结的，可以再次提出申请。

【理解与适用】

本条根据司法实践反映的问题对《2012年解释》第一百七十三条的规定作出修改完善。

征求意见过程中，有意见提出，关于延长审限问题，2012年《刑事诉讼法》解决了长期困扰刑事审判的审限不够这一“老大难”问题。但在执行过程中，由于《刑事诉讼法》没有明确规定上级法院尤其是高级人民法院审批延长审限的次数，一些地方自行决定高级人民法院可以审批两次，或者在延期审理后又延长审限两次，影响了法律适用的严肃性。建议对高级人民法院批准延长审限的次数作出明确规定。经研究认为，《刑事诉讼法》第二百零八条明确规定：“人民法院审理公诉案件，应当在受理后二个月以内宣判，至迟不得超过三个月。对于可能判处死刑的案件或者附带民事诉讼的案件，以及有本法第一百五十八条规定情形之一的，经上一级人民法院批准，可以延长三个月；因特殊情况还需要延长的，报请最高人民法院批准。”据此明显可见，高级人民法院只能批准延长一次审限。因此，根据上述意见，增加本条第一款。

需要注意的是，本条第二款规定：“申请批准延长审理期限，应当在期限届满十五日前层报。”之所以规定“层报”，而不允许直接报有权决定的人民法院，是为了强化上级法院对延长审限的审查把关责任，严格延长审限的审批程序。

第二百一十一条　**审判期间，对被告人作精神病鉴定的时间不计入审理期限。**

【理解与适用】

本条沿用《2012 年解释》第一百七十四条的规定。

《刑事诉讼法》仅就侦查阶段的精神病鉴定期间作出明确，在第一百四十九条规定：“对犯罪嫌疑人作精神病鉴定的期间不计入办案期限。”而对审理阶段的司法鉴定期间是否计入办案期限没有明确规定。从实践看，刑事案件审理期限普遍较短，需要在审理期间作司法鉴定的，只能报请上级法院延长审理期限，对审判绩效产生严重影响，制度设计不够科学。特别是在附带民事诉讼中，司法鉴定造成审限紧张的问题十分突出。《最高人民法院关于适用〈中华人民共和国民事诉讼法〉的解释》（法释〔2015〕5号）第二百四十三条规定鉴定期间不计入审限。而且，《解释》第二百零一条规定："人民法院审理附带民事诉讼案件，除刑法、刑事诉讼法以及刑事司法解释已有规定的以外，适用民事法律的有关规定。"鉴此，本条原拟修改为"附带民事诉讼中的司法鉴定时间不计入审理期限"。征求意见过程中，有意见提出《刑事诉讼法》未规定附带民事诉讼中的司法鉴定时间不计入审理期限。《六部委规定》第四十条规定："犯罪嫌疑人、被告人在押的案件，除对犯罪嫌疑人、被告人的精神病鉴定期间不计入办案期限外，其他鉴定期间都应当计入办案期限。"按照上述规定，附带民事诉讼中的司法鉴定时间应当计入审理期限，案件需要延长审理期限的，应当依照《刑事诉讼法》第二百零八条的规定报批。经研究，根据上述意见，沿用原解释条文不变。对于在审判期间需要做精神病鉴定以外的其他司法鉴定的，必要时，可以报请上级人民法院批准延长审理期限。

第八章 审判组织

审判组织代表人民法院行使审判权，在案件审判活动中具有重要作用。《刑事诉讼法修改决定》对2012年《刑事诉讼法》第一百七十八条作出修改。另外，修订后的《人民法院组织法》《人民陪审员法》施行后，也要求对审判组织的相关规定作出相应调整。本章根据修改后法律的规定，结合司法实践情况，对《2012年解释》第八章“审判组织”有关条文作出修改完善。

第二百一十二条 **合议庭由审判员担任审判长。院长或者庭长参加审理案件时，由其本人担任审判长。**

审判员依法独任审判时，行使与审判长相同的职权。

【理解与适用】

本条根据《人民法院组织法》第三十条对《2012年解释》第一百七十五条的规定作出修改完善，并将《2012年解释》第一百七十七条的规定予以合并。

讨论中，有意见建议将本条规定的“院长或者庭长”调整为“院长及其他院领导、庭长、副庭长”。经研究认为，本条规定与《人民法院组织法》第三十条第二款“合议庭由一名法官担任审判长。院长或者庭长参加审理案件时，由自己担任审判长”的规定保持一致；其他院领导、副庭长也可以解释为“院长”“庭长”，故未作出调整。

第二百一十三条 **基层人民法院、中级人民法院、高级人民法院审判下列第一审刑事案件，由审判员和人民陪审员组成合议庭进行：**

（一）涉及群体利益、公共利益的；

（二）人民群众广泛关注或者其他社会影响较大的；

（三）案情复杂或者有其他情形，需要由人民陪审员参加审判的。

基层人民法院、中级人民法院、高级人民法院审判下列第一审刑事案件，由审判员和人民陪审员组成七人合议庭进行：

（一）可能判处十年以上有期徒刑、无期徒刑、死刑，且社会影响重大的；

（二）涉及征地拆迁、生态环境保护、食品药品安全，且社会影响重大的；

（三）其他社会影响重大的。

【理解与适用】

本条系新增条文，与《人民陪审员法》第十四条、第十五条第一款、第十六条相衔接。

征求意见过程中，有意见建议明确“可能判处十年以上有期徒刑、无期徒刑、死刑，社会影响重大的”案件适用七人合议庭的情形。经研究认为：根据法律规定，对可能判处十年以上有期徒刑、无期徒刑、死刑的一审案件，并非应当一律组成七人合议庭，只有同时满足社会影响重大的条件，才应当组成七人合议庭。对于是否属于“社会影响重大”，需要根据具体案件情况具体把握，司法解释难以作出明确规定。鉴此，本条第二款第一项在法律条文规定的基础上增加了“且”字的表述，强调需同时满足两个条件。第二项亦作相应规定。

第二百一十四条 开庭审理和评议案件，应当由同一合议庭进行。合议庭成员在评议案件时，应当独立发表意见并说明理由。意见分歧的，应当按多数意见作出决定，但少数意见应当记入笔录。评议笔录由合议庭的组成人员在审阅确认无误后签名。评议情况应当保密。

【理解与适用】

本条沿用《2012年解释》第一百七十六条的规定。

就具体操作而言，合议庭成员在评议案件时，应当按照法官和人民陪审员各自资历由浅到深，人民陪审员先发言，法官后发言，审判长最后发言的顺序，独立表达意见并说明理由。这一发言顺序旨在避免部分年轻或资历较浅的成员发表意见时受到其他人影响，也与域外陪审团评议时发言顺序保持一致。有关司法解释实际上也是如此要求的。

第二百一十五条　人民陪审员参加三人合议庭审判案件，应当对事实认定、法律适用独立发表意见，行使表决权。

人民陪审员参加七人合议庭审判案件，应当对事实认定独立发表意见，并与审判员共同表决；对法律适用可以发表意见，但不参加表决。

【理解与适用】

本条系新增条文。

党的十八届四中全会通过的《中共中央关于全面推进依法治国若干重大问题的决定》提出："完善人民陪审员制度，保障公民陪审权利，扩大参审范围，完善随机抽选方式，提高人民陪审制度公信度。逐步实行人民陪审员不再审理法律适用问题，只参与审理事实认定问题。"为落实这一要求，让司法判决更加贴近人民群众的朴素公平正义观念，《人民陪审员法》第二十二条规定："人民陪审员参加七人合议庭审判案件，对事实认定，独立发表意见，并与法官共同表决；对法律适用，可以发表意见，但不参加表决。"

目前，关于七人合议庭制中事实问题与法律问题的区分，有关司法解释未作明确规定，司法实践普遍反映难以把握。鉴此，有必要针对刑事案件中适用七人合议制涉及的事实问题与法律问题的界分加以探讨。

从域外情况来看，适用陪审团审理的相关案件，涉及证据合法性、量刑等问题由法官决定；指控的犯罪是否成立（包括事实存在，但无需追究刑事责任的情形）由陪审团决定。换言之，在陪审团审判制度下，陪审团的职责和职权是决定被告人有罪还是无罪的问题。因此，在英美陪审团审判制度下，庭审前和庭审结束时，法官要专门对陪审团就所审理的案件涉及的相关法律问题进行辅导和指导，以使陪审团能够正确适用法律决定被告人有罪还是无罪的重大问题。

在我国《人民陪审员法》明确区分“事实认定问题”与“法律适用问题”的前提下，无法像英美陪审团制度一样，直接区分为定罪问题和量刑问题。对于“事实认定问题”与“法律适用问题”的具体区分，目前尚未形成一致认识。经慎重研究认为，从我国司法实际情况出发，被指控的犯罪事实是否存在、是否为被告人所实施，明显属于事实认定问题，对此毋庸置疑；但是，对下列情形是否属于事实认定问题亟需进一步探讨：（1）在被指控的犯罪事实确实存在且系被告人所实施的前提下，相关行为是否符合法定构成要件，是否构成犯罪。例如，“蕙兰案”中，行为人采挖兰草的行为是否构成非法采伐国家重点保护植物罪；即使具体是否构成非法采伐国家重点保护植物罪不宜认定为事实问题，那么相关行为是否构成犯罪也应当属于事实问题。对此，可以纳入“被指控的犯罪是否存在”之中予以把握。（2）有关行为能否适用《刑法》第十三条但书的规定。这是指在行为人所实施的行为符合犯罪构成的前提下，能否以“情节显著轻微危害不大”为由，不认定为犯罪。对此，亦可以纳入“被指控的犯罪是否存在”之中予以把握。（3）量刑事实，包括法定刑升档的事实，都属于事实认定问题，但是对于如何具体裁量刑罚，宜认定为法律适用问题。

基于上述考虑，实践把握中，可以认为下列问题属于“事实认定问题”：（1）被指控的犯罪是否存在；（2）被指控的犯罪是否为被告人所实施；（3）有关从重、从轻、减轻、免除处罚或者加重法定刑的量刑事实是否存在；（4）其他事实认定问题。下列问题属于“法律适用问题”：（1）被告人构成何种犯罪；（2）如何裁量刑罚；（3）其他法律适用问题。事实认定问题和法律适用问题难以区分的，视为事实认定问题。

第二百一十六条　合议庭审理、评议后，应当及时作出判决、裁定。

对下列案件，合议庭应当提请院长决定提交审判委员会讨论决定：

（一）高级人民法院、中级人民法院拟判处死刑立即执行的案件，以及中级人民法院拟判处死刑缓期执行的案件；

（二）本院已经发生法律效力的判决、裁定确有错误需要再审的案件；

（三）人民检察院依照审判监督程序提出抗诉的案件。

对合议庭成员意见有重大分歧的案件、新类型案件、社会影响重大的案件以及其他疑难、复杂、重大的案件，合议庭认为难以作出决定的，可以提请院长决定提交审判委员会讨论决定。

人民陪审员可以要求合议庭将案件提请院长决定是否提交审判委员会讨论决定。

对提请院长决定提交审判委员会讨论决定的案件，院长认为不必要的，可以建议合议庭复议一次。

独任审判的案件，审判员认为有必要的，也可以提请院长决定提交审判委员会讨论决定。

【理解与适用】

本条根据《人民陪审员法》第二十三条，结合《审委会意见》第八条、第九条对《2012年解释》第一百七十八条的规定作出修改完善。

本条主要涉及死缓案件应否提交审委会讨论决定。《审委会意见》第八条列明了“应当提交审委会讨论决定”的案件范围，规定：“高级人民法院、中级人民法院拟判处死刑的案件，应当提交本院审判委员会讨论决定。”最高人民法院审管办负责人在关于该意见的“答记者问”中指出：“高级人民法院、中级人民法院拟判处死刑的案件，既包括拟判处死刑立即执行的案件，也包括拟判处死刑缓期二年执行的案件。”征求意见过程中，多数意见提出，死刑缓期二年执行的案件数量较多，一律提请审判委员会讨论决定，工作量可能倍增，难以做到。而且，以往死刑缓期案件不提交审判委员会讨论，未发现存在问题。经综合考虑有关因素，本条第二款对《审委会意见》第八条的规定作出调整，明确规定对于高级人民法院、中级人民法院拟判处死刑立即执行的案件，以及中级人民法院拟判处死刑缓期执行的案件，合议庭应当提请院长决定提交审判委员会讨论决定。

此外，关于《审委会意见》第八条明确规定应当提交审委会讨论决定的"涉及国家安全、外交、社会稳定等敏感案件和重大、疑难、复杂案件""法律适用规则不明的新类型案件""拟宣告被告人无罪的案件""拟在法定刑以下判处刑罚或者免予刑事处罚的案件"，本条第二款亦未明确规定为应当提交审委会讨论决定的情形，确有必要的，可以纳入第三款可以提交审委会讨论决定的情形。这一修改主要有如下考虑：（1）在司法解释中过多列举应当提交审委会讨论的情形，恐会导致对合议庭独立审理案件的质疑，难以保证效果。（2）据了解，各地法院对提交审委会讨论决定的案件范围往往有细化规定，本解释不作明确规定，不会导致滥用。

第二百一十七条　审判委员会的决定，合议庭、独任审判员应当执行；有不同意见的，可以建议院长提交审判委员会复议。

【理解与适用】

本条沿用《2012年解释》第一百七十九条的规定。

讨论中，有意见建议删去本条"有不同意见的，可以建议院长提交审判委员会复议"，理由是：实践中，在合议庭向审判委员会汇报案件情况的工作机制下，合议庭已有机会向审委会全面汇报情况、详尽表达意见，不同意见在审委会讨论时就有机会表达，也最好在这个节点表达，而不是再次建议院长提交审委会。经研究认为，《2012年解释》第一百七十九条规定，审判委员会的决定，合议庭、独任审判员"有不同意见的，可以建议院长提交审判委员会复议"。这一规定来源于1993年《最高人民法院审判委员会工作规则》第十条，即“审判委员会的决定，合议庭或法院其他有关单位应当执行，不得擅自改变，如有异议，须报经院长或副院长决定是否提交审判委员会重新讨论决定。”2019 年《最高人民法院关于废止部分司法解释（第十三批）的决定》已经废止了该规则。但是，2019 年《审委会意见》第二十一条第三款规定：“经审判委员会全体会议和专业委员会会议讨论的案件或者事项，院长认为有必要的，可以提请复议。”基于此，未采纳上述意见。

第九章　公诉案件第一审普通程序

公诉案件第一审普通程序是刑事审判中最为重要和关键的基础环节。《刑事诉讼法修改决定》未涉及公诉案件第一审普通程序问题。本章沿用《2012年解释》第九章“公诉案件第一审普通程序”的条文，并根据司法实践反映的问题作出修改完善，主要涉及：（1）总结推进以审判为中心刑事诉讼制度改革的经验和成果，对“三项规程”特别是《庭前会议规程》和《法庭调查规程》的有关规定予以吸收，进一步丰富细化一审程序的内容。基于此，本章增设第二节“庭前会议与庭审衔接”，对庭前会议的有关问题作出专门规定。（2）根据司法实践反映的问题，对一审程序条文存在的滞后于实践或者不协调之处作出调整。

第一节　审查受理与庭前准备

第二百一十八条　对提起公诉的案件，人民法院应当在收到起诉书（一式八份，每增加一名被告人，增加起诉书五份）和案卷、证据后，审查以下内容：

（一）是否属于本院管辖；

（二）起诉书是否写明被告人的身份，是否受过或者正在接受刑事处罚、行政处罚、处分，被采取留置措施的情况，被采取强制措施的时间、种类、羁押地点，犯罪的时间、地点、手段、后果以及其他可能影响定罪量刑的情节；有多起犯罪事实的，是否在起诉书中将事实分别列明；

（三）是否移送证明指控犯罪事实及影响量刑的证据材料，包括采取技术调查、侦查措施的法律文书和所收集的证据材料；

（四）是否查封、扣押、冻结被告人的违法所得或者其他涉案财物，查封、扣押、冻结是否逾期；是否随案移送涉案财物、附涉案财物清单；是否列明涉案财物权属情况；是否就涉案财物处理提供相关证据材料；

（五）是否列明被害人的姓名、住址、联系方式；是否附有证人、鉴定人名单；是否申请法庭通知证人、鉴定人、有专门知识的人出庭，并列明有关人员的姓名、性别、年龄、职业、住址、联系方式；是否附有需要保护的证人、鉴定人、被害人名单；

（六）当事人已委托辩护人、诉讼代理人或者已接受法律援助的，是否列明辩护人、诉讼代理人的姓名、住址、联系方式；

（七）是否提起附带民事诉讼；提起附带民事诉讼的，是否列明附带民事诉讼当事人的姓名、住址、联系方式等，是否附有相关证据材料；

（八）监察调查、侦查、审查起诉程序的各种法律手续和诉讼文书是否齐全；

（九）被告人认罪认罚的，是否提出量刑建议、移送认罪认罚具结书等材料；

（十）有无刑事诉讼法第十六条第二项至第六项规定的不追究刑事责任的情形。

【理解与适用】

本条根据司法实践反映的问题对《2012年解释》第一百八十条的规定作出修改完善。

1. 关于第二项，将“法律处分”修改为“处分”。主要考虑：根据2016年《最高人民法院、最高人民检察院关于办理贪污贿赂刑事案件适用法律若干问题的解释》，贪污数额在一万元以上不满三万元，曾因贪污、受贿、挪用公款受过党纪、行政处分的，应当认定为《刑法》第三百八十三条第一款规定的“其他较重情节”。本条使用的“法律处分”范围偏小，修改后“处分”的表述可以将党纪处分和政务处分等处分形式均纳入其中。此外，增加“被采取留置措施的情况”等规定。

征求意见过程中，有意见建议将本项规定的“有多起犯罪事实的，是否在起诉书中将事实分别列明”修改为“有多起犯罪事实的，一般应当在起诉书中将事实分别列明”，即对于犯罪手段相同的同一犯罪可以概括叙写。例如，有的盗窃案，可以确定犯罪嫌疑人、被告人多次盗窃及盗窃数额，无法确定具体次数，不易区分。经研究认为，本条规定的是立案审查的事项，只是要求对于所诉案件有多起事实的，是否在起诉书中将事实分别列明，但并未要求所诉案件一律要将多起事实分别列明。对于前述情形，概括叙写即可。

2. 关于第三项，为做好法律衔接，增加对技术调查措施批准决定和所收集的证据材料的审查要求。

3. 关于第四项，征求意见过程中，有意见建议在末尾增加“对作为证据使用的实物，实行集中统一保管的，移送物品清单即可视为随案移送实物”。理由是：目前在司法实践中，有些地方实行了涉案财物集中统一保管，不需要向法院移送实物，只需审查是否随案移送物品清单即可。经研究认为，上述意见确有道理，且系司法实践中部分地方已经采用的做法。但是，鉴于涉案财物集中统一保管制度施行时间不长，一些具体举措还处于探索阶段，在有的地方还没有落实到位，故本解释暂不作出明确规定。

4. 关于第五项、第六项，征求意见过程中，有意见建议删除该两项中的“住址”。理由是：鉴定人、有专门知识的人、辩护人、诉讼代理人是以其技能专业参与诉讼，提供单位即可，不需提供住址。经研究，未采纳上述意见。主要考虑：（1）要求提供相关人员的住址，主要是为了送达传票方便。特别是按照单位地址无法送达的情况下，需要向相关人员的住址进行送达。（2）相关规定并非此次新增规定，而是沿用《2012年解释》的规定。司法实践并未反映存在突出问题，维持不变为宜。

第二百一十九条　人民法院对提起公诉的案件审查后，应当按照下列情形分别处理：

（一）不属于本院管辖的，应当退回人民检察院；

（二）属于刑事诉讼法第十六条第二项至第六项规定情形的，应当退回人民检察院；属于告诉才处理的案件，应当同时告知被害人有权提起自诉；

（三）被告人不在案的，应当退回人民检察院；但是，对人民检察院按照缺席审判程序提起公诉的，应当依照本解释第二十四章的规定作出处理；

（四）不符合前条第二项至第九项规定之一，需要补充材料的，应当通知人民检察院在三日以内补送；

（五）依照刑事诉讼法第二百条第三项规定宣告被告人无罪后，人民检察院根据新的事实、证据重新起诉的，应当依法受理；

（六）依照本解释第二百九十六条规定裁定准许撤诉的案件，没有新的影响定罪量刑的事实、证据，重新起诉的，应当退回人民检察院；

（七）被告人真实身份不明，但符合刑事诉讼法第一百六十条第二款规定的，应当依法受理。

对公诉案件是否受理，应当在七日以内审查完毕。

【理解与适用】

本条根据司法实践反映的问题对《2012年解释》第一百八十一条的规定作出修改完善。

1. 关于本条第一款第三项，征求意见过程中，有意见建议修改为“被告人无法及时到案的，应当退回人民检察院……”理由是：实践中，有的案件被告人被取保候审，人民法院即以“被告人不在案”为由不受案，导致检察机关为保证诉讼顺利进行，不得不对不符合逮捕条件的犯罪嫌疑人逮捕羁押，影响被告人合法权益。经研究认为，本项针对的情形是被告人因脱逃等不在案，且不符合缺席审判适用条件的情形，并非指一律要对被告人采纳羁押性强制措施。而且，该项规定系沿用《2012年解释》的规定，司法实践反映适用良好，可以继续沿用。

2.《2012年解释》第一百八十一条第一款第六项规定“符合刑事诉讼法第十五条第二项至第六项规定情形的，应当裁定终止审理或者退回人民检察院”。考虑到本条针对的是立案审查的处理情形，删去了“裁定终止审理”的规定。

第二百二十条 对一案起诉的共同犯罪或者关联犯罪案件，被告人人数众多、案情复杂，人民法院经审查认为，分案审理更有利于保障庭审质量和效率的，可以分案审理。分案审理不得影响当事人质证权等诉讼权利的行使。

对分案起诉的共同犯罪或者关联犯罪案件，人民法院经审查认为，合并审理更有利于查明案件事实、保障诉讼权利、准确定罪量刑的，可以并案审理。

【理解与适用】

本条系新增条文，根据司法实践反映的问题对并案或者分案处理的规则作出专门规定。

同案同审是诉讼的一般原则。但从实践看，有的案件，同案被告人多达几十人甚至上百人，如作为一个案件审理，势必会大大加长诉讼周期，既影响庭审质量和效率，也会大大增加当事人等诉讼参与人的诉累。对此类案件，分案审理，有其现实必要性。但分案审理不能随意为之，更不能通过分案审理的方式变相剥夺当事人质证权。为规范分案处理问题，《解释》增设本条，并在第一款规定："对一案起诉的共同犯罪或者关联犯罪案件，被告人人数众多、案情复杂，人民法院经审查认为，分案审理更有利于保障庭审质量和效率的，可以分案审理。分案审理不得影响当事人质证权等诉讼权利的行使。"同时，《解释》第二百六十九条进一步规定："审理过程中，法庭认为有必要的，可以传唤同案被告人、分案审理的共同犯罪或者关联犯罪案件的被告人等到庭对质。"

实践中，还存在起诉分案不当的现象，即本应作为一案起诉、一案审理的案件被分拆为两个甚至多个案件起诉。为此，本条第二款专门规定："对分案起诉的共同犯罪或者关联犯罪案件，人民法院经审查认为，合并审理更有利于查明案件事实、保障诉讼权利、准确定罪量刑的，可以并案审理。"

征求意见过程中，有意见建议明确分案审理或者并案审理的具体操作事宜。经研究认为，相关问题可以在司法实践中裁量把握。对此，可以协商人民检察院合并或者分别起诉；人民法院在职责范围内并案或者分案的，通常可以采取决定的方式。

第二百二十一条 开庭审理前，人民法院应当进行下列工作：

（一）确定审判长及合议庭组成人员；

（二）开庭十日以前将起诉书副本送达被告人、辩护人；

（三）通知当事人、法定代理人、辩护人、诉讼代理人在开庭五日以前提供证人、鉴定人名单，以及拟当庭出示的证据；申请证人、鉴定人、有专门知识的人出庭的，应当列明有关人员的姓名、性别、年龄、职业、住址、联系方式；

（四）开庭三日以前将开庭的时间、地点通知人民检察院；

（五）开庭三日以前将传唤当事人的传票和通知辩护人、诉讼代理人、法定代理人、证人、鉴定人等出庭的通知书送达；通知有关人员出庭，也可以采取电话、短信、传真、电子邮件、即时通讯等能够确认对方收悉的方式；对被害人人数众多的涉众型犯罪案件，可以通过互联网公布相关文书，通知有关人员出庭；

（六）公开审理的案件，在开庭三日以前公布案由、被告人姓名、开庭时间和地点。

上述工作情况应当记录在案。

【理解与适用】

本条根据司法实践反映的问题对《2012年解释》第一百八十二条的规定作出修改完善。

1. 关于本条第一款第二项，讨论中，有意见提出，存在外地辩护人开庭前一天或者当天办理手续的情况，辩护人自愿放弃十天的准备时间的，是否可以不受该项规定的限制？特别是，不受该规定的限制，可以方便外地辩护人办理案件，减少诉累，也便于及时推进审判程序。经研究认为，十天的辩护准备期系《刑事诉讼法》第一百八十七条第一款的明确规定，通过司法解释明确作出变通处理，恐会引发争议。据了解，实践中上述情形极为少见，且不少律师会同意按期开庭，此时可以让其出具书面声明存入案卷。因此，相关问题可以在实践中裁量处理，无需作出明确规定。

2. 关于本条第一款第五项，原本拟将开庭三日以前送达传票针对羁押被告人作例外规定，即在该项开始部分增加规定“除羁押的被告人外”。主要考虑：对被告人羁押在案的，可以确保其按时参加庭审活动，故无需在开庭三日以前送达传票，实践中通常也难以做到。征求意见过程中，有意见提出，《刑事诉讼法》第一百八十七条第三款规定，人民法院确定开庭日期后，应当传唤当事人，通知辩护人、诉讼代理人、证人、鉴定人和翻译人员，传票和通知书至迟在开庭三日以前送达。法律没有规定被羁押的被告人可以不适用上述规定，司法解释不应对被羁押的被告人作出例外规定。此外，也有意见提出，被告人被羁押，对其具体开庭日期也应有所期待及具体准备，比如自行辩护和最后陈述等，否则不利于保障被告人诉权。经研究，采纳上述意见，未再作出修改。

征求意见过程中，有意见提出，本条规定中的当事人包括被害人、自诉人、犯罪嫌疑人、被告人、附带民事诉讼的原告人和被告人，实践中特别是网络诈骗案件等，被害人往往分布在全国各地，涉案人数众多，通知被害人难度大。另外，诸如盗窃等侵犯财产类案件，除了被告人自愿退赔外，通知被害人并无现实意义，如果所有案件均按照该条规定通知被害人，将会增加诉讼成本，浪费司法资源，且无实际意义。建议分别针对不同案件类别作出区分规定。经研究，根据上述意见，在本条第一款第五项原则规定“对被害人人数众多的涉众型犯罪案件，可以通过互联网公布相关文书，通知有关人员出庭”。

第二百二十二条　审判案件应当公开进行。

案件涉及国家秘密或者个人隐私的，不公开审理；涉及商业秘密，当事人提出申请的，法庭可以决定不公开审理。

不公开审理的案件，任何人不得旁听，但具有刑事诉讼法第二百八十五条规定情形的除外。

【理解与适用】

本条根据司法实践反映的问题对《2012年解释》第一百八十六条的规定作出修改完善。

《2012年解释》第一百八十六条第三款规定："不公开审理的案件，任何人不得旁听，但法律另有规定的除外。"该款对不公开审理案件任何人不得旁听作了例外规定，源自《刑事诉讼法》第二百八十五条关于"审判的时候被告人不满十八周岁的案件，不公开审理。但是，经未成年被告人及其法定代理人同意，未成年被告人所在学校和未成年人保护组织可以派代表到场"的规定。本条对表述作了相应调整，作了更为明确的规定。

征求意见过程中，有意见提出，关于"不公开审理的案件，任何人不得旁听"，实践中经常出现被害人死亡，被害人近亲属申请旁听的问题。对此，有些法院在近亲属提起附带民事诉讼的情况下，同意其作为附带民事诉讼原告人参加诉讼，而在未起诉的情况下则不允许。被害人近亲属旁听庭审的权利不应因其是否提起民事诉讼而有区别。根据人之常情，被害人的个人隐私可能对于父母、夫妻而言未必是隐私，"任何人不得旁听"过于绝对。故建议规定"有关个人隐私的案件，当事人均同意公开审理的，可以公开审理。案件涉及已死亡的被害人的隐私，其近亲属申请旁听的，是否准许由合议庭根据保护被害人隐私的原则决定"。经研究认为，上述意见确有道理。一般认为，涉及被害人隐私的案件，是否不公开审理，是被害人的权利，应当充分考虑被害人一方的意愿。对于涉及已死亡被害人个人隐私的案件，在被害人近亲属没有通过提起附带民事诉讼的方式参与庭审的情况下，应当要考虑被害人近亲属对案件审理进程的特殊关切，将其一律排除在庭审之外有违情理。但是，从实际考虑，此类案件被害人近亲属往往情绪比较激烈，特别是在庭审过程当中，还可能因为示证、质证、辩论等遭受二次伤害，可能不利于审判顺利进行，而且有的被害人隐私还可能涉及公共利益。鉴于所涉问题较为复杂，认识尚不统一，最终未作明确规定。此外，《2012年解释》第一百八十五条规定："开庭审理前，合议庭可以拟出法庭审理提纲，提纲一般包括下列内容：（一）合议庭成员在庭审中的分工；（二）起诉书指控的犯罪事实的重点和认定案件性质的要点；（三）讯问被告人时需了解的案情要点；（四）出庭的证人、鉴定人、有专门知识的人、侦查人员的名单；（五）控辩双方申请当庭出示的证据的目录；（六）庭审中可能出现的问题及应对措施。”上述规定予以删去，交由司法实践裁量把握。

第二百二十三条 精神病人、醉酒的人、未经人民法院批准的未成年人以及其他不宜旁听的人不得旁听案件审理。

【理解与适用】

本条沿用《2012年解释》第一百八十七条的规定。

第二百二十四条 被害人人数众多，且案件不属于附带民事诉讼范围的，被害人可以推选若干代表人参加庭审。

【理解与适用】

本条系新增条文。

当前，涉众型犯罪案件日益增多。有的案件被害人人数成千上万，均到庭参与庭审显然不符合实际，也没有必要。鉴此，借鉴民事诉讼代表人诉讼的原理，吸收司法实践经验，增设了本条规定。

本条原本拟规定所涉情形，“被害人可以推选若干代表人参加或者旁听庭审，人民法院也可以指定若干代表人”。征求意见过程中，有意见提出，根据《刑事诉讼法》的有关规定，被害人是刑事诉讼的当事人，参加庭审是被害人的诉讼权利。《刑事诉讼法》没有规定代表人诉讼制度。规定被害人由若干代表人参加诉讼或者旁听庭审，涉及对被害人参加庭审的权利的限制，没有法律依据。经研究，根据上述意见对本条表述作了相应调整，删去了“人民法院也可以指定若干代表人”的规定，规定此种情形下被害人可以推选若干代表人参加庭审。当然，关于具体推选方式，实践中可以裁量把握；确实难以确定的，也可以采用摇号等推选方式。

第二百二十五条　被害人、诉讼代理人经传唤或者通知未到庭，不影响开庭审理的，人民法院可以开庭审理。

辩护人经通知未到庭，被告人同意的，人民法院可以开庭审理，但被告人属于应当提供法律援助情形的除外。

【理解与适用】

本条沿用《2012 年解释》第一百八十八条的规定。

司法实践中，个别辩护人经人民法院通知，无正当理由，拒不到庭，影响了法庭审理活动的正常开展，有必要予以规范。经研究认为，这一问题的解决需要在维护被告人权益的前提下兼顾诉讼效率，故通常情况下应当以被告人的意思为准，决定是否开庭审理。因此，本条第二款规定："辩护人经通知未到庭，被告人同意的，人民法院可以开庭审理，但被告人属于应当提供法律援助情形的除外。"

征求意见过程中，有意见建议增加规定："公诉人经人民法院通知，无正当理由，未出庭支持公诉，按人民检察院申请延期审理处理。"理由是：本条规定辩护人经通知未到庭，被告人同意的，人民法院可以开庭审理，但被告人属于应当提供法律援助情形的除外。但《解释》未规定公诉人经通知未到庭，人民法院如何处理。为了体现刑事诉讼的程序正义要求，亦应对公诉人经通知未到庭的情形进行规定。经研究认为，上述现象在实践中极为罕见。如果出现，可以书面建议人民检察院作出处理；必要时，可以发出司法建议。

第二节　庭前会议与庭审衔接

第二百二十六条　案件具有下列情形之一的，人民法院可以决定召开庭前会议：

（一）证据材料较多、案情重大复杂的；

（二）控辩双方对事实、证据存在较大争议的；

（三）社会影响重大的；

（四）需要召开庭前会议的其他情形。

【理解与适用】

本条吸收《庭前会议规程》第一条第一款对《2012年解释》第一百八十三条的规定作出修改完善。

第二百二十七条 控辩双方可以申请人民法院召开庭前会议，提出申请应当说明理由。人民法院经审查认为有必要的，应当召开庭前会议；决定不召开的，应当告知申请人。

【理解与适用】

本条系新增条文，吸收《庭前会议规程》第二条的规定。

第二百二十八条 庭前会议可以就下列事项向控辩双方了解情况，听取意见：

（一）是否对案件管辖有异议；

（二）是否申请有关人员回避；

（三）是否申请不公开审理；

（四）是否申请排除非法证据；

（五）是否提供新的证据材料；

（六）是否申请重新鉴定或者勘验；

（七）是否申请收集、调取证明被告人无罪或者罪轻的证据材料；

（八）是否申请证人、鉴定人、有专门知识的人、调查人员、侦查人员或者其他人员出庭，是否对出庭人员名单有异议；

（九）是否对涉案财物的权属情况和人民检察院的处理建议有异议；

（十）与审判相关的其他问题。

庭前会议中，人民法院可以开展附带民事调解。

对第一款规定中可能导致庭审中断的程序性事项，人民法院可以在庭前会议后依法作出处理，并在庭审中说明处理决定和理由。控辩双方没有新的理由，在庭审中再次提出有关申请或者异议的，法庭可以在说明庭前会议情况和处理决定理由后，依法予以驳回。

庭前会议情况应当制作笔录，由参会人员核对后签名。

【理解与适用】

本条吸收《庭前会议规程》第十条、第二十三条第一款对《2012年解释》第一百八十四条的规定作出修改完善。

《庭前会议规程》第十条第二款规定："对于前款规定中可能导致庭审中断的事项，人民法院应当依法作出处理，在开庭审理前告知处理决定，并说明理由……"本条原本拟吸收上述规定，明确庭前会议阶段可以对程序性事项视情作出处理。征求意见过程中，有意见提出，《刑事诉讼法》第一百八十七条第二款规定，在开庭以前，审判人员可以召集公诉人、当事人和辩护人、诉讼代理人，对回避、出庭证人名单、非法证据排除等与审判相关的问题，了解情况，听取意见。法律没有规定人民法院可以在庭前会议中对有关事项作出实质性处理，上述规定与《刑事诉讼法》的规定不一致，且法庭审判是刑事诉讼的重要环节，在未开庭的情况下对案件的重要事项作出决定是否与当前正在进行的以审判为中心的诉讼制度改革要求冲突，也需要慎重研究。经研究，采纳上述意见，对本条及相关条款的规定作出调整，明确对庭前会议中的相关事项"在庭前会议后"而非在"在开庭审理前"作出处理，且要求"在庭审中说明处理决定和理由"。

第二百二十九条 庭前会议中，审判人员可以询问控辩双方对证据材料有无异议，对有异议的证据，应当在庭审时重点调查；无异议的，庭审时举证、质证可以简化。

【理解与适用】

本条沿用《2012年解释》第一百八十四条第二款的规定。

第二百三十条 庭前会议由审判长主持，合议庭其他审判员也可以主持庭前会议。

召开庭前会议应当通知公诉人、辩护人到场。

庭前会议准备就非法证据排除了解情况、听取意见，或者准备询问控辩双方对证据材料的意见的，应当通知被告人到场。有多名被告人的案件，可以根据情况确定参加庭前会议的被告人。

【理解与适用】

本条系新增条文，吸收《庭前会议规程》第三条的规定并作出修改完善。

1. 关于本条第一款，将《庭前会议规程》第三条第一款规定的“庭前会议由承办法官主持，其他合议庭成员也可以主持或者参加庭前会议。根据案件情况，承办法官可以指导法官助理主持庭前会议”修改为“庭前会议由审判长主持，合议庭其他审判员也可以主持庭前会议”。需要注意的是:（1）合议庭的人民陪审员主持庭前会议并不适宜，故将庭前会议的主持人限定为“审判长”或者“合议庭其他审判员”，但人民陪审员可以参加庭前会议。（2）对于法官助理是否可以主持庭前会议，存在不同认识：①有意见建议明确根据合议庭审判长授权，法官助理可以主持或参加庭前会议。理由是：应当发挥法官助理作用，且法官助理主持或参与庭前会议，可以分担法官工作，保障法官专注审判核心事务。因庭前会议涉及解决可能中断庭审的程序性问题、审查证据资格等问题，由法官助理主持庭前会议可以处理简单的程序性问题，同时可以一定程度上阻断非法证据对合议庭可能造成的影响，因此在承办法官的指导下完全可以由法官助理主持庭前会议。故应将法官助理在具体案件中是否可以主持庭前会议交由法官决定。这样做也有利于对法官助理的培养。②有意见建议不规定法官助理主持庭前会议。理由是：法官助理不属于合议庭组成人员，庭前会议是解决争议的重要程序，是审判的重要组成部分，庭前会议可以根据查明情况作出相关处理决定，所涉及的问题法官助理均无权决定并答复。经研究认为，刑事诉讼法明确规定，庭前会议由审判人员召集，法官助理属于审判辅助人员，不属于“审判人员”，不宜由其主持庭前会议。

2. 关于本条第三款，征求意见过程中，有意见建议明确被告人应当参加庭前会议。理由是：庭前会议处理涉及被告人权利等一系列重大问题，被告人应当参加庭前会议，不应对此设定条件。经研究，部分采纳上述意见，明确庭前会议准备就非法证据排除了解情况、听取意见，或者准备询问控辩双方对证据材料的意见的，应当通知被告人到场。

3. 本条原本拟吸收《庭前会议规程》第三条第三款规定的“被告人申请排除非法证据，但没有辩护人的，人民法院应当通知法律援助机构指派律师为被告人提供帮助”。征求意见过程中，对此规定存在不同认识。鉴此，本条未予吸收，留待司法实践继续探索。

第二百三十一条　庭前会议一般不公开进行。

根据案件情况，庭前会议可以采用视频等方式进行。

【理解与适用】

本条系新增条文，吸收《庭前会议规程》第四条的规定。

第二百三十二条 人民法院在庭前会议中听取控辩双方对案件事实、证据材料的意见后，对明显事实不清、证据不足的案件，可以建议人民检察院补充材料或者撤回起诉。建议撤回起诉的案件，人民检察院不同意的，开庭审理后，没有新的事实和理由，一般不准许撤回起诉。

【理解与适用】

本条系新增条文，吸收《庭前会议规程》第二十一条的规定。

第二百三十三条 对召开庭前会议的案件，可以在开庭时告知庭前会议情况。对庭前会议中达成一致意见的事项，法庭在向控辩双方核实后，可以当庭予以确认；未达成一致意见的事项，法庭可以归纳控辩双方争议焦点，听取控辩双方意见，依法作出处理。

控辩双方在庭前会议中就有关事项达成一致意见，在庭审中反悔的，除有正当理由外，法庭一般不再进行处理。

【理解与适用】

本条系新增条文，吸收《庭前会议规程》第二十四条的规定。

《庭前会议规程》第二十四条第一款规定："宣布庭前会议报告后，对于庭前会议中达成一致意见的事项，法庭向控辩双方核实后当庭予以确认；对于未达成一致意见的事项，法庭可以归纳控辩双方争议焦点，听取控辩双方意见，依法作出处理。"经研究认为，对于召开庭前会议的案件，不一定必须制作并宣读庭前会议报告，可以在庭审中采取灵活方式向控辩双方通报庭前会议情况。按照这一思路，本条第一款作了相应调整。

征求意见过程中，有意见建议将本条第一款规定的"听取控辩双方意见，依法作出处理"修改为"作为庭审调查的重点"，理由是：庭前控辩双方争议的焦点，应当是庭审调查的重点。经研究认为，控辩双方在庭前会议中未达成一致意见的事项可能是程序性事项，未必需要作为庭审调查的重点，故未采纳该意见。

第三节 宣布开庭与法庭调查

第二百三十四条 开庭审理前，书记员应当依次进行下列工作：

（一）受审判长委托，查明公诉人、当事人、辩护人、诉讼代理人、证人及其他诉讼参与人是否到庭；

（二）核实旁听人员中是否有证人、鉴定人、有专门知识的人；

（三）请公诉人、辩护人、诉讼代理人及其他诉讼参与人入庭；

（四）宣读法庭规则；

（五）请审判长、审判员、人民陪审员入庭；

（六）审判人员就座后，向审判长报告开庭前的准备工作已经就绪。

【理解与适用】

本条根据司法实践反映的问题对《2012年解释》第一百八十九条的规定作出修改完善。

1. 本条增加第二项“核实旁听人员中是否有证人、鉴定人、有专门知识的人”。主要考虑：根据有关规定，证人、鉴定人及准备出庭提出意见的有专门知识的人不得旁听庭审，但此项工作一直没有落实到具体的部门或者个人，证人等旁听庭审的情况时有发生。为保证法庭调查正常进行，在书记员的开庭准备工作中核实有无上述人员旁听。

2. 随着刑事辩护全覆盖的推进，刑事案件中将均有辩护人参与。控辩双方在庭审中同样重要，应当同等对待。基于此，本条第三项将“公诉人”与“辩护人、诉讼代理人”并列规定。

3. 司法实践中，法庭规则有些内容是需要宣读给控辩双方听的，故通常会让控辩双方进入法庭后书记员再宣读法庭规则，本条根据书记员开庭工作实际情况，调整《2012年解释》第一百八十九条第三项和第四项的顺序。

第二百三十五条 审判长宣布开庭，传被告人到庭后，应当查明被告人的下列情况：

（一）姓名、出生日期、民族、出生地、文化程度、职业、住址，或者被告单位的名称、住所地、法定代表人、实际控制人以及诉讼代表人的姓名、职务；

（二）是否受过刑事处罚、行政处罚、处分及其种类、时间；

（三）是否被采取留置措施及留置的时间，是否被采取强制措施及强制措施的种类、时间；

（四）收到起诉书副本的日期；有附带民事诉讼的，附带民事诉讼被告人收到附带民事起诉状的日期。

被告人较多的，可以在开庭前查明上述情况，但开庭时审判长应当作出说明。

【理解与适用】

本条根据监察法的规定和司法实践反映的问题，对《2012年解释》第一百九十条的规定作出修改完善。本条第一款第一项增加规定“实际控制人”，第三项增加规定“是否被采取留置措施及留置的时间”。

从审判实践来看，部分案件被告人众多，审判长在开庭后一一查明被告人的情况，占用庭审的时间较长，影响了法庭审理效率，可以在开庭前核实。而且，开庭前的核实当事人身份等基本情况的工作，不必都由审判长承担。该规定的目的主要在于加快庭审进程，但限定为必须由审判长核实，实质上与正式开庭程序差别不大，难以实现上述目的。因此，也应当允许由合议庭的其他审判人员或者书记员进行查明。基于此，本条第二款规定：“被告人较多的，可以在开庭前查明上述情况，但开庭时审判长应当作出说明。”据此，对于被告人众多的案件，审判长或者受审判长委托的其他审判人员、书记员可以在开庭前先核实被告人的情况，开庭传被告人到庭后，审判长当庭说明已在庭前核实被告人情况，不再当庭查明。但是，被告人有异议的，仍然应当由审判长当庭对被告人的情况予以查明。

第二百三十六条 审判长宣布案件的来源、起诉的案由、附带民事诉讼当事人的姓名及是否公开审理；不公开审理的，应当宣布理由。

【理解与适用】

本条沿用《2012年解释》第一百九十一条的规定。

第二百三十七条 审判长宣布合议庭组成人员、法官助理、书记员、公诉人的名单，以及辩护人、诉讼代理人、鉴定人、翻译人员等诉讼参与人的名单。

【理解与适用】

本条根据司法实践反映的问题对《2012年解释》第一百九十二条的规定作出修改完善，增加规定“法官助理”“诉讼代理人”。

本条原本拟规定审判长一并宣布有专门知识的人的名单。征求意见过程中，有意见提出，“有专门知识的人”不属于法定诉讼参与人的范围，不宜在此作出规定。经研究，根据上述意见，鉴于有专门知识的人是否需要回避存在一定争议，故采纳上述意见，删除相关规定。

第二百三十八条 审判长应当告知当事人及其法定代理人、辩护人、诉讼代理人在法庭审理过程中依法享有下列诉讼权利：

（一）可以申请合议庭组成人员、法官助理、书记员、公诉人、鉴定人和翻译人员回避；

（二）可以提出证据，申请通知新的证人到庭、调取新的证据，申请重新鉴定或者勘验；

（三）被告人可以自行辩护；

（四）被告人可以在法庭辩论终结后作最后陈述。

【理解与适用】

本条根据司法实践反映的问题对《2012年解释》第一百九十三条的规定作出修改完善，在第一项增加“法官助理”的表述。

第二百三十九条　审判长应当询问当事人及其法定代理人、辩护人、诉讼代理人是否申请回避、申请何人回避和申请回避的理由。

当事人及其法定代理人、辩护人、诉讼代理人申请回避的，依照刑事诉讼法及本解释的有关规定处理。

同意或者驳回回避申请的决定及复议决定，由审判长宣布，并说明理由。必要时，也可以由院长到庭宣布。

【理解与适用】

本条沿用《2012年解释》第一百九十四条的规定。

第二百四十条　审判长宣布法庭调查开始后，应当先由公诉人宣读起诉书；公诉人宣读起诉书后，审判长应当询问被告人对起诉书指控的犯罪事实和罪名有无异议。

有附带民事诉讼的，公诉人宣读起诉书后，由附带民事诉讼原告人或者其法定代理人、诉讼代理人宣读附带民事起诉状。

【理解与适用】

本条吸收《法庭调查规程》第七条第一款对《2012年解释》第一百九十五条的规定作出修改完善。

《法庭调查规程》第七条第一款规定："公诉人宣读起诉书后，审判长应当询问被告人对起诉书指控的犯罪事实是否有异议，听取被告人的供述和辩解……"为避免与其他条文重复，本条未吸收《法庭调查规程》第七条第一款中关于"听取被告人的供述和辩解"的规定。

第二百四十一条　在审判长主持下，被告人、被害人可以就起诉书指控的犯罪事实分别陈述。

【理解与适用】

本条沿用《2012年解释》第一百九十七条的规定。

第二百四十二条　在审判长主持下，公诉人可以就起诉书指控的犯罪事实讯问被告人。

经审判长准许，被害人及其法定代理人、诉讼代理人可以就公诉人讯问的犯罪事实补充发问；附带民事诉讼原告人及其法定代理人、诉讼代理人可以就附带民事部分的事实向被告人发问；被告人的法定代理人、辩护人，附带民事诉讼被告人及其法定代理人、诉讼代理人可以在控诉方、附带民事诉讼原告方就某一问题讯问、发问完毕后向被告人发问。

根据案件情况，就证据问题对被告人的讯问、发问可以在举证、质证环节进行。

【理解与适用】

本条吸收《法庭调查规程》第七条第二款的部分规定对《2012年解释》第一百九十八条的规定作出修改完善。

本条第三款规定“根据案件情况，就证据问题对被告人的讯问、发问可以在举证、质证环节进行”，主要考虑:《法庭调查规程》第七条第二款规定:“在审判长主持下，公诉人可以就起诉书指控的犯罪事实讯问被告人，为防止庭审过分迟延，就证据问题向被告人的讯问可在举证、质证环节进行……”经研究认为，这一规定具有合理性。在证据较多、案情较为复杂的案件中，公诉人在讯问环节涉及大量与证据有关的细节问题，会影响庭审节奏，且公诉人讯问与相关证据之间的关联性也难以体现，其讯问的针对性不强，故吸收《法庭调查规程》的相关规定。同时，考虑到不仅公诉人的讯问涉及这一问题，其他诉讼参与人的发问也如此。故单列为第三款，作出统一规定。

征求意见过程中，有意见提出，对于限制行为能力的成年人参加庭审时，应当参照未成年人的规定，要求法定代理人或合适成年人到场。经研究认为，对于上述问题《刑事诉讼法》未作明确规定，但基于权利保障的考虑，人民法院在具体案件中可以裁量处理。

第二百四十三条 讯问同案审理的被告人，应当分别进行。

【理解与适用】

本条根据司法实践反映的问题对《2012年解释》第一百九十九条的规定进行拆分，将“必要时，可以传唤同案被告人等到庭对质”的相关内容纳入《解释》第二百六十九条。

第二百四十四条 经审判长准许，控辩双方可以向被害人、附带民事诉讼原告人发问。

【理解与适用】

本条沿用《2012年解释》第二百条的规定。

第二百四十五条 必要时，审判人员可以讯问被告人，也可以向被害人、附带民事诉讼当事人发问。

【理解与适用】

本条根据司法实践反映的问题对《2012年解释》第二百零一条的规定作出修改完善，明确审判人员讯问和发问也以“必要时”为前提，以更好地体现审判中立。

第二百四十六条 公诉人可以提请法庭通知证人、鉴定人、有专门知识的人、调查人员、侦查人员或者其他人员出庭，或者出示证据。被害人及其法定代理人、诉讼代理人，附带民事诉讼原告人及其诉讼代理人也可以提出申请。

在控诉方举证后，被告人及其法定代理人、辩护人可以提请法庭通知证人、鉴定人、有专门知识的人、调查人员、侦查人员或者其他人员出庭，或者出示证据。

【理解与适用】

本条吸收《法庭调查规程》第十二条对《2012年解释》第二百零二条的规定作出修改完善。

需要注意的是：（1）吸收《法庭调查规程》第十二条中关于出庭人员范围的相关规定，增加“调查人员、侦查人员或其他人员”出庭，主要考虑：在有非法证据需要排除等情形下，控辩双方可能申请调查人员、侦查人员或其他人员出庭说明情况。（2）将本条中的“出庭作证”修改为“出庭”，主要考虑：因在出庭人员中增加了调查人员、侦查人员或者其他人员，而上述“有专门知识的人员”不属于证人，其出庭说明有关情况并非作证，故作相应修改。

《法庭调查规程》第十二条规定：“控辩双方可以申请法庭通知证人、鉴定人、侦查人员和有专门知识的人等出庭。”“被害人及其法定代理人、诉讼代理人，附带民事诉讼原告人及其诉讼代理人也可以提出上述申请。”

《人民检察院刑事诉讼规则》第四百一十条第一款规定：“在法庭审理过程中，被告人及其辩护人提出被告人庭前供述系非法取得，审判人员认为需要进行法庭调查的，公诉人可以通过出示讯问笔录、提讯登记、体检记录、采取强制措施或者侦查措施的法律文书、侦查终结前对讯问合法性进行核查的材料等证据材料，有针对性地播放讯问录音、录像，提请法庭通知调查人员、侦查人员或者其他人员出庭说明情况等方式，对证据收集的合法性加以证明。”

《人民检察院刑事诉讼规则》第四百一十三条规定：“对于搜查、查封、扣押、冻结、勘验、检查、辨认、侦查实验等活动中形成的笔录存在争议，需要调查人员、侦查人员以及上述活动的见证人出庭陈述有关情况的，公诉人可以建议合议庭通知其出庭。”

第二百四十七条　控辩双方申请证人出庭作证，出示证据，应当说明证据的名称、来源和拟证明的事实。法庭认为有必要的，应当准许；对方提出异议，认为有关证据与案件无关或者明显重复、不必要，法庭经审查异议成立的，可以不予准许。

【理解与适用】

本条沿用《2012年解释》第二百零三条的规定。

第二百四十八条　**已经移送人民法院的案卷和证据材料，控辩双方需要出示的，可以向法庭提出申请，法庭可以准许。案卷和证据材料应当在质证后当庭归还。**

需要播放录音录像或者需要将证据材料交由法庭、公诉人或者诉讼参与人查看的，法庭可以指令值庭法警或者相关人员予以协助。

【理解与适用】

本条根据司法实践反映的问题对《2012年解释》第二百零四条的规定作出修改完善。

2012年《刑事诉讼法》修改，要求人民检察院在提起公诉时将所有案卷和证据材料移送人民法院，后有意见建议对人民检察院要求借阅案卷材料以备出庭支持公诉的问题作出规定。《六部委规定》起草时，对此问题作了慎重研究，认为人民检察院在将案件和证据材料移送人民法院之时，可以通过复印等方式为出庭支持公诉做好准备，而不能再向人民法院借阅案卷材料。当然，已经移送人民法院的证据，控辩双方需要出示的，可以向法庭提出申请。基于此，《六部委规定》第二十六条规定："人民法院开庭审理公诉案件时，出庭的检察人员和辩护人需要出示、宣读、播放已移交人民法院的证据的，可以申请法庭出示、宣读、播放。"为保证已移送人民法院的案卷和证据材料的安全，同时兼顾当庭出示证据的现实需要，本条第一款明确规定"已经移送人民法院的案卷和证据材料，控辩双方需要出示的，可以向法庭提出申请，法庭可以准许当庭借用。借用的案卷和证据材料应当在质证后当庭归还"。鉴此，实践中，控辩双方只能申请当庭借用。对于控辩双方提出取回已移送人民法院的案卷和证据材料的，法庭应当不予准许。

《2012年解释》第二百零四条规定"法庭同意的，应当指令值庭法警出示、播放；需要宣读的，由值庭法警交由申请人宣读"。从实践来看，该规定存在一定问题。一是示证主体通常是控辩双方，而非法庭。值庭法警只是在播放录音录像等特定情形下提供协助。二是协助出示证据的主体不限于值庭法警，还包括法官助理、书记员、法院技术人员等。基于此，本条第二款规定："需要播放录音录像或者需要将证据材料交由法庭、公诉人或者诉讼参与人查看的，法庭可以指令值庭法警或者相关人员予以协助。”

《人民检察院刑事诉讼规则》第三百九十七条规定：“人民检察院向人民法院移送全部案卷材料后，在法庭审理过程中，公诉人需要出示、宣读、播放有关证据的，可以申请法庭出示、宣读、播放。”“人民检察院基于出庭准备和庭审举证工作的需要，可以取回有关案卷材料和证据。”“取回案卷材料和证据后，辩护律师要求查阅案卷材料的，应当允许辩护律师在人民检察院查阅、摘抄、复制案卷材料。”

《人民检察院刑事诉讼规则》第四百二十八条规定：“人民检察院应当当庭向人民法院移交取回的案卷材料和证据。在审判长宣布休庭后，公诉人应当与审判人员办理交接手续。无法当庭移交的，应当在休庭后三日以内移交。”

第二百四十九条 公诉人、当事人或者辩护人、诉讼代理人对证人证言有异议，且该证人证言对定罪量刑有重大影响，或者对鉴定意见有异议，人民法院认为证人、鉴定人有必要出庭作证的，应当通知证人、鉴定人出庭。

控辩双方对侦破经过、证据来源、证据真实性或者合法性等有异议，申请调查人员、侦查人员或者有关人员出庭，人民法院认为有必要的，应当通知调查人员、侦查人员或者有关人员出庭。

【理解与适用】

本条吸收《法庭调查规程》第十三条对《2012年解释》第二百零五条的规定作出修改完善，增加第二款规定。

第二百五十条 公诉人、当事人及其辩护人、诉讼代理人申请法庭通知有专门知识的人出庭，就鉴定意见提出意见的，应当说明理由。法庭认为有必要的，应当通知有专门知识的人出庭。

申请有专门知识的人出庭，不得超过二人。有多种类鉴定意见的，可以相应增加人数。

【理解与适用】

本条沿用《2012年解释》第二百一十七条第一款、第二款的规定。

第二百五十一条 为查明案件事实、调查核实证据，人民法院可以依职权通知证人、鉴定人、有专门知识的人、调查人员、侦查人员或者其他人员出庭。

【理解与适用】

本条系新增条文，对《2012年解释》关于人民法院依职权通知出庭的规定进行整合，形成统一规定。

第二百五十二条 人民法院通知有关人员出庭的，可以要求控辩双方予以协助。

【理解与适用】

本条系新增条文，吸收《法庭调查规程》第十三条第五款的规定。

第二百五十三条 证人具有下列情形之一，无法出庭作证的，人民法院可以准许其不出庭：

（一）庭审期间身患严重疾病或者行动极为不便的；

（二）居所远离开庭地点且交通极为不便的；

（三）身处国外短期无法回国的；

（四）有其他客观原因，确实无法出庭的。

具有前款规定情形的，可以通过视频等方式作证。

第二百五十四条 证人出庭作证所支出的交通、住宿、就餐等费用，人民法院应当给予补助。

【理解与适用】

以上两条沿用《2012年解释》第二百零六条、第二百零七条的规定。

第二百五十五条 强制证人出庭的，应当由院长签发强制证人出庭令，由法警执行。必要时，可以商请公安机关协助。

【理解与适用】

本条吸收《法庭调查规程》第十五条对《2012年解释》第二百零八条的规定作出修改完善，增加规定“必要时，可以商请公安机关协助”。

第二百五十六条 证人、鉴定人、被害人因出庭作证，本人或者其近亲属的人身安全面临危险的，人民法院应当采取不公开其真实姓名、住址和工作单位等个人信息，或者不暴露其外貌、真实声音等保护措施。辩护律师经法庭许可，查阅对证人、鉴定人、被害人使用化名情况的，应当签署保密承诺书。

审判期间，证人、鉴定人、被害人提出保护请求的，人民法院应当立即审查；认为确有保护必要的，应当及时决定采取相应保护措施。必要时，可以商请公安机关协助。

【理解与适用】

本条吸收《法庭调查规程》第十六条，结合司法实践反映的问题，对《2012年解释》第二百零九条的规定作出修改完善。

《2012年解释》第二百零九条将对证人、鉴定人、被害人采取保护措施限定在“审判危害国家安全犯罪、恐怖活动犯罪、黑社会性质的组织犯罪、毒品犯罪等案件”。本条第一款吸收《法庭调查规程》第十六条第一款，删去犯罪类型的限制规定。主要考虑：哪些案件中的证人、鉴定人、被害人面临人身危险，可由法院具体判断，相关人员也可向法院提出保护申请，司法解释可不作限制。同时，本条第二款吸收《法庭调查规程》第十六条第三款，增加“必要时，可以商请公安机关采取专门性保护措施”。主要考虑：证人、鉴定人、被害人除出庭时间以外，其余时间均在外生活、工作，法院很难采取实质性保护措施。基于职责，应当由公安机关采取专门措施，以有力保护证人、鉴定人、被害人的人身安全。

此外，本条第一款吸收《六部委规定》第十二条的规定，明确护律师经法庭许可，查阅对证人、鉴定人、被害人使用化名情况的，应当签署保密承诺书。主要考虑：保证辩方的质证权，避免出现“秘密证人”甚至虚假证人情况。

《六部委规定》第十二条规定：“刑事诉讼法第六十二条规定，对证人、鉴定人、被害人可以采取‘不公开真实姓名、住址和工作单位等个人信息’的保护措施。人民法院、人民检察院和公安机关依法决定不公开证人、鉴定人、被害人的真实姓名、住址和工作单位等个人信息的，可以在判决书、裁定书、起诉书、询问笔录等法律文书、证据材料中使用化名等代替证人、鉴定人、被害人的个人信息。但是，应当书面说明使用化名的情况并标明密级，单独成卷。辩护律师经法庭许可，查阅对证人、鉴定人、被害人使用化名情况的，应当签署保密承诺书。”

第二百五十七条 决定对出庭作证的证人、鉴定人、被害人采取不公开个人信息的保护措施的，审判人员应当在开庭前核实其身份，对证人、鉴定人如实作证的保证书不得公开，在判决书、裁定书等法律文书中可以使用化名等代替其个人信息。

第二百五十八条 证人出庭的，法庭应当核实其身份、与当事人以及本案的关系，并告知其有关权利义务和法律责任。证人应当保证向法庭如实提供证言，并在保证书上签名。

【理解与适用】

以上两条沿用《2012年解释》第二百一十条、第二百一十一条的规定。

第二百五十九条 证人出庭后，一般先向法庭陈述证言；其后，经审判长许可，由申请通知证人出庭的一方发问，发问完毕后，对方也可以发问。

法庭依职权通知证人出庭的，发问顺序由审判长根据案件情况确定。

【理解与适用】

本条吸收《法庭调查规程》第十九条对《2012年解释》第二百一十二条的规定作出修改完善。

《法庭调查规程》第十九条第一款规定："证人出庭后，先向法庭陈述证言，然后先由举证方发问；发问完毕后，对方也可以发问。根据案件审理需要，也可以先由申请方发问。"但是，经研究，《2012年解释》第二百一十二条关于向证人发问"应当先由提请通知的一方进行"的规定更符合实际，故本条第一款维持上述规定不变。

此外，《法庭调查规程》第十九条第三款规定："法庭依职权通知证人出庭的情形，审判人员应当主导对证人的询问。"经研究认为，所谓"主导对证人的询问"，实际上就是确定发问的顺序。基于此，本条第二款规定法庭依职权通知证人出庭的，发问顺序由审判长根据案件情况确定。

第二百六十条 鉴定人、有专门知识的人、调查人员、侦查人员或者其他人员出庭的，参照适用前两条规定。

【理解与适用】

本条系新增条文。

《刑事诉讼法》规定有专门知识的人可以出庭就鉴定人作出的鉴定意见提出意见，实质上就是作为专家辅助人，帮助法庭对鉴定意见进行审查与认定，因此，有专门知识的人应当提供其专业背景等材料，便于法庭审查其是否有能力、有资格履行专家辅助人的职责。此外，有专门知识的人也应当负有客观陈述意见的义务。因此，法庭可以参照对证人作证的相关要求，要求有专门知识的人签署保证书，以增强其如实陈述意见的责任感。

第二百六十一条 向证人发问应当遵循以下规则：

（一）发问的内容应当与本案事实有关；

（二）不得以诱导方式发问；

（三）不得威胁证人；

（四）不得损害证人的人格尊严。

对被告人、被害人、附带民事诉讼当事人、鉴定人、有专门知识的人、调查人员、侦查人员或者其他人员的讯问、发问，适用前款规定。

【理解与适用】

本条根据司法实践反映的问题对《2012年解释》第二百一十三条的规定作出修改完善，明确向证人发问规则适用于对被告人、被害人、附带民事诉讼当事人、鉴定人、有专门知识的人、调查人员、侦查人员或者其他人员的讯问、发问。

本条第一款第二项规定，向证人发问，“不得以诱导方式发问”。征求意见过程中，有意见提出，对于本方证人是直接询问，目的是让证人用自己的嘴讲出真实的案情，而不能由没有亲历的询问者越俎代庖，因而不得以诱导方式发问。根据英美法交叉询问的惯例，“不得以诱导方式发问”的禁令应仅限于对本方证人的直接询问，而对对方证人的交叉询问，诱导性询问是质证的必要方法，不应有此限制。因此，应当区分主询问与交叉询问的差别作出规定，对主询问禁止诱导的方式，对交叉询问则不应当禁止。经研究认为，上述意见确有道理。但是，实践操作中，本方证人与他方证人如何区分，相关规定是否符合当前证人询问的实际情况，需要作进一步斟酌。稳妥起见，暂时维持现行规定，交由司法实践继续探索。

第二百六十二条 **控辩双方的讯问、发问方式不当或者内容与本案无关的，对方可以提出异议，申请审判长制止，审判长应当判明情况予以支持或者驳回；对方未提出异议的，审判长也可以根据情况予以制止。**

【理解与适用】

本条沿用《2012年解释》第二百一十四条的规定。

第二百六十三条 **审判人员认为必要时，可以询问证人、鉴定人、有专门知识的人、调查人员、侦查人员或者其他人员。**

【理解与适用】

本条根据司法实践反映的问题对《2012年解释》第二百一十五条的规定作出修改完善，进一步明确了审判人员依职权询问的对象范围。

第二百六十四条 向证人、调查人员、侦查人员发问应当分别进行。

第二百六十五条 证人、鉴定人、有专门知识的人、调查人员、侦查人员或者其他人员不得旁听对本案的审理。有关人员作证或者发表意见后，审判长应当告知其退庭。

【理解与适用】

以上两条根据司法实践反映的问题对《2012年解释》第二百一十六条的规定作出修改完善。

《2012年解释》第二百一十六条第一款规定："向证人、鉴定人、有专门知识的人发问应当分别进行……"经向实践进一步了解，实践中，对证人的发问分别进行；但是，对鉴定人、有专门知识的人发问可能不会分别进行。基于此，《解释》第二百六十四条规定："向证人、调查人员、侦查人员发问应当分别进行。"

征求意见过程中，有意见建议将不得旁听对本案审理的"证人、鉴定人、有专门知识的人"限定为"准备出庭的证人、鉴定人、有专门知识的人"。理由是：由于庭审直播等司法公开措施的存在，无法避免证人、鉴定人、有专门知识的人通过庭审直播等形式旁听庭审，禁止所有的证人、鉴定人、有专门知识的人旁听庭审不具有可操作性。将不能旁听的范围限定为准备出庭的证人、鉴定人、有专门知识的人，既可以保障出庭作证证人的证言不受庭审的干扰，在司法实践中也具有可操作性。特别是，对于证人能否旁听庭审的问题，司法实践中情况比较复杂。（1）被害人亲属作证的，有的证言并不涉及犯罪事实，而仅以作过证不让旁听，可能会制造当事人亲属与法院的对立情绪；（2）非法集资类案件中，集资群众较多，一律不允许旁听不太妥当；（3）案件进入审判阶段后，证据基本已经公开化，庭审已经直播，禁止在现场旁听意义不大；（4）法庭审查旁听人员有无证人，属于额外增加义务，如果有证人旁听，法庭还可能承担相应责任。经研究认为，证人不得旁听庭审是三大诉讼的通行规则，而且《法庭规则》第九条明确规定"下列人员不得旁听：（一）证人、鉴定人以及准备出庭提出意见的有专门知识的人……"目前看来，在本解释作出例外规定，牵涉到与相关规则和通行诉讼法理的协调问题，似不适宜。

此外，有意见提出，有的案件中已死亡的未成年被害人的父母曾经作过证人，但提出要求以法定代理人身份参加庭审，对这种身份冲突的情况如何处理，存在较大争议。建议明确对被害人的法定代理人作过证人的，仍可以以法定代理人身份参加庭审。经研究认为，上述意见涉及诉讼参与人角色冲突问题，司法解释不宜作出明确规定，交由司法实践裁量处理更为适宜。

第二百六十六条 审理涉及未成年人的刑事案件，询问未成年被害人、证人，通知未成年被害人、证人出庭作证，适用本解释第二十二章的有关规定。

【理解与适用】

本条系新增条文。

第二百六十七条 举证方当庭出示证据后，由对方发表质证意见。

【理解与适用】

本条根据司法实践反映的问题对《2012年解释》第二百一十八条的规定作出修改完善。

《2012年解释》第二百一十八条规定："举证方当庭出示证据后，由对方进行辨认并发表意见。控辩双方可以互相质问、辩论。"实践中存在将"互相质问"理解为可以对公诉人进行质问的现象，且本节属于法庭调查阶段，尚未进入法庭辩论阶段，故本条删去了"控辩双方可以互相质问、辩论的规定"。

第二百六十八条 对可能影响定罪量刑的关键证据和控辩双方存在争议的证据，一般应当单独举证、质证，充分听取质证意见。

对控辩双方无异议的非关键证据，举证方可以仅就证据的名称及拟证明的事实作出说明。

召开庭前会议的案件，举证、质证可以按照庭前会议确定的方式进行。

根据案件和庭审情况，法庭可以对控辩双方的举证、质证方式进行必要的指引。

【理解与适用】

本条系新增条文，吸收《法庭调查规程》第三十一条的规定并作出修改完善。

《法庭调查规程》第三十一条第一款规定，对于可能影响定罪量刑的关键证据和控辩双方存在争议的证据“一般应当单独举证、质证”。本条第一款吸收上述规定，且有意见建议调整为：“一般应当对每组证据单独举证、质证。”主要考虑：实践中，一般根据犯罪构成要件分组举证，同组证据之间相互印证、支撑，一般不会将一份所谓的关键证据单独出示，一份孤证如不与其他证据结合，很难进行充分质证。征求意见过程中，有意见提出，分组方法在实践中无统一标准，有的一组证据体量庞大，可能包括几十份、上百页内容。既然属于关键证据，就应该每份证据单独质证，才能充分查明事实。经研究，采纳上述意见，未再作出调整。

第二百六十九条 审理过程中，法庭认为有必要的，可以传唤同案被告人、分案审理的共同犯罪或者关联犯罪案件的被告人等到庭对质。

【理解与适用】

本条根据司法实践反映的问题对《2012年解释》第一百九十九条的规定作出修改完善，将到庭对质由“同案被告人”扩展为包括“分案审理的共同犯罪或者关联犯罪案件的被告人”在内，以充分保障当事人的质证权，便于法庭准确查明案件事实。

第二百七十条 当庭出示的证据，尚未移送人民法院的，应当在质证后当庭移交。

【理解与适用】

本条根据司法实践反映的问题对《2012年解释》第二百一十九条的规定作出修改完善。

《2012年解释》第二百一十九条规定：“当庭出示的证据，尚未移送人民法院的，应当在质证后移交法庭。”经研究认为，当庭出示的证据具有质证后当庭移交的条件，且当庭移交可以避免庭后移交带来的当事人不移交、证据安全性等问题。鉴此，增加“当庭移交”的要求。

第二百七十一条 法庭对证据有疑问的，可以告知公诉人、当事人及其法定代理人、辩护人、诉讼代理人补充证据或者作出说明；必要时，可以宣布休庭，对证据进行调查核实。

对公诉人、当事人及其法定代理人、辩护人、诉讼代理人补充的和审判人员庭外调查核实取得的证据，应当经过当庭质证才能作为定案的根据。但是，对不影响定罪量刑的非关键证据、有利于被告人的量刑证据以及认定被告人有犯罪前科的裁判文书等证据，经庭外征求意见，控辩双方没有异议的除外。

有关情况，应当记录在案。

【理解与适用】

本条根据司法实践反映的问题对《2012 年解释》第二百二十条的规定作出修改完善。

《2012 年解释》第二百二十条第二款规定："对公诉人、当事人及其法定代理人、辩护人、诉讼代理人补充的和法庭庭外调查核实取得的证据，应当经过当庭质证才能作为定案的根据。但是，经庭外征求意见，控辩双方没有异议的除外。"此次征求意见过程中，有意见提出，《刑事诉讼法》第一百九十八条规定，法庭审理过程中，对于定罪、量刑有关的事实、证据都应当进行调查、辩论。上述规定存在不妥。经研究，根据上述意见，对本条第二款规定作了调整，进一步限定为"不影响定罪量刑的非关键证据、有利于被告人的量刑证据以及认定被告人有犯罪前科的裁判文书等证据"。

第二百七十二条　**公诉人申请出示开庭前未移送或者提交人民法院的证据，辩护方提出异议的，审判长应当要求公诉人说明理由；理由成立并确有出示必要的，应当准许。**

辩护方提出需要对新的证据作辩护准备的，法庭可以宣布休庭，并确定准备辩护的时间。

辩护方申请出示开庭前未提交的证据，参照适用前两款规定。

【理解与适用】

本条沿用《2012 年解释》第二百二十一条的规定。

第二百七十三条　**法庭审理过程中，控辩双方申请通知新的证人到庭，调取新的证据，申请重新鉴定或者勘验的，应当提供证人的基本信息、证据的存放地点，说明拟证明的事项，申请重新鉴定或者勘验的理由。法庭认为有必要的，应当同意，并宣布休庭；根据案件情况，可以决定延期审理。**

人民法院决定重新鉴定的，应当及时委托鉴定，并将鉴定意见告知人民检察院、当事人及其辩护人、诉讼代理人。

【理解与适用】

本条根据司法实践反映的问题对《2012年解释》第二百二十二条的规定作出修改完善。

《2012年解释》第二百二十二条第一款规定所涉情况“法庭认为有必要的，应当同意，并宣布延期审理；不同意的，应当说明理由并继续审理”。此次征求意见过程中，有意见提出，此种情形下无法确定有无必要延期审理。经研究，采纳上述意见，作了相应调整。

第二百七十四条　审判期间，公诉人发现案件需要补充侦查，建议延期审理的，合议庭可以同意，但建议延期审理不得超过两次。

人民检察院将补充收集的证据移送人民法院的，人民法院应当通知辩护人、诉讼代理人查阅、摘抄、复制。

补充侦查期限届满后，人民检察院未将补充的证据材料移送人民法院的，人民法院可以根据在案证据作出判决、裁定。

【理解与适用】

本条根据司法实践反映的问题对《2012年解释》第二百二十三条的规定作出修改完善。

1.对于检察机关为补充侦查而提出的延期审理建议，法院具有裁量权，可根据案件情况决定是否同意延期审理。故而，本条第一款对审判期间，公诉人发现案件需要补充侦查，建议延期审理的，由“合议庭应当同意”调整为“合议庭可以同意”。

征求意见过程中，有意见建议将本条第一款规定的“审判期间”修改为“法庭辩论终结前”。理由是：实践中，审判期间往往被理解为判决书作出之前的期间。因此，在法庭辩论终结后，人民检察院仍具有两次补充侦查的权利。在此期间，人民检察院不但可以针对被告人、辩护人提出的问题进行再次补充取证，还可以对被告人提供的证据进行查证，这样做有损被告人合法权利。将公诉人申请延期审理的时间明确为法庭辩论终结前，有利于加快审判进程，提高诉讼效率，保障当事人合法权益。经研究认为，鉴于《刑事诉讼法》未将补充侦查限制在法庭辩论终结前，故未采纳上述意见。

2. 本条第三款对补充侦查期限届满后，经法庭通知，人民检察院未将案件移送人民法院，且未说明原因的，由“人民法院可以决定按人民检察院撤诉处理”调整为“人民法院可以根据在案证据作出判决、裁定”。主要考虑：（1）《2012 年解释》第二百二十三条规定“人民检察院未将案件移送人民法院”，意味着对检察院延期审理的案件法院会将案件退回，否则不存在补充侦查完毕后的移送法院的问题。司法实践中，检察机关以补充侦查为由建议延期审理的，案件通常仍在法院并未退回。因为，如果将案件退回，法院就要进行销案处理，补充侦查结束后，检察院再次起诉的，还要作为新收案件处理，程序极其烦琐且无必要。（2）补充侦查期限届满后，经通知，人民检察院未将补充的证据材料移送人民法院的，人民法院原则上应当根据在案证据材料作出判决、裁定。但是，如果人民检察院未将补充侦查时退回的案卷移送人民法院，或者拒不派员出席法庭的，可以按人民检察院撤诉处理。

3.《刑事诉讼法》第二百零四条规定：“在法庭审判过程中，遇有下列情形之一，影响审判进行的，可以延期审理：（一）需要通知新的证人到庭，调取新的物证，重新鉴定或者勘验的；（二）检察人员发现提起公诉的案件需要补充侦查，提出建议的；（三）由于申请回避而不能进行审判的。”据此，除第二项情形外，延期审理的申请主体应当包括控辩双方在内。本条针对的是补充侦查情形的延期审理，故限定主体为人民检察院，但是对于其他情形的延期审理，辩方也可以申请。

第二百七十五条 **人民法院向人民检察院调取需要调查核实的证据材料，或者根据被告人、辩护人的申请，向人民检察院调取在调查、侦查、审查起诉期间收集的有关被告人无罪或者罪轻的证据材料，应当通知人民检察院在收到调取证据材料决定书后三日以内移交。**

【理解与适用】

本条根据《监察法》对《2012年解释》第二百二十四条的规定作出调整，增加“调查期间”的表述。

第二百七十六条 法庭审理过程中，对与量刑有关的事实、证据，应当进行调查。

人民法院除应当审查被告人是否具有法定量刑情节外，还应当根据案件情况审查以下影响量刑的情节：

（一）案件起因；

（二）被害人有无过错及过错程度，是否对矛盾激化负有责任及责任大小；

（三）被告人的近亲属是否协助抓获被告人；

（四）被告人平时表现，有无悔罪态度；

（五）退赃、退赔及赔偿情况；

（六）被告人是否取得被害人或者其近亲属谅解；

（七）影响量刑的其他情节。

【理解与适用】

本条沿用《2012年解释》第二百二十五条的规定。

第二百七十七条 审判期间，合议庭发现被告人可能有自首、坦白、立功等法定量刑情节，而人民检察院移送的案卷中没有相关证据材料的，应当通知人民检察院在指定时间内移送。

审判期间，被告人提出新的立功线索的，人民法院可以建议人民检察院补充侦查。

【理解与适用】

本条根据司法实践反映的问题对《2012年解释》第二百二十六条的规定作出修改完善，增加“指定期间”的规定。

第二百七十八条　对被告人认罪的案件，在确认被告人了解起诉书指控的犯罪事实和罪名，自愿认罪且知悉认罪的法律后果后，法庭调查可以主要围绕量刑和其他有争议的问题进行。

对被告人不认罪或者辩护人作无罪辩护的案件，法庭调查应当在查明定罪事实的基础上，查明有关量刑事实。

【理解与适用】

本条沿用《2012年解释》第二百二十七条的规定。

第二百七十九条　法庭审理过程中，应当对查封、扣押、冻结财物及其孳息的权属、来源等情况，是否属于违法所得或者依法应当追缴的其他涉案财物进行调查，由公诉人说明情况、出示证据、提出处理建议，并听取被告人、辩护人等诉讼参与人的意见。

案外人对查封、扣押、冻结的财物及其孳息提出权属异议的，人民法院应当听取案外人的意见；必要时，可以通知案外人出庭。

经审查，不能确认查封、扣押、冻结的财物及其孳息属于违法所得或者依法应当追缴的其他涉案财物的，不得没收。

【理解与适用】

本条根据司法实践反映的问题对《2012年解释》第三百六十四条的规定作出修改完善。随着经济社会发展，越来越多的刑事案件涉及财物处理问题，涉案财物的数额价值越来越大，利益关系也越来越复杂。为强化产权司法保护，《解释》充实了涉案财物的相关规定，要求对定罪量刑和涉案财物处理并重。

1. 本条的位置调整至一审程序，旨在提醒审判人员和诉讼参与人在审判程序中高度重视对涉案财物的处理问题。由检察机关对涉案财物的权属情况作出说明，提出处理意见，并提供相关证据材料，这符合刑事证据规则，也符合司法实际。例如，《电诈犯罪意见》第七条“涉案财物的处理”第一项规定：“公安机关侦办电信网络诈骗案件，应当随案移送涉案赃款赃物，并附清单。人民检察院提起公诉时，应一并移交受理案件的人民法院，同时就涉案赃款赃物的处理提出意见。”

2. 关于案外人对涉案财物提出权属异议的处理，《中办、国办涉案财物处置意见》第十二条规定：“明确利害关系人诉讼权利。善意第三人等案外人与涉案财物处理存在利害关系的，公安机关、国家安全机关、人民检察院应当告知其相关诉讼权利，人民法院应当通知其参加诉讼并听取其意见。”根据上述规定，本条第二款规定：“案外人对查封、扣押、冻结的财物及其孳息提出权属异议的，人民法院应当听取案外人的意见；必要时，可以通知案外人出庭。”作出上述规定，一方面明确要求听取对涉案财物提出权属异议的案外人的意见，以落实《中办、国办涉案财物处置意见》的要求；另一方面，考虑到涉众型案件可能存在案外人众多的情形，一律通知到庭不具有可操作，且《中办、国办涉案财物处置意见》只是要求人民法院应当“通知其参加诉讼”但并未要求“通知其参加庭审”，故规定为“必要时，可以通知案外人出庭”。

《中办、国办涉案财物处置意见》第十二条规定：“被告人、自诉人、附带民事诉讼的原告和被告人对涉案财物处理决定不服的，可以就财物处理部分提出上诉，被害人或者其他利害关系人可以请求人民检察院抗诉。”

第四节　法庭辩论与最后陈述

第二百八十条　合议庭认为案件事实已经调查清楚的，应当由审判长宣布法庭调查结束，开始就定罪、量刑、涉案财物处理的事实、证据、适用法律等问题进行法庭辩论。

【理解与适用】

本条根据司法实践反映的问题对《2012年解释》第二百二十八条的规定作出修改完善，增加规定就“涉案财物处理”的事实、证据、适用法律等问题进行法庭辩论。

征求意见过程中，有意见提出，涉案财物处理是人民法院的法定职权，并非可以辩论的对象。经研究认为，涉案财物处理与定罪量刑实际上都是人民法院的职权事项，都需要遵循以事实为根据、以法律为准绳的原则，都应当充分听取控辩双方的意见。既然可以就定罪量刑问题进行法庭辩论，自然可以就涉案财物处理问题进行法庭辩论。基于此，未采纳上述意见。

第二百八十一条　法庭辩论应当在审判长的主持下，按照下列顺序进行：

（一）公诉人发言；

（二）被害人及其诉讼代理人发言；

（三）被告人自行辩护；

（四）辩护人辩护；

（五）控辩双方进行辩论。

【理解与适用】

本条沿用《2012年解释》第二百二十九条的规定。

第二百八十二条 人民检察院可以提出量刑建议并说明理由；建议判处管制、宣告缓刑的，一般应当附有调查评估报告，或者附有委托调查函。

当事人及其辩护人、诉讼代理人可以对量刑提出意见并说明理由。

【理解与适用】

本条根据司法实践反映的问题对《2012年解释》第二百三十条的规定作出修改完善，要求“建议判处管制、宣告缓刑的，一般应当附有调查评估报告，或者附有委托调查函”。

需要注意的是：（1）调查评估报告是指对被告人社会危险性和对所居住社区影响的调查评估材料，实践中可能表现为不同形式。（2）本条原本拟规定人民检察院“建议适用非监禁刑的，应当附有调查评估报告或者委托调查函”。征求意见过程中，有意见提出，适用非监禁刑，一律要求附有调查评估报告或者委托调查函不妥，个别欠发达地区难以及时联系社区矫正机构作出社会调查评估报告，应充分考虑全国各地实际情况，避免影响诉讼顺利进行。经研究，根据上述意见，调整为“建议判处管制、宣告缓刑的，一般应当附有调查评估报告，或者附有委托调查函”。

第二百八十三条 对被告人认罪的案件，法庭辩论时，应当指引控辩双方主要围绕量刑和其他有争议的问题进行。

对被告人不认罪或者辩护人作无罪辩护的案件，法庭辩论时，可以指引控辩双方先辩论定罪问题，后辩论量刑和其他问题。

【理解与适用】

本条根据司法实践反映的问题对《2012年解释》第二百三十一条规定作出修改完善，将第一款规定的“可以引导”控辩双方主要围绕量刑和其他有争议的问题调整为“应当指引”，并对其他表述作了微调。

第二百八十四条 附带民事部分的辩论应当在刑事部分的辩论结束后进行，先由附带民事诉讼原告人及其诉讼代理人发言，后由附带民事诉讼被告人及其诉讼代理人答辩。

第二百八十五条 法庭辩论过程中，审判长应当充分听取控辩双方的意见，对控辩双方与案件无关、重复或者指责对方的发言应当提醒、制止。

第二百八十六条 法庭辩论过程中，合议庭发现与定罪、量刑有关的新的事实，有必要调查的，审判长可以宣布恢复法庭调查，在对新的事实调查后，继续法庭辩论。

第二百八十七条 审判长宣布法庭辩论终结后，合议庭应当保证被告人充分行使最后陈述的权利。

被告人在最后陈述中多次重复自己的意见的，法庭可以制止；陈述内容蔑视法庭、公诉人，损害他人及社会公共利益，或者与本案无关的，应当制止。

在公开审理的案件中，被告人最后陈述的内容涉及国家秘密、个人隐私或者商业秘密的，应当制止。

第二百八十八条 被告人在最后陈述中提出新的事实、证据，合议庭认为可能影响正确裁判的，应当恢复法庭调查；被告人提出新的辩解理由，合议庭认为可能影响正确裁判的，应当恢复法庭辩论。

【理解与适用】

以上五条基本沿用《2012年解释》第二百三十二条至第二百三十六条的规定，仅对个别表述作了微调。

第二百八十九条 公诉人当庭发表与起诉书不同的意见，属于变更、追加、补充或者撤回起诉的，人民法院应当要求人民检察院在指定时间内以书面方式提出；必要时，可以宣布休庭。人民检察院在指定时间内未提出的，人民法院应当根据法庭审理情况，就起诉书指控的犯罪事实依法作出判决、裁定。

人民检察院变更、追加、补充起诉的，人民法院应当给予被告人及其辩护人必要的准备时间。

【理解与适用】

本条系新增条文。

实践中，个别案件存在公诉人当庭发表与起诉书不同意见的情形，甚至属于当庭变更、追加、补充或者撤回起诉的情形。对此如何处理，存在不同认识。有观点认为，《刑事诉讼法》规定的起诉主体是人民检察院，起诉书是加盖人民检察院印章的法律文书。我国《刑事诉讼法》《检察院组织法》《检察官法》均未赋予公诉人独立于检察院之外的主体地位，也没有允许公诉人变更起诉书的内容。鉴于这一问题在实践和理论中尚存争议，对于不涉及追加或者变更起诉的，到底采纳起诉书还是公诉意见书，属于法庭裁量范畴；对于需要追加、补充或者变更起诉的情况，人民法院应当休庭。另有观点认为，无论是否“属于变更、追加、补充或者撤回起诉”，此种情形均应当以当庭意见为准，以促使公诉人谨慎发表当庭意见。否则，当庭发表意见后，又不提供书面意见的，法院将无法处理，也有违司法诚信。

经综合考虑上述意见，本条明确了此种情形的处理规则。鉴于相关情况较为复杂，具体处理规则难以一概而论，本条第一款专门区分是否属于变更、追加、补充或者撤回起诉的情形，作出相应规定。需要注意的是：

1. 本条所称“公诉人当庭发表与起诉书不同的意见”，是指在起诉后未出现新的事实证据情况下，公诉人发表与起诉书不同意见的情形。对于出现新的事实的，可以直接由法庭根据新的事实证据作出认定即可。例如，自首的被告人在开庭后翻供的，法庭可以直接不认定自首；认罪认罚的被告人在开庭后不认罪、不接受量刑建议的，法庭可以直接不认定认罪认罚；有的被告人在起诉后才退赃退赔，法庭可以直接认定退赃退赔这一情节。对于上述情形，无须由公诉人对起诉书作出变更，法庭直接认定即可。

2. 公诉人当庭发表与起诉书不同的意见，情况较为复杂：有的变更不影响定罪量刑，如对作案时间发表不同意见，直接变更即可。更多情形下则会对定罪量刑产生影响，但具体情况又会存在差异：有的是直接变更罪名，如由职务侵占罪调整为贪污罪；有的涉及法定刑幅度的调整，如盗窃金额由十万元调整为一万元；有的只是涉及具体犯罪情节的认定，如盗窃金额由三千五百元调整为三千元；等等。

3. 如果属于变更、追加、补充或者撤回起诉等重大事项的，应当以书面方式提出。而且，上述情形下，是否应当休庭，也不能简单作出统一规定，而应当交由实践裁量处理。例如，起诉书认定的盗窃金额是三千五百元，公诉人当庭发现计算有误，应当为三千元，量刑档次未发生变化，且所作变更有利于被告人，法庭可以继续开庭审理，但应当在庭后要求人民检察院以书面方式作出变更；相反，如果公诉人当庭改变起诉罪名，特别是由轻罪名改重罪名的，则休庭为宜，以更好地保障被告人的辩护权。又如，公诉人当庭追加起诉的，则可以以起诉书指控的罪行先行开庭，休庭后待人民检察院以书面方式追加起诉后，再行开庭就追加的起诉进行审理。

4. 人民检察院变更、追加、补充起诉的，人民法院应当给予被告人及其辩护人必要的准备时间，以充分保障被告人合法权益。

顺带提及的是，在有的案件中，庭审已经结束，且法庭已就拟认定的罪名（与起诉指控的罪名不一致）听取控辩双方意见，其后，人民检察院才改变罪名、变更起诉。我们认为，这样的变更起诉没有实际必要，且人为增加了诉讼成本，降低了诉讼效率。

《人民检察院刑事诉讼规则》第四百二十三条规定：“人民法院宣告判决前，人民检察院发现被告人的真实身份或者犯罪事实与起诉书中叙述的身份或者指控犯罪事实不符的，或者事实、证据没有变化，但罪名、适用法律与起诉书不一致的，可以变更起诉。发现遗漏同案犯罪嫌疑人或者罪行的，应当要求公安机关补充移送起诉或者补充侦查；对于犯罪事实清楚，证据确实、充分的，可以直接追加、补充起诉。”

《人民检察院刑事诉讼规则》第四百二十五条规定：“在法庭审理过程中，人民法院建议人民检察院补充侦查、补充起诉、追加起诉或者变更起诉的，人民检察院应当审查有关理由，并作出是否补充侦查、补充起诉、追加起诉或者变更起诉的决定。人民检察院不同意的，可以要求人民法院就起诉指控的犯罪事实依法作出裁判。”

《人民检察院刑事诉讼规则》第四百二十六条规定：“变更、追加、补充或者撤回起诉应当以书面方式在判决宣告前向人民法院提出。”

第二百九十条　辩护人应当及时将书面辩护意见提交人民法院。

【理解与适用】

本条系新增条文，根据司法实践反映的问题，对辩护人及时提交辩护意见作出指引性规定。

1. 讨论中，有意见建议明确庭审结束后提交书面辩护意见的具体时限。经研究认为，相关情况复杂，难以对时限作出明确具体规定，实践中可以裁量把握。

需要注意的是，辩论原则是审判阶段应当遵循的基本原则，辩护人庭审发表的意见都是辩护意见，庭审笔录中应予载明，而且辩护人要在庭审笔录上签名。因此，书面辩护意见仅是庭审辩护的一个补充，如果庭审中辩护人已经充分发表了辩护意见，并记录在案，庭后不提交书面辩护意见对审判人员裁判没有影响。基于此，本条明确规定“辩护人应当及时将书面辩护意见提交人民法院”。对于经人民法院告知后仍不提交辩护意见的，以当庭发表的意见为准。

2. 关于书面辩护意见与当庭发表的意见不一致的处理问题，存在不同意见。有意见认为，辩护意见与当庭发表的意见存在实质性差异的，以当庭发表的意见为准。理由是：考虑到庭审中心主义、庭审实质化和公开审理的要求，当庭发表的意见经控辩双方质证、辩论，更能体现以审判为中心的刑事诉讼制度改革要求。而且，明确以当庭发表的意见为准，可以促使辩护人庭前认真准备、庭上充分辩护。认可在庭后提交与当庭发表意见差异较大的书面辩护意见，还可能带来需要二次开庭等一系列问题，浪费司法资源。另有意见认为，应当以庭后提交的书面辩护意见为准。理由是：刑事审判应当坚持实体正义优先的原则，对于庭后提交的书面辩护意见与当庭发表意见不一致，且有相关证据证明，则应当采信书面辩护意见。必要时，可以通过庭外听取控辩双方意见或者二次开庭加以解决，不宜以节约司法资源为由对合理的书面辩护意见“视而不见”。

经研究认为，此种情形下，既有书面辩护意见，也有当庭发表意见，不宜简单“一刀切”，宜根据具体情况作出妥善处理。原则上应当以当庭发表的意见为准，但如果当庭发表的意见明显不妥当，书面辩护意见确有道理的，也可以采纳书面辩护意见。在裁判文书中，可以客观反映辩护意见的前后变化。鉴于相关问题比较复杂，未作统一规定。

3. 征求意见过程中，有意见提出，二审案件存在大量不开庭审理的情况，建议增加规定在指定日期提交辩护意见。经研究认为，本条规定“辩护人应当及时将书面辩护意见提交人民法院”，可以参照适用于二审不开庭的情形。据此，人民法院可以要求辩护人在指定的合理期限内提交书面辩护意见。

第五节 评议案件与宣告判决

第二百九十一条 被告人最后陈述后，审判长应当宣布休庭，由合议庭进行评议。

【理解与适用】

本条沿用《2012年解释》第二百三十七条的规定。

第二百九十二条 开庭审理的全部活动，应当由书记员制作笔录；笔录经审判长审阅后，分别由审判长和书记员签名。

【理解与适用】

本条沿用《2012年解释》第二百三十八条的规定。

征求意见过程中，有意见反映，有些案件中存在书记员对庭审活动摘要记录而非全程记录的情况，建议将“制作笔录”调整为“记录”，以要求全程记录庭审活动。经研究，从司法实践来看，要求全程记录而不加整理，既不现实也不妥当。特别是，有些诉讼参与人使用方言发言，且言语明显重复，宜加以适当整理。基于此，本条未作修改。当然，书记员制作笔录，总体要求应当是全面、客观，不能任意“精简”、概括。

第二百九十三条 法庭笔录应当在庭审后交由当事人、法定代理人、辩护人、诉讼代理人阅读或者向其宣读。

法庭笔录中的出庭证人、鉴定人、有专门知识的人、调查人员、侦查人员或者其他人员的证言、意见部分，应当在庭审后分别交由有关人员阅读或者向其宣读。

前两款所列人员认为记录有遗漏或者差错的，可以请求补充或者改正；确认无误后，应当签名；拒绝签名的，应当记录在案；要求改变庭审中陈述的，不予准许。

【理解与适用】

本条基本沿用《2012年解释》第二百三十九条的规定，仅在第二款增加“调查人员、侦查人员或者其他人员”的表述。

关于公诉人是否应当在法庭笔录中签名的问题，讨论中存在不同认识：一种观点认为，应当要求公诉人签名，以进一步增强笔录的真实性，实现控辩平等。特别是，前面规定公诉人发表与起诉书不同的意见的，可以以当庭发表的意见为准，更加说明其在法庭笔录上签名具有必要性。另一种观点认为，公诉人是否签名不影响法庭笔录的真实性，可以对此不作明确规定。经研究认为，该问题属于部门互涉问题，无法通过本解释作出规定，下一步可以通过联合制定规范性文件的方式加以解决。

第二百九十四条　合议庭评议案件，应当根据已经查明的事实、证据和有关法律规定，在充分考虑控辩双方意见的基础上，确定被告人是否有罪、构成何罪，有无从重、从轻、减轻或者免除处罚情节，应否处以刑罚、判处何种刑罚，附带民事诉讼如何解决，查封、扣押、冻结的财物及其孳息如何处理等，并依法作出判决、裁定。

【理解与适用】

本条沿用《2012 年解释》第二百四十条的规定。

第二百九十五条　对第一审公诉案件，人民法院审理后，应当按照下列情形分别作出判决、裁定：

（一）起诉指控的事实清楚，证据确实、充分，依据法律认定指控被告人的罪名成立的，应当作出有罪判决；

（二）起诉指控的事实清楚，证据确实、充分，但指控的罪名不当的，应当依据法律和审理认定的事实作出有罪判决；

（三）案件事实清楚，证据确实、充分，依据法律认定被告人无罪的，应当判决宣告被告人无罪；

（四）证据不足，不能认定被告人有罪的，应当以证据不足、指控的犯罪不能成立，判决宣告被告人无罪；

（五）案件部分事实清楚，证据确实、充分的，应当作出有罪或者无罪的判决；对事实不清、证据不足部分，不予认定；

（六）被告人因未达到刑事责任年龄，不予刑事处罚的，应当判决宣告被告人不负刑事责任；

（七）被告人是精神病人，在不能辨认或者不能控制自己行为时造成危害结果，不予刑事处罚的，应当判决宣告被告人不负刑事责任；被告人符合强制医疗条件的，应当依照本解释第二十六章的规定进行审理并作出判决；

（八）犯罪已过追诉时效期限且不是必须追诉，或者经特赦令免除刑罚的，应当裁定终止审理；

（九）属于告诉才处理的案件，应当裁定终止审理，并告知被害人有权提起自诉；

（十）被告人死亡的，应当裁定终止审理；但有证据证明被告人无罪，经缺席审理确认无罪的，应当判决宣告被告人无罪。

对涉案财物，人民法院应当根据审理查明的情况，依照本解释第十八章的规定作出处理。

具有第一款第二项规定情形的，人民法院应当在判决前听取控辩双方的意见，保障被告人、辩护人充分行使辩护权。必要时，可以再次开庭，组织控辩双方围绕被告人的行为构成何罪及如何量刑进行辩论。

【理解与适用】

本条根据司法实践反映的问题对《2012年解释》第二百四十一条的规定作出修改完善，在第二款增加规定“对涉案财物，人民法院应当根据审理查明的情况，依照本解释第十八章的规定作出处理”，并对其他规定略作调整。

需要注意的是，本条第一款第九项规定：“属于告诉才处理的案件，应当裁定终止审理，并告知被害人有权提起自诉”。如果被害人死亡、丧失行为能力或者因受强制、威吓等无法告诉，或者是限制行为能力人以及因年老、患病、盲、聋、哑等不能亲自告诉的，其法定代理人、近亲属可以告诉或者代为告诉。据此，如果被害人具有死亡等上述情形，应当告知其法定代理人或近亲属有权提起自诉。

需要特别注意的是判决认定罪名与指控罪名不一致的问题。判决是人民法院依据审理查明的案件事实，依法对案件作出的实体认定，认定的主体是人民法院，因此，判决认定的罪名不受起诉指控罪名的限制，如指控的罪名是故意杀人，人民法院经审理查明被告人并不具有故意杀人的故意，而是持有故意伤害的故意，依法认定被告人构成故意伤害罪。所谓不告不理、审判中立，是指不得超过起诉指控的事实认定犯罪。而此种情形下，人民法院仍然是在起诉指控事实的基础上、范围内作出判决，故并不违反不告不理、审理中立原则。如果不能变更罪名，人民法院既无法宣告无罪，又不能裁定驳回起诉或者将案件退回人民检察院，将导致案件处理陷入僵局。因此，人民法院通过审理认定的罪名与指控的罪名不一致的，应当按照审理认定的罪名作出有罪判决。需要注意的是，由于法庭审理是围绕指控的罪名进行，特别是控辩双方主要围绕指控的罪名能否成立开展辩论，因此，人民法院作出与指控的罪名不一致的有罪判决的，应当设法保障被告方的辩护权。基于这一考虑，本条第二款作了专门规定。审判实践中，人民法院拟根据审判认定的罪名作出有罪判决前，应当采取多种方式就变更罪名问题听取控辩双方的意见，既可以召集控辩双方在庭外共同听取意见，也可以在庭外分别听取控辩双方的意见。根据案件的具体情况，在案件社会影响较大、拟认定的罪名重于指控罪名等“必要时”，可以重新开庭，组织控辩双方围绕罪名确定问题进行辩论。

顺带提及的是，对于指控的量刑幅度与审理认定的量刑幅度不一致的，应当依照审理认定的事实、情节进行量刑。相关问题较为复杂，既涉及诉判同一原则，又涉及部分特殊规定。在起诉事实和审判事实在自然观察上是一个事实时，法院在量刑时不受指控量刑幅度的限制，否则应当受到指控事实的限制。例如，贩卖毒品，检察机关指控40克，但经审理发现同一次贩卖是50克，可以直接量刑，但如果检察机关指控40克，经审理发现除了此次贩卖以外，还有其他非法持有毒品应计入贩卖毒品数量的，检察机关未指控的，则不宜按照贩卖毒品数量大量刑。

第二百九十六条　在开庭后、宣告判决前，人民检察院要求撤回起诉的，人民法院应当审查撤回起诉的理由，作出是否准许的裁定。

【理解与适用】

本条基本沿用《2012年解释》第二百四十二条的规定，仅对表述作了调整。

庭审要解决的核心问题就是被告人的刑事责任，在庭审程序已经进行的情况下，允许检察院撤回起诉，使得本可以通过判决确认的被告人刑事责任（而且绝大部分是无罪）重新回到待定状态，既不利于保障被告人合法权益，而且也有违推进以审判为中心刑事诉讼制度改革的要求。基于此，本条原本拟规定："法庭辩论终结前，人民检察院要求撤回起诉的，人民法院应当审查撤回起诉的理由，作出是否准许的裁定。法庭辩论终结后，人民检察院要求撤回起诉的，人民法院应当不予准许"，至少规定"经审查，依法应当认定被告人无罪的，不予准许"。

征求意见过程中，有意见建议恢复《2012年解释》第二百四十二条的规定。理由是：撤回起诉制度的重要意义不仅是检察机关行使公诉权的体现，更重要的是法检两家在刑事诉讼中相互配合原则的重要体现。司法实践中，撤回起诉制度也有助于减轻人民法院面临化解社会矛盾的压力。因此，不宜对撤回起诉的时间作出限制。鉴于对此问题存在不同认识，未再作出修改，维持《2012年解释》第二百四十二条的规定。

第二百九十七条 审判期间，人民法院发现新的事实，可能影响定罪量刑的，或者需要补查补证的，应当通知人民检察院，由其决定是否补充、变更、追加起诉或者补充侦查。

人民检察院不同意或者在指定时间内未回复书面意见的，人民法院应当就起诉指控的事实，依照本解释第二百九十五条的规定作出判决、裁定。

【理解与适用】

本条根据司法实践反映的问题对《2012年解释》第二百四十三条的规定作出修改完善。

征求意见过程中，有意见提出，实践中，人民法院往往会要求人民检察院补充、补强证据材料，但现行司法解释对于合议庭发现案件需要补充侦查的，没有规定启动补充侦查程序，有必要对合议庭的补充侦查建议权予以明确。对此予以明确后，也可解决控辩双方对于在审判阶段由侦查机关补充调取的证据材料的来源合法性争议。经研究认为，上述问题在司法实践中客观存在，人民法院在审理案件过程中不少情形下需要人民检察院补查补证，甚至补充侦查。基于此，本条第一款就人民法院发现需要补查补证情形的处理作了相应规定。需要注意的是，根据以审判为中心的刑事诉讼制度改革的要求，法院应当坚持裁判中立原则，不能成为控诉方，故而本条第一款只是规定“通知人民检察院，由其决定是否补充、变更、追加起诉或者补充侦查”，即强调人民法院要依据在案证据依法裁判，确保司法公正和中立。

从司法实践来看，极个别案件中，人民检察院对人民法院补充或者变更起诉的建议长时间不予回复，久拖不决。《六部委规定》第三十条专门规定：“人民法院审理公诉案件，发现有新的事实，可能影响定罪的，人民检察院可以要求补充起诉或者变更起诉，人民法院可以建议人民检察院补充起诉或者变更起诉。人民法院建议人民检察院补充起诉或者变更起诉的，人民检察院应当在七日以内回复意见。”从司法实践来看，人民检察院通常无法在七日内作出是否补充或者变更起诉的决定，往往需要通过补充侦查后才能作出相应决定。而且，补充起诉或变更起诉，相当于一次全新起诉，需要重新组织开庭。因此，此种情形下，人民法院宜协调人民检察院对补充侦查建议作出回复，从而在案件重新移送人民法院后重新计算审理期限，有效避免此种情况下案件审理期限不够的问题。当然，根据本条第二款的规定，人民检察院不同意或者在指定时间内未回复书面意见的，人民法院应当就起诉指控的事实，依照本解释第二百九十五条的规定作出判决、裁定。

第二百九十八条　**对依照本解释第二百一十九条第一款第五项规定受理的案件，人民法院应当在判决中写明被告人曾被人民检察院提起公诉，因证据不足，指控的犯罪不能成立，被人民法院依法判决宣告无罪的情况；前案依照刑事诉讼法第二百条第三项规定作出的判决不予撤销。**

【理解与适用】

本条沿用《2012年解释》第二百四十四条的规定。

具体而言，对于此种情形，在裁判文书中可以表述为："被告人×××曾于×年×月×日被××人民检察院以××罪向××人民法院提起公诉。因证据不足，指控的犯罪不能成立，被××人民法院依法判决宣告无罪。"

征求意见过程中，有意见认为本条规定不妥，对于同一案件不可以存在两个同时生效的相互矛盾的判决，对于已经作出判决的案件也不允许重复起诉，故对于已经生效的证据不足、指控不能成立的无罪判决，依法只能以审判监督程序加以改判。经研究认为：（1）之前是宣告无罪判决，与有罪判决不一样，不撤销对被告人没有影响。（2）之前的判决并没有错，当时确实是证据不足，作出无罪判决没有问题。（3）可以类比的是，检察机关的不起诉决定，有新证据后，可以重新起诉，也不会撤销之前的不起诉决定。

第二百九十九条　合议庭成员、法官助理、书记员应当在评议笔录上签名，在判决书、裁定书等法律文书上署名。

【理解与适用】

本条根据司法实践反映的问题对《2012年解释》第二百四十五条的规定作出修改完善，增加了"法官助理、书记员"签名、署名的规定。

第三百条　裁判文书应当写明裁判依据，阐释裁判理由，反映控辩双方的意见并说明采纳或者不予采纳的理由。

适用普通程序审理的被告人认罪的案件，裁判文书可以适当简化。

【理解与适用】

本条根据司法实践反映的问题对《2012 年解释》第二百四十六条的规定作出修改完善。

本条第二款专门规定："适用普通程序审理的被告人认罪的案件，裁判文书可以适当简化。"这里的被告人认罪案件，当然包括被告人认罪认罚的案件在内。需要注意的，裁判文书简化与裁判文书加强说理，应当并行不悖。《最高人民法院关于全面推进以审判为中心的刑事诉讼制度改革的实施意见》第二十条规定："法庭应当加强裁判说理，通过裁判文书展现法庭审理过程。对控辩双方的意见和争议，应当说明采纳与否的理由。对证据采信、事实认定、定罪量刑等实质性问题，应当阐释裁判的理由和依据。"一般而言，对于判处无期徒刑、死刑的裁判文书，无论被告人是否认罪，都不宜简化，应当加强裁判说理。

第三百零一条　庭审结束后、评议前，部分合议庭成员不能继续履行审判职责的，人民法院应当依法更换合议庭组成人员，重新开庭审理。

评议后、宣判前，部分合议庭成员因调动、退休等正常原因不能参加宣判，在不改变原评议结论的情况下，可以由审判本案的其他审判员宣判，裁判文书上仍署审判本案的合议庭成员的姓名。

【理解与适用】

本条系新增条文。

在庭审过程中，存在部分合议庭成员因故不能继续履行审判职责的情况。对此，本条第一款专门规定"人民法院应当依法更换合议庭组成人员，重新开庭审理"。但是，定期宣判的案件，在作出评议后，合议庭成员由于离职、退休等原因，可能不能参加宣判。对于此类情形，是否需要重新组成合议庭进行审理，不宜一概而论。原则上，在不改变原来评议时所作决定的情况下，可以由审判本案的其他合议庭成员宣判，判决书上仍应署审判本案的合议庭成员的姓名。对此，本条第二款作了专门规定。但是，合议庭成员不能参加宣判的情形比较复杂，如因为辞职离开人民法院、接受监察调查或者被立案侦查的等。此种情形下，宜重新组成合议庭进行审理。对此，具体操作中可以根据本条第二款的规定妥当把握：对于系因调动、退休等正常原因不能参加审判的，可以由审判本案的其他审判员宣判，裁判文书上仍署审判本案的合议庭成员的姓名；对于其他原因的，则应当依法更换合议庭组成人员，重新开庭审理。

本条规定借鉴了《最高人民法院关于定期宣判的案件人民陪审员因故不能参加宣判时可否由审判员开庭宣判问题的批复》（1981 年 8 月 4 日）的规定，即："关于定期宣判的案件人民陪审员因故不能参加宣判可否由审判员开庭审判的问题，本院 1957 年 2 月 15 日法研字第 3417 号批复曾规定：'定期宣判的案件，人民陪审员因故不能参加宣判，在不改变原来评议时所作的决定的情况下，可以由原来审判本案的审判员独自开庭宣判；判决书上仍应署审判本案的审判员和人民陪审员的姓名。'我们认为，现在仍可按照这一规定办理，即：当合议庭组成人员中某一人民陪审员因故不能参加宣判时，可由审判员和其他人民陪审员开庭宣判；人民陪审员都因故不能参加宣判时，可由审判员独自开庭宣判。判决书仍应由合议庭全体组成人员署名。"

第三百零二条　当庭宣告判决的，应当在五日以内送达判决书。定期宣告判决的，应当在宣判前，先期公告宣判的时间和地点，传唤当事人并通知公诉人、法定代理人、辩护人和诉讼代理人；判决宣告后，应当立即送达判决书。

【理解与适用】

本条沿用《2012 年解释》第二百四十七条第一款的规定。

《2012 年解释》第二百四十七条第一款规定"定期宣告判决的，应当在宣判前，先期公告宣判的时间和地点……"对于应当在宣判几日以前"先期公告"，实践中存在不同认识。经研究认为，刑事诉讼法第一百八十七条第三款规定“公开审判的案件，应当在开庭三日以前先期公布案由、被告人姓名、开庭时间和地点。”定期宣判实际上相当于继续开庭进行宣判，应当适用上述规定。故而，本条原本拟明确应当在宣判三日以前先期公告。征求意见过程中，有意见建议不作明确规定。经综合考虑，本条恢复原有规定，不作修改，交由司法实践裁量把握。

第三百零三条 判决书应当送达人民检察院、当事人、法定代理人、辩护人、诉讼代理人，并可以送达被告人的近亲属。被害人死亡，其近亲属申请领取判决书的，人民法院应当及时提供。

判决生效后，还应当送达被告人的所在单位或者户籍地的公安派出所，或者被告单位的注册登记机关。被告人系外国人，且在境内有居住地的，应当送达居住地的公安派出所。

【理解与适用】

本条根据司法实践反映的问题对《2012年解释》第二百四十七条第二款的规定作出修改完善。

征求意见过程中，有意见提出，在被害人已死亡的案件中，被害人亲属要求领取判决书的情况在司法实践中也比较常见，建议一并规定。经研究，采纳上述意见，在本条第一款增加规定“被害人死亡，其近亲属申请领取判决书的，人民法院应当及时提供”。同时，第二款增加规定“被告人系外国人，且在境内有居住地的，应当送达居住地的公安派出所”。

本条原本拟针对被害人众多，无法全部送达的情形，增加规定“可以通过互联网公布电子判决书链接方式送达”，并要求“被害人要求领取判决书的，人民法院应当及时提供”。征求意见过程中，有意见提出，根据《刑事诉讼法》第二百零二条的规定，判决书应当送达当事人。对于已经明确认定为案件的被害人的，应当送达判决书，不能以网上公布判决书代替。经研究，鉴于对此问题存在不同认识，未再作出明确规定。

第三百零四条 宣告判决，一律公开进行。宣告判决结果时，法庭内全体人员应当起立。

公诉人、辩护人、诉讼代理人、被害人、自诉人或者附带民事诉讼原告人未到庭的，不影响宣判的进行。

【理解与适用】

本条基本沿用《2012年解释》第二百四十八条的规定，仅对表述作了微调。

审判实践中，各地法院宣告判决时，何时全体起立不一致，有必要统一全体起立的时间。因此，本条第一款将起立时间明确为“宣告判决结果时”。

本条原本拟增加规定：“根据案件具体情况，可以到被告人羁押场所等地进行宣判。”征求意见过程中，对此问题存在不同意见。鉴此，删去相关规定，交由司法实践裁量把握。

第六节 法庭纪律与其他规定

第三百零五条 在押被告人出庭受审时，不着监管机构的识别服。

庭审期间不得对被告人使用戒具，但法庭认为其人身危险性大，可能危害法庭安全的除外。

【理解与适用】

本条系新增条文，吸收《法庭规则》第十三条的规定。

《法庭规则》第十三条规定：“刑事在押被告人或上诉人出庭受审时，着正装或便装，不着监管机构的识别服。”“人民法院在庭审活动中不得对被告人或上诉人使用戒具，但认为其人身危险性大，可能危害法庭安全的除外。”

征求意见过程中，有意见反映，实践中存在法庭要求解除被告人的戒具，但法警以被告人人身危险性较大，可能危害法庭安全的理由拒绝的情况。建议将危险性的判断权、戒具解除的决定权明确交由法庭。经研究，采纳上述意见，将本条第二款规定为“但法庭认为其人身危险性大，可能危害法庭安全的除外”。

第三百零六条 庭审期间，全体人员应当服从法庭指挥，遵守法庭纪律，尊重司法礼仪，不得实施下列行为：

（一）鼓掌、喧哗、随意走动；

（二）吸烟、进食；

（三）拨打、接听电话，或者使用即时通讯工具；

（四）对庭审活动进行录音、录像、拍照或者使用即时通讯工具等传播庭审活动；

（五）其他危害法庭安全或者扰乱法庭秩序的行为。

旁听人员不得进入审判活动区，不得随意站立、走动，不得发言和提问。

记者经许可实施第一款第四项规定的行为，应当在指定的时间及区域进行，不得干扰庭审活动。

【理解与适用】

本条吸收《法庭规则》第十七条对《2012年解释》第二百四十九条的规定作出修改完善。

实践中，有些案件的审理不允许全体人员（包括合议庭成员、公诉人）将手机和其他电子设备带入法庭，如一些涉及国家秘密、个人隐私、商业秘密案件的审理。基于此，本条原本拟增设第四款，规定“为保障庭审顺利进行，根据具体情况，人民法院可以要求全体人员不得将手机和其他电子设备带入法庭。但是，人民法院应当妥善保管，并为公诉人、诉讼参与人参加庭审提供必要便利”，以为司法实践裁量处理留有空间。后经讨论认为，鉴于对相关规定存在不同认识，故未予以增设。

第三百零七条 有关人员危害法庭安全或者扰乱法庭秩序的，审判长应当按照下列情形分别处理：

（一）情节较轻的，应当警告制止；根据具体情况，也可以进行训诫；

（二）训诫无效的，责令退出法庭；拒不退出的，指令法警强行带出法庭；

（三）情节严重的，报经院长批准后，可以对行为人处一千元以下的罚款或者十五日以下的拘留。

未经许可对庭审活动进行录音、录像、拍照或者使用即时通讯工具等传播庭审活动的，可以暂扣相关设备及存储介质，删除相关内容。

有关人员对罚款、拘留的决定不服的，可以直接向上一级人民法院申请复议，也可以通过决定罚款、拘留的人民法院向上一级人民法院申请复议。通过决定罚款、拘留的人民法院申请复议的，该人民法院应当自收到复议申请之日起三日以内，将复议申请、罚款或者拘留决定书和有关事实、证据材料一并报上一级人民法院复议。复议期间，不停止决定的执行。

【理解与适用】

本条吸收《法庭规则》第十九条第二款对《2012年解释》第二百五十条的规定作出修改完善。

《法庭规则》第十九条规定：“审判长或独任审判员对违反法庭纪律的人员应当予以警告；对不听警告的，予以训诫；对训诫无效的，责令其退出法庭；对拒不退出法庭的，指令司法警察将其强行带出法庭。”“行为人违反本规则第十七条第一款第四项规定的，人民法院可以暂扣其使用的设备及存储介质，删除相关内容。”本条吸收上述规定，作了相应调整。本条针对暂扣录音、录像等设备及存储介质的问题，在第二款作了专款规定。

司法适用中需要注意两个问题：（1）“暂扣相关设备及存储介质，删除相关内容”与第一款规定的三项处理措施可以同时适用，例如，可以首先警告制止，而后删除相关内容；又如，对于拒不交出相关设备及存储介质的，可以视情责令退出法庭、强行带出法庭、罚款或者拘留。（2）未经许可对庭审活动进行录音、录像、拍照或者使用移动通讯工具等传播庭审活动的，通常应当要求其自行删除相关内容，不配合的，可以暂扣相关设备及存储介质，强行删除相关内容。

第三百零八条 担任辩护人、诉讼代理人的律师严重扰乱法庭秩序，被强行带出法庭或者被处以罚款、拘留的，人民法院应当通报司法行政机关，并可以建议依法给予相应处罚。

【理解与适用】

本条沿用《2012年解释》第二百五十一条的规定。

第三百零九条 实施下列行为之一，危害法庭安全或者扰乱法庭秩序，构成犯罪的，依法追究刑事责任：

（一）非法携带枪支、弹药、管制刀具或者爆炸性、易燃性、毒害性、放射性以及传染病病原体等危险物质进入法庭；

（二）哄闹、冲击法庭；

（三）侮辱、诽谤、威胁、殴打司法工作人员或者诉讼参与人；

（四）毁坏法庭设施，抢夺、损毁诉讼文书、证据；

（五）其他危害法庭安全或者扰乱法庭秩序的行为。

【理解与适用】

本条吸收《法庭规则》第二十条对《2012年解释》第二百五十二条的规定作出修改完善。

第三百一十条 辩护人严重扰乱法庭秩序，被责令退出法庭、强行带出法庭或者被处以罚款、拘留，被告人自行辩护的，庭审继续进行；被告人要求另行委托辩护人，或者被告人属于应当提供法律援助情形的，应当宣布休庭。

辩护人、诉讼代理人被责令退出法庭、强行带出法庭或者被处以罚款后，具结保证书，保证服从法庭指挥、不再扰乱法庭秩序的，经法庭许可，可以继续担任辩护人、诉讼代理人。

辩护人、诉讼代理人具有下列情形之一的，不得继续担任同一案件的辩护人、诉讼代理人：

（一）擅自退庭的；

（二）无正当理由不出庭或者不按时出庭，严重影响审判顺利进行的；

（三）被拘留或者具结保证书后再次被责令退出法庭、强行带出法庭的。

【理解与适用】

本条吸收《最高人民法院、司法部关于依法保障律师诉讼权利和规范律师参与庭审活动的通知》第三条对《2012年解释》第二百五十三条的规定作出修改完善。

《2012年解释》只规定“辩护人严重扰乱法庭秩序，被强行带出法庭或者被处以罚款、拘留，被告人自行辩护的，庭审继续进行；被告人要求另行委托辩护人，或者被告人属于应当提供法律援助情形的，应当宣布休庭”，未明确辩护人擅自退庭或者被强行带出法庭后能否继续担任本案的辩护人。为维护正常法庭秩序、确保审判顺利进行，经认真总结经验、广泛征求意见，2018 年 4 月，《最高人民法院、司法部关于依法保障律师诉讼权利和规范律师参与庭审活动的通知》，对相关问题作了明确。通知施行以来，对规范法庭秩序、有效保障当事人合法权益发挥了重要作用，取得了良好效果。鉴此，本条吸收了通知的相关内容。

在理解和适用本条时，需要把握以下两点：

其一，庭审是控辩审三方共同参与的严肃诉讼活动，法庭是控辩审三方共同使用的庄严诉讼场所。在庭审过程中，服从法庭指挥，理性表达意见，是保障庭审正常进行的基本要求，也是对法律人职业素养的基本要求。从审判实践来看，绝大多数律师能本着职业精神，遵守法庭纪律，维护法庭秩序，认真履行辩护职责，但也存在个别律师"闹庭"的情况。表现为，一旦其诉求没有得到即时满足，就"罢庭"而去，或者不服从法庭指挥，哄闹法庭，等等。组织一次庭审不容易，特别是当事人、辩护人、诉讼代理人人数众多的案件，在送达传票和通知书、确定开庭时间、提押被告人等方面需要做大量协调工作。不服从法庭指挥，扰乱法庭秩序，不仅严重影响庭审正常进行，也会严重影响中国律师群体乃至中国司法、中国法治的形象，依法依规予以规制，理所当然。

其二，法院、法官要尊重律师，保障律师诉讼权利。法庭应当严格执行法定程序，平等对待诉讼各方，合理分配各方发问、质证、陈述和辩论、辩护的时间，充分听取律师意见，依法及时回应、满足律师的合理诉求。对于律师在法庭上就案件事实认定和法律适用的正常发问、质证和发表的辩护意见，不能随意打断或者制止。对于发问、质证、意见与案件无关或者重复、冗长的，可以提醒、制止。法庭既要威严，也要保持理性、平和、克制。对不服从法庭指挥的，要区分情节轻重作出妥当处理。要提高驾驭庭审、应对复杂状况的能力。对因一时情绪激烈，言语失当的，可以警告、训诫，原则上不采取责令律师退出法庭或者强行带离法庭的措施；必要时可以休庭处置，交流提醒，促其冷静。但是，对无视多次警告、训诫，反复挑战法庭权威，甚至哄闹法庭、擅自退庭的，必须依法依规及时妥当处理，防止事态升级、秩序失控。

第三百一十一条 被告人在一个审判程序中更换辩护人一般不得超过两次。

被告人当庭拒绝辩护人辩护，要求另行委托辩护人或者指派律师的，合议庭应当准许。被告人拒绝辩护人辩护后，没有辩护人的，应当宣布休庭；仍有辩护人的，庭审可以继续进行。

有多名被告人的案件，部分被告人拒绝辩护人辩护后，没有辩护人的，根据案件情况，可以对该部分被告人另案处理，对其他被告人的庭审继续进行。

重新开庭后，被告人再次当庭拒绝辩护人辩护的，可以准许，但被告人不得再次另行委托辩护人或者要求另行指派律师，由其自行辩护。

被告人属于应当提供法律援助的情形，重新开庭后再次当庭拒绝辩护人辩护的，不予准许。

【理解与适用】

本条根据司法实践反映的问题对《2012年解释》第二百五十四条的规定作出修改完善。

被告人在开庭前、开庭后拒绝辩护人辩护或者更换辩护人的现象时有发生。频繁更换辩护人，会造成法院反复多次开庭和过分的诉讼迟延，影响审判顺利进行。基于此，对于在非开庭时间更换辩护人或者拒绝辩护人辩护的，应当在充分保障辩护权的前提下作出适当规范，以兼顾诉讼效率。从实践来看，允许被告人在一个审判程序中更换两次辩护人，可以保证其前后共有三至六名辩护人，足以保障其辩护权。鉴此，本条第一款明确规定："被告人在一个审判程序中更换辩护人一般不得超过两次。"

第三百一十二条 法庭审理过程中，辩护人拒绝为被告人辩护，有正当理由的，应当准许；是否继续庭审，参照适用前条规定。

【理解与适用】

本条吸收律师法第三十二条第二款对《2012 年解释》第二百五十五条的规定作出修改完善。

《2012 年解释》第二百五十五条规定："法庭审理过程中，辩护人拒绝为被告人辩护的，应当准许……"律师法第三十二条第二款规定："律师接受委托后，无正当理由的，不得拒绝辩护或者代理。但是，委托事项违法、委托人利用律师提供的服务从事违法活动或者委托人故意隐瞒与案件有关的重要事实的，律师有权拒绝辩护或者代理。"鉴此，根据律师法的规定作了相应调整，增加了"有正当理由的"限制条件。

第三百一十三条　依照前两条规定另行委托辩护人或者通知法律援助机构指派律师的，自案件宣布休庭之日起至第十五日止，由辩护人准备辩护，但被告人及其辩护人自愿缩短时间的除外。

庭审结束后、判决宣告前另行委托辩护人的，可以不重新开庭；辩护人提交书面辩护意见的，应当接受。

【理解与适用】

本条根据司法实践反映的问题对《2012 年解释》第二百五十六条的规定作出修改完善，增加第二款规定。

在庭审结束后、判决宣告前被告人又另行委托辩护人的，由于在庭审过程中已经依法保障了被告人的辩护权，不重新开庭，并不存在剥夺或者影响诉讼权利行使的问题。反之，如认为庭后更换辩护人的，就要重新开庭审理，就可能出现反复开庭、无休无止的现象，这显然不符合实际。当然，更换后的辩护人及时向人民法院送交手续，并提交书面辩护意见的，法庭可以进行审查，并视情作出处理。

第三百一十四条　有多名被告人的案件，部分被告人具有刑事诉讼法第二百零六条第一款规定情形的，人民法院可以对全案中止审理；根据案件情况，也可以对该部分被告人中止审理，对其他被告人继续审理。

对中止审理的部分被告人，可以根据案件情况另案处理。

【理解与适用】

本条沿用《2012年解释》第二百五十七条的规定。

司法实践中，共同犯罪案件中部分被告人存在《刑事诉讼法》第二百零六条第一款规定的情形，如部分被告人患有严重疾病，无法出庭的，是全案中止审理还是仅对该被告人中止审理，存在不同认识。本条对此予以明确。据此，对于共同犯罪案件部分被告人出现法定中止审理情形，是否需要全案中止审理，应区分情况处理：（1）原则上，对于全案应当中止审理。因为如果部分被告人患有严重疾病，无法出庭的，只对该被告人中止审理，而对其他被告人的审理继续进行，可能会影响到该被告人的合法权益，导致其由于未出席法庭审理而遭致不利。（2）根据案件情况，也可以对该被告人中止审理，对其他被告人继续审理。所谓“根据案件情况”应具体把握，如果共同犯罪案件因为中止审理的被告人身体情况等原因可能导致审判拖延较长时间，超过了法定的审理期限，也可以针对该被告人中止审理，其他被告人的审理工作继续进行。这种情况，可以视同其没有到案的情形处理。此外，如果部分被告人脱逃的，也可以对该被告人中止审理，而对于其他被告人的审理继续进行。（3）对部分被告人中止审理的，可以根据案件具体情况另案处理。具体操作举例如下：人民检察院对五名共同犯罪人一同起诉，人民法院审理过程中，有一名被告人重病或者脱逃，人民法院可以对其他四名被告人继续审理，作出判决。而对该名被告人的审理另案进行，单独作出判决。在这一过程中，人民检察院不需要重新起诉或者变更起诉，但人民法院作出两个判决。根据《最高人民法院关于在同一案件多个裁判文书上规范使用案号有关事项的通知》（法〔2016〕27号）的规定，对同一案件出现的多个同类裁判文书，首份裁判文书直接使用案号，第二份开始可在案号后缀“之一”“之二”等以示区别。

第三百一十五条　人民检察院认为人民法院审理案件违反法定程序，在庭审后提出书面纠正意见，人民法院认为正确的，应当采纳。

【理解与适用】

本条沿用《2012年解释》第二百五十八条的规定。

《刑事诉讼法》第二百零九条规定："人民检察院发现人民法院审理案件违反法律规定的诉讼程序，有权向人民法院提出纠正意见。"《六部委规定》第三十二条规定："人民检察院对违反法定程序的庭审活动提出纠正意见，应当由人民检察院在庭审后提出。"对于上述书面纠正意见，人民法院认为正确的，应当采纳。需要注意的是，公诉人依法不能当庭发表法律监督意见，而只能由人民检察院在庭审后提出。

第十章　自诉案件第一审程序

与人民检察院代表国家将案件提交人民法院，要求人民法院通过审判追究被告人刑事责任的提起公诉不同，在符合法定情形的条件下，被害人或者其法定代理人、近亲属可以直接向人民法院起诉，要求追究被告人的刑事责任，这就是提起自诉。《刑事诉讼法修改决定》未涉及自诉案件第一审程序问题。本章基本吸收《2012 年解释》第十章“自诉案件第一审程序”有关条文，仅根据《刑法修正案（九）》和司法实践反映的问题，对个别条文作了微调。

第三百一十六条　人民法院受理自诉案件必须符合下列条件：

（一）符合刑事诉讼法第二百一十条、本解释第一条的规定；

（二）属于本院管辖；

（三）被害人告诉；

（四）有明确的被告人、具体的诉讼请求和证明被告人犯罪事实的证据。

第三百一十七条　本解释第一条规定的案件，如果被害人死亡、丧失行为能力或者因受强制、威吓等无法告诉，或者是限制行为能力人以及因年老、患病、盲、聋、哑等不能亲自告诉，其法定代理人、近亲属告诉或者代为告诉的，人民法院应当依法受理。

被害人的法定代理人、近亲属告诉或者代为告诉的，应当提供与被害人关系的证明和被害人不能亲自告诉的原因的证明。

第三百一十八条　提起自诉应当提交刑事自诉状；同时提起附带民事诉讼的，应当提交刑事附带民事自诉状。

【理解与适用】

以上三条沿用《2012年解释》第二百五十九条至第二百六十一条的规定。

第三百一十九条　自诉状一般应当包括以下内容：

（一）自诉人（代为告诉人）、被告人的姓名、性别、年龄、民族、出生地、文化程度、职业、工作单位、住址、联系方式；

（二）被告人实施犯罪的时间、地点、手段、情节和危害后果等；

（三）具体的诉讼请求；

（四）致送的人民法院和具状时间；

（五）证据的名称、来源等；

（六）证人的姓名、住址、联系方式等。

对两名以上被告人提出告诉的，应当按照被告人的人数提供自诉状副本。

【理解与适用】

本条基本沿用《2012年解释》第二百六十二条的规定，仅对表述作了调整。

《刑法》第二百四十六条第三款规定，通过信息网络实施侮辱、诽谤行为，被害人向人民法院告诉，但提供证据确有困难的，人民法院可以要求公安机关提供协助。此种情形下，被害人提交的自诉状往往对相关证据难以列明、甚至难以提供被告人的基本信息。基于此，本条对自诉状内容的规定增加了"一般"的限定，以更符合实际情况。

第三百二十条　对自诉案件，人民法院应当在十五日以内审查完毕。经审查，符合受理条件的，应当决定立案，并书面通知自诉人或者代为告诉人。

具有下列情形之一的，应当说服自诉人撤回起诉；自诉人不撤回起诉的，裁定不予受理：

（一）不属于本解释第一条规定的案件的；

（二）缺乏罪证的；

（三）犯罪已过追诉时效期限的；

（四）被告人死亡的；

（五）被告人下落不明的；

（六）除因证据不足而撤诉的以外，自诉人撤诉后，就同一事实又告诉的；

（七）经人民法院调解结案后，自诉人反悔，就同一事实再行告诉的；

（八）属于本解释第一条第二项规定的案件，公安机关正在立案侦查或者人民检察院正在审查起诉的；

（九）不服人民检察院对未成年犯罪嫌疑人作出的附条件不起诉决定或者附条件不起诉考验期满后作出的不起诉决定，向人民法院起诉的。

【理解与适用】

本条根据司法实践反映的问题对《2012年解释》第二百六十三条的规定作出修改完善。

1. 根据《刑事诉讼法》第二百一十一条的规定，人民法院审查后，对于犯罪事实清楚，有足够证据的自诉案件，应当依法受理，并开庭审判。需要注意的是，人民法院对提起的自诉应当进行全面审查，既包括审查自诉材料是否符合形式要求，也包括审查犯罪事实是否清楚，证据是否足够。但是，对于自诉的审查并非实体审查，更不是判断被告人是否构成犯罪，故不得以“被告人的行为不构成犯罪”为由，说服自诉人撤回起诉或者裁定不予受理，[①] 对于此类自诉案件，仍然应当开庭审判并作出判决。

① 1979年《刑事诉讼法》第一百二十六条规定，被告人的行为不构成犯罪的案件，应当说服自诉人撤回自诉或者裁定驳回。但1996年《刑事诉讼法》删除了这一规定，此后的《刑事诉讼法》维持了1996年《刑事诉讼法》的该项修改。

2. 征求意见过程中，有意见建议明确对于公安机关已受案查处，被害人又要求自诉解决的案件，应当如何处理。经研究认为，除告诉才处理的案件外，对于公安机关已立案侦查的，应当按照处理公诉案件的方式解决。基于此，采纳上述意见，本条增设第八项。需要注意的是，对于公安机关立案侦查后或者人民检察院审查起诉后，不予追究犯罪嫌疑人刑事责任的，被害人当然可以依据“公诉转自诉”案件的规定提起自诉，故表述为“属于本解释第一条第二项规定的案件，公安机关正在立案侦查或者人民检察院正在审查起诉的”，即强调此类案件尚在处理过程中。

征求意见过程中，有意见建议在本条第二款增加一项，规定“被害人不服人民检察院对未成年犯罪嫌疑人作出附条件不起诉决定以及考验期满作出不起诉的决定，向人民法院起诉的”。理由是：《全国人民代表大会常务委员会关于〈中华人民共和国刑事诉讼法〉第二百七十一条第二款的解释》规定：“人民检察院办理未成年人刑事案件，在作出附条件不起诉的决定以及考验期满作出不起诉的决定以前，应当听取被害人的意见。被害人对人民检察院对未成年犯罪嫌疑人作出的附条件不起诉的决定和不起诉的决定，可以向上一级人民检察院申诉，不适用刑事诉讼法第一百七十六条关于被害人可以向人民法院起诉的规定。”经研究，采纳上述意见，本条增设第九项。

征求意见过程中，有意见建议在本条第二款增加一项，规定“检察机关撤回起诉，法院准予撤诉后，被害人又提起自诉的案件”。经研究认为，相关问题较为复杂，不宜一概而论。如果没有新的证据，此种情形通常属于本款第二项规定的“缺乏罪证的”情形，可以依据该项规定处理；如果有新的证据，即属于应当受理的范畴。基于此，未采纳上述意见。

第三百二十一条　**对已经立案，经审查缺乏罪证的自诉案件，自诉人提不出补充证据的，人民法院应当说服其撤回起诉或者裁定驳回起诉；自诉人撤回起诉或者被驳回起诉后，又提出了新的足以证明被告人有罪的证据，再次提起自诉的，人民法院应当受理。**

【理解与适用】

本条沿用《2012 年解释》第二百六十四条的规定。

需要注意的是，本条规定的说服自诉人撤回起诉或者驳回起诉，需要经过实质审查，但未要求必须开庭审查。

第三百二十二条 自诉人对不予受理或者驳回起诉的裁定不服的，可以提起上诉。

第二审人民法院查明第一审人民法院作出的不予受理裁定有错误的，应当在撤销原裁定的同时，指令第一审人民法院立案受理；查明第一审人民法院驳回起诉裁定有错误的，应当在撤销原裁定的同时，指令第一审人民法院进行审理。

第三百二十三条 自诉人明知有其他共同侵害人，但只对部分侵害人提起自诉的，人民法院应当受理，并告知其放弃告诉的法律后果；自诉人放弃告诉，判决宣告后又对其他共同侵害人就同一事实提起自诉的，人民法院不予受理。

共同被害人中只有部分人告诉的，人民法院应当通知其他被害人参加诉讼，并告知其不参加诉讼的法律后果。被通知人接到通知后表示不参加诉讼或者不出庭的，视为放弃告诉。第一审宣判后，被通知人就同一事实又提起自诉的，人民法院不予受理。但是，当事人另行提起民事诉讼的，不受本解释限制。

【理解与适用】

以上两条沿用《2012 年解释》第二百六十五条、第二百六十六条的规定。

第三百二十四条　被告人实施两个以上犯罪行为，分别属于公诉案件和自诉案件，人民法院可以一并审理。对自诉部分的审理，适用本章的规定。

【理解与适用】

本条沿用《2012年解释》第二百六十七条的规定。

对于被告人实施了分别属于公诉案件和自诉案件的两个以上的犯罪行为的，对上述案件可以并案审理，即将自诉案件并入公诉案件一并审理。需要注意的是，此种情况下自诉案件虽然被并入公诉案件一并审理，但对自诉案件的处理仍然适用自诉案件的相关规定，当事人享有自诉案件规定的相应诉讼权利，如自诉案件的被告人可以针对自诉人提出反诉等。实践中不能因为自诉案件被并入公诉案件一并审理，就对自诉案件也适用公诉案件的相关规定，无视自诉案件的特殊规定。

第三百二十五条　自诉案件当事人因客观原因不能取得的证据，申请人民法院调取的，应当说明理由，并提供相关线索或者材料。人民法院认为有必要的，应当及时调取。

对通过信息网络实施的侮辱、诽谤行为，被害人向人民法院告诉，但提供证据确有困难的，人民法院可以要求公安机关提供协助。

【理解与适用】

本条根据司法实践反映的问题对《2012年解释》第二百六十八条的规定作出修改完善。

《刑法》第二百四十六条第三款规定，通过信息网络实施侮辱、诽谤行为，“被害人向人民法院告诉，但提供证据确有困难的，人民法院可以要求公安机关提供协助。”鉴此，本条新增第二款，作了照应性规定。司法实践中需要注意的是，对于通过信息网络实施的侮辱、诽谤行为并非一律属于公诉案件的范畴，除“严重危害社会秩序和国家利益的”外，应当告诉才处理。对于通过信息网络实施的侮辱、诽谤行为，一般应当由自诉人提起自诉。此种情形下，人民检察院提起公诉，经审查认为未达到“严重危害社会秩序和国家利益的”，应当依据《解释》第二百一十九条的规定，退回人民检察院，同时告知被害人有权提起自诉；已经立案的，应当依据《解释》第二百九十五条的规定，裁定终止审理，并告知被害人有权提起自诉。

第三百二十六条 对犯罪事实清楚，有足够证据的自诉案件，应当开庭审理。

【理解与适用】

本条沿用《2012 年解释》第二百六十九条的规定。

第三百二十七条 自诉案件符合简易程序适用条件的，可以适用简易程序审理。

不适用简易程序审理的自诉案件，参照适用公诉案件第一审普通程序的有关规定。

【理解与适用】

本条沿用《2012 年解释》第二百七十条的规定。

需要注意的是，有意见建议增加自诉案件可以适用速裁程序的规定。经研究认为，目前对于自诉案件能否适用速裁程序，存在不同认识。全国人大常委会法工委刑法室在针对修改后刑事诉讼法的解释与适用中指出：“自诉案件由自诉人自行提起，案件没有经过侦查、审查起诉，人民法院在开庭前很难判断证据是否确实、充分。同时，自诉案件自诉人与被告人往往对案件事实等存在较大争议。此外，由于没有检察机关等国家机关主持，也无法在审前提出量刑建议、签署认罪认罚具结书。从这些情况来看，自诉案件是不适合适用速裁程序审理的。”[①] 基于此，本条未明确规定自诉案件可以适用速裁程序。

第三百二十八条 人民法院审理自诉案件，可以在查明事实、分清是非的基础上，根据自愿、合法的原则进行调解。调解达成协议的，应当制作刑事调解书，由审判人员、法官助理、书记员署名，并加盖人民法院印章。调解书经双方当事人签收后，即具有法律效力。调解没有达成协议，或者调解书签收前当事人反悔的，应当及时作出判决。

刑事诉讼法第二百一十条第三项规定的案件不适用调解。

第三百二十九条 判决宣告前，自诉案件的当事人可以自行和解，自诉人可以撤回自诉。

人民法院经审查，认为和解、撤回自诉确属自愿的，应当裁定准许；认为系被强迫、威吓等，并非自愿的，不予准许。

【理解与适用】

以上两条基本沿用《2012 年解释》第二百七十一条、第二百七十二条的规定，仅在第三百二十八条第一款增加规定“法官助理”，并对两个条文的表述作了微调。

第三百三十条 裁定准许撤诉的自诉案件，被告人被采取强制措施的，人民法院应当立即解除。

① 王爱立、雷建斌主编：《〈中华人民共和国刑事诉讼法〉释解与适用》，人民法院出版社 2018 年版，第 418 页。

【理解与适用】

本条根据司法实践反映的问题对《2012 年解释》第二百七十三条的规定作出修改完善。

《2012 年解释》第二百七十三条规定："裁定准许撤诉或者当事人自行和解的自诉案件，被告人被采取强制措施的，人民法院应当立即解除。"征求意见过程中，有意见提出，司法实践存在自诉人和解要求撤回自诉，人民法院不予准许的情形。基于此，本条宜明确法院立即解除强制措施的前置条件，即将"当事人自行和解"限制为当事人和解后撤诉经裁定准许或制作刑事调解书生效。经研究，部分采纳上述意见。主要考虑：上述意见确有一定道理。司法实践中，对于当事人和解的自诉案件，可以由人民法院视情裁定准许撤回自诉或者出具刑事调解书，此种情形下"立即解除强制措施"，自然应当满足裁定准许撤诉或者刑事调解书生效的条件。但是，这并不意味着当事人自行和解的，人民法院就一律裁定准许撤诉或者出具刑事调解书。例如重婚案件，虽然自诉人谅解，与被告人达成和解，人民法院通常仍然会作出刑事判决。

需要进一步提及的是，《刑事诉讼法》第二百一十二条第一款规定"人民法院对自诉案件，可以进行调解；自诉人在宣告判决前，可以同被告人自行和解或者撤回自诉。本法第二百一十条第三项规定的案件不适用调解"。显而易见，此处规定的"调解"不是一般的刑事附带民事赔偿的调解，而是与刑事定罪量刑的裁判择一的结案方式。

第三百三十一条　自诉人经两次传唤，无正当理由拒不到庭，或者未经法庭准许中途退庭的，人民法院应当裁定按撤诉处理。

部分自诉人撤诉或者被裁定按撤诉处理的，不影响案件的继续审理。

【理解与适用】

本条沿用《2012 年解释》第二百七十四条的规定。

根据司法实践反映的情况，可能存在审理过程中自诉人死亡的情况，对于此种情况应当如何处理，存在不同认识。经研究，倾向于认为，此种情况下应当允许自诉人的法定代理人或者近亲属代位行使自诉权，这也符合《2012 年解释》第二百六十条允许被害人的法定代理人、近亲属代为告诉的精神（《刑法》第九十八条也有类似规定）。

第三百三十二条 **被告人在自诉案件审判期间下落不明的，人民法院可以裁定中止审理；符合条件的，可以对被告人依法决定逮捕。**

【理解与适用】

本条根据司法实践反映的问题对《2012 年解释》第二百七十五条的规定作出修改完善。

《2012 年解释》第二百七十五条规定："被告人在自诉案件审判期间下落不明的，人民法院应当裁定中止审理。被告人到案后，应当恢复审理，必要时应当对被告人依法采取强制措施。"经研究认为，对于自诉案件被告人在审判期间下落不明的，人民法院一律裁定中止审理并不合适，还可能存在应当由法院对被告人决定逮捕的情形。鉴此，作了相应调整。

第三百三十三条 **对自诉案件，应当参照刑事诉讼法第二百条和本解释第二百九十五条的有关规定作出判决。对依法宣告无罪的案件，有附带民事诉讼的，其附带民事部分可以依法进行调解或者一并作出判决，也可以告知附带民事诉讼原告人另行提起民事诉讼。**

【理解与适用】

本条根据司法实践反映的问题对《2012 年解释》第二百七十

六条的规定作出修改完善。

从司法实践来看，由于刑事附带民事诉讼不收取诉讼费，个别案件存在当事人滥用自诉权的问题。对于宣告无罪的自诉案件，要求对附带民事部分一并作出处理，会进一步加剧这一问题。基于此，本条对《2012年解释》第二百七十六条关于依法宣告无罪的自诉案件"其附带民事部分应当依法进行调解或者一并作出判决"的规定作了适当调整。

征求意见过程中，有意见提出，从自诉案件第一审程序整章体系来看，对于缺乏罪证或者无罪的自诉案件，除说服自诉人撤回起诉和调解外，另有三种处理方式：第一，立案阶段不予受理；第二，经审查缺乏罪证的，裁定驳回起诉，这指的是开庭审理之前的书面审查；第三，经过开庭后认定被告人无罪或不能认定被告人有罪的，应当作出判决（无罪判决）。实践中对自诉案件经开庭审理后，认为被告人无罪或不能认定被告人有罪的，既有只作出驳回起诉的程序处理的，又有作无罪判决实体处理的，做法不统一。故建议将本条中的自诉案件限定为已开庭审理的自诉案件。经研究认为，所涉问题较为复杂，不宜一概而论。但是，通常而言，对于已经开庭审理的自诉案件，原则上不能再说服自诉人撤回起诉或者驳回起诉，应当作出无罪判决。

此外，司法实践多次反映自诉案件审限过短和增加规定报请批准延长审限的问题。经研究认为，《刑事诉讼法》第二百一十二条第二款对自诉案件的审理期限作了专门规定。根据该条规定，被告人未被羁押的自诉案件，应当在受理后六个月以内宣判，不能适用第二百零八条关于延长审理期限的规定。而且，自诉案件的性质与公诉案件有本质的区别，因此，公诉案件的延长审限，自诉案件不能简单套用。自诉案件的结案方式灵活多样，可以和解结案、调解结案、判决结案，目的是尽快恢复社会秩序，充分尊重当事人的处分权。因此，为自诉案件设置与公诉案件无区别的审限延长程序似不合理。鉴此，未对自诉案件报请延长审限的问题作出规定。被告人未被羁押的自诉案件的审限不足的问题客观存在，实践中，一方面要严格审限管理，尽量在规定时间内审结相关自诉案件；另一方面，也可以根据实践情况裁量处理。据了解，有的地方法院通过让自诉人撤诉后再行提起自诉的方式解决审限不足问题，实属"无奈之举"。

第三百三十四条 告诉才处理和被害人有证据证明的轻微刑事案件的被告人或者其法定代理人在诉讼过程中，可以对自诉人提起反诉。反诉必须符合下列条件：

（一）反诉的对象必须是本案自诉人；

（二）反诉的内容必须是与本案有关的行为；

（三）反诉的案件必须符合本解释第一条第一项、第二项的规定。

反诉案件适用自诉案件的规定，应当与自诉案件一并审理。自诉人撤诉的，不影响反诉案件的继续审理。

【理解与适用】

本条沿用《2012年解释》第二百七十七条的规定。

反诉在一审判决宣告之前都可以提起。但是，如果被告人在本诉的审理活动全部结束以后再提起反诉，法庭往往需要重复开庭、调查、辩论等，容易造成司法资源的浪费。基于此，本条原本拟将提起反诉的时间限定为一审法庭辩论结束前；法庭辩论结束后被告人提起反诉的，告知其另行提起诉讼。对此，存在不同认识。讨论中，有意见认为应当继续沿用原规定。理由是：（1）刑事诉讼法第二百一十三条明确规定“自诉案件的被告人在诉讼过程中，可以对自诉人提起反诉”。据此，对于开庭后被告人才发现自己有权提出反诉的，有权立即向人民法院提出。将“诉讼过程中”解释为“法庭辩论终结前”，在实质上限制和影响了自诉案件被告人诉讼权利的行使，对该条款进行限缩解释时应格外慎重。（2）相对于重新起诉之后面临的重新立案、分案审理而言，允许被告人在开庭之后判决宣告以前提出反诉，并不浪费司法资源。（3）之所以规定自诉和反诉一并审理，就是因为两个诉存在紧密关联，如果人为拆分审理，不利于查明事实并作出公正的判决。经慎重研究，鉴于存在不同认识，本条沿用原规定，不再作出调整。

第十一章　单位犯罪案件的审理

1997年《刑法》在总则中设立“单位犯罪”专节，对单位负刑事责任的范围、单位犯罪的处罚原则等问题作出了规定。而且，《刑法》分则中有不少条文都规定单位可以成为犯罪主体。《刑事诉讼法修改决定》未涉及单位犯罪案件审理的问题。本章沿用《2012年解释》第十一章“单位犯罪案件的审理”的条文，并根据司法实践反映的问题作了修改完善，主要涉及：（1）扩大了被告单位诉讼代表人的确定范围；（2）明确对被告单位采取查封、扣押、冻结等措施应当坚持依法慎用的原则；（3）完善被告单位在特殊状态下的刑事责任承担规则。

第三百三十五条　人民法院受理单位犯罪案件，除依照本解释第二百一十八条的有关规定进行审查外，还应当审查起诉书是否列明被告单位的名称、住所地、联系方式，法定代表人、实际控制人、主要负责人以及代表被告单位出庭的诉讼代表人的姓名、职务、联系方式。需要人民检察院补充材料的，应当通知人民检察院在三日以内补送。

【理解与适用】

本条根据司法实践反映的问题对《2012年解释》第二百七十八条的规定作出修改完善，增加“实际控制人”的表述。

第三百三十六条 被告单位的诉讼代表人，应当是法定代表人、实际控制人或者主要负责人；法定代表人、实际控制人或者主要负责人被指控为单位犯罪直接责任人员或者因客观原因无法出庭的，应当由被告单位委托其他负责人或者职工作为诉讼代表人。但是，有关人员被指控为单位犯罪直接责任人员或者知道案件情况、负有作证义务的除外。

依据前款规定难以确定诉讼代表人的，可以由被告单位委托律师等单位以外的人员作为诉讼代表人。

诉讼代表人不得同时担任被告单位或者被指控为单位犯罪直接责任人员的有关人员的辩护人。

【理解与适用】

本条根据司法实践反映的问题对《2012 年解释》第二百七十九条的规定作出修改完善。

1.《2012 年解释》关于被告单位诉讼代表人确定的范围过窄。《2012 年解释》第二百七十九条规定：“被告单位的诉讼代表人，应当是法定代表人或者主要负责人；法定代表人或者主要负责人被指控为单位犯罪直接负责的主管人员或者因客观原因无法出庭的，应当由被告单位委托其他负责人或者职工作为诉讼代表人。但是，有关人员被指控为单位犯罪的其他直接责任人员或者知道案件情况、负有作证义务的除外。”据此，被告单位的诉讼代表人限定在被告单位内部的四类人员：法定代表人、主要负责人、其他负责人以及职工。其他人员不能担任诉讼代表人，由此带来了诉讼代表人确定范围过窄的问题：在单位法定代表人、主要负责人涉案的情况下，难以从单位职工中确定诉讼代表人，且单位职工还可能作为证人，故实践中在被告单位内部无法确定诉讼代表人的现象并非个例。此种情况下，往往采取两种做法：一是放松审查，确定并不符合条件的人员担任诉讼代表人；二是将本系单位犯罪的案件作为自然人犯罪起诉，从而放弃对被告单位的指控，导致犯罪单位有逃脱刑事制裁之虞。基于此，有必要对现行被告单位诉讼代表人的确定范围作适度扩展，以满足实践所需。

2. 扩大被告单位诉讼代表人确定的范围。此次司法解释修改过程中，经研究认为，在现有规定人员范围的基础上，可以考虑在单位外部确定由律师担任被告单位的诉讼代表人。具体而言，对被告单位诉讼代表人的确定可以分为两个层次：（1）被告单位的诉讼代表人，应当是法定代表人、实际控制人或者主要负责人；法定代表人、实际控制人或者主要负责人被指控为单位犯罪直接责任人员或者因客观原因无法出庭的，应当由被告单位委托其他负责人或者职工作为诉讼代表人。（2）依据上述规则难以确定诉讼代表人的，可以由被告单位委托律师等单位以外的人员作为诉讼代表人。

需要特别说明的是，之所以将诉讼代表人的选定范围扩大至律师，是考虑到目前审理单位犯罪案件中诉讼代表人主要起到的是代表犯罪单位意志、维护其合法权益、保障诉讼正常进行的作用，在审理过程中协助法院完成向被告单位履行权利告知、参加庭审等职责，律师是法律专业人士，其作为被告单位的诉讼代表人受其职业身份及代理关系的双重约束，更能全面深入地保证委托人的合法权益。从境外情况来看，单位聘请律师代表单位诉讼，也有类似做法，如美国2018年《联邦刑事诉讼规则》第43（b)(1）条规定“法人可以由全权代理的律师代表出庭”。

3. 诉讼代表人的律师不得同时兼任辩护人。对于作为被告单位的诉讼代表人同时兼任辩护人的情形，讨论中存在不同认识：一种意见认为，可以有效解决司法实践中突出的无法确定单位诉讼代表人的问题，节约诉讼资源；另一种意见认为，兼任可能会造成角色冲突，比如被告单位认罪欲获取从轻处罚，而辩护人根据案件事实证据或辩护策略作无罪辩护，此种情况下明显存在角色冲突，兼任无法同时保障被告单位的意见发表权和辩护人的辩护权。征求意见过程中，多数赞成后一种意见，认为作为被告单位的诉讼代表人同时兼任辩护人的情形存在角色和职责冲突。诉讼代表人与辩护人属不同诉讼角色，承担着不同的诉讼职责。诉讼代表人全权代表本单位的意志，而辩护人主要承担辩护代理职责，履行辩护人义务。将诉讼代表职责与辩护代理职责合二为一，由诉讼代表人兼任辩护人，容易引发社会公众质疑，影响司法公信力。基于此，本条第三款规定：“诉讼代表人不得同时担任被告单位或者被指控为单位犯罪直接责任人员的有关人员的辩护人。”

第三百三十七条 开庭审理单位犯罪案件，应当通知被告单位的诉讼代表人出庭；诉讼代表人不符合前条规定的，应当要求人民检察院另行确定。

被告单位的诉讼代表人不出庭的，应当按照下列情形分别处理：

（一）诉讼代表人系被告单位的法定代表人、实际控制人或者主要负责人，无正当理由拒不出庭的，可以拘传其到庭；因客观原因无法出庭，或者下落不明的，应当要求人民检察院另行确定诉讼代表人；

（二）诉讼代表人系其他人员的，应当要求人民检察院另行确定诉讼代表人。

【理解与适用】

本条根据司法实践反映的问题对《2012年解释》第二百八十条的规定作出修改完善。

《2012年解释》第二百八十条第一款规定："开庭审理单位犯罪案件，应当通知被告单位的诉讼代表人出庭；没有诉讼代表人参与诉讼的，应当要求人民检察院确定。"经研究认为，如果被告单位没有委托诉讼代表人的，应当根据前面关于单位犯罪立案审查的规定作出处理，即要求人民检察院补充相关材料，不应在此处作出规定。考虑到立案审查是形式审查，而此处的审查应当是实质审查，故可能出现确定的诉讼代表人不符合规定的情况（至于诉讼代表人不出庭的情况，可通过本条第二款予以解决），对此作出相应调整。

第三百三十八条 被告单位的诉讼代表人享有刑事诉讼法规定的有关被告人的诉讼权利。开庭时，诉讼代表人席位置于审判台前左侧，与辩护人席并列。

【理解与适用】

本条沿用《2012 年解释》第二百八十一条的规定。

第三百三十九条　被告单位委托辩护人的，参照适用本解释的有关规定。

【理解与适用】

本条沿用《2012 年解释》第二百八十二条的规定。

司法实践中，对于被告单位是否享有法律援助的待遇，存在不同认识。经研究认为，被告单位作为拟制的法人，在获得辩护权方面应当和作为自然人的被告人同等对待，既然被告人享有获取法律援助的待遇，被告单位也应当享有。而从现实情况来看，被告单位也并不一定都有能力聘请律师为其辩护，具有获取法律援助的现实需求。鉴此，本条原本拟明确规定被告单位申请法律援助参照适用作为自然人的被告人的相关规定。

征求意见过程中，有意见建议删除，理由是：法律援助制度设立的初衷，是维护经济困难公民和特殊案件当事人合法权益，受援对象仅限于自然人，这也是国际通行做法。同时，考虑到法律援助工作面临的经费保障不足、工作力量短缺等现状，将受援对象扩展至法人、单位，缺乏理论依据及实践基础。经研究认为，鉴于对被告单位法律援助问题存在不同意见，对法律援助机构指派律师担任诉讼代表人的问题暂不作明确规定。

第三百四十条　对应当认定为单位犯罪的案件，人民检察院只作为自然人犯罪起诉的，人民法院应当建议人民检察院对犯罪单位追加起诉。人民检察院仍以自然人犯罪起诉的，人民法院应当依法审理，按照单位犯罪直接负责的主管人员或者其他直接责任人员追究刑事责任，并援引刑法分则关于追究单位犯罪中直接负责的主管人员和其他直接责任人员刑事责任的条款。

【理解与适用】

本条根据司法实践反映的问题对《2012年解释》第二百八十三条的规定作出修改完善，将“补充起诉”调整为“追加起诉”。

《人民检察院刑事诉讼规则》第四百二十三条规定：“人民法院宣告判决前，人民检察院发现被告人的真实身份或者犯罪事实与起诉书中叙述的身份或者指控犯罪事实不符的，或者事实、证据没有变化，但罪名、适用法律与起诉书不一致的，可以变更起诉。发现遗漏同案犯罪嫌疑人或者罪行的，应当要求公安机关补充移送起诉或者补充侦查；对于犯罪事实清楚，证据确实、充分的，可以直接追加、补充起诉。”

第三百四十一条 被告单位的违法所得及其他涉案财物，尚未被依法追缴或者查封、扣押、冻结的，人民法院应当决定追缴或者查封、扣押、冻结。

第三百四十二条 为保证判决的执行，人民法院可以先行查封、扣押、冻结被告单位的财产，或者由被告单位提出担保。

【理解与适用】

以上两条基本沿用《2012年解释》第二百八十四条、第二百八十五条的规定，仅在第三百四十一条将“其孳息”调整为“其他涉案财物”。

第三百四十三条 采取查封、扣押、冻结等措施，应当严格依照法定程序进行，最大限度降低对被告单位正常生产经营活动的影响。

【理解与适用】

本条系新增条文。

《中共中央、国务院关于完善产权保护制度依法保护产权的意见》（2016年11月4日）提出严格规范涉案财产处置的法律程序，要求："进一步细化涉嫌违法的企业和人员财产处置规则，依法慎重决定是否采取相关强制措施。确需采取查封、扣押、冻结等措施的，要严格按照法定程序进行，除依法需责令关闭企业的情形外，在条件允许情况下可以为企业预留必要的流动资金和往来账户，最大限度降低对企业正常生产经营活动的不利影响。采取查封、扣押、冻结措施和处置涉案财物时，要依法严格区分个人财产和企业法人财产。对股东、企业经营管理者等自然人违法，在处置其个人财产时不任意牵连企业法人财产；对企业违法，在处置企业法人财产时不任意牵连股东、企业经营管理者个人合法财产。严格区分违法所得和合法财产，区分涉案人员个人财产和家庭成员财产，在处置违法所得时不牵连合法财产。完善涉案财物保管、鉴定、估价、拍卖、变卖制度，做到公开公正和规范高效，充分尊重和依法保护当事人及其近亲属、股东、债权人等相关方的合法权益。"根据上述要求，本条强调对被告单位采取查封、扣押、冻结等措施，应当坚持依法慎用的原则。

司法适用中需要注意的是，无论是对被告人，还是对被告单位，都要慎用查封、扣押、冻结等措施，对能"活封"的财产，不进行"死封"。《最高人民法院关于依法妥善办理涉新冠肺炎疫情执行案件若干问题的指导意见》规定："对受疫情影响导致生产生活困难的被执行人，在不影响债权实现的前提下，人民法院应当选择适当的查封措施。被执行人有多项财产可供执行的，应当选择对其生产生活影响较小且方便执行的财产执行。对能'活封'的财产，不进行'死封'。查封厂房、机器设备等生产性资料，被执行人继续使用对该财产价值无重大影响的，应当允许其继续使用。被执行人申请利用查封财产融资清偿债务，经执行债权人同意或者融资款足以清偿所有执行债务的，可以监督其在指定期限内进行融资。查封被执行人在建工程的，原则上应当允许其继续建设。查封被执行人在建商品房或现房的，在确保能够控制相应价款的前提下，可以监督其在指定期限内按照合理价格自行销售房屋。冻结被执行人银行账户内存款的，应当明确具体数额，不得影响冻结之外资金的流转和账户的使用。”

第三百四十四条 审判期间，被告单位被吊销营业执照、宣告破产但尚未完成清算、注销登记的，应当继续审理；被告单位被撤销、注销的，对单位犯罪直接负责的主管人员和其他直接责任人员应当继续审理。

【理解与适用】

本条根据司法实践反映的问题对《2012年解释》第二百八十六条的规定作出修改完善。

《2012年解释》第二百八十六条规定：“审判期间，被告单位被撤销、注销、吊销营业执照或者宣告破产的，对单位犯罪直接负责的主管人员和其他直接责任人员应当继续审理。”经研究认为，上述规定不尽合理，只有在犯罪主体消亡的情况下，才不再继续追究刑事责任。被告单位被撤销、注销的情况下，可以认为是被告单位主体消亡，此时对单位不再追究，而直接追究单位犯罪直接责任人员的责任，是合适的。但是，在被告单位只是被吊销营业执照或者宣告破产但未完成清算、注销登记的情况下，被告单位这一责任主体还是存在的，并未消亡，其可以承担民事责任，同理也可以承担刑事责任，故此时应当对案件继续审理，并对被告单位作出刑事判决。基于此，本条对被告单位在特殊状态下的刑事责任承担问题，区分单位被“撤销、注销”和“吊销营业执照、宣告破产”的情形分别确立不同的处理规则。

讨论中，对进入破产程序的被告单位是否应当继续审理存在不同认识：一种意见认为其主体资格未消亡，应当继续审理；另一种意见认为，“资不抵债”是单位进入破产程序的前提条件，在此情况下，如果继续审理并对被告单位判处罚金，从可预期的角度完全属于不能执行的空判，因此建议对于进入破产程序但尚未清算完毕的被告单位终止审理。经研究，采纳前一种意见，维持上述修改不变。如前所述，在被告单位宣告破产但未完成清算、注销登记的情况下，被告单位这一责任主体还是存在的，并未消亡，其可以承担民事责任，同理也可以承担刑事责任，故此时应当对案件继续审理，并对被告单位作出刑事判决。此外，实践反映，存在被告单位为逃避罚金等而恶意注销的情形，本条原本拟明确规定对于恶意注销的，案件应当继续审理。征求意见过程中，有意见提出，这一规定的出发点值得肯定，有利于打击恶意逃避单位责任的行为，但是如何认定恶意注销以及在单位注销的情况下，如何追究单位责任，被告单位如何列席，判处的罚金如何执行，均存在操作困难。经研究，未再作明确规定。主要考虑：其一，进入审判程序后被告单位被恶意注销的情况应当较为罕见，受案法院可以监督制约。其二，追究被告单位刑事责任的唯一方式是判处罚金。对于被告单位基于逃避罚金等动机被恶意注销的，法定代表人、实际控制人、主要负责人往往都会实际获益。而上述人员会作为被告单位的主管人员或者直接负责的责任人员被追究刑事责任，在被告单位被恶意注销的情况下，可以通过对上述人员多判处罚金的方式予以弥补，且对于被告单位的违法所得也可以继续追缴，不会造成处罚的漏洞。

第三百四十五条　审判期间，被告单位合并、分立的，应当将原单位列为被告单位，并注明合并、分立情况。对被告单位所判处的罚金以其在新单位的财产及收益为限。

【理解与适用】

本条沿用《2012年解释》第二百八十七条的规定。

征求意见过程中，有意见建议本条在“被告单位合并、分立的”后增加“名称发生变化等情况的”。经研究认为，本条主要解决的是被告单位合并、分立的情况。对被告单位更名情形的处理，实践处理中没有争议。例如，被告单位甲在审判期间更名为乙的，可以考虑列被告单位“甲（乙）”。

第三百四十六条 审理单位犯罪案件，本章没有规定的，参照适用本解释的有关规定。

【理解与适用】

本条沿用《2012年解释》第二百八十八条的规定。

第十二章　认罪认罚案件的审理

《刑事诉讼法修改决定》的重要内容之一就是总结认罪认罚从宽试点工作的经验和成果，通过修改后《刑事诉讼法》加以固定。认罪认罚从宽制度适用于整个刑事诉讼，其本身并非独立的诉讼程序，对认罪认罚案件应当根据具体情况选择适用速裁程序、简易程序或者普通程序。但是，认罪认罚案件的审理确有一定的特殊性，对其中的共性问题需要作出集中规定。本章系新增章，根据修改后《刑事诉讼法》的规定，吸收《认罪认罚意见》的有关规定，结合司法实践反映的问题，对认罪认罚案件的审理作出明确规定。

第三百四十七条　刑事诉讼法第十五条规定的“认罪”，是指犯罪嫌疑人、被告人自愿如实供述自己的罪行，对指控的犯罪事实没有异议。

刑事诉讼法第十五条规定的“认罚”，是指犯罪嫌疑人、被告人真诚悔罪，愿意接受处罚。

被告人认罪认罚的，可以依照刑事诉讼法第十五条的规定，在程序上从简、实体上从宽处理。

【理解与适用】

本条系新增条文。

第三百四十八条　对认罪认罚案件，应当根据案件情况，依法适用速裁程序、简易程序或者普通程序审理。

【理解与适用】

本条系新增条文。

第三百四十九条　对人民检察院提起公诉的认罪认罚案件，人民法院应当重点审查以下内容：

（一）人民检察院讯问犯罪嫌疑人时，是否告知其诉讼权利和认罪认罚的法律规定；

（二）是否随案移送听取犯罪嫌疑人、辩护人或者值班律师、被害人及其诉讼代理人意见的笔录；

（三）被告人与被害人达成调解、和解协议或者取得被害人谅解的，是否随案移送调解、和解协议、被害人谅解书等相关材料；

（四）需要签署认罪认罚具结书的，是否随案移送具结书。

未随案移送前款规定的材料的，应当要求人民检察院补充。

【理解与适用】

本条系新增条文。

刑事诉讼法第一百七十三条第一款规定："人民检察院审查案件，应当讯问犯罪嫌疑人，听取辩护人或者值班律师、被害人及其诉讼代理人的意见，并记录在案。辩护人或者值班律师、被害人及其诉讼代理人提出书面意见的，应当附卷。"据此，对于认罪认罚案件，人民检察院应当随案移送讯问犯罪嫌疑人的笔录，以及听取辩护人或者值班律师、被害人及其诉讼代理人意见的笔录。特别是，实践中有个别案件，人民检察院未听取被害人意见或者未移送有关材料，不利于保障被害人合法权益，也会导致人民法院在审判阶段需要再行听取被害人意见，造成诉讼拖延。为保障法律严格实施，本条专门规定第二款"未随案移送前款规定的材料的，应当要求人民检察院补充"。

征求意见过程中，有意见提出，实践中，部分案件存在犯罪嫌疑人、被告人赔偿了被害人经济损失并得到被害人谅解，但因时间、路途等原因，被害人未出具相关谅解证明等证据材料的情况，建议规定只要有被害人有谅解的真实意思表示的相关材料，并且经核实无误即可。经研究认为，上述意见确有道理，相关材料可以纳入“等相关材料”，实践中不会存在问题。

第三百五十条 人民法院应当将被告人认罪认罚作为其是否具有社会危险性的重要考虑因素。被告人罪行较轻，采用非羁押性强制措施足以防止发生社会危险性的，应当依法适用非羁押性强制措施。

【理解与适用】

本条系新增条文。

第三百五十一条 对认罪认罚案件，法庭审理时应当告知被告人享有的诉讼权利和认罪认罚的法律规定，审查认罪认罚的自愿性和认罪认罚具结书内容的真实性、合法性。

【理解与适用】

本条系新增条文。

第三百五十二条 对认罪认罚案件，人民检察院起诉指控的事实清楚，但指控的罪名与审理认定的罪名不一致的，人民法院应当听取人民检察院、被告人及其辩护人对审理认定罪名的意见，依法作出判决。

【理解与适用】

本条系新增条文。

本条原本拟将“量刑建议违反罪责刑相适应原则的”“量刑建议与同类案件处理明显不一致的”“量刑建议明显有违一般司法认知的”增加规定为不采纳量刑建议的三种情形。征求意见过程中，有意见认为上述规定与《认罪认罚意见》第四十条不完全一致，建议删去。经研究，采纳上述意见。

关于确定量刑建议的问题，鉴于《认罪认罚意见》已作明确规定，本解释不再重复规定。

第三百五十三条 对认罪认罚案件，人民法院经审理认为量刑建议明显不当，或者被告人、辩护人对量刑建议提出异议的，人民检察院可以调整量刑建议。人民检察院不调整或者调整后仍然明显不当的，人民法院应当依法作出判决。

适用速裁程序审理认罪认罚案件，需要调整量刑建议的，应当在庭前或者当庭作出调整；调整量刑建议后，仍然符合速裁程序适用条件的，继续适用速裁程序审理。

【理解与适用】

本条系新增条文。

考虑到被告人、辩护人对量刑建议提出异议的情形较为复杂，故本条没有要求人民法院在此种情形下一律径直建议人民检察院调整量刑建议，而是规定可以根据情况采纳处理：既可以直接建议人民检察院调整量刑建议，也可以组织控辩双方对量刑问题进行法庭辩论，经过辩论审查认为异议成立的，再行建议人民检察院调整量刑建议。

司法实践中，对于有的认罪认罚案件，人民法院认为人民检察院的量刑建议明显不当，在未通知人民检察院调整量刑建议的情况下就作出判决。对此，有的人民检察院提出抗诉，但被二审法院驳回。法院系统主流意见认为，在量刑建议明显不当的情况下，通知人民检察院调整量刑建议，只是工作层面上的要求，不是法定义务。根据刑事诉讼法二百三十六条、第二百三十八条的规定，对于上诉案件发回重审的条件是“原判事实不清、证据不足”或者“违反法定诉讼程序，可能影响公正审判”。对未通知人民检察院调整量刑建议而径直作出判决的情形，明显不符合上述发回重审的条件，二审法院维持原判、不支持抗诉没有问题。但对此检察机关还存在不同看法，需要在司法实践中作进一步研究，尽量达成共识。

需要注意的是，简易程序未必都当庭宣判，故存在庭后发现需要调整量刑建议的情况。如果简易案件遇到此种情形，可以庭后电话或书面听取公诉机关意见，在宣判前，听取被告人意见即可，不一定都要当庭听取，即可不进行二次开庭。

第三百五十四条 **对量刑建议是否明显不当，应当根据审理认定的犯罪事实、认罪认罚的具体情况，结合相关犯罪的法定刑、类似案件的刑罚适用等作出审查判断。**

【理解与适用】

本条系新增条文。

征求意见过程中，有意见提出，“量刑建议明显不当”的规定过于抽象，建议细化。在轻刑犯相差一至三个月就显得偏轻或偏重，在这种情况下能否改变量刑建议？经研究，相关问题不宜一概而论，应当区分情况，根据审理认定的犯罪事实、认罪认罚的具体情况，结合相关犯罪的法定刑、类似案件的刑罚适用等作出审查判断。特别是，相关犯罪的法定刑不同，对认定量刑建议是否明显不当具有直接影响。例如，对于危险驾驶案件，刑罚相差一个月甚至半个月通常即可以认定为“明显不当”；对于应当判处十年以上有期徒刑的案件，刑罚相差半年甚至一年以上通常才会认定为“明显不当”。基于此，本条对量刑建议明显不当的判断作了原则性指引规定。

第三百五十五条　对认罪认罚案件，人民法院一般应当对被告人从轻处罚；符合非监禁刑适用条件的，应当适用非监禁刑；具有法定减轻处罚情节的，可以减轻处罚。

对认罪认罚案件，应当根据被告人认罪认罚的阶段早晚以及认罪认罚的主动性、稳定性、彻底性等，在从宽幅度上体现差异。

共同犯罪案件，部分被告人认罪认罚的，可以依法对该部分被告人从宽处罚，但应当注意全案的量刑平衡。

【理解与适用】

本条系新增条文。

对于认罪认罚从宽的幅度是否包括减轻处罚，存在不同认识。有意见赞同减轻处罚的规定。理由是：（1）《刑事诉讼法》第十五条规定为“从宽”而非“从轻”，将其限制为从轻，可以适用的法定刑幅度较小，往往难以解决共同犯罪中犯罪人刑事责任的区分问题，有些情况下对认罪认罚的被告人不能兑现从宽政策，限制了认罪认罚的适用效果。（2）随着形势发展，一些定罪量刑标准明显滞后于经济社会发展，对于认罪认罚的被告人，如果能够减轻处罚，更加符合罪责刑相适应原则，并且可以避免法定刑以下判处刑罚的核准程序的烦琐。（3）通过严格程序（例如，要求报请审委会研究或者报请上级法院批准），可以防止减轻处罚的滥用。经研究，本条未采纳上述意见，仍然根据通常主张，明确对认罪认罚案件的减轻处罚限于具有法定减轻处罚情节的情形。

第三百五十六条　被告人在人民检察院提起公诉前未认罪认罚，在审判阶段认罪认罚的，人民法院可以不再通知人民检察院提出或者调整量刑建议。

对前款规定的案件，人民法院应当就定罪量刑听取控辩双方意见，根据刑事诉讼法第十五条和本解释第三百五十五条的规定作出判决。

【理解与适用】

本条系新增条文。

需要注意的是，案件已经进入审判阶段后被告人才认罪认罚的，人民法院将认罪认罚作为量刑因素予以考量即可，无需由人民检察院提出或者调整量刑建议，否则造成程序烦琐，也与以审判为中心的要求相悖，不是说每一个案件必须要有量刑建议或者调整量刑建议。

第三百五十七条　对被告人在第一审程序中未认罪认罚，在第二审程序中认罪认罚的案件，应当根据其认罪认罚的具体情况决定是否从宽，并依法作出裁判。确定从宽幅度时应当与第一审程序认罪认罚有所区别。

【理解与适用】

本条系新增条文。

对于被告人在第一审程序中未认罪认罚，在第二审程序中认罪认罚的案件，是否还适用认罪认罚从宽制度，存在不同认识。有意见认为，此种情形下一般不再依据认罪认罚从宽制度从宽处罚，主要考虑：（1）此种情形下，被告人经历了侦查、起诉、一审等多个环节，在二审程序前一直不认罪认罚，表明其主观恶性较大，不符合认罪认罚从宽制度适用的宗旨和精神。（2）此种情形下，如果允许依据认罪认罚从宽制度从宽处罚，恐会滋生和助长被告人“能拖就拖”的心理，使通过认罪认罚从宽制度的适用节约司法资源的立法目的难以实现。（3）在一审已经作出裁判的情形下，二审因为被告人认罪认罚作出从宽处罚，从而改变一审判决的，也不利于维护裁判的稳定性。

对此，《认罪认罚意见》第五十条规定：“第二审程序中被告人认罪认罚案件的处理。被告人在第一审程序中未认罪认罚，在第二审程序中认罪认罚的，审理程序依照刑事诉讼法规定的第二审程序进行。第二审人民法院应当根据其认罪认罚的价值、作用决定是否从宽，并依法作出裁判。确定从宽幅度时应当与第一审程序认罪认罚有所区别。”经研究，本条吸收《认罪认罚意见》第五十条，作了相应规定。

第三百五十八条　案件审理过程中，被告人不再认罪认罚的，人民法院应当根据审理查明的事实，依法作出裁判。需要转换程序的，依照本解释的相关规定处理。

【理解与适用】

本条系新增条文。

第十三章　简易程序

简易程序对于提高人民法院审判工作质效，实现刑事案件审理的繁简分流，有效解决人民法院“案多人少”的矛盾，意义重大。《刑事诉讼法修改决定》未涉及简易程序问题。本章吸收《2012年解释》第十二章“简易程序”的条文，仅对个别条文作了微调。

第三百五十九条　基层人民法院受理公诉案件后，经审查认为案件事实清楚、证据充分的，在将起诉书副本送达被告人时，应当询问被告人对指控的犯罪事实的意见，告知其适用简易程序的法律规定。被告人对指控的犯罪事实没有异议并同意适用简易程序的，可以决定适用简易程序，并在开庭前通知人民检察院和辩护人。

对人民检察院建议或者被告人及其辩护人申请适用简易程序审理的案件，依照前款规定处理；不符合简易程序适用条件的，应当通知人民检察院或者被告人及其辩护人。

【理解与适用】

本条根据司法实践反映的问题对《2012年解释》第二百八十九条的规定作出修改完善，在第二款增加赋予被告人及其辩护人适用简易程序的申请权。

适用简易程序审理的案件应具有的条件为：

1.属于基层人民法院管辖。2012年《刑事诉讼法》将可以适用简易程序的案件范围扩大到基层人民法院管辖的所有案件，没有再限定可以适用简易程序的案件的种类，只要是符合法律规定条件的案件，都可以适用简易程序审理，包括基层人民法院审理的可能被宣告判处的刑罚为有期徒刑、拘役、管制、单处罚金、单处剥夺政治权利、免予刑事处罚的各类案件。

2. 案件必须事实清楚、证据充分。即指人民法院根据起诉书指控的事实，认为案件事实简单明确，易于审理，定罪量刑的证据客观全面，足以认定被告人有罪。

3. 被告人承认自己所犯罪行，对起诉书指控的犯罪事实没有异议。即被告人认罪，对起诉书指控的犯罪行为供认不讳。如果承认指控的主要犯罪事实，仅对个别细节提出异议；或者对犯罪事实没有异议，仅对罪名认定提出异议的，不属于不认罪，仍然可以适用简易程序，但庭审中应针对被告人有异议的部分重点调查、辩论。

4. 被告人对适用简易程序没有异议。即被告人在了解简易程序的相关规定和适用该程序可能导致的后果后，仍同意适用简易程序。特别强调的是，适用简易程序审理案件，应在取得被告人同意后适用，即使开庭前已经取得被告人同意，开庭后也应当由其当庭确认。

5. 是否适用简易程序由人民法院决定。根据刑事诉讼法第二百一十四条的规定，适用简易程序的决定机关为基层人民法院，基层人民法院可以对符合法律规定条件的案件决定适用简易程序。规定由人民法院决定是否适用简易程序，是人民法院独立行使审判权的体现。人民检察院具有适用简易程序的建议权。提起公诉前，人民检察院经审查，认为被告人符合刑事诉讼法第二百一十四条规定的条件的，在提起公诉时，可以书面建议人民法院适用简易程序审理。对人民检察院的建议，人民法院应当认真考虑。

第三百六十条　具有下列情形之一的，不适用简易程序：

（一）被告人是盲、聋、哑人的；

（二）被告人是尚未完全丧失辨认或者控制自己行为能力的精神病人的；

（三）案件有重大社会影响的；

（四）共同犯罪案件中部分被告人不认罪或者对适用简易程序有异议的；

（五）辩护人作无罪辩护的；

（六）被告人认罪但经审查认为可能不构成犯罪的；

（七）不宜适用简易程序审理的其他情形。

【理解与适用】

本条基本沿用《2012年解释》第二百九十条的规定，仅对表述作了微调。

在《2012年解释》起草过程中，有意见提出，应将“比较复杂的共同犯罪案件”“辩护人对主要犯罪事实有异议的”“被害人不同意适用的”“经审理可能改变罪名的”增加为不应适用的情形。经研究认为，《刑事诉讼法》规定的不应适用简易程序的情形主要有三种：一是可能影响被告人的诉讼权利的情形；二是难以取得较好的社会效果的情形；三是对案件事实和程序适用存在争议，不符合《刑事诉讼法》明确规定的适用条件的情形。关于“比较复杂的共同犯罪案件”，实践中不好区分，在被告人认罪且同意适用的情况下，完全可以适用简易程序，故不应将“比较复杂的共同犯罪案件”排除在可以适用简易程序审理的案件范围之外。对于“辩护人对主要犯罪事实有异议的”，由于《刑事诉讼法》仅规定适用简易程序应取得被告人同意，因此，辩护人提出异议的，应不影响简易程序的适用，特别是对哪些属于“主要犯罪事实”，实践中亦不好把握，但考虑到辩护人意见的重要性，故将“辩护人做无罪辩护的”增加为不适用简易程序的情形。对于“被害人不同意适用的”情形，由于于法无据，没有采纳。对于“经审理可能改变罪名的”这一情形，依法也可以适用简易程序。

第三百六十一条　适用简易程序审理的案件，符合刑事诉讼法第三十五条第一款规定的，人民法院应当告知被告人及其近亲属可以申请法律援助。

【理解与适用】

本条沿用《2012年解释》第二百九十一条的规定。

第三百六十二条 适用简易程序审理案件，人民法院应当在开庭前将开庭的时间、地点通知人民检察院、自诉人、被告人、辩护人，也可以通知其他诉讼参与人。

通知可以采用简便方式，但应当记录在案。

【理解与适用】

本条根据司法实践反映的问题对《2012年解释》第二百九十二条的规定作出修改完善。

《2012年解释》第二百九十二条第一款规定："适用简易程序审理案件，人民法院应当在开庭三日前，将开庭的时间、地点通知人民检察院、自诉人、被告人、辩护人，也可以通知其他诉讼参与人。"《刑事诉讼法》第二百一十九条规定："适用简易程序审理案件，不受本章第一节关于送达期限、讯问被告人、询问证人、鉴定人、出示证据、法庭辩论程序规定的限制。"据此，对于适用简易程序审理的案件，开庭前通知的时间不受"三日前"的限制。鉴此，本条第一款将"开庭三日前"调整为"开庭前"。当然，司法实践中可以根据情况裁量把握，尽可能提前通知，以给诉讼参与各方更为充裕的准备时间。

第三百六十三条 适用简易程序审理案件，被告人有辩护人的，应当通知其出庭。

【理解与适用】

本条沿用《2012年解释》第二百九十三条的规定。

第三百六十四条 适用简易程序审理案件，审判长或者独任审判员应当当庭询问被告人对指控的犯罪事实的意见，告知被告人适用简易程序审理的法律规定，确认被告人是否同意适用简易程序。

【理解与适用】

本条沿用《2012 年解释》第二百九十四条的规定。

适用本条需要注意的是，被告人在开庭前表示不同意适用简易程序，但在开庭后，对起诉指控的事实没有异议，并表示同意适用简易程序的，人民法院仍然可以决定适用简易程序审理。

第三百六十五条 适用简易程序审理案件，可以对庭审作如下简化：

（一）公诉人可以摘要宣读起诉书；

（二）公诉人、辩护人、审判人员对被告人的讯问、发问可以简化或者省略；

（三）对控辩双方无异议的证据，可以仅就证据的名称及所证明的事项作出说明；对控辩双方有异议或者法庭认为有必要调查核实的证据，应当出示，并进行质证；

（四）控辩双方对与定罪量刑有关的事实、证据没有异议的，法庭审理可以直接围绕罪名确定和量刑问题进行。

适用简易程序审理案件，判决宣告前应当听取被告人的最后陈述。

第三百六十六条 适用简易程序独任审判过程中，发现对被告人可能判处的有期徒刑超过三年的，应当转由合议庭审理。

【理解与适用】

以上两条沿用《2012年解释》第二百九十五条、第二百九十六条的规定。

第三百六十七条 适用简易程序审理案件，裁判文书可以简化。适用简易程序审理案件，一般应当当庭宣判。

【理解与适用】

本条根据司法实践反映的问题对《2012年解释》第二百九十七条的规定作出修改完善。

司法实践中，一些刑事法官不愿意适用简易程序，一个很重要原因是简易程序相对于普通程序而言，花费时间少不了多少，简易程序并没简化，尤其是裁判文书几乎没有区别，中间还面临程序转化的风险。基于此，根据司法实践审判需要，本条第一款增加规定“裁判文书可以简化”，以促进法官适用简易程序的积极性，提高诉讼效率。

在《2012年解释》起草过程中，有意见提出，经审理，对于一些犯罪情节显著轻微不构成犯罪或者被告人明显不负刑事责任的案件，没有必要一律适用普通程序审理，特别是一些自诉案件。经研究认为，设立简易程序的目的在于提高诉讼效率，但前提是案件应当事实清楚、证据充分，被告人的行为构成犯罪。如经审理，认为犯罪情节显著轻微不构成犯罪或者被告人不负刑事责任，则与检察机关的控诉意见相左，此时通过转为普通程序审理，有利于查清事实，统一意见，公正审理案件，因此，没有采纳该意见。

关于适用简易程序审理刑事附带民事诉讼案件能否延长审限，有不同认识。一种意见认为，适用简易程序审理案件，应当严格遵循《刑事诉讼法》第二百二十条的规定，不得延长审限。主要考虑：在简易程序中没有延长审限的规定，且若可以延长审限，就难以体现简易性。为防止超审限，且确保有充裕时间做好调解、和解等矛盾化解工作，对于有附带民事诉讼的案件，可以在开庭前先就附带民事赔偿问题进行了解、调查，如有达成调解协议可能的，可适用简易程序；否则应适用普通程序；若已经适用简易程序，但不能在审限内结案的，或者转为普通程序审理，或者刑事部分先行在审限内作出判决，附带民事部分报请延长审限。另一种意见认为，可以根据《刑事诉讼法》第二百零八条的规定，报请上一级人民法院延长审限三个月。主要考虑：简易程序主要针对刑事部分设计，只要符合法定条件的案件就可以适用简易程序，不能因有附带民事诉讼就一律排除适用。《刑事诉讼法》第二百零八条规定，对于有附带民事诉讼的，可以延长审限，并未明确将简易程序排除在外，因此，不管是普通程序还是简易程序，只要有附带民事诉讼的，就可以依法延长审限。经研究认为，第二种意见具有实践合理性，但从法律规定的精神看，《刑事诉讼法》有关延长审限的规定似只能适用于普通程序。

第三百六十八条 适用简易程序审理案件，在法庭审理过程中，具有下列情形之一的，应当转为普通程序审理：

（一）被告人的行为可能不构成犯罪的；

（二）被告人可能不负刑事责任的；

（三）被告人当庭对起诉指控的犯罪事实予以否认的；

（四）案件事实不清、证据不足的；

（五）不应当或者不宜适用简易程序的其他情形。

决定转为普通程序审理的案件，审理期限应当从作出决定之日起计算。

【理解与适用】

本条基本沿用《2012 年解释》第二百九十八条的规定，仅在第二款对表述作了微调。

第十四章 速裁程序

《刑事诉讼法修改决定》的重要内容之一就是总结刑事案件速裁程序试点工作的经验和成果，通过修改后《刑事诉讼法》加以固定。本章系新增章节，根据修改后《刑事诉讼法》的规定，吸收《认罪认罚意见》的有关规定，结合司法实践反映的问题，对速裁程序的适用作出明确规定。

第三百六十九条 对人民检察院在提起公诉时建议适用速裁程序的案件，基层人民法院经审查认为案件事实清楚，证据确实、充分，可能判处三年有期徒刑以下刑罚的，在将起诉书副本送达被告人时，应当告知被告人适用速裁程序的法律规定，询问其是否同意适用速裁程序。被告人同意适用速裁程序的，可以决定适用速裁程序，并在开庭前通知人民检察院和辩护人。

对人民检察院未建议适用速裁程序的案件，人民法院经审查认为符合速裁程序适用条件的，可以决定适用速裁程序，并在开庭前通知人民检察院和辩护人。

被告人及其辩护人可以向人民法院提出适用速裁程序的申请。

【理解与适用】

本条系新增规定，明确了速裁程序的适用条件。

根据《刑事诉讼法》第二百二十二条第二款的规定，人民检察院有权建议适用速裁程序，人民法院应当决定是否适用。但是，对于人民检察院没有提出建议的案件（包括两种情形：一是审前阶段认罪认罚而人民检察院未建议适用速裁程序的案件；二是审前阶段未认罪认罚的案件）人民法院能否适用速裁程序，讨论中存在不同认识。第一种意见持否定立场，理由：被告人在开庭前认罪认罚，人民法院经审查认为符合速裁程序适用条件的，不宜直接决定适用速裁程序。适用速裁程序的前提是被告人同意适用速裁程序，且需要人民检察院与被告人就量刑问题重新进行协商，履行签署认罪认罚具结书的程序，依法提出量刑建议。而且，这有利于防止助长被告人的拖延心理，也有利于督促检察机关履行认罪认罚程序的审查把关职责。第二种意见持肯定立场，同时认为，辩方也有建议适用速裁程序的权利。理由是：控辩地位平等，既然允许公诉机关建议适用速裁程序，理应允许被告人及其辩护人建议适用速裁程序。

经研究，本条采纳第二种意见。主要考虑：（1）《刑事诉讼法》第二百二十二条第二款规定："人民检察院在提起公诉的时候，可以建议人民法院适用速裁程序。"可见，人民检察院对速裁程序的适用享有建议权，但并不意味着速裁程序的适用必须以人民检察院的建议为前提条件。基于控辩对等的刑事诉讼原则，对于人民检察院未建议适用速裁程序的案件，被告人及其辩护人也可以申请适用；符合条件的，人民法院可以依职权决定适用。（2）基于通行法理，刑事诉讼程序原则上不得回流。基于此，对于人民检察院未建议的案件，在审判阶段决定适用速裁程序的，在开庭前通知人民检察院和辩护人即可，无需再重回认罪认罚具结书签署和量刑协商程序。（3）从实践操作角度来看，对于在审判阶段认罪认罚的案件，符合速裁程序适用条件的，人民法院决定适用速裁程序，在操作上也不存在问题。

第三百七十条 具有下列情形之一的，不适用速裁程序：

（一）被告人是盲、聋、哑人的；

（二）被告人是尚未完全丧失辨认或者控制自己行为能力的精神病人的；

（三）被告人是未成年人的；

（四）案件有重大社会影响的；

（五）共同犯罪案件中部分被告人对指控的犯罪事实、罪名、量刑建议或者适用速裁程序有异议的；

（六）被告人与被害人或者其法定代理人没有就附带民事诉讼赔偿等事项达成调解、和解协议的；

（七）辩护人作无罪辩护的；

（八）其他不宜适用速裁程序的情形。

【理解与适用】

本条系新增条文，根据《刑事诉讼法》第二百二十三条、第二百二十六条规定了不适用速裁程序审理的情形。

《刑事诉讼法》第二百二十三条规定："有下列情形之一的，不适用速裁程序：（一）被告人是盲、聋、哑人，或者是尚未完全丧失辨认或者控制自己行为能力的精神病人的；（二）被告人是未成年人的；（三）案件有重大社会影响的；（四）共同犯罪案件中部分被告人对指控的犯罪事实、罪名、量刑建议或者适用速裁程序有异议的；（五）被告人与被害人或者其法定代理人没有就附带民事诉讼赔偿等事项达成调解或者和解协议的；（六）其他不宜适用速裁程序审理的。"对于辩护人作无罪辩护的案件，不适用简易程序，自然也不能适用速裁程序。基于此，本条将"辩护人作无罪辩护的"纳入不适用速裁程序的情形。同时，考虑到辩护人作无罪辩护的案件往往也比较复杂，故将其亦规定为不适用速裁程序的情形之一。

征求意见过程中，有意见提出，辩护人虽没有作无罪辩护，但对起诉书指控的事实、罪名、量刑建议有异议，或者不同意适用速裁程序的，也不应适用速裁程序。经研究认为，速裁程序的程序从简有利于被告人权益保障，不宜以辩护人对指控的事实、罪名、量刑建议有异议为由否定速裁程序的适用。而且，速裁程序的适用只需要征得被告人同意，不宜以辩护人的意见为准。

第三百七十一条 **适用速裁程序审理案件，人民法院应当在开庭前将开庭的时间、地点通知人民检察院、被告人、辩护人，也可以通知其他诉讼参与人。**

通知可以采用简便方式，但应当记录在案。

【理解与适用】

本条系新增条文。

1.《刑事诉讼法》第二百二十四条第二款规定"适用速裁程序审理案

件，不受本章第一节规定的送达期限的限制”。第二百一十九条规定“适用简易程序审理案件，不受本章第一节关于送达期限、讯问被告人、询问证人、鉴定人、出示证据、法庭辩论程序规定的限制”。可见，对于适用速裁程序、简易程序审理的案件，不受送达期限的限制。

但是，《刑事诉讼法》第一百八十七条第三款规定：“人民法院确定开庭日期后，应当将开庭的时间、地点通知人民检察院，传唤当事人，通知辩护人、诉讼代理人、证人、鉴定人和翻译人员，传票和通知书至迟在开庭三日以前送达。公开审判的案件，应当在开庭三日以前先期公布案由、被告人姓名、开庭时间和地点。”司法适用中存在争议的问题是，对于适用速裁程序、简易程序公开审理的案件，是否需要在开庭三日以前将开庭的时间、地点通知人民检察院、被告人及其辩护人等诉讼参与人，并在开庭三日以前先期公布案由、被告人姓名、开庭时间和地点？实践中，个别地方对于适用速裁程序审理案件，“当天立案、当天审理、当庭宣判”，无法在开庭三日以前进行送达和公告。对此，有意见认为，适用简易程序、速裁程序审理案件，同样应当确保人民检察院有效参加审判、保障被告人有效行使辩护权、保证被害人权利、维护社会公众的知情权。基于此，应当在开庭三日以前通知诉讼参与人并公告，以给控辩双方适当的准备时间，同时保证案件的公开审判和接受社会监督。

经研究，倾向于认为，由于《刑事诉讼法》第二百一十九条、第二百二十四条所使用的表述是不受“送达期限”的限制，加之司法实践中通常只在开庭日公告和通知控辩双方和其他诉讼参与人，要求先期三日似与当前实践不符。基于此，维持本条规定不变，即要求“在开庭前”通知诉讼参与人和公告，但不明确要求“在开庭三日以前”。

2. 适用速裁程序审理案件，还需要注意两个问题：（1）人民法院应当通知人民检察院派员出庭。讨论中，有意见建议规定公诉人可以不出庭。主要考虑：司法实践中，有的速裁案件，出庭公诉人不是案件承办人，不了解案件情况。一旦庭上有突发或意外情况发生，出庭的公诉人无法及时回应，达不到出庭的真正目的。经研究认为，公诉人代表人民检察院履行国家公诉职能，在《刑事诉讼法》未明确规定公诉人可以不出庭的情况下，不宜规定公诉人可以不出庭。特别是，速裁程序可能出现调整量刑建议的情形，如公诉人不出庭，则无法当庭调整量刑建议，影响速裁程序的适用。因此，本条明确规定“人民法院应当通知人民检察院派员出庭”。实践中，人民法院应当协调人民检察院派合适公诉人出庭，当庭妥当处理量刑建议调整等问题。（2）被告人有辩护人的，应当通知其出庭。刑事诉讼法第二百二十四条规定："适用速裁程序审理案件……在判决宣告前应当听取辩护人的意见……"有意见据此得出了适用速裁程序审理的案件，必须有辩护人参加庭审的结论，这显然不符合实际。此处规定的"听取辩护人的意见"，应当限于适用速裁程序审理的案件有辩护人的情形，对于没有辩护人参与庭审的案件，自然无法听取辩护人的意见。鉴于上述两个问题在司法适用中虽有一定认识分歧，但争议不大，本着司法解释的问题导向，未作明确规定。

第三百七十二条　**适用速裁程序审理案件，可以集中开庭，逐案审理。公诉人简要宣读起诉书后，审判人员应当当庭询问被告人对指控事实、证据、量刑建议以及适用速裁程序的意见，核实具结书签署的自愿性、真实性、合法性，并核实附带民事诉讼赔偿等情况。**

【理解与适用】

本条系新增条文，明确了人民法院审理速裁案件可以集中开庭、逐案审理。

从当前司法实践来看，速裁程序在实践中一定程度遇冷，适用积极性不高。究其原因，一是与简易程序相比，速裁的"速"体现不明显；二是审限较短，案件周转不灵。为此，速裁程序要真正发挥其效率，必须在"速"字上着力。具体而言，集中审理有利于发挥速裁程序的"速"。司法适用中，可以按照上述规定对速裁程序案件进行集中审理。

征求意见过程中，有意见建议删除"由公诉人简要宣读起诉书"。理由是：为简化庭审流程，鉴于此前已送达起诉书，被告人认罪认罚，且人民法院会核对被告人认罪认罚意愿的真实性等，故建议对公诉机关是否简要宣读起诉书不作强制性规定。经研究，未采纳上述意见。而且，《认罪认罚意见》第四十四条亦明确要求"公诉人简要宣读起诉书"。

适用速裁程序审理案件，虽无法庭调查和法庭辩论环节，但审判人员仍应当庭询问被告人对指控的证据有无异议，被告人无异议的，即应当视为经过了庭审质证程序。所以，速裁程序中作为定案根据的证据，实际上也经过了庭审举证、质证程序，不存在例外。

第三百七十三条 适用速裁程序审理案件，一般不进行法庭调查、法庭辩论，但在判决宣告前应当听取辩护人的意见和被告人的最后陈述。

【理解与适用】

本条系新增条文，明确速裁程序案件宣判前应当听取被告人的最后陈述意见，有辩护人的，还应当听取辩护人的意见。

第三百七十四条 适用速裁程序审理案件，裁判文书可以简化。

适用速裁程序审理案件，应当当庭宣判。

【理解与适用】

本条系新增条文，吸收《认罪认罚意见》对速裁案件的当庭宣判和裁判文书简化的规定。

第三百七十五条 适用速裁程序审理案件，在法庭审理过程中，具有下列情形之一的，应当转为普通程序或者简易程序审理：

（一）被告人的行为可能不构成犯罪或者不应当追究刑事责任的；

（二）被告人违背意愿认罪认罚的；

（三）被告人否认指控的犯罪事实的；
（四）案件疑难、复杂或者对适用法律有重大争议的；
（五）其他不宜适用速裁程序的情形。

【理解与适用】

本条系新增条文，明确了速裁程序的程序转换相关问题。

《刑事诉讼法》第二百二十六条规定："人民法院在审理过程中，发现有被告人的行为不构成犯罪或者不应当追究其刑事责任、被告人违背意愿认罪认罚、被告人否认指控的犯罪事实或者其他不宜适用速裁程序审理的情形的，应当按照本章第一节或者第三节的规定重新审理。"在此基础上，本条进一步将"案件疑难、复杂或者对适用法律有重大争议的"明确为程序转换的适用情形。

第三百七十六条 决定转为普通程序或者简易程序审理的案件，审理期限应当从作出决定之日起计算。

【理解与适用】

本条系新增条文，明确了程序转换后的审限计算方式。

第三百七十七条 适用速裁程序审理的案件，第二审人民法院依照刑事诉讼法第二百三十六条第一款第三项的规定发回原审人民法院重新审判的，原审人民法院应当适用第一审普通程序重新审判。

【理解与适用】

本条系新增条文，明确了对因事实不清、证据不足而发回重审的案件，原审人民法院应当适用第一审普通程序重新审判，不得继续适用速裁程序审理。

《认罪认罚意见》第四十五条“速裁案件的二审程序”规定：“被告人不服适用速裁程序作出的第一审判决提出上诉的案件，可以不开庭审理。第二审人民法院审查后，按照下列情形分别处理：（一）发现被告人以事实不清、证据不足为由提出上诉的，应当裁定撤销原判，发回原审人民法院适用普通程序重新审理，不再按认罪认罚案件从宽处罚；（二）发现被告人以量刑不当为由提出上诉的，原判量刑适当的，应当裁定驳回上诉，维持原判；原判量刑不当的，经审理后依法改判。”据此，对于适用速裁程序审理的二审案件，第二审人民法院通常可以不开庭审理，经审查后，将案件发回重审，或者对以量刑不当为由的案件驳回上诉或改判。但是，对于涉及事实证据的案件，第二审人民法院也可以开庭审理，在查清案件事实后依法作出处理，包括作出改判。

第十五章　第二审程序

《刑事诉讼法修改决定》未涉及第二审程序问题。本章沿用《2012年解释》第十三章“第二审程序”的条文，并根据司法实践反映的问题作了修改完善，主要涉及：（1）明确对准许撤回起诉、终止审理等裁定可以上诉；（2）对上诉期满要求撤回上诉和抗诉期满要求撤回抗诉的处理规则作出调整；（3）细化上诉不加刑原则的司法适用；（4）明确死缓案件二审应当开庭审理；（5）设立二审案件的部分发回规则；（6）明确终审的判决和裁定发生法律效力的时间。

第三百七十八条　**地方各级人民法院在宣告第一审判决、裁定时，应当告知被告人、自诉人及其法定代理人不服判决和准许撤回起诉、终止审理等裁定的，有权在法定期限内以书面或者口头形式，通过本院或者直接向上一级人民法院提出上诉；被告人的辩护人、近亲属经被告人同意，也可以提出上诉；附带民事诉讼当事人及其法定代理人，可以对判决、裁定中的附带民事部分提出上诉。**

被告人、自诉人、附带民事诉讼当事人及其法定代理人是否提出上诉，以其在上诉期满前最后一次的意思表示为准。

【理解与适用】

本条根据司法实践反映的问题对《2012年解释》第二百九十九条的规定作出修改完善。

《刑事诉讼法》第二百二十七条第一款规定：“被告人、自诉人和他们的法定代理人，不服地方各级人民法院第一审的判决、裁定，有权用书状或者口头向上一级人民法院上诉。被告人的辩护人和近亲属，经被告人同意，可以提出上诉。”司法实践中，对哪些裁定可以提出上诉，存在不同认识。经研究认为，准许撤回起诉、终止审理等裁定可能对被告人的实体权益造成影响，应当允许上诉。鉴此，本条作出相应规定。

第三百七十九条 人民法院受理的上诉案件，一般应当有上诉状正本及副本。

上诉状内容一般包括：第一审判决书、裁定书的文号和上诉人收到的时间，第一审人民法院的名称，上诉的请求和理由，提出上诉的时间。被告人的辩护人、近亲属经被告人同意提出上诉的，还应当写明其与被告人的关系，并应当以被告人作为上诉人。

【理解与适用】

本条根据司法实践反映的问题对《2012 年解释》第三百条的规定作出修改完善。

本条所规定上诉状包括的内容，应属提示性规定，而不是给被告人设定的义务。如果被告人不懂法律，不了解关于上诉状内容的相关规定，而只是提出不服一审判决，要求上诉的意见，即使上诉状内容不符合规定要求，人民法院也应当保障其上诉权，启动二审程序。基于此，本条第二款将上诉状内容“应当包括”调整为“一般包括”。

第三百八十条 上诉、抗诉必须在法定期限内提出。不服判决的上诉、抗诉的期限为十日；不服裁定的上诉、抗诉的期限为五日。上诉、抗诉的期限，从接到判决书、裁定书的第二日起计算。

对附带民事判决、裁定的上诉、抗诉期限，应当按照刑事部分的上诉、抗诉期限确定。附带民事部分另行审判的，上诉期限也应当按照刑事诉讼法规定的期限确定。

第三百八十一条 上诉人通过第一审人民法院提出上诉的，第一审人民法院应当审查。上诉符合法律规定的，应当在上诉期满后三日以内将上诉状连同案卷、证据移送上一级人民法院，并将上诉状副本送交同级人民检察院和对方当事人。

第三百八十二条 上诉人直接向第二审人民法院提出上诉的，第二审人民法院应当在收到上诉状后三日以内将上诉状交第一审人民法院。第一审人民法院应当审查上诉是否符合法律规定。符合法律规定的，应当在接到上诉状后三日以内将上诉状连同案卷、证据移送上一级人民法院，并将上诉状副本送交同级人民检察院和对方当事人。

【理解与适用】

以上三条沿用《2012 年解释》第三百零一条至第三百零三条的规定。

第三百八十三条 上诉人在上诉期限内要求撤回上诉的，人民法院应当准许。

上诉人在上诉期满后要求撤回上诉的，第二审人民法院经审查，认为原判认定事实和适用法律正确，量刑适当的，应当裁定准许；认为原判确有错误的，应当不予准许，继续按照上诉案件审理。

被判处死刑立即执行的被告人提出上诉，在第二审开庭后宣告裁判前申请撤回上诉的，应当不予准许，继续按照上诉案件审理。

【理解与适用】

本条根据司法实践反映的问题对《2012 年解释》第三百零四条、第三百零五条的规定作出修改完善。

《2012 年解释》第三百零五条第一款规定："上诉人在上诉期满后要求

撤回上诉的，第二审人民法院应当审查。经审查，认为原判认定事实和适用法律正确，量刑适当的，应当裁定准许撤回上诉；认为原判事实不清、证据不足或者将无罪判为有罪、轻罪重判等的，应当不予准许，继续按照上诉案件审理。”本条第二款吸收上述规定，并作适当调整。考虑到基于上诉不加刑原则的限制，二审不会对上诉人的权益造成影响，故规定上诉人在上诉期满后要求撤回上诉的，第二审人民法院经审查，认为原判确有错误的，“应当不予准许，继续按照上诉案件审理”，即不再限定为“原判事实不清、证据不足或者将无罪判为有罪、轻罪重判等的”情形。

需要注意的是，本条第二款规定，上诉人在上诉期满后要求撤回上诉，第二审人民法院经审查“认为原判确有错误的，应当不予准许”。讨论中，有意见建议明确“应当不予准许”是裁定还是决定，是否采用书面形式。经研究认为，实践中可以裁量处理：一般会出具书面裁定，也有的案件继续开庭，而后在判决书中一并作出说明。

此外，实践反映，上诉人经人民法院传唤拒不到庭，甚至脱逃，是逃避法律制裁，主动放弃二审机会。此种情形实际等同于要求撤回上诉，故应当按照上诉人要求撤回上诉处理，即区分在上诉期限内和上诉期满后两种情形，适用本条的规定处理。征求意见过程中，有反对意见提出，对于第二审程序中上诉人不到庭甚至脱逃的情形，根据《刑事诉讼法》第二百四十二条、第二百零六条的规定，人民法院可以依法中止审理。民事诉讼中有类似不到庭视为撤诉的规定，但刑事诉讼不同于民事诉讼。视为撤回上诉，既不利于保护当事人的诉讼权利，也不一定能解决诉讼效率的问题。例如，法院审理后初步认为原判事实不清、证据不足或者将无罪判为有罪、轻罪重判等的，即使上诉人无故不到庭，仍然需要进行审理。[①]经研究认为，所涉问题在司法实践中客观存在，应当予以解决。随着非羁押性强制措施的广泛适用，诉讼过程中被告人不到庭的情形有增多的趋势，经传唤拒不到庭是其主动放弃二审，应当采取措施防止案件久拖不决。但反对意见也确有道理，应当充分保障上诉人的实体权利和程序权利，特别是防止判决事实不清、证据不足或者将无罪判为有罪、轻罪重判。基于此，未再作出

① 此外，有意见建议进一步明确如下问题：一是视为撤诉的，准许方式是什么，如何裁定以及审查处理？此种情况，不属于缺席判决的情形，不能适用缺席审判程序审理。二是无正当理由的要件规定，如何理解？三是对于被告人脱逃的，即使视为撤诉，文书送达以及被告人送交执行都会出现问题。

明确规定，交由司法实践裁量把握。根据具体情况，对于被告人无法到案的，可以中止审理，必要时商公安机关对被告人上网追逃，这样处理有利于案件最终审结。

第三百八十四条　**地方各级人民检察院对同级人民法院第一审判决、裁定的抗诉，应当通过第一审人民法院提交抗诉书。第一审人民法院应当在抗诉期满后三日以内将抗诉书连同案卷、证据移送上一级人民法院，并将抗诉书副本送交当事人。**

【理解与适用】

本条沿用《2012年解释》第三百零六条的规定。

第三百八十五条　**人民检察院在抗诉期限内要求撤回抗诉的，人民法院应当准许。**

人民检察院在抗诉期满后要求撤回抗诉的，第二审人民法院可以裁定准许，但是认为原判存在将无罪判为有罪、轻罪重判等情形的，应当不予准许，继续审理。

上级人民检察院认为下级人民检察院抗诉不当，向第二审人民法院要求撤回抗诉的，适用前两款规定。

【理解与适用】

本条根据司法实践反映的问题对《2012年解释》第三百零七条的规定作出修改完善。

《2012年解释》第三百零七条规定：“人民检察院在抗诉期限内撤回抗诉的，第一审人民法院不再向上一级人民法院移送案件；在抗诉期满后第二审人民法院宣告裁判前撤回抗诉的，第二审人民法院可以裁定准许，并通知第一审人民法院和当事人。”考虑到对抗诉案件的二审继续审理可以加重被告人刑罚，本条明确人民检察院在抗诉期满后要求撤回抗诉的，只有“认为原判存在将无罪判为有罪、轻罪重判等情形的”，才不予准许。

需要注意的是，“继续审理”是指继续按照抗诉案件开庭审理。此种案件本由抗诉启动，虽已提出撤回抗诉但法院因故不予准许，这属于诉讼程序上的重大事项，并且在实体上也可能发生重大变化（原判有罪改判无罪，或原审重判改为轻判），因此应当一律开庭审理。

征求意见过程中，有意见提出，司法实践中，已遇到原公诉机关对第一审判决抗诉，上级人民检察院不支持抗诉，要求撤回抗诉，但第二审法院认为抗诉成立，不准许撤回抗诉的案件。建议明确此种情形如何处理。经研究认为，人民检察院要求撤回抗诉的，人民法院应当进行审查，自然就包括裁定不准许撤诉的情形。此种情形下，二审应当继续进行。当然，司法实践中可能还会遇到检察机关不派员出庭等问题，对此宜协调解决。基于上述考虑，本条第三款专门明确了上级人民检察院认为下级人民检察院抗诉不当，向第二审人民法院要求撤回抗诉的处理规则。

《刑事诉讼法》第二百三十二条第二款规定：“上级人民检察院如果认为抗诉不当，可以向同级人民法院撤回抗诉，并且通知下级人民检察院。”《人民检察院刑事诉讼规则》第五百八十九条第二款规定：“上一级人民检察院认为抗诉不当的，应当听取下级人民检察院的意见。听取意见后，仍然认为抗诉不当的，应当向同级人民法院撤回抗诉，并且通知下级人民检察院。”

第三百八十六条　在上诉、抗诉期满前撤回上诉、抗诉的，第一审判决、裁定在上诉、抗诉期满之日起生效。在上诉、抗诉期满后要求撤回上诉、抗诉，第二审人民法院裁定准许的，第一审判决、裁定应当自第二审裁定书送达上诉人或者抗诉机关之日起生效。

【理解与适用】

本条沿用《2012年解释》第三百零八条的规定。

第三百八十七条　第二审人民法院对第一审人民法院移送的上诉、抗诉案卷、证据，应当审查是否包括下列内容：

（一）移送上诉、抗诉案件函；

（二）上诉状或者抗诉书；

（三）第一审判决书、裁定书八份（每增加一名被告人增加一份）及其电子文本；

（四）全部案卷、证据，包括案件审理报告和其他应当移送的材料。

前款所列材料齐全的，第二审人民法院应当收案；材料不全的，应当通知第一审人民法院及时补送。

【理解与适用】

本条沿用《2012年解释》第三百零九条的规定。

鉴于对被告人的定罪量刑和对涉案财物的处理同等重要，本条原本拟规定要求一审法院向二审法院移送涉案财物作出情况说明。后经研究认为，涉案财物情况说明表现为多种形式，可以是裁判文书主文，可以是裁判文书后附的涉案财物处理清单，也可以是根据情况在案件审理报告中对涉案财物情况的进一步说明。鉴此，本条未再作明确规定，实践中有必要的，可以纳入本条第一款第四项规定的“其他应当移送的材料”。

第三百八十八条　第二审人民法院审理上诉、抗诉案件，应当就第一审判决、裁定认定的事实和适用法律进行全面审查，不受上诉、抗诉范围的限制。

第三百八十九条　共同犯罪案件，只有部分被告人提出上诉，或者自诉人只对部分被告人的判决提出上诉，或者人民检察院只对部分被告人的判决提出抗诉的，第二审人民法院应当对全案进行审查，一并处理。

【理解与适用】

以上两条沿用《2012年解释》第三百一十条、第三百一十一条的规定。

第三百九十条 共同犯罪案件，上诉的被告人死亡，其他被告人未上诉的，第二审人民法院应当对死亡的被告人终止审理。但是，符合缺席审判程序适用条件的，应当按照本解释第二十四章的规定作出处理。

具有前款规定的情形，第二审人民法院仍应对全案进行审查，对其他同案被告人作出判决、裁定。

【理解与适用】

本条根据法律修改情况对《2012年解释》第二百一十二条的规定作出修改完善，增加规定对共同犯罪上诉被告人死亡的案件可以适用缺席审判程序。

第三百九十一条 对上诉、抗诉案件，应当着重审查下列内容：

（一）第一审判决认定的事实是否清楚，证据是否确实、充分；

（二）第一审判决适用法律是否正确，量刑是否适当；

（三）在调查、侦查、审查起诉、第一审程序中，有无违反法定程序的情形；

（四）上诉、抗诉是否提出新的事实、证据；

（五）被告人的供述和辩解情况；

（六）辩护人的辩护意见及采纳情况；

（七）附带民事部分的判决、裁定是否合法、适当；

（八）对涉案财物的处理是否正确；

（九）第一审人民法院合议庭、审判委员会讨论的意见。

【理解与适用】

本条根据司法实践反映的问题对《2012年解释》第三百一十五条的规定作出修改完善，增加了对第一审判决关于涉案财物处理的审查判断，并与《监察法》相衔接，对第三项作出修改完善。

第三百九十二条 第二审期间，被告人除自行辩护外，还可以继续委托第一审辩护人或者另行委托辩护人辩护。

共同犯罪案件，只有部分被告人提出上诉，或者自诉人只对部分被告人的判决提出上诉，或者人民检察院只对部分被告人的判决提出抗诉的，其他同案被告人也可以委托辩护人辩护。

【理解与适用】

本条沿用《2012年解释》第三百一十六条的规定。

第三百九十三条 下列案件，根据刑事诉讼法第二百三十四条的规定，应当开庭审理：

（一）被告人、自诉人及其法定代理人对第一审认定的事实、证据提出异议，可能影响定罪量刑的上诉案件；

（二）被告人被判处死刑的上诉案件；

（三）人民检察院抗诉的案件；

（四）应当开庭审理的其他案件。

被判处死刑的被告人没有上诉，同案的其他被告人上诉的案件，第二审人民法院应当开庭审理。

【理解与适用】

本条根据司法实践反映的问题对《2012年解释》第三百一十七条的规定作出修改完善。

死刑案件必须适用最为严格、审慎的审理程序。《刑事诉讼法》明确规定，被告人被判处死刑的上诉案件，人民法院应当组成合议庭开庭审理。死刑缓期二年执行案件也属于死刑案件。为严格落实《刑事诉讼法》的规定，本条规定死缓二审案件一律开庭审理。

第三百九十四条 对上诉、抗诉案件，第二审人民法院经审查，认为原判事实不清、证据不足，或者具有刑事诉讼法第二百三十八条规定的违反法定诉讼程序情形，需要发回重新审判的，可以不开庭审理。

第三百九十五条 第二审期间，人民检察院或者被告人及其辩护人提交新证据的，人民法院应当及时通知对方查阅、摘抄或者复制。

第三百九十六条 开庭审理第二审公诉案件，应当在决定开庭审理后及时通知人民检察院查阅案卷。自通知后的第二日起，人民检察院查阅案卷的时间不计入审理期限。

【理解与适用】

以上三条沿用《2012年解释》第三百一十八条至第三百二十条的规定。

第三百九十七条 开庭审理上诉、抗诉的公诉案件，应当通知同级人民检察院派员出庭。

抗诉案件，人民检察院接到开庭通知后不派员出庭，且未说明原因的，人民法院可以裁定按人民检察院撤回抗诉处理。

【理解与适用】

本条基本沿用《2012 年解释》第三百二十一条的规定，仅对表述作了微调。

征求意见过程中，有意见提出："人民检察院提起抗诉后不派员出庭，是严重违反职责的行为，但人民检察院是国家法律监督机关，规定按撤回抗诉处理不妥。"经研究认为，检察机关抗诉，一方面是行使法律监督职能，另一方面是行使控诉职能，抗诉后出庭是履行其控诉职能的应有之义，提出控诉后不出庭是不履行控诉职责的表现。不出庭支持其抗诉意见，表明检察机关原来的抗诉意见发生了转变，裁定按其撤诉处理，实际上是支持其以不出庭形式表达的不抗诉意见，是对其控诉自主权的尊重，法理上似无不当。实践中，检察机关不出庭支持其抗诉意见的，多为抗诉没有法律依据或者抗诉错误，在错案责任追究制的制约下，抗诉后不便主动撤回。如不裁定按撤回抗诉处理，有些案件长期无法处理，由此带来的超审限、甚至超期羁押等问题会对当事人的权益造成很大影响。基于此，维持本条规定。

第三百九十八条　开庭审理上诉、抗诉案件，除参照适用第一审程序的有关规定外，应当按照下列规定进行：

（一）法庭调查阶段，审判人员宣读第一审判决书、裁定书后，上诉案件由上诉人或者辩护人先宣读上诉状或者陈述上诉理由，抗诉案件由检察员先宣读抗诉书；既有上诉又有抗诉的案件，先由检察员宣读抗诉书，再由上诉人或者辩护人宣读上诉状或者陈述上诉理由；

（二）法庭辩论阶段，上诉案件，先由上诉人、辩护人发言，后由检察员、诉讼代理人发言；抗诉案件，先由检察员、诉讼代理人发言，后由被告人、辩护人发言；既有上诉又有抗诉的案件，先由检察员、诉讼代理人发言，后由上诉人、辩护人发言。

第三百九十九条 开庭审理上诉、抗诉案件，可以重点围绕对第一审判决、裁定有争议的问题或者有疑问的部分进行。根据案件情况，可以按照下列方式审理：

（一）宣读第一审判决书，可以只宣读案由、主要事实、证据名称和判决主文等；

（二）法庭调查应当重点围绕对第一审判决提出异议的事实、证据以及新的证据等进行；对没有异议的事实、证据和情节，可以直接确认；

（三）对同案审理案件中未上诉的被告人，未被申请出庭或者人民法院认为没有必要到庭的，可以不再传唤到庭；

（四）被告人犯有数罪的案件，对其中事实清楚且无异议的犯罪，可以不在庭审时审理。

同案审理的案件，未提出上诉、人民检察院也未对其判决提出抗诉的被告人要求出庭的，应当准许。出庭的被告人可以参加法庭调查和辩论。

第四百条 第二审案件依法不开庭审理的，应当讯问被告人，听取其他当事人、辩护人、诉讼代理人的意见。合议庭全体成员应当阅卷，必要时应当提交书面阅卷意见。

【理解与适用】

以上三条沿用《2012年解释》第三百二十二条至第三百二十四条的规定。

第四百零一条 审理被告人或者其法定代理人、辩护人、近亲属提出上诉的案件，不得对被告人的刑罚作出实质不利的改判，并应当执行下列规定：

（一）同案审理的案件，只有部分被告人上诉的，既不得加重上诉人的刑罚，也不得加重其他同案被告人的刑罚；

（二）原判认定的罪名不当的，可以改变罪名，但不得加重刑罚或者对刑罚执行产生不利影响；

（三）原判认定的罪数不当的，可以改变罪数，并调整刑罚，但不得加重决定执行的刑罚或者对刑罚执行产生不利影响；

（四）原判对被告人宣告缓刑的，不得撤销缓刑或者延长缓刑考验期；

（五）原判没有宣告职业禁止、禁止令的，不得增加宣告；原判宣告职业禁止、禁止令的，不得增加内容、延长期限；

（六）原判对被告人判处死刑缓期执行没有限制减刑、决定终身监禁的，不得限制减刑、决定终身监禁；

（七）原判判处的刑罚不当、应当适用附加刑而没有适用的，不得直接加重刑罚、适用附加刑。原判判处的刑罚畸轻，必须依法改判的，应当在第二审判决、裁定生效后，依照审判监督程序重新审判。

人民检察院抗诉或者自诉人上诉的案件，不受前款规定的限制。

【理解与适用】

本条根据司法实践反映的问题对《2012年解释》第三百二十五条的规定作出修改完善。

需要注意的是，本条第一款所列情形只是提示规则，并未囊括司法实践的所有情形。针对当前反映比较突出的问题，本条第一款作了相应规定。主要考虑如下：

1. 关于本条第一款第二项。《刑法》第八十一条第二款规定：“对累犯以及因故意杀人、强奸、抢劫、绑架、放火、爆炸、投放危险物质或者有组织的暴力性犯罪被判处十年以上有期徒刑、无期徒刑的犯罪分子，不得假释。”据此，实践中可能存在二审改变一审认定的罪名，并未加重刑罚，但对刑罚执行产生不利影响。例如，二审将一审认定的盗窃罪改判为抢劫罪，仍维持十二年有期徒刑的刑罚，但对二审改判的罪名不得假释，对被告人产生不利影响。基于此，第二项专门增加了不得“对刑罚执行产生不利影响”的限制。

2. 关于本条第一款第三项。（1）《2012年解释》第三百二十五条第一款第三项规定："原判对被告人实行数罪并罚的，不得加重决定执行的刑罚，也不得加重数罪中某罪的刑罚。"经研究认为，这一规则过于绝对和繁琐，不利于司法实践操作，宜作出调整。例如，一审认定两个罪名，分别判处五年和三年有期徒刑，数罪并罚决定执行七年有期徒刑。按照原有规则，既不能加重总和刑期，也不能加重数罪中某罪的刑期。经研究认为，上诉不加刑是指不能使上诉人遭致不利的刑罚，偏重于决定执行的刑罚。因此，此种情况下，在决定执行的刑罚不变和对《刑法》执行不产生不利影响的情况下[①]，应当允许加重数罪中某罪的刑罚。基于此，作出相应调整。（2）实践中，还存在两种实质上对上诉人有利的调整罪数的情形：①原判对被告人判处一罪的，不得改判为数罪；但是，在认定的犯罪事实不变的情况下，改判数罪后决定执行的刑罚低于原判刑罚的，可以改判为数罪；②原判对被告人实行数罪并罚的，在认定的犯罪事实不变的情况下，改判为一罪的，在对刑罚执行无不利影响的情况下，可以在不超过原判决定执行刑罚的情况下加重其中某一罪刑罚。对此，《最高人民法院研究室关于上诉不加刑原则具体运用有关问题的答复》（法研〔2014〕6号）规定："对于原判数罪并罚的上诉案件，在不超过原判决定执行的刑罚，且对刑罚执行也无不利影响的情况下，可以将其中两个或者两个以上的罪名改判为一罪并加重该罪的刑罚。"例如，一审认定被告人犯盗窃罪，判处有期徒刑五年，犯抢劫罪，判处有期徒刑五年，数罪并罚，决定执行有期徒刑八年。二审认定的犯罪事实与一审相同，但是对行为性质的评价发生变化，认为抢劫相关事实应当评价为盗窃。此种情形下，改判盗窃一罪，可以在五年以上八年以下的幅度内裁量刑罚。同为八年有期徒刑，如果是因为数罪被判处的，较之一罪被判处的，在减刑、假释时对被告人更为不利。故而，上述改判不违反上诉不加刑原则。基于上述考虑，形成第三项"原判认定的罪数不当的，可以改变罪数，并调整刑罚，但不得加重决定执行的刑罚

① 《最高人民法院关于办理减刑、假释案件具体应用法律的规定》（法释〔2016〕23号）第七条第二款规定："对被判处十年以上有期徒刑的前款罪犯，以及因故意杀人、强奸、抢劫、绑架、放火、爆炸、投放危险物质或者有组织的暴力性犯罪被判处十年以上有期徒刑的罪犯，数罪并罚且其中两罪以上被判处十年以上有期徒刑的罪犯，执行二年以上方可减刑，减刑幅度应当比照本规定第六条从严掌握，一次减刑不超过一年有期徒刑，两次减刑之间应当间隔一年六个月以上。"可见，数罪并罚可能会对刑罚执行产生不利影响。

或者对刑罚执行产生不利影响”的规定。

3. 关于本条第一款第四项。讨论中，有意见提出，本条第一款第四项规定“原判对被告人宣告缓刑的，不得撤销缓刑”，但实践中可能存在二审期间被告人不认罪等不符合缓刑适用条件的情形。此种情况下如继续适用缓刑，可能危害社会。经研究认为，目前仍只能严格执行这一规定，确有必要的，通过审判监督程序予以纠正。

4. 关于本条第一款第七项。（1）讨论中，有意见提出，原判事实清楚，证据确实、充分，但适用法律错误的，如认定自首有误、应当剥夺政治权利而未剥夺政治权利等，如何处理，建议作出明确。经研究认为，上述情形或者属于因法律适用错误导致刑罚畸轻，或者属于因法律认识错误而没有适用附加刑，可以依据本条第一款第七项作出处理，即根据上诉不加刑原则，只能予以维持。需要注意的是，就司法操作而言，二审应当在裁判文书中写明一审判决存在的适用法律错误，从而导致判处的刑罚畸轻、应当适用附加刑而没有适用的结果，但是，根据上诉不加刑原则的规定，维持一审判处的刑罚不变。（2）讨论中，对于本条第一款第七项的处理规则本身也存在异议，有意见认为，此种情形下，二审维持原判是根据上诉不加刑原则作出的裁定，依据《刑事诉讼法》的规定，并无错误。而根据《刑事诉讼法》关于审判监督程序的规定，针对生效判决、裁定的再审限于“确有错误”的情形。上述情形明显不符合这一规定，依法也不得启动审判监督程序。基于实事求是的考虑，本条第一款第七项作了微调，将依法通过审判监督程序进行改判限定为在“原判判处的刑罚畸轻，必须依法改判的”情形，对于原判刑罚不当，但尚未达到畸轻程度的，如漏判附加剥夺政治权利，对本应在“三年以上七年以下有期徒刑”的幅度内判处三年六个月有期徒刑的案件判处二年六个月有期徒刑的，基于裁判稳定的考虑，一般不再启动审判监督程序。

5. 征求意见过程中，有意见提出，实践中有几种情况建议明确：对于改变罪数后，附加刑必须改变的如何处理？例如，一审判处被告人盗窃、故意伤害，判处附加刑罚金五万元，二审改判为抢劫的，附加刑改为没收财产，这种情况下，罚金五万元改为没收财产五万元是否可以？经研究认为，所涉问题较为复杂，不宜一概而论，宜坚持实质判断的原则。如果在主刑方面给予较大幅度的减轻，则适当增加附加刑，应当是允许的；但是，在主刑维持不变的情况下，原则上不宜加重附加刑，通常也不宜将罚金调整为没收财产，更不应作出主刑稍微减轻、大大加重附加刑，对被告人实质明显不利的调整。

第四百零二条 人民检察院只对部分被告人的判决提出抗诉，或者自诉人只对部分被告人的判决提出上诉的，第二审人民法院不得对其他同案被告人加重刑罚。

【理解与适用】

本条沿用《2012年解释》第三百二十六条的规定。

第四百零三条 被告人或者其法定代理人、辩护人、近亲属提出上诉，人民检察院未提出抗诉的案件，第二审人民法院发回重新审判后，除有新的犯罪事实且人民检察院补充起诉的以外，原审人民法院不得加重被告人的刑罚。

对前款规定的案件，原审人民法院对上诉发回重新审判的案件依法作出判决后，人民检察院抗诉的，第二审人民法院不得改判为重于原审人民法院第一次判处的刑罚。

【理解与适用】

本条结合《最高人民法院研究室关于上诉发回重审案件重审判决后确需改判的应当通过何种程序进行的答复》(法研〔2014〕26号）对《2012年解释》第三百二十七条的规定作出修改完善。

从字面意义上理解，“新的犯罪事实”有两个含义，一是新的犯罪的事实，即已经起诉的犯罪以外的犯罪的事实；二是原起诉事实范围内的新事实。经研究认为，只有前一种新的犯罪事实，经补充起诉后才可以加重刑罚。基于此，本条第一款将“除有新的犯罪事实，人民检察院补充起诉的以外”调整为“除有新的犯罪事实且人民检察院补充起诉的以外”，旨在提醒司法实践中侧重于根据人民检察院是否补充起诉来对是否系“新的犯罪事实”作出判断。

《最高人民法院研究室关于上诉发回重审案件重审判决后确需改判的应当通过何种程序进行的答复》规定：“根据刑事诉讼法第二百二十六条第一款规定，对被告人上诉、人民检察院未提出抗诉的案件，第二审人民法院发回原审人民法院重新审判的，只要人民检察院没有补充起诉新的犯罪事实，原审人民法院不得加重被告人的刑罚。原审人民法院对上诉发回重新审判的案件依法作出维持原判的判决后，人民检察院抗诉的，第二审人民法院也不得改判加重被告人的刑罚。”

征求意见过程中，有意见建议删去本条第二款。理由是《刑事诉讼法》第二百三十七条规定：“第二审人民法院审理被告人或者他的法定代理人、辩护人、近亲属上诉的案件，不得加重被告人的刑罚。第二审人民法院发回原审人民法院重新审判的案件，除有新的犯罪事实，人民检察院补充起诉的以外，原审人民法院也不得加重被告人的刑罚。人民检察院提出抗诉或者自诉人提出上诉的，不受前款规定的限制。”本条第二款与刑事诉讼法的上述规定明显冲突。经研究，未采纳上述意见。主要考虑：（1）《刑事诉讼法》第二百三十七条规定的“提出抗诉”明显是指在原审程序中提出抗诉，而非在重审程序中提出抗诉。否则，《刑事诉讼法》第二百三十七条第一款的规定就将失去实际意义，很不合理：对发回重审的案件，如未发现被告人有新的犯罪事实，人民检察院未补充起诉，原审法院不得加重刑罚，但宣判后人民检察院抗诉的，二审法院即可加重，那么原审法院不得加重刑罚的规定还有何意义？何不由原审法院直接改判加重？（2）需要注意的是，对于对被告人上诉、人民检察院未提出抗诉的案件，发回重审后人民检察院没有补充起诉新的犯罪事实的，原审人民法院作出的判决，相比原判减轻刑罚和减少罪名的，人民检察院可以提出抗诉。二审法院经审理认为人民检察院抗诉成立的，可以在原判刑罚和罪名范围内改判加重刑罚和增加罪名。例如，对于原判以盗窃罪、故意伤害罪判处七年有期徒刑的案件，被告人上诉、人民检察院未提出抗诉，发回重审后人民检察院没有补充起诉新的犯罪事实的，原审人民法院以故意伤害罪判处被告人有期徒刑三年，对盗窃罪未予认定的。此种情形下，检察机关抗诉，二审法院经审查认定抗诉成立的，可以对被告人加重刑罚、增加罪名，但不得超过原判“以盗窃罪、故意伤害罪判处七年有期徒刑”，另行增加其他罪名和判处更高的刑罚。

第四百零四条 第二审人民法院认为第一审判决事实不清、证据不足的，可以在查清事实后改判，也可以裁定撤销原判，发回原审人民法院重新审判。

有多名被告人的案件，部分被告人的犯罪事实不清、证据不足或者有新的犯罪事实需要追诉，且有关犯罪与其他同案被告人没有关联的，第二审人民法院根据案件情况，可以对该部分被告人分案处理，将该部分被告人发回原审人民法院重新审判。原审人民法院重新作出判决后，被告人上诉或者人民检察院抗诉，其他被告人的案件尚未作出第二审判决、裁定的，第二审人民法院可以并案审理。

【理解与适用】

本条系新增条文。

根据《刑事诉讼法》第二百三十六条的规定，第二审人民法院认为第一审判决事实不清、证据不足的，可以在查清事实后改判，也可以裁定撤销原判，发回原审人民法院重新审判。但是，对于涉及多名被告人的案件，如涉黑案件中的从犯，在二审时发现还有一个其单独实施的轻微犯罪，第二审人民法院将全案发回重审，费时费力。基于节约司法资源，保障审判顺利推进的考虑，本条依照刑事诉讼法的精神，规定了二审分案程序，即将部分被告人的案件发回，其余被告人的案件可以视情继续审理（有必要的，也可以中止审理）。当然，如果发回被告人的案件重新进入二审的，可以与其他被告人的二审案件合并。

征求意见过程中，有意见提出，实践中对于部分被告人事实不清、证据不足的，该部分事实可能同时影响对其他被告人的定罪量刑，二审程序中再对多名被告人分案审理不具有较强的可操作性。建议对本条第二款的规定再作斟酌。经研究认为，本条第二款的规定是可以分案处理并部分发回，即赋予司法实践一定的自由裁量权。对于上述情况，当然可以根据情况决定将全案发回处理，以便更好地查明案件事实。因此，本条规定与上述意见并不矛盾，故维持不变。

第四百零五条　原判事实不清、证据不足，第二审人民法院发回重新审判的案件，原审人民法院重新作出判决后，被告人上诉或者人民检察院抗诉的，第二审人民法院应当依法作出判决、裁定，不得再发回重新审判。

【理解与适用】

本条沿用《2012 年解释》第三百二十八条的规定。

第四百零六条　第二审人民法院发现原审人民法院在重新审判过程中，有刑事诉讼法第二百三十八条规定的情形之一，或者违反第二百三十九条规定的，应当裁定撤销原判，发回重新审判。

【理解与适用】

本条沿用《2012 年解释》第三百二十九条的规定。

征求意见过程中，有意见建议对于以下两种情形规定为例外，可以不受发回重审一次的限制：（1）第二审人民法院发现上诉人、原审被告人有新的犯罪事实，人民法院应当将新发现的犯罪与原审判决认定的犯罪一并处理的。（2）第二审期间，在逃的共同犯罪分子归案，对全案进行合并审理更有利于查明案件事实、准确追究刑事责任的。经研究认为，上述情形下再次发回重审确有实践必要性，但在《刑事诉讼法》关于发回重审以一次为限的规定中难以找到“口子”。目前看来，对于此种情形，也只能是分案审理，分别查明案件事实，必要时可以在二审合并审理。

第四百零七条 第二审人民法院审理对刑事部分提出上诉、抗诉，附带民事部分已经发生法律效力的案件，发现第一审判决、裁定中的附带民事部分确有错误的，应当依照审判监督程序对附带民事部分予以纠正。

【理解与适用】

本条沿用《2012年解释》第三百三十条的规定。

需要注意的是，第二审人民法院在审理刑事部分时发现民事部分有错误的，在审理刑事部分时，对民事部分的错误按照审判监督程序纠正。需要特别强调的是，根据不告不理的原则，如果民事部分的裁判没有违背法律法规，没有危害公共利益和他人合法权益，除当事人明确要求以外，一般不启动再审程序。

第四百零八条 刑事附带民事诉讼案件，只有附带民事诉讼当事人及其法定代理人上诉的，第一审刑事部分的判决在上诉期满后即发生法律效力。

应当送监执行的第一审刑事被告人是第二审附带民事诉讼被告人的，在第二审附带民事诉讼案件审结前，可以暂缓送监执行。

【理解与适用】

本条沿用《2012年解释》第三百一十四条的规定。

第四百零九条 第二审人民法院审理对附带民事部分提出上诉，刑事部分已经发生法律效力的案件，应当对全案进行审查，并按照下列情形分别处理：

（一）第一审判决的刑事部分并无不当的，只需就附带民事部分作出处理；

（二）第一审判决的刑事部分确有错误的，依照审判监督程序对刑事部分进行再审，并将附带民事部分与刑事部分一并审理。

【理解与适用】

本条根据司法实践反映的问题对《2012年解释》第三百一十三条、第三百三十一条的规定作出整合和修改完善。

需要注意的是，对于仅对附带民事诉讼部分提出上诉，刑事部分已经发生法律效力的，第二审人民法院应当进行全案审查。发现刑事部分有错误的，应当依照审判监督程序提审或者指令再审。由于刑事部分的审理系民事部分的基础，应当将附带民事部分和刑事部分一并审理。如果二审法院对刑事部分提审的，则应由其对刑事再审与附带民事二审合并审理；如二审法院指令一审法院对刑事部分再审的，则应当将附带民事部分发回后与刑事再审并案审理。

征求意见过程中，有意见提出，按照以往的做法，对刑事部分提出上诉的处理，往往制作刑事裁定书，而不是刑事附带民事裁定书。建议明确对民事部分提出上诉的处理，即是否需要制作刑事附带民事诉讼裁定书。经研究认为，由于民事部分附属于刑事部分，应当制作刑事附带民事诉讼文书，包括判决书和裁定书。本条第一项规定“就附带民事部分作出处理”，包括维持、改判和发回重审。附带民事部分事实清楚，适用法律正确的，应当以刑事附带民事裁定维持原判，驳回上诉。附带民事部分确有错误的，以刑事附带民事判决对附带民事部分作出改判或者以刑事附带民事裁定发回重审。

针对原审判决的附带民事诉讼部分提出上诉的，本条原本拟规定“第一审判决的附带民事部分事实清楚，适用法律正确的，应当以刑事附带民事裁定维持附带民事部分的原判，驳回上诉”。征求意见过程中，有意见建议明确，二审法院对于仅附带民事部分上诉且事实清楚，适用法律正确的案件，主文是沿用以前的“驳回上诉，维持原判”，还是按照该规定主文写

"维持附带民事部分的原判，驳回上诉"。经研究，鉴于司法实践中多数法院直接表述为"驳回上诉，维持原判"的实际情况，可以交由司法实践裁量处理，故本条未作明确规定。

第四百一十条 第二审期间，第一审附带民事诉讼原告人增加独立的诉讼请求或者第一审附带民事诉讼被告人提出反诉的，第二审人民法院可以根据自愿、合法的原则进行调解；调解不成的，告知当事人另行起诉。

【理解与适用】

本条沿用《2012年解释》第三百三十二条的规定。

第四百一十一条 对第二审自诉案件，必要时可以调解，当事人也可以自行和解。调解结案的，应当制作调解书，第一审判决、裁定视为自动撤销。当事人自行和解的，依照本解释第三百二十九条的规定处理；裁定准许撤回自诉的，应当撤销第一审判决、裁定。

【理解与适用】

本条根据司法实践反映的问题对《2012年解释》第三百三十三条的规定作出修改完善。

《2012年解释》第三百三十三条规定："对第二审自诉案件，必要时可以调解，当事人也可以自行和解。调解结案的，应当制作调解书，第一审判决、裁定视为自动撤销；当事人自行和解的，应当裁定准许撤回自诉，并撤销第一审判决、裁定。"该规定与第一审自诉案件当事人自行和解、申请撤诉的处理规定存在不一致。经研究认为，对于第二审自诉案件当事人自行和解，申请撤诉的，人民法院也应当进行审查，认为和解、撤回自诉确属自愿的，应当裁定准许；认为系被强迫、威吓等，并非自愿的，不予准许。基于此，本条作了相应调整，即对上述情形“依照本解释第三百二十九条的规定处理”。

第四百一十二条 第二审期间，自诉案件的当事人提出反诉的，应当告知其另行起诉。

【理解与适用】

本条沿用《2012年解释》第三百三十四条的规定。

第四百一十三条 第二审人民法院可以委托第一审人民法院代为宣判，并向当事人送达第二审判决书、裁定书。第一审人民法院应当在代为宣判后五日以内将宣判笔录送交第二审人民法院，并在送达完毕后及时将送达回证送交第二审人民法院。

委托宣判的，第二审人民法院应当直接向同级人民检察院送达第二审判决书、裁定书。

第二审判决、裁定是终审的判决、裁定的，自宣告之日起发生法律效力。

【理解与适用】

本条结合《最高人民法院关于刑事案件终审判决和裁定何时发生法律效力问题的批复》（法释〔2004〕7号）对《2012年解释》第三百三十五条的规定作出修改完善，增加第三款规定。

此外，征求意见过程中，有意见提出，被告人在第一审期间冒用他人身份，第一审法院按照冒用的身份作出判决的，第二审人民法院应当如何处理，建议明确。经研究认为，由于身份信息属于重要事实，二审纠正存在障碍，文书首部对被告人的姓名都难以列明。此种情形通常应当发回重审。当然，如果在判决生效后发现的，原判决、裁定认定被告人姓名等身份信息有误，但认定事实和适用法律正确、量刑适当的，作出生效判决、裁定的人民法院可以通过裁定对有关信息予以更正。

第十六章　在法定刑以下判处刑罚和特殊假释的核准

《刑法》有关于特殊减轻处罚和特殊假释核准程序的规定，但《刑事诉讼法》未对该程序作出规定。《刑事诉讼法修改决定》未涉及"在法定刑以下判处刑罚和特殊假释的核准"的问题。本章沿用《2012 年解释》第十四章"在法定刑以下判处刑罚和特殊假释的核准"的条文，并作了修改完善，主要涉及：(1）明确法定刑以下判处刑罚案件层报复核过程中上级人民法院可以直接改判；(2）明确第二审人民法院可以直接在法定刑以下判处刑罚，并层报最高人民法院核准。

第四百一十四条　报请最高人民法院核准在法定刑以下判处刑罚的案件，应当按照下列情形分别处理：

（一）被告人未上诉、人民检察院未抗诉的，在上诉、抗诉期满后三日以内报请上一级人民法院复核。上级人民法院同意原判的，应当书面层报最高人民法院核准；不同意的，应当裁定发回重新审判，或者按照第二审程序提审；

（二）被告人上诉或者人民检察院抗诉的，上一级人民法院维持原判，或者改判后仍在法定刑以下判处刑罚的，应当依照前项规定层报最高人民法院核准。

【理解与适用】

本条根据司法实践反映的问题对《2012 年解释》第三百三十六条的规定作出修改完善。

1. 关于被告人未上诉、人民检察院未抗诉的情形。《2012 年解释》第三百三十六条第一项规定，上一级人民法院不同意的，“应当裁定发回重新审判，或者改变管辖按照第一审程序重新审理”。讨论中，有意见认为，如果上一级人民法院是高级人民法院，由其按照第一审程序重新审理，则可能导致最高人民法院成为二审法院，似有不妥。另有意见认为，对于原判是基层人民法院作出的，高级人民法院复核认为原判刑罚畸重的，依照原规定，只能发回重审或者指定中级人民法院按照第一审程序重新审理，程序繁琐，不便操作。基于此，宜借鉴死刑复核程序中高级人民法院不同意一审死刑判决的可以依照第二审程序提审的规定，直接作出改判。经研究，采纳上述意见，《解释》作了调整。

2. 关于被告人上诉、人民检察院未抗诉的情形。征求意见过程中，有意见建议明确此类案件是否受上诉不加刑原则的制约。经研究认为，第二审人民法院可以直接加重刑罚，或者以量刑过轻为由发回原审人民法院重新审判，原审人民法院不受《刑事诉讼法》第二百三十七条第一款的规定限制。主要考虑：法定刑以下判处刑罚案件较为特殊，依法需要层报最高人民法院核准。对于一审在法定刑以下判处刑罚的案件，如果上级法院经复核或者审理认为不符合在法定刑以下判处刑罚的条件，应当允许上级法院改判加刑或者通过发回重审加重刑罚，否则，将会使得一审法院“绑架”上级法院，导致法定刑以下判处刑罚案件的核准程序流于形式，无法发挥监督制约作用。基于上述考虑，本条原本拟明确规定，对于法定刑以下判处刑罚的案件，“上级人民法院按照第二审程序改判，或者发回原审人民法院重新审判的，不受刑事诉讼法第二百三十七条第一款规定的限制。”

讨论中，有意见认为，上述规则存在不妥，可能导致适用法定刑以下核准程序案件的被告人反而遭受不利的后果。例如，被告人应当适用的法定最低刑为十年有期徒刑，如果一审对其在法定刑以下判处刑罚，无论人民检察院是否提出抗诉，二审都可能对其加重至十二年；但如果一审对其判处法定最低刑十年有期徒刑，则在人民检察院未提出抗诉的情况下，二审无法加重其刑罚。基于此，为避免上述不合理现象，建议明确在人民检察院未抗诉的情况下，第二审人民法院可以加重刑罚，但只能在法定最低刑以下的幅度内加重刑罚，即无论如何，不得加重至法定刑以上的幅度。在法定刑以下判处刑罚的案件固然特殊，但如果被告人上诉，案件就会进入二审程序。二审法院无论改判还是发回重审，都应当遵守上诉不加刑原则，至少需要明确在人民检察院未抗诉的情况下，只能在法定最低刑以下的幅度内加重刑罚。

鉴于上述问题存在不同认识，本条未作规定，待进一步研究、统一认识后再通过其他方式作出明确。

第四百一十五条　对符合刑法第六十三条第二款规定的案件，第一审人民法院未在法定刑以下判处刑罚的，第二审人民法院可以在法定刑以下判处刑罚，并层报最高人民法院核准。

【理解与适用】

本条系新增条文，根据司法实践反映的问题，明确第一审人民法院未在法定刑以下判处刑罚的案件，被告人上诉或者检察院抗诉的，第二审人民法院可以直接在法定刑以下判处刑罚，并层报最高人民法院核准。

第四百一十六条　报请最高人民法院核准在法定刑以下判处刑罚的案件，应当报送判决书、报请核准的报告各五份，以及全部案卷、证据。

【理解与适用】

本条沿用《2012年解释》第三百三十七条的规定。

第四百一十七条　对在法定刑以下判处刑罚的案件，最高人民法院予以核准的，应当作出核准裁定书；不予核准的，应当作出不核准裁定书，并撤销原判决、裁定，发回原审人民法院重新审判或者指定其他下级人民法院重新审判。

【理解与适用】

本条沿用《2012年解释》第三百三十八条的规定。

征求意见过程中，有意见提出，由于实践中有的案件下级法院提出的法定刑以下判刑的建议仍然偏重，如果最高人民法院不同意核准，发回重审改判后仍然要再次报核，势必影响诉讼效率。建议规定，最高人民法院认为原判量刑过重的，可以直接在法定刑以下改判，不必发回重审，以节约诉讼资源。还有意见提出，最高人民法院在办理此类案件的过程中，可能存在认为下级人民法院报请核准的法定刑以下刑罚量刑仍然偏重的情况。如果核准，则难以体现罚当其罪。如果不核准，需要附函明确指出不是不同意在法定刑以下判处刑罚，而是认为量刑仍然偏重，且发回重审改判后仍然要再次报核，严重浪费诉讼资源、拖延诉讼周期。个别情况下，在再次报核期间，被告人的刑期已满。经初步研究，本条原本拟采纳上述意见，明确对原判刑罚畸重的法定刑以下核准案件，最高人民法院可以予以改判。与中级人民法院、高级人民法院在核准过程中可以将刑罚改重或者改轻不同，由于被告人大多羁押在外地等原因，最高人民法院审理此类案件不便于开庭审理，故拟规定最高人民法院在核准过程中只能将刑罚改轻，而不能改重。后经进一步研究和听取意见，对此问题仍存在不同认识，故未作规定。

第四百一十八条 依照本解释第四百一十四条、第四百一十七条规定发回第二审人民法院重新审判的案件，第二审人民法院可以直接改判；必须通过开庭查清事实、核实证据或者纠正原审程序违法的，应当开庭审理。

第四百一十九条 最高人民法院和上级人民法院复核在法定刑以下判处刑罚案件的审理期限，参照适用刑事诉讼法第二百四十三条的规定。

第四百二十条 报请最高人民法院核准因罪犯具有特殊情况，不受执行刑期限制的假释案件，应当按照下列情形分别处理：

（一）中级人民法院依法作出假释裁定后，应当报请高级人民法院复核。高级人民法院同意的，应当书面报请最高人民法院核准；不同意的，应当裁定撤销中级人民法院的假释裁定；

（二）高级人民法院依法作出假释裁定的，应当报请最高人民法院核准。

第四百二十一条　报请最高人民法院核准因罪犯具有特殊情况，不受执行刑期限制的假释案件，应当报送报请核准的报告、罪犯具有特殊情况的报告、假释裁定书各五份，以及全部案卷。

第四百二十二条　对因罪犯具有特殊情况，不受执行刑期限制的假释案件，最高人民法院予以核准的，应当作出核准裁定书；不予核准的，应当作出不核准裁定书，并撤销原裁定。

【理解与适用】

以上五条沿用《2012年解释》第三百三十九条至第三百四十三条的规定。

第十七章　死刑复核程序

死刑复核程序是人民法院对死刑判决或者裁定进行审查核准的一种特殊程序。《刑事诉讼法修改决定》未涉及死刑复核程序的问题。本章沿用《2012年解释》第十五章“死刑复核程序”的条文，并根据司法实践反映的问题作了修改完善，主要涉及：（1）明确最高人民法院复核死刑案件可以直接改判；（2）明确最高人民法院裁定不核准死刑，发回第二审人民法院的，第二审人民法院后续处理规则。

第四百二十三条　报请最高人民法院核准死刑的案件，应当按照下列情形分别处理：

（一）中级人民法院判处死刑的第一审案件，被告人未上诉、人民检察院未抗诉的，在上诉、抗诉期满后十日以内报请高级人民法院复核。高级人民法院同意判处死刑的，应当在作出裁定后十日以内报请最高人民法院核准；认为原判认定的某一具体事实或者引用的法律条款等存在瑕疵，但判处被告人死刑并无不当的，可以在纠正后作出核准的判决、裁定；不同意判处死刑的，应当依照第二审程序提审或者发回重新审判；

（二）中级人民法院判处死刑的第一审案件，被告人上诉或者人民检察院抗诉，高级人民法院裁定维持的，应当在作出裁定后十日以内报请最高人民法院核准；

（三）高级人民法院判处死刑的第一审案件，被告人未上诉、人民检察院未抗诉的，应当在上诉、抗诉期满后十日以内报请最高人民法院核准。

高级人民法院复核死刑案件，应当讯问被告人。

【理解与适用】

本条根据司法实践反映的问题对《2012年解释》第三百四十四条的规定作出修改完善，主要是在第一款第一项增加规定“认为原判认定的某一具体事实或者引用的法律条款等存在瑕疵，但判处被告人死刑并无不当的，可以在纠正后作出核准的判决、裁定”。

第四百二十四条　中级人民法院判处死刑缓期执行的第一审案件，被告人未上诉、人民检察院未抗诉的，应当报请高级人民法院核准。

高级人民法院复核死刑缓期执行案件，应当讯问被告人。

【理解与适用】

本条沿用《2012年解释》第三百四十五条的规定。

第四百二十五条　报请复核的死刑、死刑缓期执行案件，应当一案一报。报送的材料包括报请复核的报告，第一、二审裁判文书，案件综合报告各五份以及全部案卷、证据。案件综合报告，第一、二审裁判文书和审理报告应当附送电子文本。

同案审理的案件应当报送全案案卷、证据。

曾经发回重新审判的案件，原第一、二审案卷应当一并报送。

【理解与适用】

本条沿用《2012年解释》第三百四十六条的规定，仅对表述作了微调。

第四百二十六条 报请复核死刑、死刑缓期执行的报告，应当写明案由、简要案情、审理过程和判决结果。

案件综合报告应当包括以下内容：

（一）被告人、被害人的基本情况。被告人有前科或者曾受过行政处罚、处分的，应当写明；

（二）案件的由来和审理经过。案件曾经发回重新审判的，应当写明发回重新审判的原因、时间、案号等；

（三）案件侦破情况。通过技术调查、侦查措施抓获被告人、侦破案件，以及与自首、立功认定有关的情况，应当写明；

（四）第一审审理情况。包括控辩双方意见，第一审认定的犯罪事实，合议庭和审判委员会意见；

（五）第二审审理或者高级人民法院复核情况。包括上诉理由、人民检察院的意见，第二审审理或者高级人民法院复核认定的事实，证据采信情况及理由，控辩双方意见及采纳情况；

（六）需要说明的问题。包括共同犯罪案件中另案处理的同案犯的处理情况，案件有无重大社会影响，以及当事人的反应等情况；

（七）处理意见。写明合议庭和审判委员会的意见。

【理解与适用】

本条根据司法实践反映的问题对《2012年解释》第三百四十七条的规定作出修改完善。

实践中，共同犯罪案件中另案处理的同案犯未必已经定罪量刑，在逃、在侦、在审的情况都有。故而，在本条第二款第六项将“同案犯的定罪量刑情况”调整为“同案犯的处理情况”。此外，第二款第一项增加了“处分”，第三项增加了“通过技术调查”措施抓获被告人、侦破案件情形的相关规定。

第四百二十七条 复核死刑、死刑缓期执行案件，应当全面审查以下内容：

（一）被告人的年龄，被告人有无刑事责任能力、是否系怀孕的妇女；

（二）原判认定的事实是否清楚，证据是否确实、充分；

（三）犯罪情节、后果及危害程度；

（四）原判适用法律是否正确，是否必须判处死刑，是否必须立即执行；

（五）有无法定、酌定从重、从轻或者减轻处罚情节；

（六）诉讼程序是否合法；

（七）应当审查的其他情况。

复核死刑、死刑缓期执行案件，应当重视审查被告人及其辩护人的辩解、辩护意见。

【理解与适用】

本条根据司法实践反映的问题对《2012年解释》第三百四十八条的规定作出修改完善，增加第二款规定。

第四百二十八条 高级人民法院复核死刑缓期执行案件，应当按照下列情形分别处理：

（一）原判认定事实和适用法律正确、量刑适当、诉讼程序合法的，应当裁定核准；

（二）原判认定的某一具体事实或者引用的法律条款等存在瑕疵，但判处被告人死刑缓期执行并无不当的，可以在纠正后作出核准的判决、裁定；

（三）原判认定事实正确，但适用法律有错误，或者量刑过重的，应当改判；

（四）原判事实不清、证据不足的，可以裁定不予核准，并撤销原判，发回重新审判，或者依法改判；

（五）复核期间出现新的影响定罪量刑的事实、证据的，可以裁定不予核准，并撤销原判，发回重新审判，或者依照本解释第二百七十一条的规定审理后依法改判；

（六）原审违反法定诉讼程序，可能影响公正审判的，应当裁定不予核准，并撤销原判，发回重新审判。

复核死刑缓期执行案件，不得加重被告人的刑罚。

【理解与适用】

本条沿用《2012年解释》第三百四十九条的规定。

根据本条第一款第五项的规定，复核期间出现新的影响定罪量刑的事实、证据的，可以有两种选择：一是撤销原判，发回重审；二是依法改判。需要注意的是，直接作出改判只宜针对报请复核案件出现新的影响定罪量刑的事实或者证据的情形，而不宜针对发现漏罪或者新罪的情形。对于复核期间实施新罪或者发现漏罪的，依照本条第一款第五项的规定只能发回重新审判，如果不发回，新罪或者漏罪又通常难以与死刑进行并罚。例如，已进入死缓复核阶段的案件，发现被告人又犯新罪，需要判处三年以下有期徒刑的。此种情形，如果不发回重审，新罪所判处的三年以下有期徒刑，无法与死缓并罚。

第四百二十九条　最高人民法院复核死刑案件，应当按照下列情形分别处理：

（一）原判认定事实和适用法律正确、量刑适当、诉讼程序合法的，应当裁定核准；

（二）原判认定的某一具体事实或者引用的法律条款等存在瑕疵，但判处被告人死刑并无不当的，可以在纠正后作出核准的判决、裁定；

（三）原判事实不清、证据不足的，应当裁定不予核准，并撤销原判，发回重新审判；

（四）复核期间出现新的影响定罪量刑的事实、证据的，应当裁定不予核准，并撤销原判，发回重新审判；

（五）原判认定事实正确、证据充分，但依法不应当判处死刑的，应当裁定不予核准，并撤销原判，发回重新审判；根据案件情况，必要时，也可以依法改判；

（六）原审违反法定诉讼程序，可能影响公正审判的，应当裁定不予核准，并撤销原判，发回重新审判。

【理解与适用】

本条根据司法实践反映的问题对《2012 年解释》第三百五十条的规定作出修改完善。

关于最高人民法院在死刑复核程序中能否直接改判的问题，1996 年《刑事诉讼法》未规定复核死刑案件可以改判。2007 年，为统一行使死刑案件核准权，最高人民法院制定了《复核死刑规定》，其中第四条规定："最高人民法院复核后认为原判认定事实正确，但依法不应当判处死刑的，裁定不予核准，并撤销原判，发回重新审判"。同时，规定了两种"可以改判"的情形，即第六条规定："数罪并罚案件，一人有两罪以上被判处死刑，最高人民法院复核后，认为其中部分犯罪的死刑裁判认定事实不清、证据不足的，对全案裁定不予核准，并撤销原判，发回重新审判；认为其中部分犯罪的死刑裁判认定事实正确，但依法不应当判处死刑的，可以改判并对其他应当判处死刑的犯罪作出核准死刑的判决。"第七条规定："一案中两名以上被告人被判处死刑，最高人民法院复核后，认为其中部分被告人的死刑裁判认定事实不清、证据不足的，对全案裁定不予核准，并撤销原判，发回重新审判；认为其中部分被告人的死刑裁判认定事实正确，但依法不应当判处死刑的，可以改判并对其他应当判处死刑的被告人作出核准死刑的判决。"之所以作出上述规定，主要有两点考虑：一是当时对死刑复核能否改判尚有不同认识，二是尽量把改判可能引发的问题解决在地方，避免把矛盾、压力上交。

2012 年《刑事诉讼法》修改，采纳最高人民法院建议，吸收《复核死刑规定》的上述规定，在第二百五十条规定："最高人民法院复核死刑案件，应当作出核准或者不核准死刑的裁定。对于不核准死刑的，最高人民法院可以发回重新审判或者予以改判”。

《2012年解释》起草时，结合上述考虑和法律修改的背景，考虑到《复核死刑规定》在司法适用中未出现明显问题，故沿用《复核死刑规定》第四条，在第三百五十条规定：“最高人民法院复核死刑案件，应当按照下列情形分别处理……（五）原判认定事实正确，但依法不应当判处死刑的，应当裁定不予核准，并撤销原判，发回重新审判……”同时，在第三百五十一条、第三百五十二条，继续沿用了对一人犯数个死罪和一案有两人被判处死刑案件可以部分改判的规定。

本次征求意见过程中，有意见建议对本条第五项增加予以改判的规定。理由是：《刑事诉讼法》已经规定，对于不核准死刑的，最高人民法院可以发回重新审判或者予以改判。对仅量刑不当的，最高人民法院复核没有必要全部发回重审，发回重审一定程度上浪费司法资源，应当规定可以改判。但是，也有意见认为，死刑复核程序要体现其特殊性质，防止成为“第三审”。并且，如作出上述修改，可能导致未把矛盾、风险化解在地方，而是推由最高人民法院改判，导致信访压力加剧。此外，毒品案件虽没有直接的被害人，但是否也存在改判错误的风险，亦需要慎重考量。

经综合考虑上述意见，本条第五项规定“原判认定事实正确、证据充分，但依法不应当判处死刑的，应当裁定不予核准，并撤销原判，发回重新审判；根据案件具体情况，必要时，也可以依法改判”，同时删除了《2012年解释》第三百五十一条、第三百五十二条的规定。主要考虑：从2012年以来的司法实践看，确有案件系由最高人民法院直接改判，例如《刑事审判参考》第117集刊登的“被告人柔柯耶姆·麦麦提故意杀人案”，该被告人被新疆阿克苏中院一审判处死刑，剥夺政治权利终身，在法定期限内未上诉，检察院未抗诉，新疆高院经复核同意原判并报最高人民法院核准，最高人民法院刑事审判专业委员会经讨论依法决定不核准死刑，以故意杀人罪改判被告人死刑缓期二年执行，剥夺政治权利终身。故而作出上述修改。但是，规定最高人民法院在死刑复核程序中可以直接改判，也可能带来一系列问题，需要引起重视。故而，仍应坚持“以发回重审为原则，以依法改判为例外”的原则，即对不予核准死刑的案件，一般应发回重审，只有改判没有“后遗症”的，出于诉讼效率的考虑，才予以直接改判。

第四百三十条　最高人民法院裁定不予核准死刑的，根据案件情况，可以发回第二审人民法院或者第一审人民法院重新审判。

对最高人民法院发回第二审人民法院重新审判的案件，第二审人民法院一般不得发回第一审人民法院重新审判。

第一审人民法院重新审判的，应当开庭审理。第二审人民法院重新审判的，可以直接改判；必须通过开庭查清事实、核实证据或者纠正原审程序违法的，应当开庭审理。

【理解与适用】

本条吸收《死刑批复》第一条对《2012年解释》第三百五十三条的规定作出修改完善。

从法律规定来看，最高人民法院不核准被告人死刑，依法可以发回第二审人民法院，也可以直接发回第一审人民法院重新审判。最高人民法院认为直接发回一审重审才能更好查清案件事实的，会直接发回一审重审。既然最高人民法院没有直接发回一审，而是发回二审重新审判，第二审人民法院就应当切实履行二审的监督、纠错职能，依法作出判决或者裁定，原则上不得将案件发回原一审人民法院重新审判。基于此，《死刑批复》第一条规定："对于最高人民法院依据《中华人民共和国刑事诉讼法》第二百三十九条和《最高人民法院关于适用〈中华人民共和国刑事诉讼法〉的解释》第三百五十三条裁定不予核准死刑，发回第二审人民法院重新审判的案件，无论此前第二审人民法院是否曾以原判决事实不清或者证据不足为由发回重新审判，原则上不得再发回第一审人民法院重新审判；有特殊情况确需发回第一审人民法院重新审判的，需报请最高人民法院批准。"《解释》吸收上述规定，在本条第二款规定："对最高人民法院发回第二审人民法院重新审判的案件，第二审人民法院一般不得发回第一审人民法院重新审判"；同时，未再规定"有特殊情况确需发回第一审人民法院重新审判的，需报请最高人民法院批准"，交由司法实践裁量把握。

从实践来看，确需发回第一审人民法院重新审判的"特殊情况"，主要是指由一审人民法院重审，更有利于查明案件事实的特殊情形。具体有三：（1）高级人民法院第一次发回重审时明确提出核实证据、查清事实的具体要求，中级人民法院未予查实又作出死刑判决的；(2)最高人民法院发回重审时提出了核实新的证据、查清新的事实的要求，高级人民法院认为只有发回中级人民法院重新审判，才更有利于查清事实的；(3)其他因事实、证据问题，发回中级人民法院重新审判更有利于查清事实、保障案件审理质量和效果的。

征求意见过程中，有意见建议明确，最高人民法院对因事实证据原因不予核准的死刑案件，直接发回一审人民法院重新审判。理由是：根据本条，对于最高人民法院发回二审人民法院重审的，二审人民法院一般不能发回一审人民法院。但事实证据的问题，往往在二审阶段难以解决，建议最高人民法院直接发回一审人民法院重新审判。而且，由最高人民法院直接发回第一审人民法院，可以减少环节，节约司法资源。经研究，未采纳上述意见。主要考虑：是发回二审人民法院重审，还是发回一审人民法院重审，并不是随意的，而是结合案件具体情况作出的决定。有些案件事实，如立功等情节，由二审人民法院查证即可，没有必要一律发回一审人民法院重审。

第四百三十一条 高级人民法院依照复核程序审理后报请最高人民法院核准死刑，最高人民法院裁定不予核准，发回高级人民法院重新审判的，高级人民法院可以依照第二审程序提审或者发回重新审判。

【理解与适用】

本条沿用《2012 年解释》第三百五十四条的规定。

第四百三十二条 最高人民法院裁定不予核准死刑，发回重新审判的案件，原审人民法院应当另行组成合议庭审理，但本解释第四百二十九条第四项、第五项规定的案件除外。

【理解与适用】

本条沿用《2012 年解释》第三百五十五条的规定。

征求意见过程中，有意见建议将本条修改为："最高人民法院裁定不予核准死刑，发回重新审判的案件，原第一审或第二审人民法院应当另行组成合议庭审理……"理由是：实践中，对本条规定的"原审人民法院"有不同理解。有的观点认为，此处的"原审人民法院"仅指第一审人民法院，故最高人民法院裁定不予核准死刑，发回第二审人民法院重新审判的，第二审人民法院无需另行组成合议庭审理；也有的观点认为，此处的"原审人民法院"是相对于最高人民法院而言，因此应当包括第一审人民法院和第二审人民法院。为避免产生歧义，建议予以进一步明确。经研究认为，本条规定的"原审人民法院"包括原第一审人民法院和第二审人民法院，此系当然涵义。

第四百三十三条　依照本解释第四百三十条、第四百三十一条发回重新审判的案件，第一审人民法院判处死刑、死刑缓期执行的，上一级人民法院依照第二审程序或者复核程序审理后，应当依法作出判决或者裁定，不得再发回重新审判。但是，第一审人民法院有刑事诉讼法第二百三十八条规定的情形或者违反刑事诉讼法第二百三十九条规定的除外。

【理解与适用】

本条系新增条文，吸收《死刑批复》第二条的规定并作修改完善。

《死刑批复》第二条规定："对于最高人民法院裁定不予核准死刑，发回第二审人民法院重新审判的案件，第二审人民法院根据案件特殊情况，又发回第一审人民法院重新审判的，第一审人民法院作出判决后，被告人提出上诉或者人民检察院提出抗诉的，第二审人民法院应当依法作出判决或者裁定，不得再发回重新审判。"《解释》吸收上述规定增设本条。同时，从实践来看，相关案件在未上诉、未抗诉的情况下，高级人民法院依照复核程序审理时的发回重审规则也需要明确。对于最高人民法院裁定不予核准死刑，发回第二审人民法院重新审判的案件，第二审人民法院根据案件特殊情况，又发回第一审人民法院重新审判的，第一审人民法院作出判决后，被告人未提出上诉、人民检察院未提出抗诉的，高级人民法院应当依照复核审程序审理。《2012 年解释》第三百五十四条并未限定此种情形下高级人民法院发回重审的次数。有意见提出，不限制发回重审的次数，不利于发挥高级人民法院复核审的作用，不利于死刑案件的办理和矛盾化解。经研究认为，高级人民法院无论是适用第二审程序还是复核审程序，并无本质区别，因此明确高级人民法院适用复核审程序发回重审也限于一次。

此外，从实践来看，发回重审的案件可能存在第一审程序违法的问题，此种情形下，只能再次发回。鉴此，本条增加但书，规定："第一审人民法院有刑事诉讼法第二百三十八条规定的情形或者违反刑事诉讼法第二百三十九条规定的。"

第四百三十四条 死刑复核期间，辩护律师要求当面反映意见的，最高人民法院有关合议庭应当在办公场所听取其意见，并制作笔录；辩护律师提出书面意见的，应当附卷。

第四百三十五条 死刑复核期间，最高人民检察院提出意见的，最高人民法院应当审查，并将采纳情况及理由反馈最高人民检察院。

第四百三十六条 最高人民法院应当根据有关规定向最高人民检察院通报死刑案件复核结果。

【理解与适用】

以上三条沿用《2012 年解释》第三百五十六条至第三百五十八条的规定。

第十八章 涉案财物处理

2012年《刑事诉讼法》增加了“查封”措施，规定“人民法院作出的判决，应当对查封、扣押、冻结的财物及其孳息作出处理。”“人民法院作出的判决生效以后，有关机关应当根据判决对查封、扣押、冻结的财物及其孳息进行处理。”《刑事诉讼法修改决定》未涉及查封、扣押、冻结财物及其处理问题。本章沿用《2012年解释》第十六章“查封、扣押、冻结财物及其处理”的条文，并根据司法实践反映的问题作了修改完善，主要涉及：（1）完善涉案财物先行处置程序；（2）完善查封、扣押、冻结涉案财物的具体操作规则；（3）设立漏判涉案财物的处理规则。

第四百三十七条 人民法院对查封、扣押、冻结的涉案财物及其孳息，应当妥善保管，并制作清单，附卷备查；对人民检察院随案移送的实物，应当根据清单核查后妥善保管。任何单位和个人不得挪用或者自行处理。

查封不动产、车辆、船舶、航空器等财物，应当扣押其权利证书，经拍照或者录像后原地封存，或者交持有人、被告人的近亲属保管，登记并写明财物的名称、型号、权属、地址等详细信息，并通知有关财物的登记、管理部门办理查封登记手续。

扣押物品，应当登记并写明物品名称、型号、规格、数量、重量、质量、成色、纯度、颜色、新旧程度、缺损特征和来源等。扣押货币、有价证券，应当登记并写明货币、有价证券的名称、数额、面额等，货币应当存入银行专门账户，并登记银行存款凭证的名称、内容。扣押文物、金银、珠宝、名贵字画等贵重物品以及违禁品，应当拍照，需要鉴定的，应当及时鉴定。对扣押的物品应当根据有关规定及时估价。

冻结存款、汇款、债券、股票、基金份额等财产，应当登记并写明编号、种类、面值、张数、金额等。

【理解与适用】

本条基本沿用《2012 年解释》第三百五十九条的规定，仅对表述作了微调。

第四百三十八条 对被害人的合法财产，权属明确的，应当依法及时返还，但须经拍照、鉴定、估价，并在案卷中注明返还的理由，将原物照片、清单和被害人的领取手续附卷备查；权属不明的，应当在人民法院判决、裁定生效后，按比例返还被害人，但已获退赔的部分应予扣除。

【理解与适用】

本条沿用《2012 年解释》第三百六十条的规定。

第四百三十九条 审判期间，对不宜长期保存、易贬值或者市场价格波动大的财产，或者有效期即将届满的票据等，经权利人申请或者同意，并经院长批准，可以依法先行处置，所得款项由人民法院保管。

涉案财物先行处置应当依法、公开、公平。

【理解与适用】

本条根据司法实践反映的问题对《2012 年解释》第三百六十一条的规定作出修改完善。

《中办、国办涉案财物处置意见》提出完善涉案财物先行处置程序，第七条规定："对易损毁、灭失、变质等不宜长期保存的物品，易贬值的汽车、船艇等物品，或者市场价格波动大的债券、股票、基金份额等财产，有效期即将届满的汇票、本票、支票等，经权利人同意或者申请，并经县级以上公安机关、国家安全机关、人民检察院或者人民法院主要负责人批准，可以依法出售、变现或者先行变卖、拍卖。所得款项统一存入各单位唯一合规账户。”“涉案财物先行处置应当做到公开、公平。”基于此，根据上述规定的要求，《解释》在本条明确了涉案财物先行处置程序。

讨论中，有意见提出，一般情况下先行处置要经权利人的申请或者同意，但是在特殊情况下，无法联系到权利人，不马上处理就会造成物品损毁、灭失、变质、贬值（如即将过期的食品、化妆品）的，是否可以经院长批准后直接处理，建议作出明确。经研究，鉴于《中办、国办涉案财物处置意见》未明确可以在不经权利人申请或者同意的情况下先行处置涉案财物，故《解释》不宜作出突破规定，宜交由司法实践根据案件具体情况裁量处理。

第四百四十条　对作为证据使用的实物，应当随案移送。第一审判决、裁定宣告后，被告人上诉或者人民检察院抗诉的，第一审人民法院应当将上述证据移送第二审人民法院。

【理解与适用】

本条根据司法实践反映的问题对《2012年解释》第三百六十二条的规定作出修改完善。

从实践来看，刑事涉案财物的集中保管制度实施时间不长，各地发展也不均衡，尚需进一步总结经验，故未明确规定集中保管制度。对于集中保管的物品，如果依照规定不需要移送实物的，随案移送清单等材料可以纳入“随案移送”的情形。

第四百四十一条　对实物未随案移送的，应当根据情况，分别审查以下内容：

（一）大宗的、不便搬运的物品，是否随案移送查封、扣押清单，并附原物照片和封存手续，注明存放地点等；

（二）易腐烂、霉变和不易保管的物品，查封、扣押机关变卖处理后，是否随案移送原物照片、清单、变价处理的凭证（复印件）等；

（三）枪支弹药、剧毒物品、易燃易爆物品以及其他违禁品、危险物品，查封、扣押机关根据有关规定处理后，是否随案移送原物照片和清单等。

上述未随案移送的实物，应当依法鉴定、估价的，还应当审查是否附有鉴定、估价意见。

对查封、扣押的货币、有价证券等，未移送实物的，应当审查是否附有原物照片、清单或者其他证明文件。

【理解与适用】

本条基本沿用《2012年解释》第三百六十三条的规定，仅对表述作了微调。

第四百四十二条 法庭审理过程中，应当依照本解释第二百七十九条的规定，依法对查封、扣押、冻结的财物及其孳息进行审查。

【理解与适用】

《2012年解释》第三百六十四条的相关规定已移至一审程序（第二百七十九条），本条仅保留第一款，并对表述作出调整。

第四百四十三条 被告人将依法应当追缴的涉案财物用于投资或者置业的，对因此形成的财产及其收益，应当追缴。

被告人将依法应当追缴的涉案财物与其他合法财产共同用于投资或者置业的，对因此形成的财产中与涉案财物对应的份额及其收益，应当追缴。

【理解与适用】

本条系新增条文。

《财产执行规定》第十条规定："对赃款赃物及其收益，人民法院应当一并追缴。""被执行人将赃款赃物投资或者置业，对因此形成的财产及其收益，人民法院应予追缴。""被执行人将赃款赃物与其他合法财产共同投资或者置业，对因此形成的财产中与赃款赃物对应的份额及其收益，人民法院应予追缴。""对于被害人的损失，应当按照刑事裁判认定的实际损失予以发还或者赔偿。"《最高人民法院、最高人民检察院、公安部、司法部关于办理黑恶势力犯罪案件若干问题的指导意见》第二十九条规定："依法应当追缴、没收的财产无法找到、被他人善意取得、价值灭失或者与其他合法财产混合且不可分割的，可以追缴、没收其他等值财产。"鉴于执行等额财产的问题较为复杂，实践中尚处于探索阶段，暂不在《解释》作出规定。目前，可以根据相关规定执行；条件成熟时，也可以另行制定专门司法解释。

此外，本条原本拟规定："第三人善意取得涉案财物的，执行程序中不予追缴。作为原所有人的被害人对该涉案财物主张权利的，人民法院应当告知其通过诉讼程序处理。"征求意见过程中，有意见提出，《民法典》第三百一十一条规定了善意取得制度，并规定"除法律另有规定外"。《刑法》第六十四条规定，犯罪分子违法所得的一切财物，应当予以追缴或者责令退赔。鉴于相关问题较为复杂，各方存在不同认识，建议不作明确规定。经研究，采纳上述意见。顺带提及的是，关于善意取得制度，司法实践中存在较大认识分歧。例如，通过抢劫取得财物，购物消费的，适用善意取得制度，不再追缴购物消费支付的对价，似无问题；但是，用抢劫取得的财物，偿还此前所欠正常债务的，适用善意取得制度，不再进行追缴，似超出一般人的预期，难以为社会大众所接受。总之，相关问题还需要进一步总结经验，争取形成共识。

第四百四十四条　对查封、扣押、冻结的财物及其孳息，应当在判决书中写明名称、金额、数量、存放地点及其处理方式等。涉案财物较多，不宜在判决主文中详细列明的，可以附清单。

判决追缴违法所得或者责令退赔的，应当写明追缴、退赔的金额或者财物的名称、数量等情况；已经发还的，应当在判决书中写明。

【理解与适用】

本条吸收《财产执行规定》第六条对《2012年解释》第三百六十五条的规定作出修改完善。

《中办、国办涉案财物处置意见》第九条规定："完善违法所得追缴、执行工作机制。对审判时尚未追缴到案或者尚未足额退赔的违法所得，人民法院应当判决继续追缴或者责令退赔，并由人民法院负责执行，人民检察院、公安机关、国家安全机关、司法行政机关等应当予以配合。"

《财产执行规定》第六条规定："刑事裁判涉财产部分的裁判内容，应当明确、具体。涉案财物或者被害人人数较多，不宜在判决主文中详细列明的，可以概括叙明并另附清单。""判处没收部分财产的，应当明确没收的具体财物或者金额。""判处追缴或者责令退赔的，应当明确追缴或者退赔的金额或财物的名称、数量等相关情况。"

第四百四十五条 查封、扣押、冻结的财物及其孳息，经审查，确属违法所得或者依法应当追缴的其他涉案财物的，应当判决返还被害人，或者没收上缴国库，但法律另有规定的除外。

对判决时尚未追缴到案或者尚未足额退赔的违法所得，应当判决继续追缴或者责令退赔。

判决返还被害人的涉案财物，应当通知被害人认领；无人认领的，应当公告通知；公告满一年无人认领的，应当上缴国库；上缴国库后有人认领，经查证属实的，应当申请退库予以返还；原物已经拍卖、变卖的，应当返还价款。

对侵犯国有财产的案件，被害单位已经终止且没有权利义务继受人，或者损失已经被核销的，查封、扣押、冻结的财物及其孳息应当上缴国库。

【理解与适用】

本条根据司法实践反映的问题对《2012年解释》第三百六十六条的规定作出修改完善，增加第二款规定。

征求意见过程中，有意见提出，本条第三款规定“判决返还被害人的涉案财物，应当通知被害人认领”，建议明确由查封、扣押、冻结的机关通知。经研究认为，所涉情况较为复杂，不作明确规定为宜。实践中，如果是扣押在人民法院的，法院向被害人返还；如果是扣押在其他部门的，由其他部门返还，法院在送达判决书时予以释明。

征求意见过程中，有意见建议将本条第三款修改为“判决返还被害人的涉案财物及犯罪现场的财物，应当通知被害人及权利人认领；无人认领的，应当公告通知；公告满三个月无人认领的，应当上缴国库”。理由是：在一些毒品案件中，逃跑的犯罪嫌疑人将现金、车辆等财物（无毒品）丢弃在犯罪现场，由于嫌疑人未到案，法院很难将现金、车辆认定为违法所得或供犯罪所用的本人财物，依照《刑法》第六十四条予以没收，通过公告通知，则可解决现场财物的合法没收问题。经研究认为，人民法院处理与案件无关的财物，似于法无据，留待司法实践裁量处理为宜。

第四百四十六条 第二审期间，发现第一审判决未对随案移送的涉案财物及其孳息作出处理的，可以裁定撤销原判，发回原审人民法院重新审判，由原审人民法院依法对涉案财物及其孳息一并作出处理。

判决生效后，发现原判未对随案移送的涉案财物及其孳息作出处理的，由原审人民法院依法对涉案财物及其孳息另行作出处理。

【理解与适用】

本条系新增条文，明确二审对一审漏判涉案财物、判决生效后对原判漏判涉案财物的处理规则。

1. 适用本条规定需要注意：（1）本条第一款规定，二审期间发现一审判决未对随案移送的涉案财物及其孳息作出处理的，可以裁定撤销原判，发回原审人民法院重新审判，由原审人民法院依法对涉案财物及其孳息一并作出处理。此种情形不违反上诉不加刑原则的要求。（2）本条规定二审对一审漏判涉案财物、判决生效后对原判漏判涉案财物的处理规则，仅限于“随案移送的涉案财物及其孳息”。

2. 本解释原本拟增加规定：“对查封、扣押、冻结的涉案财物及其孳息，应当在对被告人作出判决、裁定的同时一并作出处理。但是，对于涉众型犯罪案件或者其他涉案财物情况复杂的案件，一并处理可能导致对被告人的判决、裁定过分迟延的，可以另行作出处理。”原则上，查封、扣押、冻结的财物及其孳息，应当在对被告人作出判决、裁定的同时一并作出处理。但是，有的涉众型案件，如非法集资案件，因为涉案财物及其孳息的权属等问题过于复杂，在有限的时间内难以理清，为了防止对被告人的判决、裁定过分迟延，可以考虑在判决、裁定后，单独对查封、扣押、冻结的财物及其孳息作出处理。

讨论中，对上述规定存在不同认识。有意见认为，新增涉案财物另行处理程序缺乏法律依据。根据法理，同一个诉，应当对案涉事实全部作出处理。如果作此规定，容易引发一系列问题需要界定。包括：（1）对涉案财物处理应当以什么程序审理，审理结束后制作什么形式的法律文书；（2）后续涉案财物处理是否有审限且如何计算审限；（3）对定罪量刑作出的判决、裁定是否生效，能否送监服刑；（4）对涉案财物的处理结果能否提出上诉，上诉后是否要全案审查；等等。鉴于对此问题未形成共识，暂未作出明确规定，交由司法实践裁量处理，继续探索。

第四百四十七条　**随案移送的或者人民法院查封、扣押的财物及其孳息，由第一审人民法院在判决生效后负责处理。**

实物未随案移送、由扣押机关保管的，人民法院应当在判决生效后十日以内，将判决书、裁定书送达扣押机关，并告知其在一个月以内将执行回单送回，确因客观原因无法按时完成的，应当说明原因。

【理解与适用】

本条基本沿用《2012年解释》第三百六十七条的规定，仅对第二款作了微调。

《2012年解释》第三百六十七条第二款规定："涉案财物未随案移送的，人民法院应当在判决生效后十日内，将判决书、裁定书送达查封、扣押机关，并告知其在一个月内将执行回单送回。"征求意见过程中，有意见提出，部分案件案情重大、复杂，涉案物品需要经拍卖变现，无法在一个月内完成执行，建议对于个别不能按期执行完毕的，由扣押机关说明情况，并及时完成处置工作。经研究，根据上述意见，作了相应调整。

第四百四十八条　**对冻结的存款、汇款、债券、股票、基金份额等财产判决没收的，第一审人民法院应当在判决生效后，将判决书、裁定书送达相关金融机构和财政部门，通知相关金融机构依法上缴国库并在接到执行通知书后十五日以内，将上缴国库的凭证、执行回单送回。**

【理解与适用】

本条沿用《2012年解释》第三百六十八条的规定。

第四百四十九条　**查封、扣押、冻结的财物与本案无关但已列入清单的，应当由查封、扣押、冻结机关依法处理。**

查封、扣押、冻结的财物属于被告人合法所有的，应当在赔偿被害人损失、执行财产刑后及时返还被告人。

【理解与适用】

本条根据实践反映的问题，对《2012年解释》第三百六十九条的规定作出修改完善，删除原第二款后半段规定。

《2012年解释》第三百六十九条第二款规定“财物未随案移送的，应当通知查封、扣押、冻结机关将赔偿被害人损失、执行财产刑的部分移送人民法院”。从实践来看，需要用被告人合法所有的财物赔偿被害人损失，但相关财物未随案移送的，可以由查封、扣押、冻结机关依据人民法院的判决、裁定作出处理，不一定需要将这部分财物移送人民法院。对此问题，可由司法实践裁量处理。基于此，删去上述规定。

征求意见过程中，有意见提出，本条第一款“查封、扣押、冻结的财物与本案无关但已列入清单的，应当由查封、扣押、冻结机关依法处理”，没有明确如何处理，根据《刑事诉讼法》第一百四十一条关于“与案件无关的财物、文件，不得查封、扣押”的规定，建议此情形应由法院判决返还权利人。经研究认为，此种情形下，有关财物虽列入清单，但财物本身并未随案移送，如财物与本案无关的，由查封、扣押、冻结机关依法处理，是当然之理，也有利于使财物权利人的权利尽快得到救济。

第四百五十条 查封、扣押、冻结财物及其处理，本解释没有规定的，参照适用其他司法解释的有关规定。

【理解与适用】

本条基本沿用《2012年解释》第三百七十条的规定，仅对表述作了调整。

第十九章　审判监督程序

刑事审判监督程序是我国《刑事诉讼法》贯彻实事求是、有错必纠原则的一项重要程序，对于纠正生效裁判错误，维护司法公正，保障当事人合法权益具有重要作用。《刑事诉讼法修改决定》未涉及审判监督程序的问题。本章沿用《2012 年解释》第十七章“审判监督程序”的条文，并根据实践反映情况作了修改完善，主要涉及：（1）明确申诉异地审查制度；（2）完善“新的证据”的认定规则；（3）明确依照审判监督程序重新审判的案件与原审被告人其他犯罪案件的合并审理规则。

第四百五十一条　当事人及其法定代理人、近亲属对已经发生法律效力的判决、裁定提出申诉的，人民法院应当审查处理。

案外人认为已经发生法律效力的判决、裁定侵害其合法权益，提出申诉的，人民法院应当审查处理。

申诉可以委托律师代为进行。

【理解与适用】

本条沿用《2012 年解释》第三百七十一条的规定。

第四百五十二条　向人民法院申诉，应当提交以下材料：

（一）申诉状。应当写明当事人的基本情况、联系方式以及申诉的事实与理由；

（二）原一、二审判决书、裁定书等法律文书。经过人民法院复查或者再审的，应当附有驳回申诉通知书、再审决定书、再审判决书、裁定书；

（三）其他相关材料。以有新的证据证明原判决、裁定认定的事实确有错误为由申诉的，应当同时附有相关证据材料；申请人民法院调查取证的，应当附有相关线索或者材料。

申诉符合前款规定的，人民法院应当出具收到申诉材料的回执。申诉不符合前款规定的，人民法院应当告知申诉人补充材料；申诉人拒绝补充必要材料且无正当理由的，不予审查。

【理解与适用】

本条根据司法实践反映的问题对《2012年解释》第三百七十二条的规定作出修改完善。

征求意见过程中，有意见提出在本条第二款增加规定“申诉符合前款规定的，人民法院应当出具收到申诉材料的回执”的内容，理由是：实践中，申诉人向人民法院提交符合规定的申诉材料时，有些法院不出具任何收到申诉材料或受理的书面手续。这种做法既使提起申诉无凭据可依，又使审查时限无从落实，还会加剧重复访现象。经研究，采纳上述意见，对本条第二款作出调整。

第四百五十三条　申诉由终审人民法院审查处理。但是，第二审人民法院裁定准许撤回上诉的案件，申诉人对第一审判决提出申诉的，可以由第一审人民法院审查处理。

上一级人民法院对未经终审人民法院审查处理的申诉，可以告知申诉人向终审人民法院提出申诉，或者直接交终审人民法院审查处理，并告知申诉人；案件疑难、复杂、重大的，也可以直接审查处理。

对未经终审人民法院及其上一级人民法院审查处理，直接向上级人民法院申诉的，上级人民法院应当告知申诉人向下级人民法院提出。

【理解与适用】

本条基本沿用《2012年解释》第三百七十三条的规定，仅在第三款将“可以告知”调整为“应当告知”。

第四百五十四条 最高人民法院或者上级人民法院可以指定终审人民法院以外的人民法院对申诉进行审查。被指定的人民法院审查后，应当制作审查报告，提出处理意见，层报最高人民法院或者上级人民法院审查处理。

【理解与适用】

本条系新增条文。

目前，异地审查（指上级人民法院指定终审人民法院以外的人民法院审查）是人民法院办理再审审查案件的方式之一。“聂树斌案”等冤假错案的再审经过证明，指令异地审查制度有利于保证审查的客观公正，符合申请人和社会公众的期待，有必要通过司法解释予以确认。基于此，本条对相关问题予以明确。

第四百五十五条 对死刑案件的申诉，可以由原核准的人民法院直接审查处理，也可以交由原审人民法院审查。原审人民法院应当制作审查报告，提出处理意见，层报原核准的人民法院审查处理。

【理解与适用】

本条基本沿用《2012年解释》第三百七十四条的规定，仅将“写出审查报告”调整为“制作审查报告”。

第四百五十六条 对立案审查的申诉案件，人民法院可以听取当事人和原办案单位的意见，也可以对原判据以定罪量刑的证据和新的证据进行核实。必要时，可以进行听证。

【理解与适用】

本条系新增条文。

征求意见过程中，有意见提出，《2012 年解释》对于立案审查的刑事申诉案件应当如何审查，应当遵循哪些程序没有规定，实践中办案人员无所适从。《最高人民法院关于深化人民法院司法体制综合配套改革的意见——人民法院第五个五年改革纲要（2019—2023）》也提出：要完善审查刑事申诉案件的程序和要求。经研究，采纳上述意见，本条对立案审查程序作出原则规定。

第四百五十七条 对立案审查的申诉案件，应当在三个月以内作出决定，至迟不得超过六个月。因案件疑难、复杂、重大或者其他特殊原因需要延长审查期限的，参照本解释第二百一十条的规定处理。

经审查，具有下列情形之一的，应当根据刑事诉讼法第二百五十三条的规定，决定重新审判：

（一）有新的证据证明原判决、裁定认定的事实确有错误，可能影响定罪量刑的；

（二）据以定罪量刑的证据不确实、不充分、依法应当排除的；

（三）证明案件事实的主要证据之间存在矛盾的；

（四）主要事实依据被依法变更或者撤销的；

（五）认定罪名错误的；

（六）量刑明显不当的；

（七）对违法所得或者其他涉案财物的处理确有明显错误的；

（八）违反法律关于溯及力规定的；

（九）违反法定诉讼程序，可能影响公正裁判的；

（十）审判人员在审理该案件时有贪污受贿、徇私舞弊、枉法裁判行为的。

申诉不具有上述情形的，应当说服申诉人撤回申诉；对仍然坚持申诉的，应当书面通知驳回。

【理解与适用】

本条根据司法实践反映的问题对《2012年解释》第三百七十五条的规定作出修改完善。

司法实践反映，一些立案审查的案件，难以在六个月内办结。经研究，明确了再审审查延长期限的程序，以满足实践需要。基于此，本条第一款作出相应规定。

征求意见过程中，有意见建议将“对违法所得或者其他涉案财物的处理确有明显错误的”情形，增加规定为启动再审的情形，彰显人民法院对当事人合法财产权益的保护。经研究，采纳上述意见，本条第二款第七项作出相应规定。

第四百五十八条 **具有下列情形之一，可能改变原判决、裁定据以定罪量刑的事实的证据，应当认定为刑事诉讼法第二百五十三条第一项规定的“新的证据”：**

（一）原判决、裁定生效后新发现的证据；

（二）原判决、裁定生效前已经发现，但未予收集的证据；

（三）原判决、裁定生效前已经收集，但未经质证的证据；

（四）原判决、裁定所依据的鉴定意见，勘验、检查等笔录被改变或者否定的；

（五）原判决、裁定所依据的被告人供述、证人证言等证据发生变化，影响定罪量刑，且有合理理由的。

【理解与适用】

本条根据司法实践反映的问题对《2012 年解释》第三百七十六条的规定作出修改完善。

征求意见过程中，有意见建议将《2012 年解释》第三百七十六条第四项“原判决、裁定所依据的鉴定意见，勘验、检查等笔录或者其他证据被改变或者否定的”修改为“原判决、裁定所依据的鉴定意见，证人证言、被告人口供等言词证据被改变或者否定，经审查具有合理理由的”。理由是：实践中很多申诉人以案件生效后改变的证人证言，或翻供的被告人口供作为新证据提出申诉，司法实践中对此把握不准。建议对于证言、供述虽然有变化，但不影响定罪量刑，或者翻证、翻供没有合理理由，不应视为出现了新证据而启动再审。经研究，采纳上述意见，本条第四项、第五项区分证据种类分别作出相应规定。

第四百五十九条 申诉人对驳回申诉不服的，可以向上一级人民法院申诉。上一级人民法院经审查认为申诉不符合刑事诉讼法第二百五十三条和本解释第四百五十七条第二款规定的，应当说服申诉人撤回申诉；对仍然坚持申诉的，应当驳回或者通知不予重新审判。

第四百六十条 各级人民法院院长发现本院已经发生法律效力的判决、裁定确有错误的，应当提交审判委员会讨论决定是否再审。

【理解与适用】

以上两条沿用《2012 年解释》第三百七十七条、第三百七十八条的规定。

第四百六十一条　上级人民法院发现下级人民法院已经发生法律效力的判决、裁定确有错误的，可以指令下级人民法院再审；原判决、裁定认定事实正确但适用法律错误，或者案件疑难、复杂、重大，或者有不宜由原审人民法院审理情形的，也可以提审。

上级人民法院指令下级人民法院再审的，一般应当指令原审人民法院以外的下级人民法院审理；由原审人民法院审理更有利于查明案件事实、纠正裁判错误的，可以指令原审人民法院审理。

【理解与适用】

本条沿用《2012年解释》第三百七十九条的规定。

征求意见过程中，有意见建议增加规定："指令原第二审人民法院以外的人民法院审理或者上级人民法院提审的依照第二审程序进行审判的案件，不得裁定发回重审。"理由是：司法实践中存在这样的现象：如最高人民法院将原大连市中级人民法院一审、辽宁省高级人民法院二审的案件，指令吉林省高级人民法院按照第二审程序再审，吉林省高级人民法院如发回重审，还能否再发回大连市中级人民法院？如何发回重审，究竟发回哪家中级人民法院重审？这里存在审级管辖等问题，建议这种情况下吉林省高级人民法院不得再发回重审。经研究认为，上述意见确有道理。除上述所例举的情形外，根据本条规定，对于原大连市中级人民法院二审的案件，最高人民法院指令辽宁省高级人民法院再审的，辽宁省高级人民法院不得将案件发回大连市中级人民法院。但是，鉴于上述情形主要系个案现象，实践中并不常见。而且，作出上述规定后，可能会带来一系列问题，如对于程序违法的案件能否绝对禁止发回重审等。鉴此，未作出明确规定。

第四百六十二条　对人民检察院依照审判监督程序提出抗诉的案件，人民法院应当在收到抗诉书后一个月以内立案。但是，有下列情形之一的，应当区别情况予以处理：

（一）不属于本院管辖的，应当将案件退回人民检察院；

（二）按照抗诉书提供的住址无法向被抗诉的原审被告人送达抗诉书的，应当通知人民检察院在三日以内重新提供原审被告人的住址；逾期未提供的，将案件退回人民检察院；

（三）以有新的证据为由提出抗诉，但未附相关证据材料或者有关证据不是指向原起诉事实的，应当通知人民检察院在三日以内补送相关材料；逾期未补送的，将案件退回人民检察院。

决定退回的抗诉案件，人民检察院经补充相关材料后再次抗诉，经审查符合受理条件的，人民法院应当受理。

【理解与适用】

本条沿用《2012年解释》第三百八十条的规定。

第四百六十三条 对人民检察院依照审判监督程序提出抗诉的案件，接受抗诉的人民法院应当组成合议庭审理。对原判事实不清、证据不足，包括有新的证据证明原判可能有错误，需要指令下级人民法院再审的，应当在立案之日起一个月以内作出决定，并将指令再审决定书送达抗诉的人民检察院。

【理解与适用】

本条沿用《2012年解释》第三百八十一条的规定。

征求意见过程中，有意见建议将本条中的“原判事实不清、证据不足，包括”删除。理由是：《最高人民法院关于审理人民检察院按照审判监督程序提出的刑事抗诉案件若干问题的规定》（法释〔2011〕23号）第二条规定：“人民检察院按照审判监督程序提出的刑事抗诉案件，接受抗诉的人民法院应当组成合议庭进行审理。涉及新证据需要指令下级人民法院再审的，接受抗诉的人民法院应当在接受抗诉之日起一个月以内作出决定，并将指令再审决定书送达提出抗诉的人民检察院。”《2012年解释》与法释

〔2011〕23号司法解释就指令再审条件规定情形不同。法释〔2011〕23号司法解释制定的背景就是规范检察机关按照审判监督程序提出的刑事抗诉案件的审判程序，解决司法实践中人民法院处理刑事抗诉案件程序不够明确、不够具体而造成一些案件被多次发回重审或指令再审，一些错误裁判不能及时得到纠正的问题。为确保改革的针对性和实效性，司法解释针对司法实践中普遍存在的“上抗下审”问题，缩小了指令下级法院再审的条件，将刑事诉讼法规定的“原判决事实不清或者证据不足”的条件限缩解释为“抗诉涉及新事实、证据”。两个解释对此问题应当一致。

经研究认为，相关问题在《2012年解释》起草过程中已作认真研究。《刑事诉讼法》第二百五十四条第四款规定：“人民检察院抗诉的案件，接受抗诉的人民法院应当组成合议庭重新审理，对于原判决事实不清楚或者证据不足的，可以指令下级人民法院再审。”可见“原判事实不清、证据不足”是《刑事诉讼法》明确规定的条件，司法解释不应在法律规定之外增加指令下级法院再审的情形，即不应规定出现新的证据也可以指令下级法院再审。但是，出现新的证据，也表明原审证据欠缺，案件事实也必然存在问题，指令再审并不违反法律规定。基于此，《2012年解释》的表述是“原判事实不清、证据不足，包括有新的证据证明原判可能有错误”。而且，将相关规定调整为“有新的证据”之后，也可能出现再审案件没有新的证据，但原判事实不清、证据不足的情形，此种情形通常也会在启动再审后发回重审，以更好查明案件事实。总之，本条规定是合理的，故维持相关规定不变。

第四百六十四条 **对决定依照审判监督程序重新审判的案件，人民法院应当制作再审决定书。再审期间不停止原判决、裁定的执行，但被告人可能经再审改判无罪，或者可能经再审减轻原判刑罚而致刑期届满的，可以决定中止原判决、裁定的执行，必要时，可以对被告人采取取保候审、监视居住措施。**

【理解与适用】

本条根据司法实践反映的问题对《2012年解释》第三百八十二条的规定作出修改完善。

《2012年解释》第三百八十二条规定："对决定依照审判监督程序重新审判的案件，除人民检察院抗诉的以外，人民法院应当制作再审决定书……"征求意见过程中，有意见提出，根据本条规定，人民检察院抗诉的案件不出具再审决定书。但根据《最高人民法院关于人民法院案件案号的若干规定》，刑事再审案件多了一类"刑事抗诉再审审查案件"，案件类型为"刑抗"，经过"刑抗"案件审查后，再审才能进入"刑再"再审审理。目前，各级法院立案庭均依据该规定（参照民事案件的再审抗诉审查程序），对检察院抗诉案件先立"刑抗"抗诉审查案件，此类案件法律文书只能为再审决定书（明确指令下级法院再审还是本院提审），这与该规定不符。经研究，采纳上述意见，删去除外规定，统一规定对决定依照审判监督程序重新审判的案件，无论人民检察院是否抗诉，人民法院应当制作再审决定书。

此外，讨论中，有意见建议本条增加规定，对再审可能改变刑罚执行方式（如改判缓刑）的，也可以对被告人采取取保候审、监视居住措施。经研究认为，上述情形可以裁量处理，纳入"必要时"的规制情形。

第四百六十五条　依照审判监督程序重新审判的案件，人民法院应当重点针对申诉、抗诉和决定再审的理由进行审理。必要时，应当对原判决、裁定认定的事实、证据和适用法律进行全面审查。

【理解与适用】

本条沿用《2012年解释》第三百八十三条的规定。

第四百六十六条　原审人民法院审理依照审判监督程序重新审判的案件，应当另行组成合议庭。

原来是第一审案件，应当依照第一审程序进行审判，所作的判决、裁定可以上诉、抗诉；原来是第二审案件，或者是上级人民法院提审的案件，应当依照第二审程序进行审判，所作的判决、裁定是终审的判决、裁定。

符合刑事诉讼法第二百九十六条、第二百九十七条规定的，可以缺席审判。

【理解与适用】

本条根据司法实践反映的问题对《2012年解释》第三百八十四条的规定作出修改完善。

讨论中，有意见建议，吸收2001年《最高人民法院关于刑事再审案件开庭审理程序的具体规定（试行）》（法释〔2001〕31号）的规定，扩大再审案件不开庭审理的范围。对此问题，《2012年解释》起草过程中曾作过专门研究，经研究认为，既然《刑事诉讼法》规定再审根据一审或者二审的程序进行，那么是否开庭的问题也应当根据一审或者二审的规定执行，不应再单独规定。故而，《2012年解释》第三百八十四条未吸收上述司法解释的规定。

《2012年解释》第三百八十四条第三款规定："对原审被告人、原审自诉人已经死亡或者丧失行为能力的再审案件，可以不开庭审理。"这一规定是囿于当时尚缺乏缺席审判程序不得已作出的规定。修改后《刑事诉讼法》第二百九十六条、第二百九十七条设置了再审程序中被告人死亡或者丧失行为能力的缺席审判程序。在此背景下，对《2012年解释》第三百八十四条第三款规定无须再保留。基于上述考虑，本条第三款规定："符合刑事诉讼法第二百九十六条、第二百九十七条规定的，可以缺席审判。"

第四百六十七条 对依照审判监督程序重新审判的案件，人民法院在依照第一审程序进行审判的过程中，发现原审被告人还有其他犯罪的，一般应当并案审理，但分案审理更为适宜的，可以分案审理。

【理解与适用】

本条系新增条文。

司法实践中，对于依照审判监督程序重新审判，可能存在被告人还有其他犯罪的情况。本条规定对此以并案审理为原则，以分案审理为例外。主要考虑：（1）根据《刑法》的有关规定，如果通过再审撤销原判以后，需要再审改判之罪和被告人所犯其他犯罪都属于判决宣告前的数罪，应当依照《刑法》第六十九条的规定进行数罪并罚；如果分案处理，只能依照《刑法》第七十条的规定或者第七十一条的规定并罚，两者的最终量刑有时会有差异。（2）从审判实践来看，将再审和新审合并审理，程序上可以操作，也有助以提高审判效率。

需要注意的是，本条强调需要并案审理的，原则上应当依照第一审程序并案审理，但根据案件情况也可以在第一审程序中分案审理，而后在第二审程序中并案审理。通常而言，一审分案审理的，对于再审犯罪和其他犯罪均上诉的，可以在二审合并处理；对于一个犯罪提出上诉，一个犯罪没有提出上诉的，二审可以按照数罪并罚处理；对于一个犯罪宣告有罪，另一个犯罪宣告无罪的，则不宜合并审理，宜全程分案审理。

第四百六十八条 开庭审理再审案件，再审决定书或者抗诉书只针对部分原审被告人，其他同案原审被告人不出庭不影响审理的，可以不出庭参加诉讼。

第四百六十九条 除人民检察院抗诉的以外，再审一般不得加重原审被告人的刑罚。再审决定书或者抗诉书只针对部分原审被告人的，不得加重其他同案原审被告人的刑罚。

【理解与适用】

以上两条沿用《2012年解释》第三百八十五条、第三百八十六条的规定。

第四百七十条 人民法院审理人民检察院抗诉的再审案件，人民检察院在开庭审理前撤回抗诉的，应当裁定准许；人民检察院接到出庭通知后不派员出庭，且未说明原因的，可以裁定按撤回抗诉处理，并通知诉讼参与人。

人民法院审理申诉人申诉的再审案件，申诉人在再审期间撤回申诉的，可以裁定准许；但认为原判确有错误的，应当不予准许，继续按照再审案件审理。申诉人经依法通知无正当理由拒不到庭，或者未经法庭许可中途退庭的，可以裁定按撤回申诉处理，但申诉人不是原审当事人的除外。

【理解与适用】

本条根据司法实践反映的问题对《2012年解释》第三百八十七条的规定作出修改完善。

关于本条第二款，征求意见过程中，有意见提出，根据《刑事诉讼法》第二百五十三条的规定，申诉人的申诉不必然引起再审，人民法院决定再审的案件都是具有法定情形，比如原审裁判可能存在错误的案件。这类案件进入再审程序后，仅因为申诉人撤回申诉或者不到庭，即裁定准许撤回申诉或者按撤回申诉处理不再处理，不利于维护司法公正。经研究认为，上述意见确有道理，予以采纳，将“应当裁定准许”“应当裁定按撤回申诉处理”调整为“可以裁定准许”“可以裁定按撤回申诉处理”，以更为有力地维护司法公正。

《刑事诉讼法》第二百五十七条第一款规定：“人民法院决定再审的案件，需要对被告人采取强制措施的，由人民法院依法决定；人民检察院提出抗诉的再审案件，需要对被告人采取强制措施的，由人民检察院依法决定。”根据本条规定，至少在送达抗诉书之前，应当由人民检察院决定采取强制措施。鉴此，司法实践中可以把握的原则是：人民检察院提出抗诉的再审案件，需要对被告人采取强制措施的，由人民检察院依法决定；由于人民检察院未决定对被告人采取强制措施，导致无法送达抗诉书的，人民法院应当将相关情况通知人民检察院，并要求采取强制措施。

征求意见过程中，有意见提出，异地再审存在不少衔接问题，例如实践中对于将浙江的案件指定由广东再审的，应当由何地检察院出庭，存在不同认识。经研究，实践操作中，对于跨省指定异地再审的案件，会事先征求意见，故不存在衔接、扯皮问题。《人民检察院刑事诉讼规则》第四百五十四条规定：“人民法院开庭审理再审案件，同级人民检察院应当派员出席法庭。”据此，此种情况下当然是被指定再审的人民法院的同级人民检察院派员出庭。

第四百七十一条　**开庭审理的再审案件，系人民法院决定再审的，由合议庭组成人员宣读再审决定书；系人民检察院抗诉的，由检察员宣读抗诉书；系申诉人申诉的，由申诉人或者其辩护人、诉讼代理人陈述申诉理由。**

【理解与适用】

本条基本沿用《2012年解释》第三百八十八条的规定，同时将“检察人员”调整为“检察员”。

征求意见过程中，有意见提出，刑事再审案件因时过境迁，调查核实证据难度大，需要协调的事项多，且多数案件重大、疑难、复杂，《刑事诉讼法》第二百五十八条规定的审理期限未规定延审制度，各级法院反映比较强烈，建议司法解释对此予以明确。经研究认为，《刑事诉讼法》第二百五十八条规定：“人民法院按照审判监督程序重新审判的案件，应当在作出提审、再审决定之日起三个月以内审结，需要延长期限的，不得超过六个月。”“接受抗诉的人民法院按照审判监督程序审判抗诉的案件，审理期限适用前款规定；对需要指令下级人民法院再审的，应当自接受抗诉之日起一个月以内作出决定，下级人民法院审理案件的期限适用前款规定。”受制于《刑事诉讼法》的明确规定，对于再审案件的延审问题，难以在《解释》作出突破。

第四百七十二条 再审案件经过重新审理后，应当按照下列情形分别处理：

（一）原判决、裁定认定事实和适用法律正确、量刑适当的，应当裁定驳回申诉或者抗诉，维持原判决、裁定；

（二）原判决、裁定定罪准确、量刑适当，但在认定事实、适用法律等方面有瑕疵的，应当裁定纠正并维持原判决、裁定；

（三）原判决、裁定认定事实没有错误，但适用法律错误或者量刑不当的，应当撤销原判决、裁定，依法改判；

（四）依照第二审程序审理的案件，原判决、裁定事实不清、证据不足的，可以在查清事实后改判，也可以裁定撤销原判，发回原审人民法院重新审判。

原判决、裁定事实不清或者证据不足，经审理事实已经查清的，应当根据查清的事实依法裁判；事实仍无法查清，证据不足，不能认定被告人有罪的，应当撤销原判决、裁定，判决宣告被告人无罪。

【理解与适用】

本条沿用《2012年解释》第三百八十九条的规定，仅对表述作了微调。

第四百七十三条 原判决、裁定认定被告人姓名等身份信息有误，但认定事实和适用法律正确、量刑适当的，作出生效判决、裁定的人民法院可以通过裁定对有关信息予以更正。

【理解与适用】

本条沿用《2012 年解释》第三百九十条的规定。

第四百七十四条 对再审改判宣告无罪并依法享有申请国家赔偿权利的当事人，人民法院宣判时，应当告知其在判决发生法律效力后可以依法申请国家赔偿。

【理解与适用】

本条沿用《2012 年解释》第三百九十一条的规定。

此外，《国家赔偿法》第三十五条规定："有本法第三条或者第十七条规定情形之一，致人精神损害的，应当在侵权行为影响的范围内，为受害人消除影响，恢复名誉，赔礼道歉；造成严重后果的，应当支付相应的精神损害抚慰金。"据此，司法实践中已经出现多起法院为无辜受害人消除影响，恢复名誉，并且公开赔礼道歉的案例。

第二十章 涉外刑事案件的审理和刑事司法协助

《刑事诉讼法修改决定》未涉及涉外刑事案件的审理和司法协助问题。本章吸收《2012年解释》第十八章“涉外刑事案件的审理和司法协助”的条文，将标题调整为“涉外刑事案件的审理和刑事司法协助”，拆分为“涉外刑事案件的审理”“刑事司法协助”两节，并根据《国际刑事司法协助法》，结合司法实践反映的问题，对涉外刑事案件的审理和司法协助的有关问题作出修改完善。

第一节 涉外刑事案件的审理

第四百七十五条 本解释所称的涉外刑事案件是指：

（一）在中华人民共和国领域内，外国人犯罪或者我国公民对外国、外国人犯罪的案件；

（二）符合刑法第七条、第十条规定情形的我国公民在中华人民共和国领域外犯罪的案件；

（三）符合刑法第八条、第十条规定情形的外国人犯罪的案件；

（四）符合刑法第九条规定情形的中华人民共和国在所承担国际条约义务范围内行使管辖权的案件。

【理解与适用】

本条沿用《2012年解释》第三百九十二条的规定，仅对表述作了微调。

需要注意的是，本条第三项对表述略作调整，由“符合刑法第八条、

第十条规定情形的外国人对中华人民共和国国家或者公民犯罪的案件”调整为“符合刑法第八条、第十条规定情形的外国人犯罪的案件”，以使本款规定更具包容性，可以视情将外国人针对我国企业实施的犯罪包括在内。

根据本条规定，以下四类案件属于涉外刑事案件，应当依照本章有关规定进行审理：

1. 在中华人民共和国领域内，外国人犯罪的或者我国公民对外国、外国人犯罪的案件。需要注意的是：其一，根据我国《刑法》第六条的规定，犯罪的行为或者结果有一项发生在中华人民共和国领域内的，就认为是“在中华人民共和国领域内”犯罪。其二，此处的“外国人犯罪”，也包括外国单位犯罪。其三，对在中华人民共和国领域内，我国单位侵犯外国人合法权利的刑事案件，以及我国单位侵犯外国人或者外国单位合法权利的刑事案件，也应当视为“我国公民对外国、外国人犯罪的案件”，适用本章的相关规定。

2. 符合《刑法》第七条、第十条规定情形的我国公民在中华人民共和国领域外犯罪的案件。我国《刑法》第七条规定：“中华人民共和国公民在中华人民共和国领域外犯本法规定之罪的，适用本法，但是按本法规定的最高刑为三年以下有期徒刑的，可以不予追究。”“中华人民共和国国家工作人员和军人在中华人民共和国领域外犯本法规定之罪的，适用本法。”第十条规定：“凡在中华人民共和国领域外犯罪，依照本法应当负刑事责任的，虽然经过外国审判，仍然可以依照本法追究，但是在外国已经受过刑罚处罚的，可以免除或者减轻处罚。”理论上，将《刑法》第七条规定概括为属人管辖原则。根据本条第二项的规定，属人管辖原则适用范围内的犯罪案件，也属于涉外刑事案件的范畴。这主要是考虑：尽管这类犯罪的主体是中国公民，但其是在境外实施的；侵害的对象既有可能是中国国家或者公民，也有可能是外国国家或者公民，也涉及境外证据的审查认定、外国领事官员旁听等事项，故也应作为涉外刑事案件审理。

3. 符合《刑法》第八条、第十条规定情形的外国人犯罪的案件。我国《刑法》第八条规定：“外国人在中华人民共和国领域外对中华人民共和国国家或者公民犯罪，而按本法规定的最低刑为三年以上有期徒刑的，可以适用本法，但是按照犯罪地的法律不受处罚的除外。”理论上，将《刑法》第八条规定概括为保护管辖原则。属于保护管辖原则适用范围内的犯罪案件，被告人是外国人，犯罪是在中国领域外实施，无疑应作为涉外刑事案件审理。

4. 符合《刑法》第九条规定情形的中华人民共和国在所承担国际条约义务范围内行使管辖权的案件。我国《刑法》第九条规定："对于中华人民共和国缔结或者参加的国际条约所规定的罪行，中华人民共和国在所承担条约义务的范围内行使刑事管辖权的，适用本法。"理论上，将《刑法》第九条规定概括为普遍管辖原则。属于普遍管辖原则适用范围内的犯罪案件，被告人是外国人，犯罪是在中国领域外实施，侵害的对象也不是中国国家或者公民，显然应作为涉外刑事案件审理。[①] 需要注意的是：对根据普遍管辖原则审理的刑事案件，其实体法的适用根据仍是我国《刑法》，而非国际条约，因为国际条约没有对罪行规定法定刑，而是要求缔约国或者参加国将国际条约所列的罪行规定为国内刑法上的犯罪。[②]

第四百七十六条　第一审涉外刑事案件，除刑事诉讼法第二十一条至第二十三条规定的以外，由基层人民法院管辖。必要时，中级人民法院可以指定辖区内若干基层人民法院集中管辖第一审涉外刑事案件，也可以依照刑事诉讼法第二十四条的规定，审理基层人民法院管辖的第一审涉外刑事案件。

【理解与适用】

本条沿用《2012 年解释》第三百九十三条的规定。

涉外刑事案件，原则上应由基层人民法院一审。但是，考虑到涉外刑事案件相对敏感、复杂，而基层人民法院普遍欠缺审理此类案件的经验，本条对此类案件的级别管辖问题作出了特别规定。

根据本条规定：（1）涉外刑事案件，除危害国家安全、恐怖活动案件，

① 《刑法》第六条至第九条所规定的管辖原则有梯次关系，即凡符合前一个管辖原则的，就排除其他管辖原则的适用。因此，只有在被告人是外国人，犯罪是在我国领域外实施，侵害的对象也不是我国国家或者公民，而相关罪行是我国缔结或者参加的国际条约所规定的罪行的，我国才能在所承担条约义务的范围内，根据普遍管辖原则，对相关犯罪行使刑事管辖权。

② 参见张明楷：《刑法学》（上），法律出版社 2016 年版，第 74~75 页。

或可能判处无期徒刑、死刑的案件；全省（自治区、直辖市）性的重大刑事案件；以及全国性的重大刑事案件外，应由基层人民法院一审。（2）中级人民法院可以根据辖区内基层人民法院受理涉外刑事案件的数量情况、有关基层人民法院的审判力量和经验等，指定若干基层人民法院集中管辖第一审涉外刑事案件。（3）必要时，中级人民法院可以依照《刑事诉讼法》第二十四条的规定，向基层人民法院下达改变管辖决定书，直接审理基层人民法院管辖的第一审涉外刑事案件。

第四百七十七条 **外国人的国籍，根据其入境时持用的有效证件确认；国籍不明的，根据公安机关或者有关国家驻华使领馆出具的证明确认。**

国籍无法查明的，以无国籍人对待，适用本章有关规定，在裁判文书中写明“国籍不明”。

【理解与适用】

本条根据司法实践反映的问题对《2012年解释》第三百九十四条的规定作出修改完善。

《2012年解释》第三百九十四条第一款规定：“外国人的国籍，根据其入境时的有效证件确认……”实践中存在被告人通过海关进入我国境内，但持有两国甚至多国护照或身份证明的情况。此种情形下，应当以其入境时所持用的国籍证件作为认定国籍的依据。鉴此，作了相应调整。

《国籍法》第三条明确规定：“中华人民共和国不承认中国公民具有双重国籍。”对中国公民以购买等方式取得外国国籍且同时具有中国国籍的，应当根据《国籍法》第九条、第十一条的规定确认其国籍。也即，中国公民必须同时具备定居国外，以及自动加入或取得外国国籍两个条件，才自动丧失中国国籍，如非同时具备，则不能认定其具有外国国籍，而仍应认定其属于中国公民。国家工作人员和现役军人，不得退出中国国籍。

港澳居民具有中国国籍，同时持有英国、葡萄牙等国护照的，根据《全国人民代表大会常务委员会关于〈中华人民共和国国籍法〉在香港特别行政区实施的几个问题的解释》《全国人民代表大会常务委员会关于〈中华人民共和国国籍法〉在澳门特别行政区实施的几个问题的解释》等确认其国籍。

第四百七十八条　在刑事诉讼中，外国籍当事人享有我国法律规定的诉讼权利并承担相应义务。

【理解与适用】

本条沿用《2012年解释》第三百九十五条的规定。

《民事诉讼法》第五条规定："外国人、无国籍人、外国企业和组织在人民法院起诉、应诉，同中华人民共和国公民、法人和其他组织有同等的诉讼权利义务。""外国法院对中华人民共和国公民、法人和其他组织的民事诉讼权利加以限制的，中华人民共和国人民法院对该国公民、企业和组织的民事诉讼权利，实行对等原则。"征求意见过程中，有意见建议规定："外国法院对中华人民共和国公民、法人和其他组织的民事诉讼权利加以限制的，中华人民共和国人民法院对该国公民、企业和组织的刑事诉讼权利，实行对等原则。"经研究认为，上述观点似有不妥。刑事审判不同于民事审判，即使外国法院在刑事审判中对中国公民作出限制的，我国法院在刑事审判中也不宜采用对等原则，限制对方国家公民的刑事诉讼权利。正是基于此，《刑事诉讼法》第十七条第一款规定："对于外国人犯罪应当追究刑事责任的，适用本法的规定。"

第四百七十九条　涉外刑事案件审判期间，人民法院应当将下列事项及时通报同级人民政府外事主管部门，并依照有关规定通知有关国家驻华使领馆：

（一）人民法院决定对外国籍被告人采取强制措施的情况，包括外国籍当事人的姓名（包括译名）、性别、入境时间、护照或者证件号码、采取的强制措施及法律依据、羁押地点等；

（二）开庭的时间、地点、是否公开审理等事项；

（三）宣判的时间、地点。

涉外刑事案件宣判后，应当将处理结果及时通报同级人民政府外事主管部门。

对外国籍被告人执行死刑的，死刑裁决下达后执行前，应当通知其国籍国驻华使领馆。

外国籍被告人在案件审理中死亡的，应当及时通报同级人民政府外事主管部门，并通知有关国家驻华使领馆。

第四百八十条 需要向有关国家驻华使领馆通知有关事项的，应当层报高级人民法院，由高级人民法院按照下列规定通知：

（一）外国籍当事人国籍国与我国签订有双边领事条约的，根据条约规定办理；未与我国签订双边领事条约，但参加《维也纳领事关系公约》的，根据公约规定办理；未与我国签订领事条约，也未参加《维也纳领事关系公约》，但与我国有外交关系的，可以根据外事主管部门的意见，按照互惠原则，根据有关规定和国际惯例办理；

（二）在外国驻华领馆领区内发生的涉外刑事案件，通知有关外国驻该地区的领馆；在外国领馆领区外发生的涉外刑事案件，通知有关外国驻华使馆；与我国有外交关系，但未设使领馆的国家，可以通知其代管国家驻华使领馆；无代管国家、代管国家不明的，可以不通知；

（三）双边领事条约规定通知时限的，应当在规定的期限内通知；没有规定的，应当根据或者参照《维也纳领事关系公约》和国际惯例尽快通知，至迟不得超过七日；

（四）双边领事条约没有规定必须通知，外国籍当事人要求不通知其国籍国驻华使领馆的，可以不通知，但应当由其本人出具书面声明。

高级人民法院向外国驻华使领馆通知有关事项，必要时，可以请人民政府外事主管部门协助。

【理解与适用】

以上两条沿用《2012年解释》第三百九十六条、第三百九十七条的规定，仅对表述作了微调。

在适用有关规定时，主要需注意以下问题。

1. 涉外刑事案件的内部通报和对外通知。涉外刑事案件涉及外国籍当事人，为保障案件审理过程中的有关问题得到及时、妥善处理，需要向人民政府外事主管部门通报有关事项。此外，根据《维也纳领事关系公约》[①]和我国与有关国家签订的双边领事条约的规定，我国承担向外国籍当事人国籍国驻华使领馆通知有关事项的义务。这是涉外刑事案件审理中的一项重要工作。不通知或者延误通知会引发外事交涉，甚至可能对我国与相关国家的关系造成影响。相关通知义务是双向的，我国若不能严格履行通知义务，往往会影响我驻外使领馆对境外中国公民、机构的有效保护。

2. 需要内部通报、对外通知的具体事项。涉外刑事案件的处理涉及侦查、审查起诉、审判和执行一系列工作环节。根据所处诉讼阶段和案件情况，人民法院在受理涉外刑事案件后，对下列事项，应当及时通报同级人民政府外事主管部门，并通知外国籍当事人国籍国驻华使领馆：（1）对外国籍被告人采取强制措施的情况。这里的“对外国籍被告人采取强制措施”，仅限于人民法院决定采取强制措施时。如是公安、检察机关决定采取强制措施的，已由公安、检察机关负责通报，无需重复通报。通报的内容包括外国籍当事人的姓名（包括译名）、性别、入境时间、护照或者证件号码、采取的强制措施及法律依据、羁押地点等。（2）开庭的时间、地点、是否公开审理等事项。（3）宣判的时间、地点。此外，涉外刑事案件宣判后，应当将处理结果及时通报同级人民政府外事主管部门；对外国籍被告人执行死刑的，死刑裁决下达后执行前，应当通知其国籍国驻华使领馆；

---

① 1963年4月24日订于维也纳，1967年3月19日生效，1979年7月3日我国政府向联合国秘书长交存加入书，同年8月1日对我国生效。《维也纳领事关系公约》第36条第1款第2、3项规定：“遇有领馆辖区内有派遣国国民受逮捕或监禁或羁押候审，或受任何其他方式之拘禁之情事，经其本人请求时，接受国主管当局应迅即通知派遣国领馆。受逮捕、监禁、羁押或拘禁之人致领馆之信件亦应由该当局迅予递交。该当局应将本款规定之权利迅即告知当事人。”“领事官员有权探访受监禁、羁押或拘禁之派遣国国民，与之交谈或通讯，并代聘其法律代表。领事官员并有权探访其辖区内依判决而受监禁、羁押或拘禁之派遣国国民。但如受监禁、羁押或拘禁之国民明示反对为其采取行动时，领事官员应避免采取此种行动。”

外国籍被告人在案件审理中死亡的，应当将死亡的时间、地点、原因等及时通报同级人民政府外事主管部门，并通知有关国家驻华使领馆；在规定的通报、通知期限内无法确定死亡原因的，应当在确定死亡原因后及时补充通报、通知。另根据《解释》的规定，限制外国人出境的，也应当通报同级人民政府外事主管部门和当事人国籍国驻华使领馆。

3. 对外通知的具体程序。需要向有关国家驻华使领馆通知有关事项的，应当层报高级人民法院，一律由高级人民法院负责通知；必要时，高级人民法院可以请人民政府外事主管部门给予协助。通知按照下列规定办理：

（1）外国籍当事人国籍国与我国签订有双边领事条约的，根据条约规定办理；未与我国签订双边领事条约，但参加《维也纳领事关系公约》的，根据公约规定办理；未与我国签订领事条约，也未参加《维也纳领事关系公约》，但与我国有外交关系的，可以根据外事主管部门的意见，按照互惠原则，根据有关规定和国际惯例办理。

（2）在外国驻华领馆领区内发生的涉外刑事案件，通知有关外国驻该地区的领馆；在外国领馆领区外发生的涉外刑事案件，通知有关外国驻华使馆；与我国有外交关系，但未设使领馆的国家，可以通知其代管国家驻华使领馆；无代管国家、代管国家不明的，可以不通知。

（3）双边领事条约规定通知时限的，应当在规定的期限内通知；没有规定的，应当根据或者参照《维也纳领事关系公约》和国际惯例尽快通知，至迟不得超过七日通知。

（4）双边领事条约没有规定必须通知，外国籍当事人要求不通知其国籍国驻华使领馆的，可以不通知，但应当由其本人出具书面声明。根据我国与其他国家签订的双边领事条约，对外通知有强制性通知和非强制性通知之分。所谓强制性通知，是指涉外案件发生后，有关单位无需询问涉案人的意见，即通知其国籍国驻华使领馆。我国与美国、英国、法国、俄罗斯、日本、印度等多个国家签订的双边领事条约中规定有强制通知条款。如这些国家的公民涉案，即使其本人不希望通知，也须向其国籍国驻华使领馆通知有关事项。所谓非强制性通知，是指在我国与有关国家签订的双边领事条约中没有规定必须通知，如有关国家的公民涉案，其本人不希望通知，则可不予通知，但需由其本人出具《关于领事通报的声明书》。

第四百八十一条　人民法院受理涉外刑事案件后，应当告知在押的外国籍被告人享有与其国籍国驻华使领馆联系，与其监护人、近亲属会见、通信，以及请求人民法院提供翻译的权利。

【理解与适用】

本条沿用《2012年解释》第三百九十八条的规定，仅对表述作了微调。

根据《刑事诉讼法》《维也纳领事关系公约》及我国与有关国家签订的双边条约的规定，涉外刑事案件中，外国籍被告人享有一些独特的权利，包括与其国籍国驻华使领馆联系，与其监护人、近亲属会见、通信，以及请求人民法院提供翻译。人民法院受理涉外刑事案件后，如外国籍被告人在押的，应当及时向其告知上述权利。除此之外，人民法院还应当依照《解释》的有关规定，告知外国籍被告人有权委托辩护人或者获得法律援助，告知外国籍当事人有权申请回避、要求复议，告知外国籍被害人或者其法定代理人、近亲属有权提起附带民事诉讼等。

征求意见过程中，有意见提出，根据《解释》第四百八十二条第二款的规定，外国籍被告人的监护人、近亲属申请会见的，应提交关系证明。如在押的外国籍被告人要求与其监护人、近亲属会见的，该监护人、近亲属是否应提交关系证明？有观点认为，在押外国籍被告人会见监护人和近亲属系法定权利，其提出会见，法院即应予安排。有观点认为，在押外国籍被告人会见监护人和近亲属系法定权利无疑，但人民法院应对在押外国籍被告人申请会见的监护人、近亲属的身份及其与被告人之间的关系进行审查，否则无法确定相关人员与在押的外国籍被告人是否存在关系，是否存在妨碍案件审判的情况，故亦应提交关系证明。经研究认为，要求提供关系证明，主要是为了确认其与被告人的关系，而不是为了限制外国籍被告人的法定权利。故而，在押的外国籍被告人要求与其监护人、近亲属会见的，有必要审查是否具有监护人、近亲属的身份，只要确认具有监护人、近亲属的身份即可，不一定必须提供关系证明。

第四百八十二条 涉外刑事案件审判期间，外国籍被告人在押，其国籍国驻华使领馆官员要求探视的，可以向受理案件的人民法院所在地的高级人民法院提出。人民法院应当根据我国与被告人国籍国签订的双边领事条约规定的时限予以安排；没有条约规定的，应当尽快安排。必要时，可以请人民政府外事主管部门协助。

涉外刑事案件审判期间，外国籍被告人在押，其监护人、近亲属申请会见的，可以向受理案件的人民法院所在地的高级人民法院提出，并依照本解释第四百八十六条的规定提供与被告人关系的证明。人民法院经审查认为不妨碍案件审判的，可以批准。

被告人拒绝接受探视、会见的，应当由其本人出具书面声明。拒绝出具书面声明的，应当记录在案；必要时，应当录音录像。

探视、会见被告人应当遵守我国法律规定。

【理解与适用】

本条根据司法实践反映的问题对《2012年解释》第三百九十九条的规定作出修改完善。

《2012年解释》第三百九十九条第三款规定："被告人拒绝接受探视、会见的，可以不予安排，但应当由其本人出具书面声明。"但是，对于被告人拒绝接受探视、会见并拒绝出具书面声明的如何处理，未作规定。鉴此，本条增加规定"拒绝出具书面声明的，应当记录在案；必要时，应当录音录像"。

涉外刑事案件审判期间，外国籍被告人在押，其国籍国驻华使领馆官员要求探视的，可以向受理案件的人民法院所在地的高级人民法院提出。人民法院应当根据我国与被告人国籍国签订的双边领事条约规定的时限予以安排；没有条约规定的，也应当根据互惠原则、参照国际惯例尽快安排。必要时，可以请人民政府外事主管部门协助。

涉外刑事案件审判期间，外国籍被告人在押，其监护人、近亲属申请会见的，可以向受理案件的人民法院所在地的高级人民法院提出，并提供与被告人关系的证明。证明必须经所在国公证机关证明，所在国中央外交主管机关或者其授权机关认证，并经我国驻该国使领馆认证，但我国与有关国家之间有互免认证协定的除外。对外国籍被告人监护人、近亲属提出的会见申请，人民法院经审查，认为不妨碍案件审判的，可以批准。

外国籍被告人拒绝接受国籍国驻华使领馆官员探视或者拒绝会见其监护人、近亲属的，可以不予安排，但应当由其本人出具书面声明。

探视、会见被告人应当遵守我国法律规定，对违反规定的应当制止，并作相应处理。

第四百八十三条　人民法院审理涉外刑事案件，应当公开进行，但依法不应公开审理的除外。

公开审理的涉外刑事案件，外国籍当事人国籍国驻华使领馆官员要求旁听的，可以向受理案件的人民法院所在地的高级人民法院提出申请，人民法院应当安排。

【理解与适用】

本条沿用《2012年解释》第四百条的规定，仅对表述作了微调。

在适用本条规定时应当注意：（1）根据《刑事诉讼法》的规定，有关国家秘密、个人隐私的案件，以及涉及商业秘密的案件，当事人申请不公开审理的，人民法院经审查同意的，不公开审理。涉外刑事案件，除属于以上三类案件的以外，均应当公开审理。（2）对于公开审理的涉外刑事案件，外国籍当事人国籍国驻华使领馆官员要求旁听的，可以向受理案件的人民法院所在地的高级人民法院提出申请，人民法院应当安排。（3）目前，我国只与个别国家在双边领事条约中规定有旁听条款，同时均规定有关权利的行使，应遵照接受国的法律。因此，对于依照我国《刑事诉讼法》规定不公开审理的涉外刑事案件，外国驻华使领馆官员要求旁听的，应不予安排。

第四百八十四条 人民法院审判涉外刑事案件，使用中华人民共和国通用的语言、文字，应当为外国籍当事人提供翻译。翻译人员应当在翻译文件上签名。

人民法院的诉讼文书为中文本。外国籍当事人不通晓中文的，应当附有外文译本，译本不加盖人民法院印章，以中文本为准。

外国籍当事人通晓中国语言、文字，拒绝他人翻译，或者不需要诉讼文书外文译本的，应当由其本人出具书面声明。拒绝出具书面声明的，应当记录在案；必要时，应当录音录像。

【理解与适用】

本条根据司法实践反映的问题对《2012年解释》第四百零一条的规定作出修改完善。

实践中，有的翻译人员责任心不强。为提高翻译人员的责任心，明确工作责任，本条第一款增加规定："翻译人员应当在翻译文件上签名。"此外，第三款增加规定："拒绝出具书面声明的，应当记录在案；必要时，应当录音录像。"

在适用本条中应当注意：（1）使用本国通用的语言文字进行诉讼是世界各国公认的通行做法，也是国家独立行使司法权的重要体现。人民法院审理涉外刑事案件，制作诉讼文书，应当使用我国通用的语言文字。（2）在《2012年解释》起草过程中，曾有意见提出，随着改革开放的深入，当前，涉外刑事案件呈增多趋势，当事人的国籍也越来越多样。有的案件中，要找到通晓当事人所使用的语言、文字的翻译人员十分困难，鉴此实际情况，建议规定：外国籍当事人或者其国籍国驻华使领馆申请自行聘请翻译人员的，人民法院可以准许，有关费用由外国籍当事人或者其国籍国驻华使领馆承担。征求意见过程中，有意见提出，涉外刑事案件中，翻译工作对于准确查明案件事实具有重要影响，不应接受当事人或者其国籍国驻华使领馆自行聘请翻译。鉴此，解释未对上述问题作出明确规定。审判实践中，可根据具体案件情况加以把握：如系外国籍被告人或者其国籍国驻华使领馆申请自行聘请翻译，而该外国籍被告人被指控的并非重大犯罪的，人民法院可以准许；对外国籍被害人或者附带民事诉讼中的外国籍当事人要求自行聘请翻译的，人民法院也可以准许。对自行聘请翻译的，应当由申请人承担翻译费用。当然，对自行聘请翻译的申请，人民法院应当加以审查，认为可能妨碍案件公正审理的，不应准许。

第四百八十五条　外国籍被告人委托律师辩护，或者外国籍附带民事诉讼原告人、自诉人委托律师代理诉讼的，应当委托具有中华人民共和国律师资格并依法取得执业证书的律师。

外国籍被告人在押的，其监护人、近亲属或者其国籍国驻华使领馆可以代为委托辩护人。其监护人、近亲属代为委托的，应当提供与被告人关系的有效证明。

外国籍当事人委托其监护人、近亲属担任辩护人、诉讼代理人的，被委托人应当提供与当事人关系的有效证明。经审查，符合刑事诉讼法、有关司法解释规定的，人民法院应当准许。

外国籍被告人没有委托辩护人的，人民法院可以通知法律援助机构为其指派律师提供辩护。被告人拒绝辩护人辩护的，应当由其出具书面声明，或者将其口头声明记录在案；必要时，应当录音录像。被告人属于应当提供法律援助情形的，依照本解释第五十条规定处理。

【理解与适用】

本条沿用《2012年解释》第四百零二条的规定，仅对表述作了微调。

1. 律师制度是国家司法制度的重要组成部分。各国一般都不允许外国律师在本国参加诉讼活动，只有少数例外。我国历来不允许外国律师在我国开展业务。在我国参与诉讼的外国籍被告人委托律师辩护，或者外国籍附带民事诉讼原告人、自诉人委托律师代理诉讼的，应当委托具有中华人民共和国律师资格并依法取得执业证书的律师。

2. 根据《维也纳领事关系公约》第36条的规定，外国籍被告人在押的，其国籍国驻华使领馆可以代为委托辩护人。根据《刑事诉讼法》第三十四条的规定，外国籍被告人在押的，其监护人、近亲属可以代为委托辩护人，但需提供与被告人关系的有效证明。

3. 根据《刑事诉讼法》第三十三条、第四十七条的规定，外国籍当事人有权委托其监护人、近亲属担任辩护人、诉讼代理人，但被委托人应当提供与当事人关系的有效证明。对委托监护人、近亲属担任辩护人、诉讼代理人的，人民法院应当进行审查，经审查，确系外国籍当事人的监护人、近亲属，且不是正在被执行刑罚或者处于缓刑、假释考验期间的人，不是依法被剥夺、限制人身自由的人，不是无行为能力或者限制行为能力的人，应当准许。

4. 考虑到涉外案件的特殊性，对外国籍被告人没有委托辩护人的，人民法院可以通知法律援助机构为其指派律师提供辩护。被告人拒绝辩护人辩护的，应当由其出具书面声明，或者将其口头声明记录在案；必要时，应当录音录像。被告人属于应当提供法律援助情形，拒绝指派的律师为其提供辩护的，人民法院应当查明原因。理由正当的，应当准许，但被告人须另行委托辩护人；被告人未另行委托辩护人的，人民法院应当通知法律援助机构另行指派律师为其提供辩护；重新开庭后再次当庭拒绝辩护人辩护的，不予准许。

第四百八十六条　外国籍当事人从中华人民共和国领域外寄交或者托交给中国律师或者中国公民的委托书，以及外国籍当事人的监护人、近亲属提供的与当事人关系的证明，必须经所在国公证机关证明，所在国中央外交主管机关或者其授权机关认证，并经中华人民共和国驻该国使领馆认证，或者履行中华人民共和国与该所在国订立的有关条约中规定的证明手续，但我国与该国之间有互免认证协定的除外。

【理解与适用】

本条根据司法实践反映的问题对《2012年解释》第四百零三条的规定作出修改完善。

《2012年解释》第四百零三条规定，有关委托书和证明，“必须经所在国公证机关证明，所在国中央外交主管机关或者其授权机关认证，并经我国驻该国使、领馆认证，但我国与该国之间有互免认证协定的除外”。征求意见过程中，有意见提出，建议参照《民事诉讼法》第二百六十四条的表述，在“并经我国驻该国使、领馆认证”后、“但我国与该国之间有互免认证协定的除外”前，增加“或者履行中华人民共和国与该所在国订立的有关条约中规定的证明手续”。经研究，采纳该意见，并作了相应调整。

《民事诉讼法》第二百六十四条规定：“在中华人民共和国领域内没有住所的外国人、无国籍人、外国企业和组织委托中华人民共和国律师或者其他人代理诉讼，从中华人民共和国领域外寄交或者托交的授权委托书，应当经所在国公证机关证明，并经中华人民共和国驻该国使领馆认证，或者履行中华人民共和国与该所在国订立的有关条约中规定的证明手续后，才具有效力。”

第四百八十七条　对涉外刑事案件的被告人，可以决定限制出境；对开庭审理案件时必须到庭的证人，可以要求暂缓出境。限制外国人出境的，应当通报同级人民政府外事主管部门和当事人国籍国驻华使领馆。

人民法院决定限制外国人和中国公民出境的，应当书面通知被限制出境的人在案件审理终结前不得离境，并可以采取扣留护照或者其他出入境证件的办法限制其出境；扣留证件的，应当履行必要手续，并发给本人扣留证件的证明。

需要对外国人和中国公民在口岸采取边控措施的，受理案件的人民法院应当按照规定制作边控对象通知书，并附有关法律文书，层报高级人民法院办理交控手续。紧急情况下，需要采取临时边控措施的，受理案件的人民法院可以先向有关口岸所在地出入境边防检查机关交控，但应当在七日以内按照规定层报高级人民法院办理手续。

【理解与适用】

本条根据出入境管理体制改革情况对《2012 年解释》第四百零四条的规定作出修改完善。

第四百八十八条 涉外刑事案件，符合刑事诉讼法第二百零八条第一款、第二百四十三条规定的，经有关人民法院批准或者决定，可以延长审理期限。

【理解与适用】

本条沿用《2012 年解释》第四百零六条的规定。

第四百八十九条 涉外刑事案件宣判后，外国籍当事人国籍国驻华使领馆要求提供裁判文书的，可以向受理案件的人民法院所在地的高级人民法院提出，人民法院可以提供。

第四百九十条 涉外刑事案件审理过程中的其他事项，依照法律、司法解释和其他有关规定办理。

【理解与适用】

以上两条沿用《2012 年解释》第四百零七条、第四百一十四条的规定，仅对表述作了微调。

第二节　刑事司法协助

第四百九十一条　请求和提供司法协助，应当依照《中华人民共和国国际刑事司法协助法》、我国与有关国家、地区签订的刑事司法协助条约、移管被判刑人条约和有关法律规定进行。

对请求书的签署机关、请求书及所附材料的语言文字、有关办理期限和具体程序等事项，在不违反中华人民共和国法律的基本原则的情况下，可以按照刑事司法协助条约规定或者双方协商办理。

【理解与适用】

本条根据《国际刑事司法协助法》对《2012 年解释》第四百零九条的规定作出修改完善。

《2012 年解释》第四百零九条规定："请求和提供司法协助，应当依照中华人民共和国缔结或者参加的国际条约规定的途径进行；没有条约关系的，通过外交途径进行。"《国际刑事司法协助法》第三条规定："中华人民共和国和外国之间开展刑事司法协助，依照本法进行。""执行外国提出的刑事司法协助请求，适用本法、刑事诉讼法及其他相关法律的规定。""对于请求书的签署机关、请求书及所附材料的语言文字、有关办理期限和具体程序等事项，在不违反中华人民共和国法律的基本原则的情况下，可以按照刑事司法协助条约规定或者双方协商办理。"据此，对条文表述作了相应调整。

需要注意的是，刑事司法协助不限于涉外刑事案件，而是包括一切刑事案件。

第四百九十二条　外国法院请求的事项有损中华人民共和国的主权、安全、社会公共利益以及违反中华人民共和国法律的基本原则的，人民法院不予协助；属于有关法律规定的可以拒绝提供刑事司法协助情形的，可以不予协助。

【理解与适用】

本条根据《国际刑事司法协助法》的相关规定，对《2012年解释》第四百零八条第二款的规定作出修改完善。

《2012年解释》第四百零八条第二款规定："外国法院请求的事项有损中华人民共和国的主权、安全、社会公共利益的，人民法院不予协助。"《国际刑事司法协助法》第十四条规定："外国向中华人民共和国提出的刑事司法协助请求，有下列情形之一的，可以拒绝提供协助：（一）根据中华人民共和国法律，请求针对的行为不构成犯罪；（二）在收到请求时，在中华人民共和国境内对于请求针对的犯罪正在进行调查、侦查、起诉、审判，已经作出生效判决，终止刑事诉讼程序，或者犯罪已过追诉时效期限；（三）请求针对的犯罪属于政治犯罪；（四）请求针对的犯罪纯属军事犯罪；（五）请求的目的是基于种族、民族、宗教、国籍、性别、政治见解或者身份等方面的原因而进行调查、侦查、起诉、审判、执行刑罚，或者当事人可能由于上述原因受到不公正待遇；（六）请求的事项与请求协助的案件之间缺乏实质性联系；（七）其他可以拒绝的情形。"据此，本条增加规定"属于有关法律规定的可以拒绝提供刑事司法协助情形的，人民法院可以不予协助"。

第四百九十三条 人民法院请求外国提供司法协助的，应当层报最高人民法院，经最高人民法院审核同意后交由有关对外联系机关及时向外国提出请求。

外国法院请求我国提供司法协助，有关对外联系机关认为属于人民法院职权范围的，经最高人民法院审核同意后转有关人民法院办理。

【理解与适用】

本条根据《国际刑事司法协助法》第五条、第六条对《2012年解释》第四百一十条的规定作出修改完善。

第四百九十四条　人民法院请求外国提供司法协助的请求书，应当依照刑事司法协助条约的规定提出；没有条约或者条约没有规定的，应当载明法律规定的相关信息并附相关材料。请求书及其所附材料应当以中文制作，并附有被请求国官方文字的译本。

外国请求我国法院提供司法协助的请求书，应当依照刑事司法协助条约的规定提出；没有条约或者条约没有规定的，应当载明我国法律规定的相关信息并附相关材料。请求书及所附材料应当附有中文译本。

【理解与适用】

本条根据《国际刑事司法协助法》对《2012年解释》第四百一十一条的规定作出修改完善。

第四百九十五条　人民法院向在中华人民共和国领域外居住的当事人送达刑事诉讼文书，可以采用下列方式：

（一）根据受送达人所在国与中华人民共和国缔结或者共同参加的国际条约规定的方式送达；

（二）通过外交途径送达；

（三）对中国籍当事人，所在国法律允许或者经所在国同意的，可以委托我国驻受送达人所在国的使领馆代为送达；

（四）当事人是自诉案件的自诉人或者附带民事诉讼原告人的，可以向有权代其接受送达的诉讼代理人送达；

（五）当事人是外国单位的，可以向其在中华人民共和国领域内设立的代表机构或者有权接受送达的分支机构、业务代办人送达；

（六）受送达人所在国法律允许的，可以邮寄送达；自邮寄之日起满三个月，送达回证未退回，但根据各种情况足以认定已经送达的，视为送达；

（七）受送达人所在国法律允许的，可以采用传真、电子邮件等能够确认受送达人收悉的方式送达。

【理解与适用】

本条基本沿用《2012年解释》第四百一十二条的规定，在第三项作了调整。

《2012年解释》第四百一十二条第三项规定："对中国籍当事人，可以委托我国驻受送达人所在国的使、领馆代为送达；"征求意见过程中，有意见提出，关于委托驻外使领馆向位于我国领域外的中国籍当事人送达刑事文书问题，部分国家对于在其境内送达刑事司法文书的态度较为谨慎，如有的国家明确表示，在其境内送达刑事司法文书被视为执法行为，不属于领事职务范畴，须由其执法部门执行，其他国家也要求执行送达须不违反其国内法。鉴此，对第三项的表述作了修改，增加了"所在国法律允许或者经所在国同意的"要件。

第四百九十六条 人民法院通过外交途径向在中华人民共和国领域外居住的受送达人送达刑事诉讼文书的，所送达的文书应当经高级人民法院审查后报最高人民法院审核。最高人民法院认为可以发出的，由最高人民法院交外交部主管部门转递。

外国法院通过外交途径请求人民法院送达刑事诉讼文书的，由该国驻华使馆将法律文书交我国外交部主管部门转最高人民法院。最高人民法院审核后认为属于人民法院职权范围，且可以代为送达的，应当转有关人民法院办理。

【理解与适用】

本条沿用《2012年解释》第四百一十三条的规定。

第二十一章　执行程序

执行程序是确保刑事诉讼裁判结果得以落实的保障，是维护司法权威、裁判效力的关键性手段。《刑事诉讼法修改决定》与《刑法修正案（九）》相衔接，对死缓改判死刑的条件作了调整。本章吸收《2012年解释》第十九章“执行程序”的条文，并根据司法实践反映的情况作了修改完善，主要涉及：（1）吸收《死刑复核及执行程序保障权益规定》对死刑的执行程序作出完善；（2）根据人民法院“送监难”的现实问题，依法明确人民法院只承担将有关的法律文书送达公安机关、监狱或者其他执行机关的职责；（3）吸收财产刑执行有关司法解释对刑事裁判涉财产部分和附带民事裁判的执行程序作出完善；（4）根据《社区矫正法》的规定对相关条文作出修改完善。

第一节　死刑的执行

第四百九十七条　被判处死刑缓期执行的罪犯，在死刑缓期执行期间犯罪的，应当由罪犯服刑地的中级人民法院依法审判，所作的判决可以上诉、抗诉。

认定故意犯罪，情节恶劣，应当执行死刑的，在判决、裁定发生法律效力后，应当层报最高人民法院核准执行死刑。

对故意犯罪未执行死刑的，不再报高级人民法院核准，死刑缓期执行的期间重新计算，并层报最高人民法院备案。备案不影响判决、裁定的生效和执行。

最高人民法院经备案审查，认为原判不予执行死刑错误，确需改判的，应当依照审判监督程序予以纠正。

【理解与适用】

本条根据《刑事诉讼法》第二百六十一条对《2012年解释》第四百一十五条的规定作出修改完善。

被判处死刑缓期执行的罪犯，在死刑缓期执行期间犯罪，既有故意犯罪，也有过失犯罪。无论是故意犯罪，还是过失犯罪，均应当由罪犯服刑地的中级人民法院依法审判。基于此，本条第一款将“故意犯罪”修改为“犯罪”。此外，《解释》第十三条第三款规定：“罪犯在脱逃期间犯罪的，由服刑地的人民法院管辖。但是，在犯罪地抓获罪犯并发现其在脱逃期间的犯罪的，由犯罪地的人民法院管辖。”本条针对死缓期间故意犯罪的管辖作了特别规定，故死缓罪犯故意犯罪的，即使系脱逃后实施犯罪并在犯罪地被抓获的，也应当适用本条规定，由服刑地的中级人民法院审判。

本条第三款吸收《最高人民法院关于对死刑缓期执行期间故意犯罪未执行死刑案件进行备案的通知》(法〔2016〕318号)，对死缓期间故意犯罪未执行死刑备案程序作了规定。同时，第四款进一步规定：“最高人民法院经备案审查，认为原判不予执行死刑错误，确需改判的，应当依照审判监督程序予以纠正。”

第四百九十八条　**死刑缓期执行的期间，从判决或者裁定核准死刑缓期执行的法律文书宣告或者送达之日起计算。**

死刑缓期执行期满，依法应当减刑的，人民法院应当及时减刑。死刑缓期执行期满减为无期徒刑、有期徒刑的，刑期自死刑缓期执行期满之日起计算。

【理解与适用】

本条沿用《2012年解释》第四百一十六条的规定。

《解释》第四百一十三条第三款规定：“第二审判决、裁定是终审的判决、裁定的，自宣告之日起发生法律效力。”《最高人民法院关于死刑缓期执行的期间如何确定问题的批复》(法释〔2002〕34号)规定：“甘肃省高级人民法院：你院〔2000〕甘刑他字第536号《关于死缓生效日期如何确定的请示》收悉。经研究，答复如下：根据刑法第五十一条的规定，死刑缓期执行的期间，从判决或者裁定核准死刑缓期二年执行的法律文书宣告或送达之日起计算。”死刑缓刑执行的裁判，可能会存在宣告之日或者送达之日两个时间。具体依据哪个时间起算死刑缓期执行的期间，要视哪个对被告人更有利而定。基于此，本条第一款沿用《2012年解释》第四百一十六条第一款的规定。

第四百九十九条　最高人民法院的执行死刑命令，由高级人民法院交付第一审人民法院执行。第一审人民法院接到执行死刑命令后，应当在七日以内执行。

在死刑缓期执行期间故意犯罪，最高人民法院核准执行死刑的，由罪犯服刑地的中级人民法院执行。

【理解与适用】

本条沿用《2012年解释》第四百一十七条的规定。

第五百条　下级人民法院在接到执行死刑命令后、执行前，发现有下列情形之一的，应当暂停执行，并立即将请求停止执行死刑的报告和相关材料层报最高人民法院：

（一）罪犯可能有其他犯罪的；

（二）共同犯罪的其他犯罪嫌疑人到案，可能影响罪犯量刑的；

（三）共同犯罪的其他罪犯被暂停或者停止执行死刑，可能影响罪犯量刑的；

（四）罪犯揭发重大犯罪事实或者有其他重大立功表现，可能需要改判的；

（五）罪犯怀孕的；

（六）判决、裁定可能有影响定罪量刑的其他错误的。

最高人民法院经审查，认为可能影响罪犯定罪量刑的，应当裁定停止执行死刑；认为不影响的，应当决定继续执行死刑。

【理解与适用】

本条根据司法实践反映的问题对《2012年解释》第四百一十八条的规定作出修改完善，将“第一审人民法院”调整为“下级人民法院”。

本条第二款规定，最高人民法院经审查，认为不影响罪犯定罪量刑的，“应当决定继续执行死刑”。适用中需要注意的是，并不一定要作出“决定”这种文书样式要求继续执行死刑，实践中通常通过发函方式告知继续执行死刑。

第五百零一条 最高人民法院在执行死刑命令签发后、执行前，发现有前条第一款规定情形的，应当立即裁定停止执行死刑，并将有关材料移交下级人民法院。

第五百零二条 下级人民法院接到最高人民法院停止执行死刑的裁定后，应当会同有关部门调查核实停止执行死刑的事由，并及时将调查结果和意见层报最高人民法院审核。

【理解与适用】

以上两条沿用《2012年解释》第四百一十九条、第四百二十条的规定。

第五百零三条 对下级人民法院报送的停止执行死刑的调查结果和意见，由最高人民法院原作出核准死刑判决、裁定的合议庭负责审查；必要时，另行组成合议庭进行审查。

【理解与适用】

本条沿用《2012年解释》第四百二十一条的规定，仅对表述作了微调。

第五百零四条 最高人民法院对停止执行死刑的案件，应当按照下列情形分别处理：

（一）确认罪犯怀孕的，应当改判；

（二）确认罪犯有其他犯罪，依法应当追诉的，应当裁定不予核准死刑，撤销原判，发回重新审判；

（三）确认原判决、裁定有错误或者罪犯有重大立功表现，需要改判的，应当裁定不予核准死刑，撤销原判，发回重新审判；

（四）确认原判决、裁定没有错误，罪犯没有重大立功表现，或者重大立功表现不影响原判决、裁定执行的，应当裁定继续执行死刑，并由院长重新签发执行死刑的命令。

【理解与适用】

本条沿用《2012年解释》第四百二十二条的规定。

第五百零五条 第一审人民法院在执行死刑前，应当告知罪犯有权会见其近亲属。罪犯申请会见并提供具体联系方式的，人民法院应当通知其近亲属。确实无法与罪犯近亲属取得联系，或者其近亲属拒绝会见的，应当告知罪犯。罪犯申请通过录音录像等方式留下遗言的，人民法院可以准许。

罪犯近亲属申请会见的，人民法院应当准许并及时安排，但罪犯拒绝会见的除外。罪犯拒绝会见的，应当记录在案并及时告知其近亲属；必要时，应当录音录像。

罪犯申请会见近亲属以外的亲友，经人民法院审查，确有正当理由的，在确保安全的情况下可以准许。

罪犯申请会见未成年子女的，应当经未成年子女的监护人同意；会见可能影响未成年人身心健康的，人民法院可以通过视频方式安排会见，会见时监护人应当在场。

会见一般在罪犯羁押场所进行。

会见情况应当记录在案，附卷存档。

【理解与适用】

本条吸收《死刑复核及执行程序保障权益规定》对《2012 年解释》第四百二十三条的规定作出修改完善。

第五百零六条 第一审人民法院在执行死刑三日以前，应当通知同级人民检察院派员临场监督。

第五百零七条 死刑采用枪决或者注射等方法执行。

采用注射方法执行死刑的，应当在指定的刑场或者羁押场所内执行。

采用枪决、注射以外的其他方法执行死刑的，应当事先层报最高人民法院批准。

【理解与适用】

以上两条沿用《2012 年解释》第四百二十四条、第四百二十五条的规定。

第五百零八条 执行死刑前，指挥执行的审判人员应当对罪犯验明正身，讯问有无遗言、信札，并制作笔录，再交执行人员执行死刑。

执行死刑应当公布，禁止游街示众或者其他有辱罪犯人格的行为。

【理解与适用】

本条沿用《2012年解释》第四百二十六条的规定。

征求意见过程中，有意见建议删除“指挥执行的”，因为实践中，一般由分管院长或庭长、副庭长负责指挥，而验明正身的审判人员并不负责指挥执行。经研究认为，《刑事诉讼法》第二百六十三条第四款规定：“指挥执行的审判人员，对罪犯应当验明正身，讯问有无遗言、信札，然后交付执行人员执行死刑……”可见，基于死刑的极端严肃性，法律明确要求“验明正身，讯问有无遗言、信札”的主体为“指挥执行的审判人员”。基于此，维持现有规定不变。实际操作中，验明正身的审判人员受指挥执行的审判人员指挥，在完成相关工作后应当向指挥执行的审判人员报告，由其承担相关职责。

第五百零九条　执行死刑后，应当由法医验明罪犯确实死亡，在场书记员制作笔录。负责执行的人民法院应当在执行死刑后十五日以内将执行情况，包括罪犯被执行死刑前后的照片，上报最高人民法院。

【理解与适用】

本条沿用《2012年解释》第四百二十七条的规定。

第五百一十条　执行死刑后，负责执行的人民法院应当办理以下事项：

（一）对罪犯的遗书、遗言笔录，应当及时审查；涉及财产继承、债务清偿、家事嘱托等内容的，将遗书、遗言笔录交给家属，同时复制附卷备查；涉及案件线索等问题的，抄送有关机关；

（二）通知罪犯家属在限期内领取罪犯骨灰；没有火化条件或者因民族、宗教等原因不宜火化的，通知领取尸体；过期不领取的，由人民法院通知有关单位处理，并要求有关单位出具处理情况的说明；对罪犯骨灰或者尸体的处理情况，应当记录在案；

（三）对外国籍罪犯执行死刑后，通知外国驻华使领馆的程序和时限，根据有关规定办理。

【理解与适用】

本条沿用《2012 年解释》第四百二十八条的规定，仅对表述作了微调。

第二节　死刑缓期执行、无期徒刑、有期徒刑、拘役的交付执行

第五百一十一条　被判处死刑缓期执行、无期徒刑、有期徒刑、拘役的罪犯，第一审人民法院应当在判决、裁定生效后十日以内，将判决书、裁定书、起诉书副本、自诉状复印件、执行通知书、结案登记表送达公安机关、监狱或者其他执行机关。

【理解与适用】

本条根据司法实践反映的问题对《2012 年解释》第四百二十九条的规定作出修改完善。

1. 实践反映，对于本院作出的判决、裁定，在生效十日以内送交有关

法律文书，不存在问题；但是，对于上级法院作出的生效判决、裁定，由于卷宗交接退还、机要交换等原因，通常较难在十日以内送交有关法律文书。基于此，本条原本拟规定“第一审人民法院应当收到上级人民法院的生效判决、裁定后十日以内，或者在本院作出的判决、裁定生效后十日以内”送交有关法律文书。但征求意见过程中，有关方面提出异议。经研究，罪犯被交付执行刑罚的时候，应当由交付执行的人民法院“在判决生效后十日以内”将有关的法律文书送达公安机关、监狱或者其他执行机关，系《刑事诉讼法》第二百六十四条第一款的明文规定，上述修改与《刑事诉讼法》的规定不一致，故未再作出调整。

2.《2012年解释》第四百二十九条第二款规定：“罪犯需要收押执行刑罚，而判决、裁定生效前未被羁押的，人民法院应当根据生效的判决书、裁定书将罪犯送交看守所羁押，并依照前款的规定办理执行手续。”《刑事诉讼法》第二百六十四条第一、二款规定：“罪犯被交付执行刑罚的时候，应当由交付执行的人民法院在判决生效后十日以内将有关的法律文书送达公安机关、监狱或者其他执行机关。”“对被判处死刑缓期二年执行、无期徒刑、有期徒刑的罪犯，由公安机关依法将该罪犯送交监狱执行刑罚。对被判处有期徒刑的罪犯，在被交付执行刑罚前，剩余刑期在三个月以下的，由看守所代为执行。对被判处拘役的罪犯，由公安机关执行。”据此，判决、裁定生效后，将罪犯送交执行的机关是公安机关，人民法院只负责送达有关法律文书。从人民法院的警力配备和手段等现实情况看，人民法院也难以承担抓捕罪犯的工作。鉴此，本条依据《刑事诉讼法》第二百六十四条的规定，删去《2012年解释》第四百二十九条第二款关于由人民法院将罪犯送交看守所羁押的规定，并将第一款与《刑事诉讼法》第二百六十四条的规定保持一致。

第五百一十二条　**同案审理的案件中，部分被告人被判处死刑，对未被判处死刑的同案被告人需要羁押执行刑罚的，应当根据前条规定及时交付执行。但是，该同案被告人参与实施有关死刑之罪的，应当在复核讯问被判处死刑的被告人后交付执行。**

【理解与适用】

本条沿用《2012年解释》第四百三十条的规定，仅对表述作了微调。

第五百一十三条 执行通知书回执经看守所盖章后，应当附卷备查。

【理解与适用】

本条沿用《2012年解释》第四百三十一条的规定。

第五百一十四条 罪犯在被交付执行前，因有严重疾病、怀孕或者正在哺乳自己婴儿的妇女、生活不能自理的原因，依法提出暂予监外执行的申请的，有关病情诊断、妊娠检查和生活不能自理的鉴别，由人民法院负责组织进行。

【理解与适用】

本条系新增条文。

《全国人民代表大会常务委员会关于〈中华人民共和国刑事诉讼法〉第二百五十四条第五款、第二百五十七条第二款的解释》规定："罪犯在被交付执行前，因有严重疾病、怀孕或者正在哺乳自己婴儿的妇女、生活不能自理的原因，依法提出暂予监外执行的申请的，有关病情诊断、妊娠检查和生活不能自理的鉴别，由人民法院负责组织进行。"经吸收立法解释的规定，本条作了照应性规定。

需要注意的是，《刑事诉讼法》第二百六十五条第四款的规定："对罪犯确有严重疾病，必须保外就医的，由省级人民政府指定的医院诊断并开具证明文件。”可见，暂予监外执行的法定情形中，仅第一种情形“有严重疾病需要保外就医的”，需要由省级人民政府指定医院诊断，对于其他情形并未限制。但是，《最高人民法院关于罪犯交付执行前暂予监外执行组织诊断工作有关问题的通知》（法〔2014〕319号）第三条规定：“罪犯交付执行前暂予监外执行组织诊断工作应当由法医人员进行或组织相关专业的临床医学人员和法医人员共同进行，临床医学人员应当具有副主任医师以上职称，法医人员应当具有副主任法医师以上职称。相关医学检查应当在省级人民政府指定的医院进行。”该通知明确要求所有情形的医学检查工作均应当在省级人民政府指定的医院进行，比《刑事诉讼法》的规定更为严格。相关问题需要进一步调研，视情决定是否作出调整。

第五百一十五条 被判处无期徒刑、有期徒刑或者拘役的罪犯，符合刑事诉讼法第二百六十五条第一款、第二款的规定，人民法院决定暂予监外执行的，应当制作暂予监外执行决定书，写明罪犯基本情况、判决确定的罪名和刑罚、决定暂予监外执行的原因、依据等。

人民法院在作出暂予监外执行决定前，应当征求人民检察院的意见。

人民检察院认为人民法院的暂予监外执行决定不当，在法定期限内提出书面意见的，人民法院应当立即对该决定重新核查，并在一个月以内作出决定。

对暂予监外执行的罪犯，适用本解释第五百一十九条的有关规定，依法实行社区矫正。

人民法院决定暂予监外执行的，由看守所或者执行取保候审、监视居住的公安机关自收到决定之日起十日以内将罪犯移送社区矫正机构。

【理解与适用】

本条吸收《监外执行规定》第十八条第四款对《2012年解释》

第四百三十二条的规定作出修改完善。

需要注意的是，《监外执行规定》第十八条第四款规定："人民法院在作出暂予监外执行决定前，应当征求人民检察院的意见。"但是，讨论中，对将征求人民检察院意见作为人民法院作出暂予监外执行决定的前置程序的规定存在不同认识。有意见提出，人民法院依据被告人的身体状况进行司法鉴定，并据实作出监外执行决定，检察院并不具体参与该过程。因此，决定作出后抄送检察机关，由其进行事后监督即可。也有意见认为，保留事前监督有合理之处，理由如下：（1）相关规定并非新增规定，只是沿用；如果不予沿用，反而有规避人民法院应尽义务之嫌。（2）从立法意图上看，规定人民法院作出监外执行决定前要征求人民检察院的意见，最根本的目的还是规范司法决策的公正性、严肃性，加强对监外执行决定的监督，预防可能存在的司法腐败，防止被告人通过监外执行的方式规避法律的制裁。以此来看，人民法院在作出监外执行决定前要以征求人民检察院的意见作为前置条件是无可厚非的。（3）虽然人民法院是对被告人的身体状况进行司法鉴定的主要执行机关，检察院并不具体参与该过程，但不能据此就否认检察机关可能起到的作用。人民法院可能是从提升诉讼效率的角度出发，认为检察机关没有参与鉴定过程，其意见的作用也可能甚微，但即使是文书审查方式并据此提出意见，也有益于最终监外执行决定的合理性与权威性，检察机关在此充当的不仅仅是监督者，更是一种对于人民法院监外执行决策的见证人。经研究，采纳后一种意见，本条第二款规定："人民法院在作出暂予监外执行决定前，应当征求人民检察院的意见。"

征求意见过程中，有意见提出，建议明确须经合议庭进行审查。经研究认为，是否需要组成合议庭进行审查，似应区分情况作出处理，不应一概而论。有的案件系独任审判，判处有期徒刑，在交付执行前决定暂予监外执行的，再行组成合议庭进行审查，似不具有可操作性。

第五百一十六条　**人民法院收到社区矫正机构的收监执行建议书后，经审查，确认暂予监外执行的罪犯具有下列情形之一的，应当作出收监执行的决定：**

（一）不符合暂予监外执行条件的；

（二）未经批准离开所居住的市、县，经警告拒不改正，或者拒不报告行踪，脱离监管的；

（三）因违反监督管理规定受到治安管理处罚，仍不改正的；

（四）受到执行机关两次警告，仍不改正的；

（五）保外就医期间不按规定提交病情复查情况，经警告拒不改正的；

（六）暂予监外执行的情形消失后，刑期未满的；

（七）保证人丧失保证条件或者因不履行义务被取消保证人资格，不能在规定期限内提出新的保证人的；

（八）违反法律、行政法规和监督管理规定，情节严重的其他情形。

【理解与适用】

本条根据《社区矫正法》第四十九条对《2012 年解释》第四百三十三条的规定作出修改完善。

《社区矫正法》第四十九条第一款规定："暂予监外执行的社区矫正对象具有刑事诉讼法规定的应当予以收监情形的，社区矫正机构应当向执行地或者原社区矫正决定机关提出收监执行建议，并将建议书抄送人民检察院。"

第五百一十七条 人民法院应当在收到社区矫正机构的收监执行建议书后三十日以内作出决定。收监执行决定书一经作出，立即生效。

人民法院应当将收监执行决定书送达社区矫正机构和公安机关，并抄送人民检察院，由公安机关将罪犯交付执行。

【理解与适用】

本条根据《全国人大常委会关于〈中华人民共和国刑事诉讼法〉第二百五十四条第五款、第二百五十七条第二款的解释》、《社区矫正法》第四十九条，结合《监外执行规定》第二十四条第一款，对《2012年解释》第四百三十四条的规定作出修改完善，将收监执行的主体由司法行政机关调整为公安机关。

《全国人民代表大会常务委员会关于〈中华人民共和国刑事诉讼法〉第二百五十四条第五款、第二百五十七条第二款的解释》规定："根据刑事诉讼法第二百五十七条第二款的规定，对人民法院决定暂予监外执行的罪犯，有刑事诉讼法第二百五十七条第一款规定的情形，依法应当予以收监的，在人民法院作出决定后，由公安机关依照刑事诉讼法第二百五十三条第二款的规定送交执行刑罚。"

《社区矫正法》第四十九条规定："暂予监外执行的社区矫正对象具有刑事诉讼法规定的应当予以收监情形的，社区矫正机构应当向执行地或者原社区矫正决定机关提出收监执行建议，并将建议书抄送人民检察院。""社区矫正决定机关应当在收到建议书后三十日内作出决定，将决定书送达社区矫正机构和公安机关，并抄送人民检察院。""人民法院、公安机关对暂予监外执行的社区矫正对象决定收监执行的，由公安机关立即将社区矫正对象送交监狱或者看守所收监执行。""监狱管理机关对暂予监外执行的社区矫正对象决定收监执行的，监狱应当立即将社区矫正对象收监执行。"

《监外执行规定》第二十四条第一款规定："人民法院对暂予监外执行罪犯决定收监执行的，决定暂予监外执行时剩余刑期在三个月以下的，由居住地公安机关送交看守所收监执行；决定暂予监外执行时剩余刑期在三个月以上的，由居住地公安机关送交监狱收监执行。"

第五百一十八条 被收监执行的罪犯有不计入执行刑期情形的，人民法院应当在作出收监决定时，确定不计入执行刑期的具体时间。

【理解与适用】

本条沿用《2012 年解释》第四百三十五条的规定。

《刑事诉讼法》第二百六十八条第三款规定："不符合暂予监外执行条件的罪犯通过贿赂等非法手段被暂予监外执行的，在监外执行的期间不计入执行刑期。罪犯在暂予监外执行期间脱逃的，脱逃的期间不计入执行刑期。"实践中，个别女性罪犯通过连续怀孕、哺乳逃避刑罚执行的现象较为突出，甚至有的罪犯还利用借此获得的监外执行实施其他新罪，亟须加以规制。针对上述情况，本条原本拟增加两款，旨在针对实践中通过恶意连续怀孕等手段被暂予监外执行，以及在暂予监外执行期间又犯新罪的情形，明确相关期间不计入执行刑期。征求意见过程中，各方普遍认为，相关规定具有重要的现实意义，有利于精准打击、遏制投机取巧的恶意行为。我国台湾地区"刑事诉讼法"也有关于因为怀孕、哺乳、就医停止执行刑罚的相关规定，明确相关事由消除后，重新执行刑罚。例如，其第 467 条明确了"停止执行自由刑之事由"，规定："受徒刑或拘役之论知而有左列之情形之一者，依检察官之指挥，于其痊愈或该事故消减前，停止执行：一、心神丧失者。二、怀胎五月以上者。三、生产未满二月者。四、现罹患疾病，恐因执行而不能保其生命者。"

后经进一步研究认为，对于在暂予监外执行期间又因怀孕而继续暂予监外执行的，是否应当计入执行刑期，法律未作规定；对于监外执行期间又犯新罪的，直接规定相关期间不计入执行刑期，也没有法律依据。上述规定增加了不计入执行刑期的情形，涉及如何计算罪犯的服刑期限，直接关系限制公民的人身自由，由司法解释作出规定不妥。鉴此，未再作出明确规定。

第三节　管制、缓刑、剥夺政治权利的交付执行

第五百一十九条　对被判处管制、宣告缓刑的罪犯，人民法院应当依法确定社区矫正执行地。社区矫正执行地为罪犯的居住地；罪犯在多个地方居住的，可以确定其经常居住地为执行地；罪犯的居住地、经常居住地无法确定或者不适宜执行社区矫正的，应当根据有利于罪犯接受矫正、更好地融入社会的原则，确定执行地。

宣判时，应当告知罪犯自判决、裁定生效之日起十日以内到执行地社区矫正机构报到，以及不按期报到的后果。

人民法院应当自判决、裁定生效之日起五日以内通知执行地社区矫正机构，并在十日以内将判决书、裁定书、执行通知书等法律文书送达执行地社区矫正机构，同时抄送人民检察院和执行地公安机关。人民法院与社区矫正执行地不在同一地方的，由执行地社区矫正机构将法律文书转送所在地的人民检察院和公安机关。

【理解与适用】

本条根据《社区矫正法》第十七条、第二十条对《2012年解释》第四百三十六条的规定作出修改完善。

《社区矫正法》第十七条规定："社区矫正决定机关判处管制、宣告缓刑、裁定假释、决定或者批准暂予监外执行时应当确定社区矫正执行地。""社区矫正执行地为社区矫正对象的居住地。社区矫正对象在多个地方居住的，可以确定经常居住地为执行地。""社区矫正对象的居住地、经常居住地无法确定或者不适宜执行社区矫正的，社区矫正决定机关应当根据有利于社区矫正对象接受矫正、更好地融入社会的原则，确定执行地。""本法所称社区矫正决定机关，是指依法判处管制、宣告缓刑、裁定假释、决定暂予监外执行的人民法院和依法批准暂予监外执行的监狱管理机关、公安机关。"

《社区矫正法》第二十条规定："社区矫正决定机关应当自判决、裁定或者决定生效之日起五日内通知执行地社区矫正机构，并在十日内送达有关法律文书，同时抄送人民检察院和执行地公安机关。社区矫正决定地与执行地不在同一地方的，由执行地社区矫正机构将法律文书转送所在地的人民检察院、公安机关。"

第五百二十条 对单处剥夺政治权利的罪犯，人民法院应当在判决、裁定生效后十日以内，将判决书、裁定书、执行通知书等法律文书送达罪犯居住地的县级公安机关，并抄送罪犯居住地的县级人民检察院。

【理解与适用】

本条沿用《2012 年解释》第四百三十七条的规定。

第四节 刑事裁判涉财产部分和附带民事裁判的执行

第五百二十一条 刑事裁判涉财产部分的执行，是指发生法律效力的刑事裁判中下列判项的执行：

（一）罚金、没收财产；

（二）追缴、责令退赔违法所得；

（三）处置随案移送的赃款赃物；

（四）没收随案移送的供犯罪所用本人财物；

（五）其他应当由人民法院执行的相关涉财产的判项。

【理解与适用】

本条系新增条文，吸收《财产执行规定》第一条的规定。

第五百二十二条 刑事裁判涉财产部分和附带民事裁判应当由人民法院执行的，由第一审人民法院负责裁判执行的机构执行。

【理解与适用】

本条沿用《2012年解释》第四百三十八条的规定，将“财产刑和附带民事裁判”进一步明确为“刑事裁判涉财产部分和附带民事裁判”，并强调了前提是“应当由人民法院执行的”。

第五百二十三条 罚金在判决规定的期限内一次或者分期缴纳。期满无故不缴纳或者未足额缴纳的，人民法院应当强制缴纳。经强制缴纳仍不能全部缴纳的，在任何时候，包括主刑执行完毕后，发现被执行人有可供执行的财产的，应当追缴。

行政机关对被告人就同一事实已经处以罚款的，人民法院判处罚金时应当折抵，扣除行政处罚已执行的部分。

【理解与适用】

本条沿用《2012年解释》第四百三十九条第一款、第二款的规定。

第五百二十四条　因遭遇不能抗拒的灾祸等原因缴纳罚金确有困难，被执行人申请延期缴纳、酌情减少或者免除罚金的，应当提交相关证明材料。人民法院应当在收到申请后一个月以内作出裁定。符合法定条件的，应当准许；不符合条件的，驳回申请。

【理解与适用】

本条根据《刑事诉讼法》第二百七十一条对《2012年解释》第四百四十六条的规定作出修改完善，将事由扩大为“因遭遇不能抗拒的灾祸等原因”，并增加了“延期缴纳”情形。

第五百二十五条　判处没收财产的，判决生效后，应当立即执行。

【理解与适用】

本条沿用《2012年解释》第四百三十九条第三款的规定。

《刑事诉讼法》第二百七十二条规定：“没收财产的判决，无论附加适用或者独立适用，都由人民法院执行；在必要的时候，可以会同公安机关执行。”从《刑法》的规定来看，未见单独判处没收财产的规定。

第五百二十六条　执行财产刑，应当参照被扶养人住所地政府公布的上年度当地居民最低生活费标准，保留被执行人及其所扶养人的生活必需费用。

【理解与适用】

本条系新增条文，吸收《财产执行规定》第九条第二款的规定，明确没收财产的范围等问题。

第五百二十七条 被判处财产刑，同时又承担附带民事赔偿责任的被执行人，应当先履行民事赔偿责任。

【理解与适用】

本条根据司法实践反映的问题对《2012年解释》第四百四十一条的规定作出修改完善。

《2012年解释》第四百四十一条第二款规定："判处财产刑之前被执行人所负正当债务，需要以被执行的财产偿还的，经债权人请求，应当偿还。"征求意见过程中，有意见建议删去该款，理由是：该条规定与《财产执行规定》第十三条规定并不完全一致，第十三条并没有将其他民事债权产生的时间限定在判处财产刑之前。经研究，如果被执行人确有财产可供执行，则无论其正当债务产生于判处财产刑之前还是之后，债权人提出请求的，均可以被执行的财产偿还。鉴此，采纳上述意见，删去该款。

《解释》原本拟吸收《财产执行规定》第十三条第一款，规定执行顺序，明确"民事优先"原则的具体适用规则，即"执行刑事裁判涉财产部分和附带民事裁判，应当按照下列顺序执行：（一）人身损害赔偿中的医疗费用；（二）退赔被害人的损失；（三）其他民事债务；（四）罚金；（五）没收财产。""债权人对执行标的依法享有优先受偿权，其主张优先受偿的，人民法院应当在前款第一项规定的医疗费用受偿后，予以支持。"讨论中，有意见认为，第三项"其他民事债务"不好界定，在目前刑事自身财产性判项无法得到有效立案执行的情况下，再将其他民事债务也牵涉进来，将导致刑事裁判涉财产部分和附带民事裁判的执行更加复杂、更加难以落实，反而可能导致履行渠道的进一步梗塞，不利于执行工作的开展。建议暂不吸收《财产执行规定》第十三条的规定，维持原有规定不变。征求意见过程中，有意见提出："《刑法》第六十四条规定，犯罪分子违法所得的一切财物，应当予以追缴或者责令退赔；对被害人的合法财产，应当及时返还。具有民事优先受偿权的债权优于退赔被害人的损失得到执行，与《刑法》上述规定的精神似不一致，不利于保护刑事被害人的合法权益，建议进一步研究。"经研究认为，鉴于所涉问题十分复杂，认识分歧很大，不作规定，交由司法实践根据其他专门司法解释和案件具体情况作出处理。

第五百二十八条　执行刑事裁判涉财产部分、附带民事裁判过程中，当事人、利害关系人认为执行行为违反法律规定，或者案外人对被执行标的书面提出异议的，人民法院应当参照民事诉讼法的有关规定处理。

【理解与适用】

本条吸收《财产执行规定》第十四条对《2012年解释》第四百四十条的规定作出修改完善，主要明确对于执行异议的处理适用民事诉讼法的有关规定。

《民事诉讼法》第二百二十五条、第二百二十七条对执行过程中当事人、利害关系人异议的处理规则作了明确。鉴此，本条明确执行刑事裁判涉财产部分和附带民事裁判过程中，当事人、利害关系人认为执行行为违反法律规定，或者案外人对被执行财产书面提出权属异议，并提供相关证据的，依照民事诉讼法的有关规定处理。

民事诉讼法第二百二十五条规定："当事人、利害关系人认为执行行为违反法律规定的，可以向负责执行的人民法院提出书面异议。当事人、利害关系人提出书面异议的，人民法院应当自收到书面异议之日起十五日内审查，理由成立的，裁定撤销或者改正；理由不成立的，裁定驳回。当事人、利害关系人对裁定不服的，可以自裁定送达之日起十日内向上一级人民法院申请复议。"第二百二十七条规定："执行过程中，案外人对执行标的提出书面异议的，人民法院应当自收到书面异议之日起十五日内审查，理由成立的，裁定中止对该标的的执行；理由不成立的，裁定驳回。案外人、当事人对裁定不服，认为原判决、裁定错误的，依照审判监督程序办理；与原判决、裁定无关的，可以自裁定送达之日起十五日内向人民法院提起诉讼。”

第五百二十九条 执行刑事裁判涉财产部分、附带民事裁判过程中，具有下列情形之一的，人民法院应当裁定终结执行：

（一）据以执行的判决、裁定被撤销的；

（二）被执行人死亡或者被执行死刑，且无财产可供执行的；

（三）被判处罚金的单位终止，且无财产可供执行的；

（四）依照刑法第五十三条规定免除罚金的；

（五）应当终结执行的其他情形。

裁定终结执行后，发现被执行人的财产有被隐匿、转移等情形的，应当追缴。

【理解与适用】

本条沿用《2012年解释》第四百四十四条的规定，仅将第一款中的“财产刑”调整为“刑事裁判涉财产部分、附带民事裁判”。

第五百三十条 被执行财产在外地的，第一审人民法院可以委托财产所在地的同级人民法院执行。

【理解与适用】

本条吸收《财产执行规定》第二条、《关于进一步做好防范和处置非法集资工作的意见》（国发〔2015〕59号）第十二条对《2012年解释》第四百四十二条的规定作出修改完善。

《财产执行规定》第二条规定："刑事裁判涉财产部分，由第一审人民法院执行。第一审人民法院可以委托财产所在地的同级人民法院执行。"经吸收上述规定，对本条作了调整。同时，删去《2012 年解释》第四百四十二条第二款"受托法院在执行财产刑后，应当及时将执行的财产上缴国库"的规定，交由司法实践依据其他专门司法解释执行。

第五百三十一条　**刑事裁判涉财产部分、附带民事裁判全部或者部分被撤销的，已经执行的财产应当全部或者部分返还被执行人；无法返还的，应当依法赔偿。**

【理解与适用】

本条沿用《2012 年解释》第四百四十五条的规定，仅将"财产刑"调整为"刑事裁判涉财产部分、附带民事裁判"。

第五百三十二条　**刑事裁判涉财产部分、附带民事裁判的执行，刑事诉讼法及有关刑事司法解释没有规定的，参照适用民事执行的有关规定。**

【理解与适用】

本条沿用《2012 年解释》第四百四十七条的规定，仅将"财产刑和附带民事裁判"调整为"刑事裁判涉财产部分、附带民事裁判"，并对表述作了调整。

第五节　减刑、假释案件的审理

第五百三十三条　被判处死刑缓期执行的罪犯，在死刑缓期执行期间，没有故意犯罪的，死刑缓期执行期满后，应当裁定减刑；死刑缓期执行期满后，尚未裁定减刑前又犯罪的，应当在依法减刑后，对其所犯新罪另行审判。

【理解与适用】

本条沿用《2012 年解释》第四百四十八条的规定。

第五百三十四条　对减刑、假释案件，应当按照下列情形分别处理：

（一）对被判处死刑缓期执行的罪犯的减刑，由罪犯服刑地的高级人民法院在收到同级监狱管理机关审核同意的减刑建议书后一个月以内作出裁定；

（二）对被判处无期徒刑的罪犯的减刑、假释，由罪犯服刑地的高级人民法院在收到同级监狱管理机关审核同意的减刑、假释建议书后一个月以内作出裁定，案情复杂或者情况特殊的，可以延长一个月；

（三）对被判处有期徒刑和被减为有期徒刑的罪犯的减刑、假释，由罪犯服刑地的中级人民法院在收到执行机关提出的减刑、假释建议书后一个月以内作出裁定，案情复杂或者情况特殊的，可以延长一个月；

（四）对被判处管制、拘役的罪犯的减刑，由罪犯服刑地中级人民法院在收到同级执行机关审核同意的减刑建议书后一个月以内作出裁定。

对社区矫正对象的减刑，由社区矫正执行地的中级以上人民法院在收到社区矫正机构减刑建议书后三十日以内作出裁定。

【理解与适用】

本条根据《社区矫正法》第三十三条、《减刑、假释程序规定》第一条第一款，对《2012年解释》第四百四十九条的规定作出修改完善，明确了死缓减刑案件的审理期限以及对社区矫正对象减刑的有关问题。

《社区矫正法》第三十三条规定："社区矫正对象符合刑法规定的减刑条件的，社区矫正机构应当向社区矫正执行地的中级以上人民法院提出减刑建议，并将减刑建议书抄送同级人民检察院。""人民法院应当在收到社区矫正机构的减刑建议书后三十日内作出裁定，并将裁定书送达社区矫正机构，同时抄送人民检察院、公安机关。"本条第二款作了照应性规定。根据本条第二款规定，对社区矫正对象的减刑，由社区矫正执行地的中级以上人民法院处理。其中，对于被判处管制、宣告缓刑、暂予监外执行的罪犯的减刑，以及有期徒刑假释的罪犯的减刑，由社区矫正执行地的中级人民法院处理；对于无期徒刑假释的罪犯的减刑，由社区矫正执行地的高级人民法院处理。

此外，关于被宣告缓刑的罪犯可否减刑，在《2012年解释》起草过程中即有不同认识。有意见提出，缓刑是有条件的不执行原判刑罚，缓刑考验期间不是刑罚执行期间，法律并没有规定对宣告缓刑的可以予以减刑。如确有必要，应由法律作出规定，司法解释予以规定不妥。反对者认为，一是缓刑考验实际也带有执行性质，如《刑事诉讼法》第二百六十九条规定："对判处管制、宣告缓刑、假释或者暂予监外执行的罪犯，依法实行社区矫正，由社区矫正机构负责执行。"而根据《刑法》第七十八条的规定，被判处管制、拘役、有期徒刑的犯罪分子，"在执行期间"有悔改或立功表现的，可予减刑。因此，规定缓刑犯可以减刑，并不违反法律规定。二是实践中个别缓刑犯确有重大立功表现，如不能对其减刑，不利于体现刑罚公正，也不利于获得好的矫正效果。经研究，考虑到法律确实没有明确规定，《解释》未作明确规定，但在实践中，有关司法解释文件曾明确缓刑犯可以减刑，因此，对于确有重大立功表现的缓刑犯，可以考虑减刑并相应缩短缓刑考验期。

第五百三十五条 受理减刑、假释案件，应当审查执行机关移送的材料是否包括下列内容：

（一）减刑、假释建议书；

（二）原审法院的裁判文书、执行通知书、历次减刑裁定书的复制件；

（三）证明罪犯确有悔改、立功或者重大立功表现具体事实的书面材料；

（四）罪犯评审鉴定表、奖惩审批表等；

（五）罪犯假释后对所居住社区影响的调查评估报告；

（六）刑事裁判涉财产部分、附带民事裁判的执行、履行情况；

（七）根据案件情况需要移送的其他材料。

人民检察院对报请减刑、假释案件提出意见的，执行机关应当一并移送受理减刑、假释案件的人民法院。

经审查，材料不全的，应当通知提请减刑、假释的执行机关在三日以内补送；逾期未补送的，不予立案。

【理解与适用】

本条吸收《减刑、假释规定》第三十八条第一款、《减刑、假释程序规定》第二条，对《2012 年解释》第四百五十条的规定作出修改完善。将财产性判项的执行、履行情况作为要求执行机关移送的材料，并明确补送材料的期限，逾期未补送的，不予立案。

第五百三十六条 审理减刑、假释案件，对罪犯积极履行刑事裁判涉财产部分、附带民事裁判确定的义务的，可以认定有悔改表现，在减刑、假释时从宽掌握；对确有履行能力而不履行或者不全部履行的，在减刑、假释时从严掌握。

【理解与适用】

本条结合《减刑、假释规定》对《2012年解释》第四百五十一条的规定作出修改完善，强调减刑、假释要充分考虑“罪犯积极履行刑事裁判涉财产部分、附带民事裁判确定的义务”的情况。

第五百三十七条 审理减刑、假释案件，应当在立案后五日以内对下列事项予以公示：

（一）罪犯的姓名、年龄等个人基本情况；

（二）原判认定的罪名和刑期；

（三）罪犯历次减刑情况；

（四）执行机关的减刑、假释建议和依据。

公示应当写明公示期限和提出意见的方式。

【理解与适用】

本条吸收《减刑、假释程序规定》第三条第三款，对《2012年解释》第四百五十二条的规定作出修改完善，明确了公示时间等。

第五百三十八条 审理减刑、假释案件，应当组成合议庭，可以采用书面审理的方式，但下列案件应当开庭审理：

（一）因罪犯有重大立功表现提请减刑的；

（二）提请减刑的起始时间、间隔时间或者减刑幅度不符合一般规定的；

（三）被提请减刑、假释罪犯系职务犯罪罪犯，组织、领导、参加、包庇、纵容黑社会性质组织罪犯，破坏金融管理秩序罪犯或者金融诈骗罪犯的；

（四）社会影响重大或者社会关注度高的；

（五）公示期间收到不同意见的；

（六）人民检察院提出异议的；

（七）有必要开庭审理的其他案件。

【理解与适用】

本条吸收《减刑、假释程序规定》第六条，对《2012年解释》第四百五十三条的规定作出修改完善，明确了“三大类”案件的减刑、假释，应当开庭审理。

《减刑、假释程序规定》第六条规定：“人民法院审理减刑、假释案件，可以采取开庭审理或者书面审理的方式。但下列减刑、假释案件，应当开庭审理：……（三）公示期间收到不同意见的……（五）被报请减刑、假释罪犯系职务犯罪罪犯，组织（领导、参加、包庇、纵容）黑社会性质组织犯罪罪犯，破坏金融管理秩序和金融诈骗犯罪罪犯及其他在社会上有重大影响或社会关注度高的……”

第五百三十九条 人民法院作出减刑、假释裁定后，应当在七日以内送达提请减刑、假释的执行机关、同级人民检察院以及罪犯本人。人民检察院认为减刑、假释裁定不当，在法定期限内提出书面纠正意见的，人民法院应当在收到意见后另行组成合议庭审理，并在一个月以内作出裁定。

对假释的罪犯，适用本解释第五百一十九条的有关规定，依法实行社区矫正。

【理解与适用】

本条根据《社区矫正法》对《2012年解释》第四百五十四条的规定作出修改完善，增加第二款规定。

第五百四十条 减刑、假释裁定作出前，执行机关书面提请撤回减刑、假释建议的，人民法院可以决定是否准许。

【理解与适用】

本条沿用《2012 年解释》第四百五十五条的规定，仅对表述作了微调。

第五百四十一条 人民法院发现本院已经生效的减刑、假释裁定确有错误的，应当另行组成合议庭审理；发现下级人民法院已经生效的减刑、假释裁定确有错误的，可以指令下级人民法院另行组成合议庭审理，也可以自行组成合议庭审理。

【理解与适用】

本条吸收《减刑、假释程序规定》第二十一条，对《2012 年解释》第四百五十六条的规定作出修改完善，明确了上级人民法院可以自行组成合议庭审理。

第六节 缓刑、假释的撤销

第五百四十二条 罪犯在缓刑、假释考验期限内犯新罪或者被发现在判决宣告前还有其他罪没有判决，应当撤销缓刑、假释的，由审判新罪的人民法院撤销原判决、裁定宣告的缓刑、假释，并书面通知原审人民法院和执行机关。

【理解与适用】

本条沿用《2012 年解释》第四百五十七条的规定。

第五百四十三条 人民法院收到社区矫正机构的撤销缓刑建议书后，经审查，确认罪犯在缓刑考验期限内具有下列情形之一的，应当作出撤销缓刑的裁定：

（一）违反禁止令，情节严重的；

（二）无正当理由不按规定时间报到或者接受社区矫正期间脱离监管，超过一个月的；

（三）因违反监督管理规定受到治安管理处罚，仍不改正的；

（四）受到执行机关二次警告，仍不改正的；

（五）违反法律、行政法规和监督管理规定，情节严重的其他情形。

人民法院收到社区矫正机构的撤销假释建议书后，经审查，确认罪犯在假释考验期限内具有前款第二项、第四项规定情形之一，或者有其他违反监督管理规定的行为，尚未构成新的犯罪的，应当作出撤销假释的裁定。

【理解与适用】

本条根据《刑法》和《社区矫正法》对《2012 年解释》第四百五十八条第一款的规定作出修改完善。

《刑法》第七十七条第二款规定："被宣告缓刑的犯罪分子，在缓刑考验期限内，违反法律、行政法规或者国务院有关部门关于缓刑的监督管理规定，或者违反人民法院判决中的禁止令，情节严重的，应当撤销缓刑，执行原判刑罚。"第八十六条第三款规定："被假释的犯罪分子，在假释考验期限内，有违反法律、行政法规或者国务院有关部门关于假释的监督管理规定的行为，尚未构成新的犯罪的，应当依照法定程序撤销假释，收监执行未执行完毕的刑罚。"可见，缓刑罪犯和假释罪犯违反监督管理规定，撤销缓刑、假释的条件明显不同。为了准确反映法律规定，《解释》对

《2012年解释》第四百五十八条第一款作出调整，在本条针对缓刑、假释分别规定了撤销的不同条件。需要注意的是，《刑法》虽然没有将“情节严重”规定为撤销假释的条件，但并不意味着只要在假释考验期限内有违反监督管理规定的行为，不问情节轻重，一律撤销假释，仍应当根据具体情况综合考量，对于情节明显较轻的不应撤销假释。

第五百四十四条 被提请撤销缓刑、假释的罪犯可能逃跑或者可能发生社会危险，社区矫正机构在提出撤销缓刑、假释建议的同时，提请人民法院决定对其予以逮捕的，人民法院应当在四十八小时内作出是否逮捕的决定。决定逮捕的，由公安机关执行。逮捕后的羁押期限不得超过三十日。

【理解与适用】

本条系根据《社区矫正法》第四十七条新增的条文。

《社区矫正法》第四十七条规定：“被提请撤销缓刑、假释的社区矫正对象可能逃跑或者可能发生社会危险的，社区矫正机构可以在提出撤销缓刑、假释建议的同时，提请人民法院决定对其予以逮捕。”“人民法院应当在四十八小时内作出是否逮捕的决定。决定逮捕的，由公安机关执行。逮捕后的羁押期限不得超过三十日。”

第五百四十五条 人民法院应当在收到社区矫正机构的撤销缓刑、假释建议书后三十日以内作出裁定。撤销缓刑、假释的裁定一经作出，立即生效。

人民法院应当将撤销缓刑、假释裁定书送达社区矫正机构和公安机关，并抄送人民检察院，由公安机关将罪犯送交执行。执行以前被逮捕的，羁押一日折抵刑期一日。

【理解与适用】

本条根据《社区矫正法》第四十八条对《2012年解释》第四百五十八条第二款、第三款的规定作出修改完善。

《社区矫正法》第四十八条规定："人民法院应当在收到社区矫正机构撤销缓刑、假释建议书后三十日内作出裁定，将裁定书送达社区矫正机构和公安机关，并抄送人民检察院。""人民法院拟撤销缓刑、假释的，应当听取社区矫正对象的申辩及其委托的律师的意见。""人民法院裁定撤销缓刑、假释的，公安机关应当及时将社区矫正对象送交监狱或者看守所执行。执行以前被逮捕的，羁押一日折抵刑期一日。""人民法院裁定不予撤销缓刑、假释的，对被逮捕的社区矫正对象，公安机关应当立即予以释放。"

第二十二章 未成年人刑事案件诉讼程序

2012年《刑事诉讼法》在特别程序中增设未成年人刑事案件诉讼程序。《2012年解释》根据《刑事诉讼法》的规定，设专章对未成年人刑事案件诉讼程序的有关问题作了具体规定。本章在《2012年解释》第二十章"未成年人刑事案件诉讼程序"的基础上，根据修改后《未成年人保护法》《预防未成年人犯罪法》的规定，对未成年人刑事案件诉讼程序有关条文作了进一步修改完善。

第一节 一般规定

第五百四十六条 人民法院审理未成年人刑事案件，应当贯彻教育、感化、挽救的方针，坚持教育为主、惩罚为辅的原则，加强对未成年人的特殊保护。

【理解与适用】

本条沿用《2012年解释》第四百五十九条的规定。

"特殊保护"，既包括对未成年被告人各项诉讼权利的保护，也包括对未成年被害人、证人的权益保护。

第五百四十七条 人民法院应当加强同政府有关部门、人民团体、社会组织等的配合，推动未成年人刑事案件人民陪审、情况调查、安置帮教等工作的开展，充分保障未成年人的合法权益，积极参与社会治安综合治理。

【理解与适用】

本条沿用《2012年解释》第四百六十条的规定，仅对表述作了适当调整。

未成年人案件审判具有许多特色工作制度，如情况调查、法庭教育、心理测评以及延伸帮教等，有赖于相关部门、人民团体和社会组织的大力支持和密切配合。正如《联合国预防少年犯罪准则》第2条指出的，“要成功地预防少年违法犯罪，就需要整个社会进行努力”，未成年人犯罪是一个涉及面很广的社会问题，产生的原因是多方面的，必须依靠全社会的力量。人民法院应当积极延伸审判职能，加强同相关部门的配合，促进完善预防、控制、矫治未成年人犯罪的“社会一条龙”配套工作机制。

第五百四十八条 人民法院应当加强同政府有关部门、人民团体、社会组织等的配合，对遭受性侵害或者暴力伤害的未成年被害人及其家庭实施必要的心理干预、经济救助、法律援助、转学安置等保护措施。

【理解与适用】

本条系新增条文。

《未成年人保护法》第一百一十一条规定：“公安机关、人民检察院、人民法院应当与其他有关政府部门、人民团体、社会组织互相配合，对遭受性侵害或者暴力伤害的未成年被害人及其家庭实施必要的心理干预、经济救助、法律援助、转学安置等保护措施。”

第五百四十九条 人民法院应当确定专门机构或者指定专门人员，负责审理未成年人刑事案件。审理未成年人刑事案件的人员应当经过专门培训，熟悉未成年人身心特点、善于做未成年人思想教育工作。

参加审理未成年人刑事案件的人民陪审员，可以从熟悉未成年人身心特点、关心未成年人保护工作的人民陪审员名单中随机抽取确定。

【理解与适用】

本条根据《人民陪审员法》第十九条对《2012年解释》第四百六十一条的规定作出修改完善，并强调保障未成年人案件审判的专业化。

《人民陪审员法》第十九条规定："基层人民法院审判案件需要由人民陪审员参加合议庭审判的，应当在人民陪审员名单中随机抽取确定。""中级人民法院、高级人民法院审判案件需要由人民陪审员参加合议庭审判的，在其辖区内的基层人民法院的人民陪审员名单中随机抽取确定。"

第五百五十条　被告人实施被指控的犯罪时不满十八周岁、人民法院立案时不满二十周岁的案件，由未成年人案件审判组织审理。

下列案件可以由未成年人案件审判组织审理：

（一）人民法院立案时不满二十二周岁的在校学生犯罪案件；

（二）强奸、猥亵、虐待、遗弃未成年人等侵害未成年人人身权利的犯罪案件；

（三）由未成年人案件审判组织审理更为适宜的其他案件。

共同犯罪案件有未成年被告人的或者其他涉及未成年人的刑事案件，是否由未成年人案件审判组织审理，由院长根据实际情况决定。

【理解与适用】

本条根据司法实践反映的问题对《2012年解释》第四百六十

三条的规定作出修改完善。

本条规定强奸、猥亵、虐待、遗弃未成年人等侵害未成年人人身权利的犯罪案件可以由未成年人案件审判组织审理，是因为审理上述案件，不仅要解决对被告人的定罪量刑问题，更要重视做好对未成年被害人心理干预、经济救助、法律援助、转学安置等帮扶救助工作。由熟悉未成年人身心特点的专业法官负责相关工作，能够更好地保障工作效果。

第五百五十一条　对分案起诉至同一人民法院的未成年人与成年人共同犯罪案件，可以由同一个审判组织审理；不宜由同一个审判组织审理的，可以分别审理。

未成年人与成年人共同犯罪案件，由不同人民法院或者不同审判组织分别审理的，有关人民法院或者审判组织应当互相了解共同犯罪被告人的审判情况，注意全案的量刑平衡。

【理解与适用】

本条沿用《2012年解释》第四百六十四条的规定，仅对表述作了调整。

第五百五十二条　对未成年人刑事案件，必要时，上级人民法院可以根据刑事诉讼法第二十七条的规定，指定下级人民法院将案件移送其他人民法院审判。

【理解与适用】

本条沿用《2012年解释》第四百六十五条的规定。

第五百五十三条 对未成年被告人应当严格限制逮捕措施。

人民法院决定逮捕，应当讯问未成年被告人，听取辩护律师的意见。

对被逮捕且没有完成义务教育的未成年被告人，人民法院应当与教育行政部门互相配合，保证其接受义务教育。

【理解与适用】

本条系新增条文。

《刑事诉讼法》第二百八十条第一款规定："对未成年犯罪嫌疑人、被告人应当严格限制适用逮捕措施……"《预防未成年人犯罪法》第五十三条规定："对被拘留、逮捕以及在未成年犯管教所执行刑罚的未成年人，应当与成年人分别关押、管理和教育。对未成年人的社区矫正，应当与成年人分别进行。""对有上述情形且没有完成义务教育的未成年人，公安机关、人民检察院、人民法院、司法行政部门应当与教育行政部门相互配合，保证其继续接受义务教育。"根据上述要求，《解释》增设本条，作了专门规定。

第五百五十四条 人民法院对无固定住所、无法提供保证人的未成年被告人适用取保候审的，应当指定合适成年人作为保证人，必要时可以安排取保候审的被告人接受社会观护。

【理解与适用】

本条系新增条文。

《预防未成年人犯罪法》第五十二条规定："公安机关、人民检察院、人民法院对于无固定住所、无法提供保证人的未成年人适用取保候审的，应当指定合适成年人作为保证人，必要时可以安排取保候审的未成年人接受社会观护。"

第五百五十五条 人民法院审理未成年人刑事案件，在讯问和开庭时，应当通知未成年被告人的法定代理人到场。法定代理人无法通知、不能到场或者是共犯的，也可以通知合适成年人到场，并将有关情况记录在案。

到场的法定代理人或者其他人员，除依法行使刑事诉讼法第二百八十一条第二款规定的权利外，经法庭同意，可以参与对未成年被告人的法庭教育等工作。

适用简易程序审理未成年人刑事案件，适用前两款规定。

【理解与适用】

本条沿用《2012年解释》第四百六十六条第一款至第三款的规定，仅对表述作了调整。

讨论中，有意见建议在“法定代理人无法通知、不能到场或者是共犯”的基础上增加“不宜到场”的情形，如法定代理人侵害未成年被告人、未成年被告人十分抵触法定代理人等情形。经研究认为，上述意见具有实践合理性，但《刑事诉讼法》第二百八十一条第一款明确规定可以通知合适成年人到场的情形是“无法通知、法定代理人不能到场或者法定代理人是共犯”。如作出上述调整，恐会导致与法律规定不一致。具体案件处理中，也可能出现法定代理人以未通知其到场质疑审判程序合法性的问题。当然，对法定代理人不宜到场的情形，可以交由司法实践裁量把握。

实践中，有案件讨论过未成年犯罪嫌疑人指认、辨认是否需要通知法定代理人和合适成年人到场的问题。经研究认为，应当通知到场，实践中可以按此把握。

第五百五十六条 询问未成年被害人、证人，适用前条规定。

审理未成年人遭受性侵害或者暴力伤害案件，在询问未成年被害人、证人时，应当采取同步录音录像等措施，尽量一次完成；未成年被害人、证人是女性的，应当由女性工作人员进行。

【理解与适用】

本条第一款沿用《2012年解释》第四百六十六条第四款的规定，并增加第二款。

《未成年人保护法》第一百一十二条规定："公安机关、人民检察院、人民法院办理未成年人遭受性侵害或者暴力伤害案件，在询问未成年被害人、证人时，应当采取同步录音录像等措施，尽量一次完成；未成年被害人、证人是女性的，应当由女性工作人员进行。"

第五百五十七条　开庭审理时被告人不满十八周岁的案件，一律不公开审理。经未成年被告人及其法定代理人同意，未成年被告人所在学校和未成年人保护组织可以派代表到场。到场代表的人数和范围，由法庭决定。经法庭同意，到场代表可以参与对未成年被告人的法庭教育工作。

对依法公开审理，但可能需要封存犯罪记录的案件，不得组织人员旁听；有旁听人员的，应当告知其不得传播案件信息。

【理解与适用】

本条根据司法实践反映的问题对《2012年解释》第四百六十七条的规定作出修改完善，第二款增加"有旁听人员的，应当告知其不得传播案件信息"的规定。

第五百五十八条　开庭审理涉及未成年人的刑事案件，未成年被害人、证人一般不出庭作证；必须出庭的，应当采取保护其隐私的技术手段和心理干预等保护措施。

【理解与适用】

本条根据《未成年人保护法》对《2012年解释》第四百六十八条的规定作出修改完善。

《未成年人保护法》第一百一十条第二款规定："人民法院开庭审理涉及未成年人案件，未成年被害人、证人一般不出庭作证；必须出庭的，应当采取保护其隐私的技术手段和心理干预等保护措施。"

第五百五十九条 审理涉及未成年人的刑事案件，不得向外界披露未成年人的姓名、住所、照片以及可能推断出未成年人身份的其他资料。

查阅、摘抄、复制的案卷材料，涉及未成年人的，不得公开和传播。

【理解与适用】

本条根据《未成年人保护法》对《2012年解释》第四百六十九条的规定作出修改完善。

《未成年人保护法》第一百零三条规定："公安机关、人民检察院、人民法院、司法行政部门以及其他组织和个人不得披露有关案件中未成年人的姓名、影像、住所、就读学校以及其他可能识别出其身份的信息，但查找失踪、被拐卖未成年人等情形除外。"

第五百六十条 人民法院发现有关单位未尽到未成年人教育、管理、救助、看护等保护职责的，应当向该单位提出司法建议。

【理解与适用】

本条系新增条文。

《未成年人保护法》第一百一十四条规定："公安机关、人民检察院、人民法院和司法行政部门发现有关单位未尽到未成年人教育、管理、救助、看护等保护职责的，应当向该单位提出建议。被建议单位应当在一个月内作出书面回复。"

第五百六十一条　人民法院应当结合实际，根据涉及未成年人刑事案件的特点，开展未成年人法治宣传教育工作。

【理解与适用】

本条系新增条文。

《未成年人保护法》第一百一十五条规定："公安机关、人民检察院、人民法院和司法行政部门应当结合实际，根据涉及未成年人案件的特点，开展未成年人法治宣传教育工作。"

第五百六十二条　审理未成年人刑事案件，本章没有规定的，适用本解释的有关规定。

【理解与适用】

本条沿用《2012年解释》第四百七十条的规定。

第二节　开庭准备

第五百六十三条　人民法院向未成年被告人送达起诉书副本时，应当向其讲明被指控的罪行和有关法律规定，并告知其审判程序和诉讼权利、义务。

【理解与适用】

本条沿用《2012年解释》第四百七十一条的规定。

未成年人由于生理、心理发育尚不成熟，认知能力和表达能力存在局限，往往对审判感到紧张和恐惧，开庭前向其讲明有关规定，有利于缓解其紧张情绪，更好地参加诉讼。

此外，人民法院在向未成年人的法定代理人及合适成年人送达起诉书副本时，也可以讲明有关规定，确保诉讼的顺利进行。

第五百六十四条　审判时不满十八周岁的未成年被告人没有委托辩护人的，人民法院应当通知法律援助机构指派熟悉未成年人身心特点的律师为其提供辩护。

【理解与适用】

本条根据《未成年人保护法》对《2012年解释》第四百七十二条的规定作出修改完善。

《未成年人保护法》第一百零四条规定："对需要法律援助或者司法救助的未成年人，法律援助机构或者公安机关、人民检察院、人民法院和司法行政部门应当给予帮助，依法为其提供法律援助或者司法救助。""法律援助机构应当指派熟悉未成年人身心特点的律师为未成年人提供法律援助服务。”“法律援助机构和律师协会应当对办理未成年人法律援助案件的律师进行指导和培训。”

本条规定的“审判时”宜理解为“立案时”，只要人民法院受理案件时系未成年被告人的，就属于应当提供法律援助的情形，即使开庭审理时其已经成年。

第五百六十五条　**未成年被害人及其法定代理人因经济困难或者其他原因没有委托诉讼代理人的，人民法院应当帮助其申请法律援助。**

【理解与适用】

本条沿用《2012 年解释》第四百七十三条的规定。

《刑事诉讼法》针对我国未成年被害人权益长期未得到应有重视的问题，对询问未成年被害人、证人作了特别规定。本条据此规定人民法院应当保障未成年被害人有权获得法律援助，体现对被害人权益的公平保护。需要注意的是，这里的法律援助不是法律规定的强制援助，人民法院帮助未成年被害人提出援助申请后，是否提供援助由法律援助机构决定。

第五百六十六条　**对未成年人刑事案件，人民法院决定适用简易程序审理的，应当征求未成年被告人及其法定代理人、辩护人的意见。上述人员提出异议的，不适用简易程序。**

【理解与适用】

本条沿用《2012 年解释》第四百七十四条的规定。

第五百六十七条 被告人实施被指控的犯罪时不满十八周岁，开庭时已满十八周岁、不满二十周岁的，人民法院开庭时，一般应当通知其近亲属到庭。经法庭同意，近亲属可以发表意见。近亲属无法通知、不能到场或者是共犯的，应当记录在案。

【理解与适用】

本条沿用《2012 年解释》第四百七十五条的规定。

1991 年《最高人民法院研究室关于未成年人犯罪案件法定代理人出庭及上诉问题的电话答复》规定，对于开庭时已满十八周岁的被告人，应当通知其原法定代理人到庭，但没有规定原法定代理人的诉讼权利。实践中各地法院做法不尽相同。有意见认为，对于开庭时年龄较大的被告人，完全可以自行辩护，通知原法定代理人到庭没有实际意义，且增加法院的工作负担，不必一律通知。经研究认为，审判时已满十八周岁的被告人，已能够独立行使诉讼权利，一律通知原法定代理人到庭不合实际，故《2012 年解释》作了修改，并赋予到庭的近亲属发表意见的权利。

第五百六十八条 对人民检察院移送的关于未成年被告人性格特点、家庭情况、社会交往、成长经历、犯罪原因、犯罪前后的表现、监护教育等情况的调查报告，以及辩护人提交的反映未成年被告人上述情况的书面材料，法庭应当接受。

必要时，人民法院可以委托社区矫正机构、共青团、社会组织等对未成年被告人的上述情况进行调查，或者自行调查。

【理解与适用】

本条根据《预防未成年人犯罪法》对《2012 年解释》第四百七十六条的规定作出修改完善，主要是对第二款规定的委托调查对象作了调整。

《预防未成年人犯罪法》第五十一条规定："公安机关、人民检察院、人民法院办理未成年人刑事案件，可以自行或者委托有关社会组织、机构对未成年犯罪嫌疑人或者被告人的成长经历、犯罪原因、监护、教育等情况进行社会调查；根据实际需要并经未成年犯罪嫌疑人、被告人及其法定代理人同意，可以对未成年犯罪嫌疑人、被告人进行心理测评。""社会调查和心理测评的报告可以作为办理案件和教育未成年人的参考。"

第五百六十九条　人民法院根据情况，可以对未成年被告人、被害人、证人进行心理疏导；根据实际需要并经未成年被告人及其法定代理人同意，可以对未成年被告人进行心理测评。

心理疏导、心理测评可以委托专门机构、专业人员进行。

心理测评报告可以作为办理案件和教育未成年人的参考。

【理解与适用】

本条根据《未成年人保护法》，结合司法实践反映的问题对《2012年解释》第四百七十七条的规定作出修改完善。

在未成年人案件审判中引入心理疏导和测评机制，是少年法庭贯彻未成年人保护法对未成年人"特殊、优先"保护的原则、保障未成年人在诉讼中各项合法权益的一项特色工作机制，有利于庭审的顺利进行，也能够为法院的公正裁判提供科学参考，为判后矫治提供科学依据。

征求意见过程中，有意见建议在本条增加规定："人民法院进行心理疏导、心理测评时，可以委托专门机构进行。"理由是：心理疏导和心理测评相对较为专业，明确法院可以委托专门机构进行，即专业的事交给专业的人做，效果更好；同时，因有的负责少年审判的法官并不具备心理学方面专业知识，明确可以委托专门机构进行，以避免该条款形同虚设。经研究，采纳上述意见，增加规定第二款。

《预防未成年人犯罪法》第五十一条规定："公安机关、人民检察院、人民法院办理未成年人刑事案件，可以自行或者委托有关社会组织、机构对未成年犯罪嫌疑人或者被告人的成长经历、犯罪原因、监护、教育等情况进行社会调查；根据实际需要并经未成年犯罪嫌疑人、被告人及其法定代理人同意，可以对未成年犯罪嫌疑人、被告人进行心理测评。”“社会调查和心理测评的报告可以作为办理案件和教育未成年人的参考。”基于此，本条第三款作了专门规定。

第五百七十条 开庭前和休庭时，法庭根据情况，可以安排未成年被告人与其法定代理人或者合适成年人会见。

【理解与适用】

本条基本沿用《2012 年解释》第四百七十八条的规定，仅对表述作了微调。

第三节 审 判

第五百七十一条 人民法院应当在辩护台靠近旁听区一侧为未成年被告人的法定代理人或者合适成年人设置席位。

审理可能判处五年有期徒刑以下刑罚或者过失犯罪的未成年人刑事案件，可以采取适合未成年人特点的方式设置法庭席位。

【理解与适用】

本条基本沿用《2012 年解释》第四百七十九条的规定，仅对表述作了微调。

“适合未成年人特点的方式设置法庭席位”，主要是指通常所称的圆桌审判方式。目前，许多法院少年法庭采用圆桌审判方式，效果良好。我们认为，对圆桌审判的适用范围作出规定，非常有必要。实行圆桌审判的宗旨，主要是营造宽松、和谐的庭审氛围，减少未成年被告人的恐惧和抵触心理，促使其顺利接受审判和教育改造。对于那些主观恶性深，多次犯罪且手段极端，社会危害性大，后果非常严重的未成年被告人，应当体现法律和法庭的威严，不宜适用圆桌审判。因此，本条规定圆桌审判方式只适用于可能判处五年有期徒刑以下刑罚的犯罪或者过失犯罪的未成年人刑事案件。

此外，《2012 年解释》第四百八十条规定："在法庭上不得对未成年被告人使用戒具，但被告人人身危险性大，可能妨碍庭审活动的除外。必须使用戒具的，在现实危险消除后，应当立即停止使用。"鉴于《解释》第三百零五条已作相应要求，故删去上述规定。

第五百七十二条 **未成年被告人或者其法定代理人当庭拒绝辩护人辩护的，适用本解释第三百一十一条第二款、第三款的规定。**

重新开庭后，未成年被告人或者其法定代理人再次当庭拒绝辩护人辩护的，不予准许。重新开庭时被告人已满十八周岁的，可以准许，但不得再另行委托辩护人或者要求另行指派律师，由其自行辩护。

【理解与适用】

本条沿用《2012 年解释》第四百八十一条的规定。

1. 对于未成年人及其法定代理人第一次拒绝辩护，无论是拒绝委托辩护还是指派的律师辩护，要求另行委托或者另行指派辩护的，法庭都应当准许。

2. 重新开庭后，未成年被告人或者其法定代理人再次当庭拒绝辩护人辩护的，则不问理由，不再准许。但如果重新开庭时被告人已满十八周岁的，可以准许。

第五百七十三条 法庭审理过程中，审判人员应当根据未成年被告人的智力发育程度和心理状态，使用适合未成年人的语言表达方式。

发现有对未成年被告人威胁、训斥、诱供或者讽刺等情形的，审判长应当制止。

第五百七十四条 控辩双方提出对未成年被告人判处管制、宣告缓刑等量刑建议的，应当向法庭提供有关未成年被告人能够获得监护、帮教以及对所居住社区无重大不良影响的书面材料。

【理解与适用】

以上两条基本沿用《2012年解释》第四百八十二条、第四百八十三条的规定，仅在第五百七十三条第二款对表述作了微调。

第五百七十五条 对未成年被告人情况的调查报告，以及辩护人提交的有关未成年被告人情况的书面材料，法庭应当审查并听取控辩双方意见。上述报告和材料可以作为办理案件和教育未成年人的参考。

人民法院可以通知作出调查报告的人员出庭说明情况，接受控辩双方和法庭的询问。

【理解与适用】

本条根据司法实践反映的问题对《2012年解释》第四百八十四条的规定作出修改完善，增加第二款规定。

实践中，法庭通知社会调查员出庭说明其作出的社会调查报告，并接受控辩双方和法庭的询问已成为一种效果较好的审查方式。社会调查员当庭对控辩双方和法庭就调查程序、报告内容、形式等提出的疑问进行解释说明，对开展的具体工作进行更详细的介绍，有利于法庭对社会调查报告进行全面、客观的审查。鉴于未成年人社会调查报告内容很丰富，有的可能很长，法庭调查前，控辩双方通常都已收到调查报告的书面材料，基本上没有当庭宣读的必要性，但可以让调查人员出庭就调查的过程和结果作必要的说明，并接受控辩双方和法庭的询问。基于此，本条第二款的表述是“出庭说明调查情况”而非“宣读调查报告”。

征求意见过程中，有意见建议在本条第二款中增加规定“社会调查员出庭作证，参照适用本解释关于有专门知识的人出庭作证的相关规定”。理由是：本条第一款规定了“调查报告可以作为量刑的参考”，直接关系到未成年被告人的人身权利。故从充分保护未成年被告人的角度出发，对于社会调查员出庭的，也应作出相关的程序规定。同时，为避免篇幅过于冗长，建议规定参照适用有专门知识的人出庭的相关条文。经研究认为，作出社会调查报告的人员的角色定位有别于有专门知识的人，其出庭的程序也应不同于有专门知识的人。关于相关人员的出庭具体操作，可以交由司法实践裁量把握。

第五百七十六条　法庭辩论结束后，法庭可以根据未成年人的生理、心理特点和案件情况，对未成年被告人进行法治教育；判决未成年被告人有罪的，宣判后，应当对未成年被告人进行法治教育。

对未成年被告人进行教育，其法定代理人以外的成年亲属或者教师、辅导员等参与有利于感化、挽救未成年人的，人民法院应当邀请其参加有关活动。

适用简易程序审理的案件，对未成年被告人进行法庭教育，适用前两款规定。

【理解与适用】

本条根据《预防未成年人犯罪法》对《2012年解释》第四百八十五条的规定作出修改完善。

《预防未成年人犯罪法》第五十条规定：“公安机关、人民检察院、人民法院办理未成年人刑事案件，应当根据未成年人的生理、心理特点和犯罪的情况，有针对性地进行法治教育。”“对涉及刑事案件的未成年人进行教育，其法定代理人以外的成年亲属或者教师、辅导员等参与有利于感化、挽救未成年人的，公安机关、人民检察院、人民法院应当邀请其参加有关活动。”据此，本条作了相应调整。

法庭教育可以在法庭调查和辩论结束之后进行，但有罪教育必须在宣判后。实践中需要注意的是：（1）如果在宣判之前已进行法庭教育的，宣判有罪后不必再行教育；如果宣判前没有进行教育，则宣判有罪后必须进行教育。（2）被告人及其法定代理人或者辩护人提出无罪意见的，在庭审中不进行法庭教育，但是判决宣告有罪后仍然要进行教育。（3）对未成年被告人进行教育，其法定代理人以外的成年亲属或者教师、辅导员等参与有利于感化、挽救未成年人的，人民法院应当邀请其参加有关活动。（4）法庭教育，可以围绕违法行为对社会的危害和应当受到处罚的必要性、导致违法行为发生的主客观原因及应当吸取的教训、正确对待人民法院的裁判等内容进行。（5）适用简易程序的案件，也应当进行法庭教育。

第五百七十七条 未成年被告人最后陈述后，法庭应当询问其法定代理人是否补充陈述。

【理解与适用】

本条沿用《2012年解释》第四百八十六条的规定。

第五百七十八条 对未成年人刑事案件，宣告判决应当公开进行。

对依法应当封存犯罪记录的案件，宣判时，不得组织人员旁听；有旁听人员的，应当告知其不得传播案件信息。

【理解与适用】

本条基本沿用《2012年解释》第四百八十七条的规定，仅删去了“但不得采取召开大会等形式”的表述。

征求意见过程中，有意见建议增加宣判时被告人未满十八周岁和被告人被判处五年有期徒刑以下刑罚的，应当不公开宣判的相关内容。经研究认为，宣判应当一律公开进行，但可以根据情况组织旁听，故上述意见于法无据，未予采纳。

第五百七十九条 定期宣告判决的未成年人刑事案件，未成年被告人的法定代理人无法通知、不能到场或者是共犯的，法庭可以通知合适成年人到庭，并在宣判后向未成年被告人的成年亲属送达判决书。

【理解与适用】

本条基本沿用《2012年解释》第四百八十八条的规定，仅对表述作了微调。

适用本条应当注意的是，合适成年人到庭旁听宣判的，法庭在宣判后应当向未成年被告人的成年亲属送达判决书，但可以不向其他代表送达判决书。

第四节 执 行

第五百八十条 将未成年罪犯送监执行刑罚或者送交社区矫正时，人民法院应当将有关未成年罪犯的调查报告及其在案件审理中的表现材料，连同有关法律文书，一并送达执行机关。

【理解与适用】

本条沿用《2012年解释》第四百八十九条的规定。

将调查报告及其他表现材料一并送达执行机关，有利于执行机关了解未成年罪犯的情况，有针对性地制定教育、矫治方案。

第五百八十一条 犯罪时不满十八周岁，被判处五年有期徒刑以下刑罚以及免予刑事处罚的未成年人的犯罪记录，应当封存。

司法机关或者有关单位向人民法院申请查询封存的犯罪记录的，应当提供查询的理由和依据。对查询申请，人民法院应当及时作出是否同意的决定。

【理解与适用】

本条基本沿用《2012年解释》第四百九十条第一款、第三款的规定，仅将“免除刑事处罚”调整为“免予刑事处罚”。

1. 未成年人轻罪犯罪记录封存制度的适用范围，包括未成年被告人被判处五年以下有期徒刑、拘役、管制、单处罚金、驱逐出境以及免予刑事处罚的情形。需要注意的是，对于判决依法不负刑事责任、免予追究刑事责任的未成年人的行为记录，虽然不是犯罪记录，但属于未成年人的不良行为记录，也应当封存。

需要注意的是，《预防未成年人犯罪法》第五十九条第二款已经将未成年人接受专门矫治教育、专门教育的记录，以及被行政处罚、采取刑事强制措施和不起诉的记录，纳入封存范围。

2. 被判处五年有期徒刑以下刑罚，并且正在管制服刑期间或者缓刑、假释考验期内的未成年人犯罪记录，是否应当封存？经研究认为，由于行为人人身自由没有被剥夺，只是受到一定限制，可能面临就学、就业的问题，在此期间是否报告所受刑事处罚对行为人有重大影响。虽然《刑事诉讼法》没有明确规定，但为最大程度地消除刑事处罚记录给未成年人带来的不利影响，更全面保护其权益，其犯罪记录也应当封存。

3. 行为人在十八周岁前后连续实施数个行为，构成一罪，被判处五年有期徒刑以下刑罚的，能否适用前科封存的规定？我们认为，行为人连续实施数个行为构成一罪的，如盗窃、诈骗或者抢劫等，犯罪数额累计计算，定罪量刑是综合衡量数个行为后作出的，其十八周岁之前的行为没有作单独评价，无法进行封存，不适用前科封存的规定。但是，如果行为人的主要犯罪事实发生在十八周岁之前，而单独衡量十八周岁之后的行为不能构成犯罪的，人民法院可以决定封存。人民法院决定封存的，应当书面通知当事人、诉讼参与人和其他负有封存义务的机关。

4. 被封存犯罪记录的未成年人被发现有新的犯罪事实，其犯罪记录是否应当解除封存？经研究认为，法律没有明确规定，一般不得解除封存。但也有例外情形：一是未成年人在服刑期间发现漏罪或者再犯新罪，如果漏罪、新罪都是其十八周岁之前实施，且与被封存记录之罪数罪并罚后被决定执行五年有期徒刑以上刑罚的，则被封存的犯罪记录应当解除封存。二是如果未成年人服刑期满后发现其在十八周岁之前尚有其他犯罪事实或者重新犯罪的，新判决确定的刑期与被封存之罪的刑期之和超过五年的，人民法院可以根据情况决定是否解除封存。

5. 前科记录被封存后，司法机关为办案需要，或者有关单位根据国家规定，可以提请查询。根据《刑法》第九十六条的规定，“国家规定”指全国人民代表大会及其常委会制定的法律和决定，国务院制定的行政法规、规定的行政措施、发布的决定和命令，不包括部门规章和地方性法规。例如，现行有效的《公务员法》《法官法》《检察官法》《警察法》《律师法》《教师法》《执业医师法》等法律以及相关法规、规定，对曾受过刑事处罚的人就业作出严格的限制性规定，有关单位可以依据上述国家规定查询。

6. 有条件的人民法院，可以建立专门的未成年犯罪人案卷资料库，对应当封存的案卷标注密级，单独管理，同时对相关电子信息加密管理。司法机关为办案需要，或者有关单位根据国家规定提请查询犯罪记录的，经人民法院审查后，可以查询相关记录。需要注意的是，查询的是犯罪记录，而不是案卷材料。

7. 对于 2012 年 12 月 31 日以前审结的案件，符合封存条件的未成年人犯罪记录，也应当封存。当然，封存的方式可以灵活掌握，考虑到现实情况，案卷可以不必一律单独存放或者单独标记，只需做到对犯罪记录保密，非因法定事由，不提供查询即可。

第五百八十二条 人民法院可以与未成年犯管教所等服刑场所建立联系，了解未成年罪犯的改造情况，协助做好帮教、改造工作，并可以对正在服刑的未成年罪犯进行回访考察。

第五百八十三条 人民法院认为必要时，可以督促被收监服刑的未成年罪犯的父母或者其他监护人及时探视。

第五百八十四条 对被判处管制、宣告缓刑、裁定假释、决定暂予监外执行的未成年罪犯，人民法院可以协助社区矫正机构制定帮教措施。

第五百八十五条 人民法院可以适时走访被判处管制、宣告缓刑、免予刑事处罚、裁定假释、决定暂予监外执行等的未成年罪犯及其家庭，了解未成年罪犯的管理和教育情况，引导未成年罪犯的家庭承担管教责任，为未成年罪犯改过自新创造良好环境。

第五百八十六条 被判处管制、宣告缓刑、免予刑事处罚、裁定假释、决定暂予监外执行等的未成年罪犯，具备就学、就业条件的，人民法院可以就其安置问题向有关部门提出建议，并附送必要的材料。

【理解与适用】

以上五条沿用《2012年解释》第四百九十一条至第四百九十五条的规定。

第二十三章 当事人和解的公诉案件诉讼程序

2012年《刑事诉讼法》增设当事人和解的公诉案件诉讼程序。为充分发挥和解程序功能，有效化解社会矛盾，同时规范法律适用，防止出现“花钱买刑”等损害司法公正的问题，《2012年解释》对和解程序的具体适用作了较为全面的规定。本章沿用《2012年解释》第二十一章“当事人和解的公诉案件诉讼程序”有关条文，仅对被害人死亡情形下近亲属与被告人和解的问题作了适当完善。

第五百八十七条 对符合刑事诉讼法第二百八十八条规定的公诉案件，事实清楚、证据充分的，人民法院应当告知当事人可以自行和解；当事人提出申请的，人民法院可以主持双方当事人协商以达成和解。

根据案件情况，人民法院可以邀请人民调解员、辩护人、诉讼代理人、当事人亲友等参与促成双方当事人和解。

【理解与适用】

本条沿用《2012年解释》第四百九十六条的规定。

1. 和解程序的适用条件。对于适用当事人和解程序的案件，除必须符合《刑事诉讼法》第二百八十八条规定的条件外，还应当满足事实清楚、证据充分的要求。主要考虑：根据《刑事诉讼法》的规定，当事人和解在刑事诉讼的侦查、起诉和审判阶段都可以适用。从确保案件质量的角度，为了避免出现错误，应当要求当事人和解满足一定的事实、证据要求。考虑到适用当事人和解程序的案件，均是被告人认罪的案件，因此可以参照《刑事诉讼法》有关简易程序适用条件的规定，即“案件事实清楚、证据充分”。如果证据不足，不能认定被告人有罪的，不能适用当事人和解程序。

2. 和解程序的适用范围。为了避免滥用当事人和解导致不良后果，立足宽严相济刑事政策的基本要求，《刑事诉讼法》从犯罪的社会危害性与犯罪人的人身危险性两个层面对当事人和解程序的适用范围作出了必要的限定，即只有因民间纠纷引起的主要侵害个体法益的轻罪案件（即涉嫌《刑法》分则第四章、第五章规定的犯罪案件，可能判处三年有期徒刑以下刑罚的）以及除渎职犯罪以外的可能判处七年有期徒刑以下刑罚的过失犯罪案件，才可以适用当事人和解程序。此外，如果被告人在五年以内曾经故意犯罪的，也不适用当事人和解程序。

（1）对于什么是“民间纠纷”，1990 年司法部发布的《民间纠纷处理办法》第三条规定：“基层人民政府处理民间纠纷的范围，为《人民调解委员会组织条例》规定的民间纠纷，即公民之间有关人身、财产权益和其他日常生活中发生的纠纷。”在《2012 年解释》征求意见过程中，不少意见建议对民间纠纷进行界定。经研究认为，对于《刑事诉讼法》规定的民间纠纷的内涵，尚有不同意见，若从民事角度对民间纠纷进行明确界定，反而不利于部分刑事案件的处理。比如盗窃案件，可能并不涉及公民之间有关人身、财产权益和其他日常生活中发生的纠纷，但似也可以和解。因此，不对民间纠纷予以明确，为法官留下解释空间，更有利于化解矛盾，促进社会和谐。

（2）对于如何理解“可能判处三年有期徒刑以下的刑罚”，应当结合案件具体情节以及司法审判惯例进行评价，而不能仅以法定最高刑是否为三年作为标准。一般而言，在不考虑和解的情况下，根据被告人的犯罪事实、情节，应当判处的刑罚在三年有期徒刑以下的，就可以适用和解程序。比如，被告人参与故意伤害犯罪致人重伤，法定刑是三年以上十年以下有期徒刑，但其系从犯，依法应当判处的刑罚是二年有期徒刑左右，此时，对该被告人就可适用和解程序。

3. 人民法院可以主持协商以达成和解。《刑事诉讼法》第二百八十九条规定，双方当事人和解的，人民法院应当听取当事人和其他有关人员的意见，对和解的自愿性、合法性进行审查，并主持制作和解协议书。既然需要人民法院主持制作和解协议书，那么，人民法院也可以主持协商以达成和解。主要考虑：

（1）符合立法精神。《刑事诉讼法》规定公检法机关应当主持制作和解协议书，而主持制作和解协议书的过程，实质上也包含了主持双方进行有效沟通，促成双方达成和解协议，并对协议具体内容进行审查把关的内容。规定双方当事人可以申请人民法院主持协商以达成和解，并未违反立法精神。

（2）符合现实国情。在当前现实国情下，刑事案件的加害方和被害方往往缺乏有效沟通的渠道，且有些还处于对立状态，缺乏互信，如果审判人员没有释法明理，没有从中斡旋、调和，不能有效增进双方的理解和信任的话，双方当事人很难自行和解。至少在现阶段，法院主持协商以达成和解仍然是必要的，这是人民法院践行能动司法理念的体现，也可以解除审判人员的顾虑，做好社会矛盾化解工作。

同时，应当强调的是，人民法院主持协商以达成和解，应当坚持自愿、合法原则，应当恪守中立，充分发挥人民调解员、辩护人、诉讼代理人、当事人亲友等的作用，尽可能由第三方而不是由法院促成双方当事人和解。

近年来，一些地方在探索轻微刑事案件和解过程中，开展了委托人民调解组织等社会力量主持、促成和解的实践，取得了很好的成效，既节约了司法资源，也避免了“强迫和解”损害人民法院中立形象等问题。2012年《刑事诉讼法》修改后，由于法律规定和解协议必须在公检法机关主持下制作，有的方面对能否继续委托人民调解组织促成和解产生疑问。经研究认为，《刑事诉讼法》第二百八十九条只是要求和解协议必须在公检法机关主持下制作，并未限定在促成和解过程中不能借助社会力量；鉴于以往的实践经验，对符合条件的案件，可以继续邀请人民调解员、基层组织代表等参与协商工作，促成双方当事人和解。但是，鉴于公诉案件的和解与刑事处罚密切相关，人民法院不宜将案件委托给人民调解组织处理，而自己置之不理。在人民调解员、辩护人、诉讼代理人、当事人亲友等参与促成下，双方当事人达成和解的，应当按照法律规定，由审判人员在听取当事人和其他有关人员意见基础上，对和解的自愿性、合法性进行审查，并主持制作和解协议书。

第五百八十八条　符合刑事诉讼法第二百八十八条规定的公诉案件，被害人死亡的，其近亲属可以与被告人和解。近亲属有多人的，达成和解协议，应当经处于最先继承顺序的所有近亲属同意。

被害人系无行为能力或者限制行为能力人的，其法定代理人、近亲属可以代为和解。

【理解与适用】

本条根据司法实践反映的问题对《2012年解释》第四百九十七条的规定作出修改完善。

关于近亲属的范围，依照《刑事诉讼法》第一百零八条第六项的规定，包括夫、妻、父、母、子、女、同胞兄弟姊妹，分别处于不同继承顺序。对于存在第一顺序继承人的情形，第一序位的近亲属未同意和解的，即使第二继承顺序的全部近亲属全部同意和解，也无权和被告人达成和解协议。基于此，本条第一款专门规定“近亲属有多人的，达成和解协议，应当经处于最先继承顺序的所有近亲属同意”。

第五百八十九条 被告人的近亲属经被告人同意，可以代为和解。

被告人系限制行为能力人的，其法定代理人可以代为和解。

被告人的法定代理人、近亲属依照前两款规定代为和解的，和解协议约定的赔礼道歉等事项，应当由被告人本人履行。

【理解与适用】

本条基本沿用《2012年解释》第四百九十八条的规定，仅对表述作了微调。

第五百九十条 对公安机关、人民检察院主持制作的和解协议书，当事人提出异议的，人民法院应当审查。经审查，和解自愿、合法的，予以确认，无需重新制作和解协议书；和解违反自愿、合法原则的，应当认定无效。和解协议被认定无效后，双方当事人重新达成和解的，人民法院应当主持制作新的和解协议书。

【理解与适用】

本条基本沿用《2012 年解释》第四百九十九条的规定，仅对表述作了微调。

对于公安机关、人民检察院主持制作的和解协议书，如果没有相反证据，应当直接确认和解协议的自愿性、合法性以及和解协议内容的真实性，故案件起诉至人民法院后，人民法院不宜主动对和解协议书的自愿性、合法性进行审查。但是，当事人对和解协议书的自愿性、合法性提出异议的，人民法院应当进行审查。经审查，和解自愿、合法的，予以确认，无需重新制作和解协议书；和解不具有自愿性、合法性的，应当认定无效。认定和解协议无效的，无须制作专门法律文书认定和解无效或者撤销和解协议，只需在裁判文书中客观叙述，不认定双方当事人已达成和解协议即可。当然，和解协议被认定无效后，人民法院可以主持双方当事人协商以重新达成和解。

第五百九十一条　审判期间，双方当事人和解的，人民法院应当听取当事人及其法定代理人等有关人员的意见。双方当事人在庭外达成和解的，人民法院应当通知人民检察院，并听取其意见。经审查，和解自愿、合法的，应当主持制作和解协议书。

【理解与适用】

本条沿用《2012 年解释》第五百条的规定。

为了避免当事人违法达成和解协议，或者达成和解协议的内容违法，根据《刑事诉讼法》的规定，人民法院应当对当事人和解的自愿性、合法性进行审查，而后主持制作和解协议书。理解和适用本条，需要着重把握如下几个问题：

1. 审查的方式和内容。主要是通过听取当事人和其他有关人员意见的方式，确认双方当事人是否自愿达成和解协议，和解协议的内容是否合法。关于听取意见的人员范围，不作统一规定，可以根据案件情况掌握。关于和解协议内容合法性的审查，需要综合相关法律法规以及社会公序良俗予以认定，不能简单地认为，超出了法定的赔偿范围和标准，就不合法。

2. 和解协议书的证明力。由于当事人和解是重要的量刑情节，和解协议书原则上应当在法庭上出示，并进行质证，查证属实后才能作为量刑的证据。但是，对于双方当事人在开庭后才达成和解的，可以庭外征求人民检察院的意见，而不必再次开庭举证、质证。

第五百九十二条 和解协议书应当包括以下内容：

（一）被告人承认自己所犯罪行，对犯罪事实没有异议，并真诚悔罪；

（二）被告人通过向被害人赔礼道歉、赔偿损失等方式获得被害人谅解；涉及赔偿损失的，应当写明赔偿的数额、方式等；提起附带民事诉讼的，由附带民事诉讼原告人撤回起诉；

（三）被害人自愿和解，请求或者同意对被告人依法从宽处罚。

和解协议书应当由双方当事人和审判人员签名，但不加盖人民法院印章。

和解协议书一式三份，双方当事人各持一份，另一份交人民法院附卷备查。

对和解协议中的赔偿损失内容，双方当事人要求保密的，人民法院应当准许，并采取相应的保密措施。

【理解与适用】

本条基本沿用《2012年解释》第五百零一条的规定，仅在第一款第二项将“撤回附带民事诉讼”调整为“撤回起诉”。

1. 和解协议书能否涉及被告人的量刑问题。一些意见主张和解协议中应当包含被害人对被告人表示谅解并同意对其从宽处罚的内容；而反对意见认为，量刑是司法机关的权限，不容许当事人之间协商。经研究认为，和解与量刑密切相关，双方当事人有权就赔偿与量刑的关系问题进行协商，并在和解协议中写明被害人请求或者同意对被告人从宽处罚的内容，但双方当事人不宜对量刑作出具体、明确的约定，否则对司法机关没有约束力。

2. 和解协议书是否由审判人员签名。主持制作和解协议书的审判人员应当以制作人员的身份签名或者署名，以示负责，也表明和解协议书的真实性、合法性。

3. 和解协议书是否加盖人民法院印章。有意见认为，既然和解协议书是由人民法院主持制作的，就应当加盖人民法院印章，以凸显和解协议的严肃性和权威性；加盖人民法院印章后，和解协议在性质上就属于裁判文书的一种，可以作为强制执行的对象。经研究认为，尽管法律规定和解协议必须在公检法机关主持下制作，但和解毕竟是双方当事人的行为，不能加盖人民法院印章，也不能作为强制执行的依据，否则便混淆了和解与调解的界限。和解协议系经公检法机关主持制作，可以通过在协议中写明主持制作协议书的公安、司法人员姓名的方式加以解决；为确保和解协议约定的赔偿损失等内容能得到切实履行，可规定和解协议必须即时履行。

4. 和解协议内容是否可以保密。有意见提出，经济赔偿的目的在于有效补偿被害人的物质和精神损失，而非以金钱换取刑罚的减免，使被告人"花钱消灾"，因此，建议对当事人和解的赔偿数额作出原则性规定。一方面，避免使社会公众产生"只要有钱不怕犯罪"的误解；另一方面，摒除被害人"漫天要价"的投机心理，保持《刑法》的严肃性和权威性。经研究，和解赔偿的数额确实普遍比判决赔偿的数额要高，法律也因此对和解从宽作了特别规定。只要双方完全出于自愿，被告人经济条件允许，就不宜作过多限制、干涉，以充分保障被害人合法权益。但是，为避免被害人漫天要价，互相攀比，也避免被社会误读为"花钱买刑"，对和解协议中的赔偿损失内容可以保密，但对于双方当事人达成和解协议这一事实，不能保密。

5. 和解协议何时生效。可以参照民事契约的规定，和解协议书自双方当事人签名之日起生效。实践中，如果双方当事人事先达成了口头的和解协议，但在主持制作和解协议书的过程中，一方当事人反悔并拒绝在和解协议书上签字的，应当认为双方当事人未达成和解协议。

第五百九十三条　**和解协议约定的赔偿损失内容，被告人应当在协议签署后即时履行。**

和解协议已经全部履行，当事人反悔的，人民法院不予支持，但有证据证明和解违反自愿、合法原则的除外。

【理解与适用】

本条沿用《2012年解释》第五百零二条的规定。

1.和解协议应当即时履行。和解协议约定的赔礼道歉等内容，无疑应当在协议签订之前或者之时就要履行完毕，这是表明被告人真诚悔罪的基础。但和解协议中的赔偿损失内容，应当何时履行？对此问题存在较大认识分歧：一种观点认为，和解协议约定的赔偿损失内容，一般应当即时履行，但被害方自愿接受延期履行、分期履行的，也应当允许；另一种观点认为，和解协议应当即时履行。经研究，《解释》确立了和解协议约定的赔偿内容应当在协议签署后即时履行的原则。主要理由是：

（1）和解协议即时履行，对被告人从宽处罚就有了牢固的基础。和解是重要的量刑情节，必须确定无疑。如果允许延期履行、分期履行和解协议约定的赔偿损失内容，将会使人民法院对被告人的从宽处罚建立在不确定的基础上，也会使被害方的合法权益难以得到切实保障；一旦被告人获得从宽处罚后，拒不履行或者不全部履行赔偿义务，受上诉不加刑原则所限，二审法院不能加重其刑罚；同时，由于是当事人之间达成的和解协议，也不能作为强制执行的依据，这样，无疑会损害裁判权威，引发被害方申诉等问题，使法院工作陷入被动。

（2）和解协议即时履行，可以更好地发挥公检法机关化解社会矛盾的合力。如果双方当事人在侦查、审查起诉阶段达成和解协议且即时履行完毕，被害方通常就不会在审判环节又提起附带民事诉讼。这无疑有助于减少不必要的重复劳动，减轻审判环节的负担。

（3）和解协议即时履行，可以有效杜绝反悔现象。和解协议应当即时履行，原则上就要求赔偿款到位后才签署和解协议，这就可以有效杜绝反悔现象，也可以在很大程度上解决如何看待和解协议的效力、和解协议能否作为强制执行依据等问题。

对于被告方提供了相应担保，被害方自愿同意延期履行、分期履行，如果有附带民事诉讼的，可以根据《解释》第五百九十五条的规定，依法制作附带民事调解书，以保障被害人权益。同时，法院可依法对被告人酌情从轻处罚，但不得根据《刑事诉讼法》第二百七十九条的规定对其减轻、免除处罚。

2.和解协议履行后不得反悔。和解协议签署后能否反悔？对此问题也存在较大认识分歧。从审判实践角度看，当然希望当事人双方达成和解协议后，能信守协议，不能随意反悔；但从理论上说，和解毕竟只是双方当事人的合意，无法绝对禁止反悔。经研究认为，司法解释应当坚持正确的价值取向，大力鼓励、倡导诚信，只要和解协议已经全部履行，原则上就不得反悔。据此，本条明确规定和解协议全部履行后就不得反悔，不仅有利于倡导诚信，遏制个别被害人投机取巧的心理，有利于被告人尽快筹措资金，及早履行赔偿义务，有利于各方积极促成和解，及时化解矛盾纠纷，也有利于减少法官的顾虑，增强法官做好刑事和解及赔偿工作的积极性、主动性，以尽快恢复和谐的社会关系。

第五百九十四条　双方当事人在侦查、审查起诉期间已经达成和解协议并全部履行，被害人或者其法定代理人、近亲属又提起附带民事诉讼的，人民法院不予受理，但有证据证明和解违反自愿、合法原则的除外。

【理解与适用】

本条沿用《2012年解释》第五百零三条的规定。

本条确立了和解协议全部履行后不得反悔的原则。主要考虑：一是和解后还到人民法院起诉违背了诚信原则，易被人钻法律漏洞，增加法院不必要的工作量，不利于双方当事人在侦查、审查起诉阶段早和解、早化解矛盾，也会挫伤公安、检察人员主持和解的积极性，故原则上不予支持。二是不予受理的前提条件是已经全部履行和解协议约定的赔偿义务。是否已经全部履行和解协议约定的赔偿义务，在立案审查时就可以审查判断。如果要求已经赔偿“被害人的全部物质损失”，在立案时就难以判断，只有经过法庭审理，才能确定是否已经赔偿被害人的全部物质损失。这必将导致是否立案的争议。三是如果被害人提出证据证明和解确实违反了自愿、合法原则，则法院可以受理。当然，如果出现了签署和解协议时不能预见的情况，比如，当时伤情稳定，但后来伤情恶化，增加了大量医疗费，被害人以新的事实起诉要求增加赔偿费用的，人民法院可以受理；如果和解协议确实显失公平，被害人以和解违反合法原则起诉的，人民法院也可以受理。

第五百九十五条 被害人或者其法定代理人、近亲属提起附带民事诉讼后，双方愿意和解，但被告人不能即时履行全部赔偿义务的，人民法院应当制作附带民事调解书。

【理解与适用】

本条沿用《2012年解释》第五百零四条的规定。

被害人在审判阶段提起附带民事诉讼后，又与被告人和解的，应当如何处理，目前认识不一。经研究认为，对于双方达成和解协议且即时履行的，应当在和解协议中写明由附带民事诉讼原告人撤回附带民事诉讼；双方虽然愿意和解，但被告人不能即时履行全部赔偿义务的，人民法院不宜制作和解协议书，而是应当制作附带民事调解书。法院可依法对被告人酌情从轻处罚，但不得根据《刑事诉讼法》第二百九十条的规定对其减轻、免除处罚。

第五百九十六条 对达成和解协议的案件，人民法院应当对被告人从轻处罚；符合非监禁刑适用条件的，应当适用非监禁刑；判处法定最低刑仍然过重的，可以减轻处罚；综合全案认为犯罪情节轻微不需要判处刑罚的，可以免予刑事处罚。

共同犯罪案件，部分被告人与被害人达成和解协议的，可以依法对该部分被告人从宽处罚，但应当注意全案的量刑平衡。

【理解与适用】

本条沿用《2012年解释》第五百零五条的规定。

1. 对达成和解协议的案件，人民法院应当对被告人从轻处罚。《刑事诉讼法》规定的“从宽处罚”，应当包括从轻、减轻和免除处罚。因此，对达成和解协议的案件，起码应当对被告人从轻处罚。“应当从轻”是底限要求，与“可以从轻、减轻、免除处罚”的宽大选项并不冲突。而且，由于和解案件中的被告人具有认罪、悔罪、赔偿损失、取得被害人谅解等诸多从轻情节，如果不是“应当从轻”处罚，反而可能会有不鼓励和解的负面导向。

2. 符合非监禁刑适用条件的，应当适用非监禁刑。主要考虑：和解案件主要适用于情节较轻、恶性较小的轻刑案件，被告人又具有认罪、悔罪、赔偿损失、取得被害人谅解等诸多从轻情节，如果还符合缓刑、管制等非监禁刑适用条件的，确实没有理由不适用非监禁刑。明确作此规定，有利于双方当事人充分预见和解的法律后果，有利于鼓励被告人及其家属积极赔偿，也有利于解除审判人员的后顾之忧，使其更加放心地释法明理，做好和解工作，以实现更加和谐的司法。当然，如果综合全案考虑，对被告人依法不能适用非监禁刑的，只需说明被告人不符合非监禁刑适用条件即可。

3. 判处法定最低刑仍然过重的，可以减轻处罚。在《2012 年解释》起草过程中，对于达成和解的案件能否减轻处罚的问题，意见分歧较大。经研究认为，在程序法上规定从宽处罚情节，确属罕见，但《刑事诉讼法》作为基本法律，其规定的“从宽处罚”，绝非简单的政策导向，应当具有实质的法律含义。“从宽”的内涵显然大于“从轻”，立法之所以使用“从宽”，正是为了明确对被告人可以减轻，甚至免除处罚。立法机关编著的有关资料也明确，“从宽处罚”包括减轻处罚。[①] 因此，应当视为《刑事诉讼法》第二百七十九条规定了和解从宽的法定量刑情节，人民法院据此对被告人减轻处罚的，应当援引该条文作为法律依据，无须层报最高人民法院核准。

4. 综合全案认为犯罪情节轻微不需要判处刑罚的，可以免予刑事处罚。前已述及，从宽的含义，不仅包括从轻、减轻，还包含了免除刑事处罚的含义。故对于双方当事人达成和解，综合全案认为犯罪情节轻微不需要判

① 全国人大常委会法制工作委员会刑法室编著：《〈关于修改刑事诉讼法的决定〉释解与适用》，人民法院出版社 2012 年版，第 285~286 页。

处刑罚的，可以免除刑事处罚，主要考虑：一是此前各地在改革探索中对类似情况已经有类似的处理做法，并且取得了较好的效果；二是在立法规定人民检察院在类似情况下可以作出不起诉决定的基础上，允许人民法院在同样情况下对被告人免予刑事处罚，有助于促进双方当事人在审判环节达成和解。在此情形下，人民法院宜同时援引《刑法》第三十七条和《刑事诉讼法》第二百九十条作为对被告人免予刑事处罚的法律依据。

第五百九十七条 **达成和解协议的，裁判文书应当叙明，并援引刑事诉讼法的相关条文。**

【理解与适用】

本条基本沿用《2012年解释》第五百零六条的规定，仅将“作出叙述”调整为“叙明”。

和解程序案件应当在裁判文书中体现相关内容，这不仅是依法办案的必然要求，也是确保当事人服判息诉的重要保障。据此，在案件裁判文书的裁判理由部分，可以采用如下方式进行表述：被告人自愿真诚悔罪，通过向被害人赔偿损失、赔礼道歉（或其他方式）获得被害人谅解，被害人自愿和解，双方当事人达成了和解协议，故依法对被告人从轻处罚（或减轻处罚，或免予刑事处罚）。在裁判依据部分，除援引相关《刑法》条文外，还应当援引《刑事诉讼法》第二百九十条作为对被告人从轻、减轻或者免予刑事处罚的法律依据。

第二十四章　缺席审判程序

《刑事诉讼法修改决定》在《刑事诉讼法》第五编“特别程序”中增设缺席审判程序。本章系新增章节，根据《刑事诉讼法修改决定》的规定，对缺席审判程序的有关问题作出明确。需要提及的是，根据《刑事诉讼法》的规定，本章仅构建了缺席审判程序的基本框架。鉴于缺席审判程序需要在探索中逐步积累经验，其司法适用的具体问题将另行通过专门司法解释作出更为细化、明确的规定。

第五百九十八条　对人民检察院依照刑事诉讼法第二百九十一条第一款的规定提起公诉的案件，人民法院应当重点审查以下内容：

（一）是否属于可以适用缺席审判程序的案件范围；

（二）是否属于本院管辖；

（三）是否写明被告人的基本情况，包括明确的境外居住地、联系方式等；

（四）是否写明被告人涉嫌有关犯罪的主要事实，并附证据材料；

（五）是否写明被告人有无近亲属以及近亲属的姓名、身份、住址、联系方式等情况；

（六）是否列明违法所得及其他涉案财产的种类、数量、价值、所在地等，并附证据材料；

（七）是否附有查封、扣押、冻结违法所得及其他涉案财产的清单和相关法律手续。

前款规定的材料需要翻译件的，人民法院应当要求人民检察院一并移送。

【理解与适用】

本条系新增条文，规定了人民法院立案审查的重点内容。

《人民检察院刑事诉讼规则》第五百零五条第四款规定："人民检察院提起公诉的，应当向人民法院提交被告人已出境的证据。"

第五百九十九条 对人民检察院依照刑事诉讼法第二百九十一条第一款的规定提起公诉的案件，人民法院审查后，应当按照下列情形分别处理：

（一）符合缺席审判程序适用条件，属于本院管辖，且材料齐全的，应当受理；

（二）不属于可以适用缺席审判程序的案件范围、不属于本院管辖或者不符合缺席审判程序的其他适用条件的，应当退回人民检察院；

（三）材料不全的，应当通知人民检察院在三十日以内补送；三十日以内不能补送的，应当退回人民检察院。

【理解与适用】

本条系新增条文，规定了人民法院立案审查后的处理情形。

2018年10月22日《全国人民代表大会宪法和法律委员会关于〈中华人民共和国刑事诉讼法（修正草案）〉审议结果的报告》指出："草案二次审议稿第二十五条中规定，对于人民检察院提起公诉要求缺席审判的案件，人民法院进行审查后，对于起诉书中有明确的指控犯罪事实的，应当决定开庭审判。有的常委会组成人员和专家学者提出，缺席审判程序是刑事诉讼中的特别程序，法院在案件入口审查上应严格把关。除了审查起诉书是否具有明确的指控犯罪事实外，还应当对是否符合缺席审判程序适用条件进行审查。宪法和法律委员会经研究，建议采纳上述意见，在人民法院决定开庭缺席审判的条件中增加相应规定。"根据《刑事诉讼法》的规定和修法精神，应当认为对依照缺席审判程序提起公诉的案件，人民法院应当进行实质审查。基于此，本条对审查后的处理情形作了相应规定。

第六百条 对人民检察院依照刑事诉讼法第二百九十一条第一款的规定提起公诉的案件，人民法院立案后，应当将传票和起诉书副本送达被告人，传票应当载明被告人到案期限以及不按要求到案的法律后果等事项；应当将起诉书副本送达被告人近亲属，告知其有权代为委托辩护人，并通知其敦促被告人归案。

【理解与适用】

本条系新增条文，规定了送达的对象和内容。

需要注意的是，人民法院可以将起诉书副本送达被告人近亲属，主要考虑：一是被告人近亲属系缺席审判程序中的重要诉讼参与人，享有多项权利，有可能要代为委托辩护人，其本人也可能参加诉讼，应当保障被告人近亲属对案件相关情况的知悉权；二是送达有利于让被告人近亲属敦促被告人归案参加诉讼。

第六百零一条 人民法院审理人民检察院依照刑事诉讼法第二百九十一条第一款的规定提起公诉的案件，被告人有权委托或者由近亲属代为委托一至二名辩护人。委托律师担任辩护人的，应当委托具有中华人民共和国律师资格并依法取得执业证书的律师；在境外委托的，应当依照本解释第四百八十六条的规定对授权委托进行公证、认证。

被告人及其近亲属没有委托辩护人的，人民法院应当通知法律援助机构指派律师为被告人提供辩护。

被告人及其近亲属拒绝法律援助机构指派的律师辩护的，依照本解释第五十条第二款的规定处理。

【理解与适用】

本条系新增条文，对缺席审判程序中的强制辩护制度作了细化规定。

第六百零二条 人民法院审理人民检察院依照刑事诉讼法第二百九十一条第一款的规定提起公诉的案件，被告人的近亲属申请参加诉讼的，应当在收到起诉书副本后、第一审开庭前提出，并提供与被告人关系的证明材料。有多名近亲属的，应当推选一至二人参加诉讼。

对被告人的近亲属提出申请的，人民法院应当及时审查决定。

【理解与适用】

本条系新增条文，规定了近亲属参加诉讼的相关要求。

考虑到被告人近亲属可能存在参与作案、系案件证人等不宜参加诉讼的情形，有必要设立资格审查环节，故本条第二款规定："对被告人的近亲属提出申请的，人民法院应当及时审查决定。"

第六百零三条 人民法院审理人民检察院依照刑事诉讼法第二百九十一条第一款的规定提起公诉的案件，参照适用公诉案件第一审普通程序的有关规定。被告人的近亲属参加诉讼的，可以发表意见，出示证据，申请法庭通知证人、鉴定人等出庭，进行辩论。

【理解与适用】

本条系新增条文。

针对缺席审判的判决，《刑事诉讼法》第二百九十四条规定："……被告人或者其近亲属不服判决的，有权向上一级人民法院上诉……”既然被告人的近亲属有权就缺席审判的判决独立提出上诉，自然应当赋予其参加庭审的权利，否则无法有效行使上诉权。基于此，本条专门规定近亲属参加诉讼的，应当允许其发表意见、出示证据、进行辩论以及申请法庭通知证人、鉴定人出庭作证。

第六百零四条 对人民检察院依照刑事诉讼法第二百九十一条第一款的规定提起公诉的案件，人民法院审理后应当参照本解释第二百九十五条的规定作出判决、裁定。

作出有罪判决的，应当达到证据确实、充分的证明标准。

经审理认定的罪名不属于刑事诉讼法第二百九十一条第一款规定的罪名的，应当终止审理。

适用缺席审判程序审理案件，可以对违法所得及其他涉案财产一并作出处理。

【理解与适用】

本条系新增条文，规定了一审开庭后的处理方式和证明标准。

根据《刑事诉讼法》第二百九十一条第一款的规定，人民检察院对缺席审判案件提起公诉的前提是“犯罪事实已经查清，证据确实、充分，依法应当追究刑事责任”。那么，通过缺席审判认定被告人有罪的证明标准，自然也应当遵从一般刑事案件的证明标准，即“证据确实、充分”。

征求意见过程中，有意见建议对违法所得或者其他涉案财产一并作出处置的，增设公告程序，允许利害关系人参加诉讼。经研究认为，相关问题较为复杂，留待下一步解决。倾向性意见是，缺席审判程序可以直接对涉案财物作出处理；而且适用缺席审判程序需要将传票、起诉书副本送达被告人，没有必要再适用违法所得没收程序中的公告程序。

第六百零五条 因被告人患有严重疾病导致缺乏受审能力，无法出庭受审，中止审理超过六个月，被告人仍无法出庭，被告人及其法定代理人、近亲属申请或者同意恢复审理的，人民法院可以根据刑事诉讼法第二百九十六条的规定缺席审判。

符合前款规定的情形，被告人无法表达意愿的，其法定代理人、近亲属可以代为申请或者同意恢复审理。

【理解与适用】

本条系新增条文，对《刑事诉讼法》第二百九十六条作出细化规定。

需要注意的是:（1）根据《刑事诉讼法》第二百九十六条的规定，此种缺席审判的适用对象是患有严重疾病无法出庭的被告人。经研究认为，此处规定的“患有严重疾病无法出庭”实际上是指没有受审能力，而不能作其他泛化解释，更不能将被告人因身体残疾不便到庭参加诉讼就理解为此处规定的“患有严重疾病无法出庭”。（2）被告人缺乏受审能力，不少情况下无法表达意愿，应当允许其法定代理人、近亲属代为申请或者同意恢复审理。否则，《刑事诉讼法》第二百九十六条规定将流于形式，在实践中无法适用。

征求意见过程中，有意见建议删除“缺乏受审能力”的表述。理由是：被告人“患有严重疾病，无法出庭”并不等于“没有受审能力”。实践中，司法精神病鉴定机构的鉴定项目包括“受审能力”项，主要是指被告人不能感知、理解诉讼活动的内涵和后果，不具有相应的认知、判断和表达能力，故无法接受审判的情形。而被告人“患有严重疾病、无法出庭”也包括被告人因身体原因，如靠呼吸机维持生命等，无法出席法庭接受审判，但其对诉讼活动的认知、判断、理解能力并不一定受限，不宜简单将二者画等号。经研究，未予采纳该意见。主要考虑：对于后一种情形，可以通过到医院开庭等便民方式予以解决。采用缺席审判方式，恐不利于对被告人诉讼权利的保护，也不符合设立缺席审判制度的初衷。

征求意见过程中，有意见建议明确是否限定申请或同意恢复审理人员的顺序，法定代理人不同意的，其他近亲属同意是否有效，是否仅需近亲属中一人同意即可。经研究认为，相关问题宜交由司法实践裁量把握。实践中，如绝大多数近亲属反对，只有个别近亲属申请或者同意恢复审理的，原则上不宜适用缺席审判程序；但是现有证据证明被告人无罪，可能作出无罪判决的，也可以视情考虑恢复审理。

第六百零六条 **人民法院受理案件后被告人死亡的，应当裁定终止审理；但有证据证明被告人无罪，经缺席审理确认无罪的，应当判决宣告被告人无罪。**

前款所称“有证据证明被告人无罪，经缺席审理确认无罪”，包括案件事实清楚，证据确实、充分，依据法律认定被告人无罪的情形，以及证据不足，不能认定被告人有罪的情形。

【理解与适用】

本条系新增条文，对《刑事诉讼法》第二百九十七条第一款作出细化规定。

《刑事诉讼法》第二百九十七条第一款规定：“被告人死亡，人民法院应当裁定终止审理，但有证据证明被告人无罪，人民法院经缺席审理确认无罪的，应当依法作出判决。”司法实践中，人民法院受理案件后被告人死亡，如果在案证据足以证明被告人有罪，则应当裁定终止审理；经审查认为被告人可能无罪的，包括指控犯罪的证据不足、不能认定被告人有罪的，应当缺席审理。缺席审理后，确认被告人无罪或者证据不足、不能认定被告人有罪的，应当依法作出无罪判决。

第六百零七条 **人民法院按照审判监督程序重新审判的案件，被告人死亡的，可以缺席审理。有证据证明被告人无罪，经缺席审理确认被告人无罪的，应当判决宣告被告人无罪；虽然构成犯罪，但原判量刑畸重的，应当依法作出判决。**

【理解与适用】

本条系新增条文，对《刑事诉讼法》第二百九十七条第二款作出细化规定。

据此，人民法院按照审判监督程序重新审判的案件，被告人死亡的，如果是人民检察院认为原判量刑畸轻（包括因定罪错误导致量刑畸轻）而提起抗诉的、人民法院因原审量刑畸轻而启动审判监督程序的，或者经审查认为原判没有问题或者量刑畸轻的，应当裁定终止审理。除此之外，应当缺席审理。经审理，确认被告人无罪或者证据不足，不能认定被告人有罪的，或者虽然构成犯罪但是原判量刑畸重的，应当依法作出判决。

征求意见过程中，对于再审程序中被告人死亡的，除终止审理或者宣告无罪外，《刑事诉讼法》未规定法院能否改判存在不同认识。经研究认为，对于原审量刑畸重的案件是否纠正，关系到裁判公正和国家赔偿问题。在审判监督程序已经启动情况下，即使被告人死亡，也应当继续审理，依照法律作出改判。

此外，对于被告人定罪量刑没有问题，但是涉案财物处理有错误的，是否需要通过缺席审理作出改判，存在不同认识。经研究认为，从法理上讲，如果原审对涉案财物的判决确有错误，涉及的财物价值又很巨大，即便被告人死亡，也应当实事求是依法纠正，不宜简单终止审理。但是，考虑到实践中此种情况较为罕见，未作规定。

第六百零八条　人民法院缺席审理案件，本章没有规定的，参照适用本解释的有关规定。

【理解与适用】

本条系新增条文。

第二十五章　犯罪嫌疑人、被告人逃匿、死亡案件违法所得的没收程序

2012年《刑事诉讼法》在第五编“特别程序”中增设违法所得没收程序。为确保正确适用违法所得没收程序，既打击犯罪，维护国家利益，又保护当事人的合法财产，《2012年解释》对违法所得没收程序作了具体规定。本章在《2012年解释》第二十二章“犯罪嫌疑人、被告人逃匿、死亡案件违法所得的没收程序”的基础上，吸收《没收程序规定》有关条文，对犯罪嫌疑人、被告人逃匿、死亡案件违法所得的没收程序有关问题作了进一步细化规定。

第六百零九条　刑事诉讼法第二百九十八条规定的“贪污贿赂犯罪、恐怖活动犯罪等”犯罪案件，是指下列案件：

（一）贪污贿赂、失职渎职等职务犯罪案件；

（二）刑法分则第二章规定的相关恐怖活动犯罪案件，以及恐怖活动组织、恐怖活动人员实施的杀人、爆炸、绑架等犯罪案件；

（三）危害国家安全、走私、洗钱、金融诈骗、黑社会性质组织、毒品犯罪案件；

（四）电信诈骗、网络诈骗犯罪案件。

【理解与适用】

本条吸收《没收程序规定》第一条对《2012年解释》第五百零七条的规定作出修改完善。

《没收程序规定》第一条规定：“下列犯罪案件，应当认定为刑事诉讼法第二百八十条第一款规定的‘犯罪案件’：（一）贪污、挪用公款、巨额

财产来源不明、隐瞒境外存款、私分国有资产、私分罚没财物犯罪案件；（二）受贿、单位受贿、利用影响力受贿、行贿、对有影响力的人行贿、对单位行贿、介绍贿赂、单位行贿犯罪案件；（三）组织、领导、参加恐怖组织，帮助恐怖活动，准备实施恐怖活动，宣扬恐怖主义、极端主义、煽动实施恐怖活动，利用极端主义破坏法律实施，强制穿戴宣扬恐怖主义、极端主义服饰、标志，非法持有宣扬恐怖主义、极端主义物品犯罪案件；（四）危害国家安全、走私、洗钱、金融诈骗、黑社会性质的组织、毒品犯罪案件。”“电信诈骗、网络诈骗犯罪案件，依照前款规定的犯罪案件处理。”经研究认为，该条第一款第一项、第二项规定的犯罪案件可以统称为“贪污贿赂犯罪案件”。主要考虑：《国家监察委员会管辖规定（试行）》第四章明确了职务犯罪案件的管辖范围。其中，第十一条规定：“国家监察委员会负责调查行使公权力的公职人员涉嫌贪污贿赂、滥用职权、玩忽职守、权力寻租、利益输送、徇私舞弊以及浪费国家资财等职务犯罪案件。”第十二条对贪污贿赂犯罪案件作了进一步明确，规定：“贪污贿赂犯罪案件，包括贪污罪；挪用公款罪；受贿罪；单位受贿罪；利用影响力受贿罪；行贿罪；对有影响力的人行贿罪；对单位行贿罪；介绍贿赂罪；单位行贿罪；巨额财产来源不明罪；隐瞒境外存款罪；私分国有资产罪；私分罚没财物罪；非国家工作人员受贿罪；对非国家工作人员行贿罪；对外国公职人员、国际公共组织官员行贿罪。”

《监察法》第四十八条规定：“监察机关在调查贪污贿赂、失职渎职等职务犯罪案件过程中，被调查人逃匿或者死亡，有必要继续调查的，经省级以上监察机关批准，应当继续调查并作出结论。被调查人逃匿，在通缉一年后不能到案，或者死亡的，由监察机关提请人民检察院依照法定程序，向人民法院提出没收违法所得的申请。”据此，在第一项规定中新增了“失职渎职等职务犯罪案件”。

第六百一十条 在省、自治区、直辖市或者全国范围内具有较大影响的犯罪案件，或者犯罪嫌疑人、被告人逃匿境外的犯罪案件，应当认定为刑事诉讼法第二百九十八条第一款规定的“重大犯罪案件”。

【理解与适用】

本条吸收《没收程序规定》第二条对《2012 年解释》第五百零八条的规定作出修改完善。

第六百一十一条 犯罪嫌疑人、被告人死亡，依照刑法规定应当追缴其违法所得及其他涉案财产，人民检察院提出没收违法所得申请的，人民法院应当依法受理。

【理解与适用】

本条系新增条文。

需要注意的是，被告人死亡的，如果依照《刑法》规定应当追缴其违法所得及其他涉案财产，人民检察院提出没收违法所得申请，人民法院应当依法受理，不受罪名限制。

《六部委规定》第三十七条规定："对于犯罪嫌疑人、被告人死亡，依照《刑法》规定应当追缴其违法所得及其他涉案财产的，适用刑事诉讼法第五编第三章规定的程序，由人民检察院向人民法院提出没收违法所得的申请。"

第六百一十二条 对人民检察院提出的没收违法所得申请，人民法院应当审查以下内容：

（一）是否属于可以适用违法所得没收程序的案件范围；

（二）是否属于本院管辖；

（三）是否写明犯罪嫌疑人、被告人基本情况，以及涉嫌有关犯罪的情况，并附证据材料；

（四）是否写明犯罪嫌疑人、被告人逃匿、被通缉、脱逃、下落不明、死亡等情况，并附证据材料；

（五）是否列明违法所得及其他涉案财产的种类、数量、价值、所在地等，并附证据材料；

（六）是否附有查封、扣押、冻结违法所得及其他涉案财产的清单和法律手续；

（七）是否写明犯罪嫌疑人、被告人有无利害关系人，利害关系人的姓名、身份、住址、联系方式及其要求等情况；

（八）是否写明申请没收的理由和法律依据；

（九）其他依法需要审查的内容和材料。

前款规定的材料需要翻译件的，人民法院应当要求人民检察院一并移送。

【理解与适用】

本条吸收《没收程序规定》第八条第二款、第三款对《2012年解释》第五百一十条的规定作出修改完善。

第六百一十三条 对没收违法所得的申请，人民法院应当在三十日以内审查完毕，并按照下列情形分别处理：

（一）属于没收违法所得申请受案范围和本院管辖，且材料齐全、有证据证明有犯罪事实的，应当受理；

（二）不属于没收违法所得申请受案范围或者本院管辖的，应当退回人民检察院；

（三）没收违法所得申请不符合“有证据证明有犯罪事实”标准要求的，应当通知人民检察院撤回申请；

（四）材料不全的，应当通知人民检察院在七日以内补送；七日以内不能补送的，应当退回人民检察院。

人民检察院尚未查封、扣押、冻结申请没收的财产或者查封、扣押、冻结期限即将届满，涉案财产有被隐匿、转移或者毁损、灭失危险的，人民法院可以查封、扣押、冻结申请没收的财产。

【理解与适用】

本条吸收《没收程序规定》第九条、第十条对《2012年解释》第五百一十一条的规定作出修改完善。

第六百一十四条 人民法院受理没收违法所得的申请后，应当在十五日以内发布公告。公告应当载明以下内容：

（一）案由、案件来源；

（二）犯罪嫌疑人、被告人的基本情况；

（三）犯罪嫌疑人、被告人涉嫌犯罪的事实；

（四）犯罪嫌疑人、被告人逃匿、被通缉、脱逃、下落不明、死亡等情况；

（五）申请没收的财产的种类、数量、价值、所在地等以及已查封、扣押、冻结财产的清单和法律手续；

（六）申请没收的财产属于违法所得及其他涉案财产的相关事实；

（七）申请没收的理由和法律依据；

（八）利害关系人申请参加诉讼的期限、方式以及未按照该期限、方式申请参加诉讼可能承担的不利法律后果；

（九）其他应当公告的情况。

公告期为六个月，公告期间不适用中止、中断、延长的规定。

【理解与适用】

本条吸收《没收程序规定》第十一条对《2012年解释》第五百一十二条第一款的规定作出修改完善。

第六百一十五条 公告应当在全国公开发行的报纸、信息网络媒体、最高人民法院的官方网站发布，并在人民法院公告栏发布。必要时，公告可以在犯罪地、犯罪嫌疑人、被告人居住地或者被申请没收财产所在地发布。最后发布的公告的日期为公告日期。发布公告的，应当采取拍照、录像等方式记录发布过程。

人民法院已经掌握境内利害关系人联系方式的，应当直接送达含有公告内容的通知；直接送达有困难的，可以委托代为送达、邮寄送达。经受送达人同意的，可以采用传真、电子邮件等能够确认其收悉的方式告知公告内容，并记录在案。

人民法院已经掌握境外犯罪嫌疑人、被告人、利害关系人联系方式，经受送达人同意的，可以采用传真、电子邮件等能够确认其收悉的方式告知公告内容，并记录在案；受送达人未表示同意，或者人民法院未掌握境外犯罪嫌疑人、被告人、利害关系人联系方式，其所在国、地区的主管机关明确提出应当向受送达人送达含有公告内容的通知的，人民法院可以决定是否送达。决定送达的，应当依照本解释第四百九十三条的规定请求所在国、地区提供司法协助。

【理解与适用】

本条吸收《没收程序规定》第十二条对《2012年解释》第五百一十二条第二款、第三款的规定作出修改完善。

《没收程序规定》第十二条规定："公告应当……在人民法院公告栏张贴……"征求意见过程中，有意见提出，目前很多法院已经不再设置张贴纸质公告的公告栏，而是升级为电子公告栏，故建议结合实际情况作适当调整，并增加相应的内容。经研究，采纳上述意见，对表述作了调整。

第六百一十六条 刑事诉讼法第二百九十九条第二款、第三百条第二款规定的"其他利害关系人"，是指除犯罪嫌疑人、被告人的近亲属以外的，对申请没收的财产主张权利的自然人和单位。

【理解与适用】

本条吸收《没收程序规定》第七条对《2012年解释》第五百一十三条第一款的规定作出修改完善。

第六百一十七条 犯罪嫌疑人、被告人的近亲属和其他利害关系人申请参加诉讼的，应当在公告期间内提出。犯罪嫌疑人、被告人的近亲属应当提供其与犯罪嫌疑人、被告人关系的证明材料，其他利害关系人应当提供证明其对违法所得及其他涉案财产主张权利的证据材料。

利害关系人可以委托诉讼代理人参加诉讼。委托律师担任诉讼代理人的，应当委托具有中华人民共和国律师资格并依法取得执业证书的律师；在境外委托的，应当依照本解释第四百八十六条的规定对授权委托进行公证、认证。

利害关系人在公告期满后申请参加诉讼，能够合理说明理由的，人民法院应当准许。

【理解与适用】

本条吸收《没收程序规定》第十三条对《2012年解释》第五百一十三条第二款、第三款的规定作出修改完善。

第六百一十八条 犯罪嫌疑人、被告人逃匿境外，委托诉讼代理人申请参加诉讼，且违法所得或者其他涉案财产所在国、地区主管机关明确提出意见予以支持的，人民法院可以准许。

人民法院准许参加诉讼的，犯罪嫌疑人、被告人的诉讼代理人依照本解释关于利害关系人的诉讼代理人的规定行使诉讼权利。

【理解与适用】

本条系新增条文，吸收《没收程序规定》第十九条的规定。

第六百一十九条 公告期满后，人民法院应当组成合议庭对申请没收违法所得的案件进行审理。

利害关系人申请参加或者委托诉讼代理人参加诉讼的，应当开庭审理。没有利害关系人申请参加诉讼的，或者利害关系人及其诉讼代理人无正当理由拒不到庭的，可以不开庭审理。

人民法院确定开庭日期后，应当将开庭的时间、地点通知人民检察院、利害关系人及其诉讼代理人、证人、鉴定人、翻译人员。通知书应当依照本解释第六百一十五条第二款、第三款规定的方式，至迟在开庭审理三日以前送达；受送达人在境外的，至迟在开庭审理三十日以前送达。

【理解与适用】

本条吸收《没收程序规定》第十四条对《2012年解释》第五百一十四条的规定作出修改完善。

第六百二十条 开庭审理申请没收违法所得的案件，按照下列程序进行：

（一）审判长宣布法庭调查开始后，先由检察员宣读申请书，后由利害关系人、诉讼代理人发表意见；

（二）法庭应当依次就犯罪嫌疑人、被告人是否实施了贪污贿赂犯罪、恐怖活动犯罪等重大犯罪并已经通缉一年不能到案，或者是否已经死亡，以及申请没收的财产是否依法应当追缴进行调查；调查时，先由检察员出示证据，后由利害关系人、诉讼代理人出示证据，并进行质证；

（三）法庭辩论阶段，先由检察员发言，后由利害关系人、诉讼代理人发言，并进行辩论。

利害关系人接到通知后无正当理由拒不到庭，或者未经法庭许可中途退庭的，可以转为不开庭审理，但还有其他利害关系人参加诉讼的除外。

【理解与适用】

本条基本沿用《2012年解释》第五百一十五条的规定，仅对表述作了微调。

第六百二十一条　对申请没收违法所得的案件，人民法院审理后，应当按照下列情形分别处理：

（一）申请没收的财产属于违法所得及其他涉案财产的，除依法返还被害人的以外，应当裁定没收；

（二）不符合刑事诉讼法第二百九十八条第一款规定的条件的，应当裁定驳回申请，解除查封、扣押、冻结措施。

申请没收的财产具有高度可能属于违法所得及其他涉案财产的，应当认定为前款规定的“申请没收的财产属于违法所得及其他涉案财产”。巨额财产来源不明犯罪案件中，没有利害关系人对违法所得及其他涉案财产主张权利，或者利害关系人对违法所得及其他涉案财产虽然主张权利但提供的证据没有达到相应证明标准的，应当视为“申请没收的财产属于违法所得及其他涉案财产”。

【理解与适用】

本条吸收《没收程序规定》第十六条、第十七条对《2012年解释》第五百一十六条的规定作出修改完善。

第六百二十二条 对没收违法所得或者驳回申请的裁定，犯罪嫌疑人、被告人的近亲属和其他利害关系人或者人民检察院可以在五日以内提出上诉、抗诉。

【理解与适用】

本条沿用《2012年解释》第五百一十七条的规定。

第六百二十三条 对不服第一审没收违法所得或者驳回申请裁定的上诉、抗诉案件，第二审人民法院经审理，应当按照下列情形分别处理：

（一）第一审裁定认定事实清楚和适用法律正确的，应当驳回上诉或者抗诉，维持原裁定；

（二）第一审裁定认定事实清楚，但适用法律有错误的，应当改变原裁定；

（三）第一审裁定认定事实不清的，可以在查清事实后改变原裁定，也可以撤销原裁定，发回原审人民法院重新审判；

（四）第一审裁定违反法定诉讼程序，可能影响公正审判的，应当撤销原裁定，发回原审人民法院重新审判。

第一审人民法院对发回重新审判的案件作出裁定后，第二审人民法院对不服第一审人民法院裁定的上诉、抗诉，应当依法作出裁定，不得再发回原审人民法院重新审判；但是，第一审人民法院在重新审判过程中违反法定诉讼程序，可能影响公正审判的除外。

【理解与适用】

本条吸收《没收程序规定》第二十一条对《2012年解释》第五百一十八条的规定作出修改完善。

第六百二十四条 利害关系人非因故意或者重大过失在第一审期间未参加诉讼，在第二审期间申请参加诉讼的，人民法院应当准许，并撤销原裁定，发回原审人民法院重新审判。

【理解与适用】

本条系新增条文，吸收《没收程序规定》第十八条的规定。

第六百二十五条 在审理申请没收违法所得的案件过程中，在逃的犯罪嫌疑人、被告人到案的，人民法院应当裁定终止审理。人民检察院向原受理申请的人民法院提起公诉的，可以由同一审判组织审理。

【理解与适用】

本条沿用《2012年解释》第五百一十九条的规定。

第六百二十六条 在审理案件过程中，被告人脱逃或者死亡，符合刑事诉讼法第二百九十八条第一款规定的，人民检察院可以向人民法院提出没收违法所得的申请；符合刑事诉讼法第二百九十一条第一款规定的，人民检察院可以按照缺席审判程序向人民法院提起公诉。

人民检察院向原受理案件的人民法院提出没收违法所得申请的，可以由同一审判组织审理。

【理解与适用】

本条根据修改后《刑事诉讼法》对《2012年解释》第五百二十条的规定作出修改完善，在第一款增加规定“符合刑事诉讼法第二百九十一条第一款规定的，人民检察院可以按照缺席审判程序向人民法院提起公诉”。

第六百二十七条 审理申请没收违法所得案件的期限，参照公诉案件第一审普通程序和第二审程序的审理期限执行。

公告期间和请求刑事司法协助的时间不计入审理期限。

【理解与适用】

本条沿用《2012年解释》第五百二十一条的规定。

第六百二十八条 没收违法所得裁定生效后，犯罪嫌疑人、被告人到案并对没收裁定提出异议，人民检察院向原作出裁定的人民法院提起公诉的，可以由同一审判组织审理。

人民法院经审理，应当按照下列情形分别处理：

（一）原裁定正确的，予以维持，不再对涉案财产作出判决；

（二）原裁定确有错误的，应当撤销原裁定，并在判决中对有关涉案财产一并作出处理。

人民法院生效的没收裁定确有错误的，除第一款规定的情形外，应当依照审判监督程序予以纠正。

【理解与适用】

本条基本沿用《2012年解释》第五百二十二条的规定，仅在第三款对相关规定作了简化表述。

第六百二十九条　人民法院审理申请没收违法所得的案件，本章没有规定的，参照适用本解释的有关规定。

【理解与适用】

本条沿用《2012 年解释》第五百二十三条的规定。

需要注意的是，本章吸收《没收程序规定》中涉及审判工作的主要规定，特别是调整了《2012 年解释》与《没收程序规定》不一致的条文，以维持本解释作为刑事审判程序基本解释的体系完整性。在没收违法所得的具体司法适用中，本章未作规定的，可以继续适用《没收程序规定》。

第二十六章　依法不负刑事责任的精神病人的强制医疗程序

2012年《刑事诉讼法》在第五编“特别程序”中增设强制医疗程序。为确保强制医疗程序的规范适用，避免“武疯子”[①]危害公共安全和公民人身安全，《2012年解释》对强制医疗程序的相关问题作了规定。本章基本沿用《2012年解释》第二十三章“依法不负刑事责任的精神病人的强制医疗程序”的条文，并根据司法实践反映的问题作了修改完善，主要涉及：（1）进一步明确强制医疗案件的法律援助问题；（2）明确人民法院审理强制医疗案件，应当听取被害人及其法定代理人的意见；（3）明确对解除强制医疗案件进行开庭审查的，应当通知同级人民检察院派员出庭，听取其是否同意解除强制医疗的意见。

第六百三十条　实施暴力行为，危害公共安全或者严重危害公民人身安全，社会危害性已经达到犯罪程度，但经法定程序鉴定依法不负刑事责任的精神病人，有继续危害社会可能的，可以予以强制医疗。

① “武疯子”是指冲动攻击型精神病患者。根据精神病学的分类，精神病患者分为冲动攻击型、极度妄想型和社会能力衰退型三种类型。一般来说，以冲动攻击型精神病患者对社会危害最大。冲动攻击型精神病患者有妄想、复仇心理，同时敏感、多疑、猜忌，很容易冲动实施报复性的毁物、纵火、杀人、伤害等攻击性的行为。冲动攻击型精神病患者在肇事时多处于无自知力和病态的心理状态，情绪异常激动，行为狂暴，常常持尖刀、利斧等器械作案，造成的破坏远比一般刑事犯罪严重得多。对于此类精神病患者，如果没有得到有效治疗，其再次危害社会的可能性较大。

【理解与适用】

本条沿用《2012年解释》第五百二十四条的规定。

本条是关于强制医疗程序受案范围和条件的规定。适用强制医疗程序所需具备的条件包括以下几点:

1. 精神病人实施暴力行为，危害公共安全或者严重危害公民人身安全。“危害公共安全或者严重危害公民人身安全”的“暴力行为”主要集中在《刑法》分则第二章“危害公共安全罪”和第四章“侵犯公民人身权利、民主权利罪”中，主要包括放火，决水，爆炸，投放危险物质，破坏交通工具、交通设施，劫持航空器、船只、汽车等危害公共安全的犯罪以及杀人、伤害、强奸、绑架、抢劫等侵犯公民人身权利的犯罪。对“暴力行为”达到何种程度才能予以强制医疗的问题，《刑法》规定的条件是造成“危害结果”，《刑事诉讼法》规定的条件是“危害公共安全或者严重危害公民人身安全”，因此，被申请人实施的暴力行为只有造成了危害公共安全或者严重危害公民人身安全的危害结果，才可以予以强制医疗。

至于造成什么样的危害结果才符合强制医疗的条件，法律未作明确规定。原来的《刑事诉讼法修改草案》规定的适用条件是“精神病人实施暴力行为危害公共安全或者致人死亡、重伤”，后来将“或者致人死亡、重伤”修改为“或者严重危害公民人身安全”，条件进一步放宽，表明不是非“致人死亡、重伤”不可。以下情形也符合强制医疗的条件：多次实施暴力行为，造成多人轻伤的；实施放火行为，虽未造成人员伤亡，但造成公私财产重大损失的；使用刀具、斧头等杀伤力巨大的工具实施严重暴力行为，被害人只是侥幸避免伤亡的；等等。当然，如行为人只是偶尔实施轻微暴力行为，只是造成他人轻微伤，无疑就不属于严重危害公民人身安全，不应适用强制医疗。鉴此，本条进一步明确，实施暴力行为，危害公共安全或者严重危害公民人身安全，社会危害性必须已经达到犯罪程度，才符合适用强制医疗的条件。

2. 经法定程序鉴定依法不负刑事责任的精神病人。只有经法定程序鉴定，实施危害行为时不能辨认或者控制自己行为的精神病人，不具有刑事责任能力的，才可以适用强制医疗。

3. 有继续危害社会可能的。如果精神病人虽然实施了暴力行为，但不再具有继续危害社会可能的，如已经严重残疾等，丧失了继续危害社会的能力，就不必对其实施强制医疗。如果精神病人实施暴力行为后，由其监护人或者单位将其送医治疗，精神病人的病情得到有效控制，从而不具有继续危害社会可能的，也没有必要进行强制医疗。

第六百三十一条 人民检察院申请对依法不负刑事责任的精神病人强制医疗的案件，由被申请人实施暴力行为所在地的基层人民法院管辖；由被申请人居住地的人民法院审判更为适宜的，可以由被申请人居住地的基层人民法院管辖。

【理解与适用】

本条沿用《2012年解释》第五百二十五条的规定。

《刑事诉讼法》没有特别规定强制医疗程序案件的管辖，故参照一般案件的管辖规定执行。

精神病人强制医疗程序案件，由基层人民法院审理。根据《刑事诉讼法》第三百零三条有关“人民法院在审理案件过程中发现被告人符合强制医疗条件的，可以作出强制医疗的决定”的规定，对于中级以上人民法院在审理案件过程中，包括第二审程序和死刑复核程序中，发现被告人符合强制医疗条件的，可以不再移交基层人民法院审理，也不再发回原审人民法院重新审理，而是直接作出强制医疗的决定。

第六百三十二条 对人民检察院提出的强制医疗申请，人民法院应当审查以下内容：

（一）是否属于本院管辖；

（二）是否写明被申请人的身份，实施暴力行为的时间、地点、手段、所造成的损害等情况，并附证据材料；

（三）是否附有法医精神病鉴定意见和其他证明被申请人属于依法不负刑事责任的精神病人的证据材料；

（四）是否列明被申请人的法定代理人的姓名、住址、联系方式；

（五）需要审查的其他事项。

【理解与适用】

本条沿用《2012年解释》第五百二十六条的规定。

第六百三十三条 对人民检察院提出的强制医疗申请，人民法院应当在七日以内审查完毕，并按照下列情形分别处理：

（一）属于强制医疗程序受案范围和本院管辖，且材料齐全的，应当受理；

（二）不属于本院管辖的，应当退回人民检察院；

（三）材料不全的，应当通知人民检察院在三日以内补送；三日以内不能补送的，应当退回人民检察院。

【理解与适用】

本条根据司法实践反映的问题对《2012年解释》第五百二十七条的规定作出修改完善，调整了所列情形的顺序，并在第三项增加规定“三日以内不能补送的，应当退回人民检察院”。

第六百三十四条 审理强制医疗案件，应当通知被申请人或者被告人的法定代理人到场；被申请人或者被告人的法定代理人经通知未到场的，可以通知被申请人或者被告人的其他近亲属到场。

被申请人或者被告人没有委托诉讼代理人的，应当自受理强制医疗申请或者发现被告人符合强制医疗条件之日起三日以内，通知法律援助机构指派律师担任其诉讼代理人，为其提供法律帮助。

【理解与适用】

本条吸收《刑事诉讼法律援助工作规定》第十一条第一款对《2012年解释》第五百二十八条的规定作出修改完善。

《刑事诉讼法》第三百零四条规定“被申请人或者被告人没有委托诉讼代理人的，人民法院应当通知法律援助机构指派律师为其提供法律帮助”，未明确被指派的律师在强制医疗程序中属于什么身份，本条明确其在诉讼中的地位属于诉讼代理人。

本条对《2012年解释》第五百二十八条的规定主要作了如下调整：（1）明确人民法院通知法律援助机构的时间；（2）针对被申请人或者被告人的法定代理人不到场的情况，根据《刑事诉讼法》第三百零五条第二款的精神，明确可以通知被申请人或者被告人的近亲属到场。

征求意见过程中，有意见建议在本条第二款最后增加“被申请人或者被告人的法定代理人、近亲属经通知均不到场的，不影响审理进行”。理由是：法院为其申请法律援助律师就可以保障被申请人、被告人的权益，其法定代理人、近亲属不到场，不影响案件的审理。也有意见建议增加指派援助律师，作为法定代理人及近亲属不到场的救济措施。理由是：《刑事诉讼法》规定“应当通知被申请人或者被告人的法定代理人到场”，从语义上看，人民法院只负有通知法定代理人的义务，不负有保障其到场的义务，但为保障被告人或被申请人权利，在法定代理人不到场时，让近亲属到场，或者增加指派法律援助律师，更能体现司法文明。经研究认为，上述意见所反映的情况在司法实践中客观存在。审理强制医疗案件时，被申请人或被告人的法定代理人不愿履行义务，害怕承担赔偿责任，接到法院通知也不到场，有的经法院反复做工作仍不到场。而且，其法定代理人不到场的情况下，近亲属更会推诿不到场。法院为其申请法律援助律师就可以保障被申请人、被告人的权益，其法定代理人、近亲属不到场，不影响案件的审理。基于此，本条原本拟增设第三款规定：“经人民法院通知，被申请人或者被告人的法定代理人、近亲属无正当理由拒不到场，但诉讼代理人在场的，案件继续审理。”后经进一步研究认为，在法律没有明确规定的情况下，对相关问题作出统一规定似不妥当，宜交由司法实践在个案中裁量把握。

《刑事诉讼法律援助工作规定》第十一条第一款规定：“人民法院自受

理强制医疗申请或者发现被告人符合强制医疗条件之日起三日内，对于被申请人或者被告人没有委托诉讼代理人的，应当向法律援助机构送交通知代理公函，通知其指派律师担任被申请人或被告人的诉讼代理人，为其提供法律帮助。”

第六百三十五条　**审理强制医疗案件，应当组成合议庭，开庭审理。但是，被申请人、被告人的法定代理人请求不开庭审理，并经人民法院审查同意的除外。**

审理强制医疗案件，应当会见被申请人，听取被害人及其法定代理人的意见。

【理解与适用】

本条根据司法实践反映的问题对《2012年解释》第五百二十九条的规定作出修改完善，在第二款增加规定应当“听取被害人及其法定代理人的意见”。

1. 审判组织。《刑事诉讼法》明确规定，人民法院受理强制医疗的申请后，应当组成合议庭进行审理。据此，对于人民检察院申请强制医疗的案件，由基层人民法院的刑事审判庭组成合议庭进行审理。有两个问题需要说明：

（1）独任审判员在简易程序案件审理过程中发现被告人符合强制医疗条件的，能否直接作出强制医疗的决定？法律对此没有明确规定。经研究认为，为充分保障当事人的合法权益，确保强制医疗程序慎重适用，应当转为合议庭审理。

（2）《2012年解释》起草过程中曾规定：“审理强制医疗案件，应当听取有精神病医学专门知识的人的意见；条件具备的，应当由有精神病医学专门知识的人担任人民陪审员。”主要考虑：强制医疗案件专业性极强，而法官通常不具备精神病学专门知识，如果让有精神病学专门知识的人民陪审员参与案件审理，有利于确保公正审理、提高案件质量。但有意见提出，有精神病医学专门知识的人发表意见，应当在案件审理过程中进行，若由其担任人民陪审员，在评议中发表意见而不经过质证程序，似不合适。同时，根据规定，参加合议庭审判的人民陪审员应当在人民陪审员名单中随机抽取确定。若规定应当由有精神病医学专门知识的人担任人民陪审员，可能违反确定人民陪审员的相关规定。经研究，采纳了该意见，删除了有关内容，由法院在实践中根据案件情况灵活掌握。

2. 审理强制医疗案件原则上应当开庭。《刑事诉讼法》没有明确规定强制医疗案件的审理方式。有观点认为，对于强制医疗程序案件，原则上不需要开庭审理。主要理由是:（1）根据《刑事诉讼法》规定，法院审理强制医疗案件后作出的是“决定”，而不是“判决”或者“裁定”，且决定一经作出立即生效。强制医疗决定原由行政机关作出，但因缺乏监督和制约，才规定由人民法院作出，但对人民法院作出“决定”的程序，《刑事诉讼法》没有具体规定。鉴于强制医疗案件的案情一般较为清楚，争议不大，且被申请人又系无民事行为能力人，不能出庭行使诉讼权利，开庭审理的可行性、必要性不大。(2)《刑事诉讼法》规定，人民法院审理强制医疗案件，应当通知被申请人的法定代理人“到场”，而不是“到庭”，说明立法本意也是不开庭审理。经研究认为，对于强制医疗案件，原则上应当开庭审理。当然，作为例外，被申请人、被告人的法定代理人请求不开庭审理，并经人民法院审查同意的，可以不开庭审理。主要考虑:（1）对精神病人强制医疗势必在一定程度上限制或剥夺被申请人的人身自由，因此，应当赋予其不低于普通程序中被告人的诉讼权利，应当保障其接受开庭审理的权利。(2）开庭时，虽然被申请人不能出庭，但根据《刑事诉讼法》规定，应当通知其法定代理人到场，且如果被申请人没有委托诉讼代理人的，人民法院应当通知法律援助机构指派律师为其提供法律帮助，担任其诉讼代理人。加之申请人必须到场，因此，具有诉辩式庭审的特征，适宜开庭审理。

3. 开庭审理强制医疗案件，可以不公开进行。《精神卫生法》第四条第三款规定:“有关单位和个人应当对精神障碍患者的姓名、肖像、住址、工作单位、病历资料以及其他可能推断出其身份的信息予以保密；但是，依法履行职责需要公开的除外。”司法实践中也一般将精神病病情作为个人隐私加以保护。因此，人民法院审理强制医疗程序案件，根据案件情况，对于确实涉及个人隐私的，可以依法决定不公开审理。

4. 审理强制医疗案件应当会见被申请人。对于人民法院审理人民检察院申请强制医疗的案件，是否应当会见、询问被申请人？对此问题，《刑事诉讼法》也没有规定。经研究认为，强制医疗案件的基础、核心问题是被申请人是否确属依法不负刑事责任且有继续危害社会可能的精神病人。对这一问题，如仅依靠听取其法定代理人意见、审查书面鉴定意见等作出判断，容易出现问题。为体现程序的公正和慎重，防止“被精神病”或假冒精神病人逃避刑事处罚的情况发生，无论是否开庭审理，无论被申请人是否到庭，都应当会见被申请人，通过与其直接接触、交谈，了解其精神状况。

第六百三十六条　开庭审理申请强制医疗的案件，按照下列程序进行：

（一）审判长宣布法庭调查开始后，先由检察员宣读申请书，后由被申请人的法定代理人、诉讼代理人发表意见；

（二）法庭依次就被申请人是否实施了危害公共安全或者严重危害公民人身安全的暴力行为、是否属于依法不负刑事责任的精神病人、是否有继续危害社会的可能进行调查；调查时，先由检察员出示证据，后由被申请人的法定代理人、诉讼代理人出示证据，并进行质证；必要时，可以通知鉴定人出庭对鉴定意见作出说明；

（三）法庭辩论阶段，先由检察员发言，后由被申请人的法定代理人、诉讼代理人发言，并进行辩论。

被申请人要求出庭，人民法院经审查其身体和精神状态，认为可以出庭的，应当准许。出庭的被申请人，在法庭调查、辩论阶段，可以发表意见。

检察员宣读申请书后，被申请人的法定代理人、诉讼代理人无异议的，法庭调查可以简化。

【理解与适用】

本条根据司法实践反映的问题对《2012年解释》第五百三十条的规定作出修改完善。

讨论中，有意见提出，强制医疗案件的庭审主要围绕司法精神病鉴定展开，建议明确鉴定人强制出庭义务。经研究，鉴定人强制出庭难以做到，在一些案件中也似无必要，根据《刑事诉讼法》第一百九十二条第三款的规定，明确“必要时”可以通知鉴定人出庭。

第六百三十七条 对申请强制医疗的案件，人民法院审理后，应当按照下列情形分别处理：

（一）符合刑事诉讼法第三百零二条规定的强制医疗条件的，应当作出对被申请人强制医疗的决定；

（二）被申请人属于依法不负刑事责任的精神病人，但不符合强制医疗条件的，应当作出驳回强制医疗申请的决定；被申请人已经造成危害结果的，应当同时责令其家属或者监护人严加看管和医疗；

（三）被申请人具有完全或者部分刑事责任能力，依法应当追究刑事责任的，应当作出驳回强制医疗申请的决定，并退回人民检察院依法处理。

【理解与适用】

本条沿用《2012年解释》第五百三十一条的规定。

1. 如何评估“继续危害社会可能”？《2012年解释》起草过程中，有意见建议对“有继续危害社会可能”作出明确规定，便于实践中掌握。经研究认为，此问题较复杂，难以在解释中规定清楚，实践中应综合被申请人所患精神疾病的类型，被申请人实施暴力行为的起因、过程，被申请人有无接受治疗的条件等情况进行判断。鉴于精神疾病的复杂性和专业性，法官对被申请人是否有继续危害社会可能的评估，可以在咨询专家和专业医疗人员的意见后，依法作出判断。

征求意见过程中，有意见提出，精神病人实施暴力行为后，其家属或者监护人愿意并且有能力、有条件严加看管和医疗，保证不会继续危害社会的，是否就可认定为没有继续危害社会可能，从而不予强制医疗？经研究，需要具体情况具体分析，本条未作一般性规定。

2. 人民法院不宜决定强制医疗的期限。主要考虑：强制医疗主要是为了使精神病人不致再危害社会，达到这个目的后，就可以解除强制医疗措施。可何时能够达到这个目的，在作出强制医疗的决定时难以判断，且即使是精神科专家也无法准确预计。《刑事诉讼法》第三百零六条规定了对被强制医疗的精神病人予以定期诊断评估的制度，一旦被强制医疗的精神病人经治疗后已不具有人身危险性，不再需要强制医疗时，不仅医疗机构应当及时提出解除意见，被强制医疗的人及其近亲属也有权申请解除强制医疗，人民法院届时可依法作出是否解除强制医疗的决定。

第六百三十八条　第一审人民法院在审理刑事案件过程中，发现被告人可能符合强制医疗条件的，应当依照法定程序对被告人进行法医精神病鉴定。经鉴定，被告人属于依法不负刑事责任的精神病人的，应当适用强制医疗程序，对案件进行审理。

开庭审理前款规定的案件，应当先由合议庭组成人员宣读对被告人的法医精神病鉴定意见，说明被告人可能符合强制医疗的条件，后依次由公诉人和被告人的法定代理人、诉讼代理人发表意见。经审判长许可，公诉人和被告人的法定代理人、诉讼代理人可以进行辩论。

【理解与适用】

本条基本沿用《2012 年解释》第五百三十二条的规定，仅对表述作了微调。

《刑事诉讼法》规定，人民法院在审理案件过程中发现被告人符合强制医疗条件的，可以作出强制医疗的决定。有意见认为，人民法院在审理刑事案件过程中，如果认为不负刑事责任的精神病人符合强制医疗条件的，可以不再按照强制医疗的相关程序进行审理，直接作出强制医疗的决定。这是因为在普通程序刑事案件审理过程中，已经对证据进行了充分的举证、质证，相关事实已经调查清楚，无须再参照强制医疗程序审理一遍。

经研究认为，人民法院在审理刑事案件过程中发现被告人可能属于不负刑事责任的精神病人的，不需要将该案退回人民检察院，由人民检察院提出强制医疗的申请，而是在审理刑事案件过程中一并解决，以提高审判效率。但为了更好地维护被告人的诉讼权利和其他合法权益，在确认被告人属于依法不负刑事责任的精神病人后，不宜径行作出强制医疗的决定，而是应当通知被告人的法定代理人到场，参与被告人是否符合强制医疗条件的审理，具体程序参照强制医疗审理程序进行。主要考虑：（1）强制医疗有其特定的适用条件，原来的庭审不可能对相关事实、证据作出全面审查；（2）《刑事诉讼法》有关通知法定代理人到场、通知法律援助机构指派律师提供法律帮助的规定，不只适用于人民检察院申请强制医疗的案件，也应当适用于人民法院自行决定强制医疗的案件；（3）此类案件原是由人民检察院按照被告人具有完全或者部分刑事责任能力提出有罪指控的，如不按强制医疗程序进行审理，直接作出强制医疗决定，有违程序正义。

第六百三十九条　**对前条规定的案件，人民法院审理后，应当按照下列情形分别处理：**

（一）被告人符合强制医疗条件的，应当判决宣告被告人不负刑事责任，同时作出对被告人强制医疗的决定；

（二）被告人属于依法不负刑事责任的精神病人，但不符合强制医疗条件的，应当判决宣告被告人无罪或者不负刑事责任；被告人已经造成危害结果的，应当同时责令其家属或者监护人严加看管和医疗；

（三）被告人具有完全或者部分刑事责任能力，依法应当追究刑事责任的，应当依照普通程序继续审理。

【理解与适用】

本条沿用《2012年解释》第五百三十三条的规定。

对于经查明被告人符合强制医疗条件的，是一并在宣告被告人不负刑事责任的判决中决定对被告人强制医疗，还是另行制作对被告人强制医疗的决定书？经研究认为，两种做法各有优缺点，前者有利于节约司法资源，提高审判效率，但需要在判决书中分别写明对判决部分不服的上诉、抗诉期限是十日，对强制医疗决定部分不服申请复议的期限是五日；后者虽然需要多制作一份决定书，但有利于分别由被告人、自诉人和人民检察院针对判决在十日以内提出上诉、抗诉，由被决定强制医疗的人、被害人针对决定在五日以内申请复议。司法解释暂未明确采取哪种做法，实践中可以裁量处理。

第六百四十条　第二审人民法院在审理刑事案件过程中，发现被告人可能符合强制医疗条件的，可以依照强制医疗程序对案件作出处理，也可以裁定发回原审人民法院重新审判。

【理解与适用】

本条基本沿用《2012 年解释》第五百三十四条的规定，仅对表述作了微调。

人民法院在二审中发现被告人可能属于不负刑事责任的精神病人的，也可以参照强制医疗程序审理后作出强制医疗的决定，无须一律发回重新审判，以提高审判效率、节约司法资源。但是，高级人民法院在二审中查明被告人属于不负刑事责任的精神病人，可能符合强制医疗条件的，可以裁定发回原审人民法院重新审判，也可以仅判决被告人不负刑事责任，但原则上不宜同时作出强制医疗的决定，否则，不服强制医疗决定向上一级人民法院申请复议的，案件就到了最高人民法院，将无谓增加最高人民法院的办案压力，也不利于案件得到及时处理。对于人民法院判决被告人不负刑事责任，未同时作出强制医疗决定的，如果人民检察院发现被告人符合强制医疗条件的，可以另行向基层人民法院提出强制医疗的申请。

征求意见过程中，有意见提出，二审依照强制医疗程序处理，可能导致二审生效后还有复议程序，似不妥当，建议本条应当明确此种情形以发回重新审判为原则。经研究，未采纳上述意见。主要考虑：根据《刑事诉讼法》的规定，在第二审程序中启动强制医疗程序，于法有据，并无不妥。

第六百四十一条 人民法院决定强制医疗的，应当在作出决定后五日以内，向公安机关送达强制医疗决定书和强制医疗执行通知书，由公安机关将被决定强制医疗的人送交强制医疗。

【理解与适用】

本条沿用《2012年解释》第五百三十五条的规定。

强制医疗的执行主体为公安机关下属的安康医院。安康医院是依法对危害社会治安的精神病人进行强制医疗的专门机构，具有治安管理和医疗的双重职能，其性质是行政执法机构和精神病专科医院，是目前强制医疗的执行机构。《刑事诉讼法》对强制医疗的执行机构及交付强制医疗的期限未予明确。本条规定在作出决定后五日以内交付执行，主要考虑争取尽早予以强制医疗，减少潜在的危险。

第六百四十二条 被决定强制医疗的人、被害人及其法定代理人、近亲属对强制医疗决定不服的，可以自收到决定书第二日起五日以内向上一级人民法院申请复议。复议期间不停止执行强制医疗的决定。

【理解与适用】

本条根据司法实践反映的问题对《2012年解释》第五百三十六条的规定作出修改完善。

《刑事诉讼法》第二百三十条规定："不服判决的上诉和抗诉的期限为十日，不服裁定的上诉和抗诉的期限为五日，从接到判决书、裁定书的第二日起算。"基于此，将自收到决定书"之日起"五日以内申请复议调整为"第二日起"。

第六百四十三条　对不服强制医疗决定的复议申请，上一级人民法院应当组成合议庭审理，并在一个月以内，按照下列情形分别作出复议决定：

（一）被决定强制医疗的人符合强制医疗条件的，应当驳回复议申请，维持原决定；

（二）被决定强制医疗的人不符合强制医疗条件的，应当撤销原决定；

（三）原审违反法定诉讼程序，可能影响公正审判的，应当撤销原决定，发回原审人民法院重新审判。

【理解与适用】

本条沿用《2012年解释》第五百三十七条的规定。

由于《刑事诉讼法》规定强制医疗程序案件应当组成合议庭在一个月以内审理完毕，本条亦明确对强制医疗决定进行复议也应当由合议庭进行审理，并应当在一个月以内作出复议决定。另外，复议申请一般较为简单，原则上采取书面形式审理即可。

第六百四十四条　对本解释第六百三十九条第一项规定的判决、决定，人民检察院提出抗诉，同时被决定强制医疗的人、被害人及其法定代理人、近亲属申请复议的，上一级人民法院应当依照第二审程序一并处理。

【理解与适用】

本条沿用《2012年解释》第五百三十八条的规定。

本条规定人民法院在审理刑事案件过程中直接作出强制医疗决定后，抗诉和申请复议并存时，应当依照第二审程序一并处理，并在二审裁判文书中一并作出复议决定，不再另行制作复议决定书。

第六百四十五条 被强制医疗的人及其近亲属申请解除强制医疗的，应当向决定强制医疗的人民法院提出。

被强制医疗的人及其近亲属提出的解除强制医疗申请被人民法院驳回，六个月后再次提出申请的，人民法院应当受理。

【理解与适用】

本条沿用《2012 年解释》第五百四十条的规定。

征求意见过程中，有意见提出，被强制医疗的人及其近亲属提出的解除强制医疗申请被一审法院驳回后，可否向上一级法院提出上诉，没有明确的程序规定，也缺乏统一做法。建议对解除强制医疗申请被驳回的后续程序作出进一步明确的规定。经研究认为，根据《刑事诉讼法》第三百零五条的规定，对于强制医疗决定不服的，只能向上一级人民法院进行复议，不能上诉。按照这一精神，对解除强制医疗申请予以驳回的，似亦不能上诉，但在六个月后再次提出申请的，人民法院应当受理。

第六百四十六条 强制医疗机构提出解除强制医疗意见，或者被强制医疗的人及其近亲属申请解除强制医疗的，人民法院应当审查是否附有对被强制医疗的人的诊断评估报告。

强制医疗机构提出解除强制医疗意见，未附诊断评估报告的，人民法院应当要求其提供。

被强制医疗的人及其近亲属向人民法院申请解除强制医疗，强制医疗机构未提供诊断评估报告的，申请人可以申请人民法院调取。必要时，人民法院可以委托鉴定机构对被强制医疗的人进行鉴定。

【理解与适用】

本条沿用《2012 年解释》第五百四十一条的规定。

根据《刑事诉讼法》的规定，强制医疗机构应当定期对被强制医疗的人进行诊断评估。对于已不具有人身危险性，不需要继续强制医疗的，应当及时提出解除意见，报决定强制医疗的人民法院批准。强制医疗机构作出的定期诊断评估报告，是判断被强制医疗人精神恢复情况的重要依据，而且进行定期诊断评估是强制医疗机构的法定职责，因此，向法院提出解除意见时应当提交诊断评估报告。

被强制医疗的精神病人及其近亲属认为被强制医疗者的精神病情痊愈，不再具有危害社会的危险的，也可以要求强制医疗机构提出解除意见，报请决定强制医疗的人民法院批准。强制医疗机构拒绝的，可以直接向作出强制医疗决定的人民法院提出解除强制医疗申请。为减少讼累，被强制医疗的人及其近亲属提出的解除强制医疗申请被人民法院驳回后六个月内，如果没有新的事实、证据，不得再次提出申请，否则人民法院不予受理。当然，对于强制医疗机构则无此约束，一旦符合解除强制医疗的条件，就应当及时提出申请。

第六百四十七条　强制医疗机构提出解除强制医疗意见，或者被强制医疗的人及其近亲属申请解除强制医疗的，人民法院应当组成合议庭进行审查，并在一个月以内，按照下列情形分别处理：

（一）被强制医疗的人已不具有人身危险性，不需要继续强制医疗的，应当作出解除强制医疗的决定，并可责令被强制医疗的人的家属严加看管和医疗；

（二）被强制医疗的人仍具有人身危险性，需要继续强制医疗的，应当作出继续强制医疗的决定。

对前款规定的案件，必要时，人民法院可以开庭审理，通知人民检察院派员出庭。

人民法院应当在作出决定后五日以内，将决定书送达强制医疗机构、申请解除强制医疗的人、被决定强制医疗的人和人民检察院。决定解除强制医疗的，应当通知强制医疗机构在收到决定书的当日解除强制医疗。

【理解与适用】

本条根据司法实践反映的问题对《2012 年解释》第五百四十二条的规定作出修改完善。

据了解，有些地方组成合议庭开庭审查此类案件，但个别案件中检察人员未出庭。对于此种情形下检察机关应否派员出庭及发表意见，实践中做法不一。经研究认为，根据《刑事诉讼法》第三百零七条“人民检察院对强制医疗的决定和执行实行监督”的规定，如果人民法院组成合议庭对解除强制医疗案件进行开庭审查，应当通知同级人民检察院派员出庭，以便于人民检察院更好地对强制医疗的解除履行法律监督职责。鉴此，《解释》作出修改完善，在本条增加第二款，规定：“对前款规定的案件，必要时，人民法院可以开庭审理，通知人民检察院派员出庭。”需要注意的是，通知人民检察院出庭，主要是听取其关于解除强制医疗的意见。

解除强制医疗的案件审查方式，应当根据案件具体情况确定，一般可采用书面方式审查，但应当询问被强制医疗的人及其近亲属，听取强制医疗机构、有精神病医学专门知识的人的意见；如有关方面存在意见分歧的，特别是强制医疗机构提出解除申请，但经初步审查认为不符合解除条件，拟不予同意，或者被强制医疗的人及其近亲属提出解除申请，经初步审查认为符合条件，但强制医疗结构提出异议的，则应考虑开庭审查。

考虑到强制医疗限制精神病人的人身自由，为保障其合法权益，一旦决定解除强制医疗，就应当立即解除。因此，本条强调，决定解除强制医疗的，人民法院应当通知强制医疗机构在收到决定书的当日解除强制医疗。当然，为了给强制医疗机构一定的准备时间，人民法院可以在决定作出后送达前，先行通知强制医疗机构做好解除强制医疗的准备。

第六百四十八条 人民检察院认为强制医疗决定或者解除强制医疗决定不当，在收到决定书后二十日以内提出书面纠正意见的，人民法院应当另行组成合议庭审理，并在一个月以内作出决定。

【理解与适用】

本条沿用《2012年解释》第五百四十三条的规定。

根据《刑事诉讼法》第三百零五条第二款的规定，提出强制医疗申请的人民检察院对人民法院的强制医疗决定不服的，不能向上一级人民法院申请复议。但《刑事诉讼法》第三百零七条规定："人民检察院对强制医疗的决定和执行实行监督。"如何协调两者之间的关系？经研究认为，人民检察院对强制医疗决定不服的，只能向作出决定的人民法院提出书面纠正意见，人民法院应当另行组成合议庭审理。另外，人民检察院还可以对强制医疗的执行实行监督，如果发现被强制医疗的人已经符合解除条件，但强制医疗机构没有提出解除意见的，可以责令该医疗机构改正。

第六百四十九条 审理强制医疗案件，本章没有规定的，参照适用本解释的有关规定。

【理解与适用】

本条基本沿用《2012年解释》第五百三十九条的规定，仅对表述作了微调。

《2012年解释》第五百三十九条规定："审理强制医疗案件，本章没有规定的，参照适用公诉案件第一审普通程序和第二审程序的有关规定。"本条对表述作了适当调整。

第二十七章　附　则

本解释未设“一般规定”一章，遂将各章节具有共性的一些问题放在附则作出统一规定。本章沿用《2012年解释》第二十四章“附则”的条文，并根据法律修改情况，结合司法实践反映的问题，作了适当修改完善。

第六百五十条　人民法院讯问被告人，宣告判决，审理减刑、假释案件等，可以根据情况采取视频方式。

【理解与适用】

本条根据司法实践反映的问题对《2012年解释》第五百四十四条的规定作出修改完善。

当前，人民法院案多人少的矛盾较为突出，有必要在诉讼活动中应用现代科学技术，以提高审判效率。而且，二审法院开庭审理上诉、抗诉案件，如果运用视频方式开庭审理案件，可以减少提押罪犯的工作量和潜在风险，最大限度地节约司法资源、提高审判效率。目前，最高人民法院在通过远程视频讯问被告人方面已积累了丰富经验，而地方法院也已开展视频庭审活动多年，取得了良好成效。而且，各地法院在实践中，都有一系列配套措施，不会影响被告人和其他当事人权益的维护。

《2012年解释》起草过程中，对于采取视频方式审理案件，是否与直接言词原则冲突，有关方面存在不同认识，故《2012年解释》第五百四十四条规定：“人民法院讯问被告人，宣告判决，审理减刑、假释案件，根据案件情况，可以采取视频方式进行。”此次征求意见过程中，有意见建议进一步扩大视频方式的适用范围，适用于速裁程序，甚至其他所有案件。经研究，采纳上述意见，本条对表述作了适当完善，给司法实践留有一定裁量空间。需要注意的是，对于采取视频方式审理案件的，应当在充分保障当事人诉讼权利和庭审质量的前提下进行。

第六百五十一条 **向人民法院提出自诉、上诉、申诉、申请等的，应当以书面形式提出。书写有困难的，除另有规定的以外，可以口头提出，由人民法院工作人员制作笔录或者记录在案，并向口述人宣读或者交其阅读。**

【理解与适用】

本条沿用《2012 年解释》第五百四十五条的规定。

本条是关于口头提出诉求、申请的规定。《刑事诉讼法》只明确规定，报案、控告、举报和上诉，可以口头提出。[①] 当前，社会经济文化发展水平有了较大提高，法律援助范围也逐步扩大，有必要确立以书面形式提出的原则。同时，鉴于确实仍有个别当事人书写困难，为充分保障其诉讼权利，也应当允许其口头提出。实践中应注意三点：一是法律、司法解释明确规定应当以书面形式提出的，不得以口头形式提出。二是对于书写有困难，也无人帮忙代写的，由人民法院工作人员制作笔录或者记录在案，并向口述人宣读或者交其阅读后由其签名。三是"制作笔录"和"记录在案"有所差别。"制作笔录"往往是指制作形成单独或者专门的笔录，而"记录在案"则无此要求，可以在其他笔录中顺带记录。

① 《刑事诉讼法》第一百一十一条规定："报案、控告、举报可以用书面或者口头提出。接受口头报案、控告、举报的工作人员，应当写成笔录，经宣读无误后，由报案人、控告人、举报人签名或者盖章。"第二百二十七条规定："被告人、自诉人和他们的法定代理人，不服地方各级人民法院第一审的判决、裁定，有权用书状或者口头向上一级人民法院上诉。被告人的辩护人和近亲属，经被告人同意，可以提出上诉。"

第六百五十二条 诉讼期间制作、形成的工作记录、告知笔录等材料，应当由制作人员和其他有关人员签名、盖章。宣告或者送达裁判文书、通知书等诉讼文书的，应当由接受宣告或者送达的人在诉讼文书、送达回证上签名、盖章。

诉讼参与人未签名、盖章的，应当捺指印；刑事被告人除签名、盖章外，还应当捺指印。

当事人拒绝签名、盖章、捺指印的，办案人员应当在诉讼文书或者笔录材料中注明情况，有见证人见证或者有录音录像证明的，不影响相关诉讼文书或者笔录材料的效力。

【理解与适用】

本条基本沿用《2012年解释》第五百四十六条的规定，仅对表述作了微调。

本条是关于签名、盖章、捺指印的规定。《刑事诉讼法》及相关司法解释条文中，频频出现“签名、盖章”“签名或者盖章”“签名、盖章、捺指印”等表述，其适用条件和含义究竟有无区别，签名、盖章的人员范围应当如何掌握，当事人拒绝签名的如何处理；等等。《解释》作了统一规范。实践中应注意三点：一是对于自然人，应当签名，不要求盖章。未签名的，应当捺指印。自然人盖章的，也还应当捺指印，因为个人印章往往没有备案，难以鉴定其真伪。二是对于单位，应当盖章，不要求其法定代表人或者其他个人签名，除非另有规定，因为此系一贯做法，且单位印章一般有备案，容易鉴定其真伪。三是根据审判实践通常做法，对刑事被告人作出特殊要求，即除签名外，还应当捺指印。如果系被告单位，则可只盖章，不要求其法定代表人或者其他个人捺指印。

征求意见过程中，有意见建议增加电子签名和电子指纹捺印法律效力的相关内容，明确在刑事诉讼活动中，诉讼参与人在电子法律文书上电子签名、电子指纹捺印与其在纸质法律文书上手写签名、按捺指印具有同等法律效力。经研究认为，对于相关问题可以按照有关规定执行，待时机成熟再作明确规定为宜。

第六百五十三条　本解释的有关规定适用于军事法院等专门人民法院。

【理解与适用】

本条根据《人民法院组织法》对《2012年解释》第五百四十七条的规定作出修改完善。

《2012年解释》第五百四十七条规定："本解释的有关规定适用于军事法院、铁路运输法院等专门人民法院。"《人民法院组织法》第十五条第一款明确规定，专门人民法院包括军事法院和海事法院、知识产权法院、金融法院等。据此，铁路运输法院目前已不再明确列为专门人民法院。为与《人民法院组织法》的规定保持一致，本条对此作了相应调整。

对于涉我国香港特别行政区、澳门特别行政区、台湾地区的刑事案件，按照《解释》办理，另有规定的除外。

第六百五十四条　本解释有关公安机关的规定，依照刑事诉讼法的有关规定，适用于国家安全机关、军队保卫部门、中国海警局和监狱。

【理解与适用】

本条系新增条文。

《刑事诉讼法》第三百零八条规定："军队保卫部门对军队内部发生的刑事案件行使侦查权。""中国海警局履行海上维权执法职责，对海上发生的刑事案件行使侦查权。""对罪犯在监狱内犯罪的案件由监狱进行侦查。""军队保卫部门、中国海警局、监狱办理刑事案件，适用本法的有关规定。"基于此，本条作了照应性规定。需要注意的是，由于职责有所差异，《解释》关于公安机关的规定，并不必然适用于其他侦查机关，具体哪些可以适用，需要根据《刑事诉讼法》的有关规定具体分析。

第六百五十五条 本解释自2021年3月1日起施行。最高人民法院2012年12月20日发布的《关于适用〈中华人民共和国刑事诉讼法〉的解释》（法释〔2012〕21号）同时废止。最高人民法院以前发布的司法解释和规范性文件，与本解释不一致的，以本解释为准。

【理解与适用】

本条是关于《解释》时间效力的规定。

需要注意的是，本条只明确废止了《2012年解释》。此外，最高人民法院以前发布的司法解释和规范性文件，与《解释》不一致的，以《解释》为准；与《解释》不冲突的，在明令废止前仍可适用。